Colin Wells:
Das Römische Reich

Deutscher
Taschenbuch
Verlag

Autorisierte Übersetzung und Bearbeitung der englischen Ausgabe von Kai Brodersen.
Das Buch erschien 1984 unter dem Titel *The Roman Empire* bei William Collins Sons & Co. Ltd. in der Reihe Fontana History of the Ancient World.

1. Auflage März 1985
2. Auflage Januar 1986: 9. bis 12. Tausend
Deutscher Taschenbuch Verlag GmbH & Co. KG, München
©1984 Colin Wells
©1985 Deutscher Taschenbuch Verlag (für die deutsche Übersetzung)
Umschlaggestaltung: Celestino Piatti
Vorlage: Mosaik des frühen 3. Jh. n. Chr. aus Thysdrus (El Djem) im Bardo Museum, Tunis; Photo Colin Wells.
Gesamtherstellung: C. H. Beck'sche Buchdruckerei, Nördlingen
Printed in Germany · ISBN 3–423–04405–5

Das Buch

»Die Führung des Weltregiments ist selten so lange in geordneter Folge verblieben. Das römische Kaiserregiment hat in seinem Kreise, den die, welche ihm angehörten, nicht mit Unrecht als die Welt empfanden, den Frieden und das Gedeihen der vielen vereinigten Nationen länger und vollständiger gehegt, als es irgendeiner anderen Vormacht je gelungen ist.« (Theodor Mommsen)
Colin Wells verfolgt in seiner Geschichte des Römischen Reiches in den ersten zwei Jahrhunderten n. Chr. drei Ziele: Er berichtet von den Ereignissen in der zentralen Reichsverwaltung, am Hof der Kaiser, er beschreibt den Alltag in Rom, Italien und den Provinzen, spricht vom Leben in den Lagern und vom Sterben in den Amphitheatern, und er zeigt, welche Wirkungen diese verschiedenen Welten aufeinander hatten.
Die archäologischen und schriftlichen Zeugnisse, auf denen unsere Kenntnis der römischen Kaiserzeit beruht, werden in Bild und Wort zitiert. Der Leser gewinnt so einen fundierten chronologischen und systematischen Überblick über die Geschichte des Römischen Reiches.

Der Autor

Colin Michael Wells, Jahrgang 1933, studierte am Oriel College, Oxford, und lehrt seit 1960 an der Universität von Ottawa/ Kanada. Er war außerdem Gastprofessor an den Universitäten von Berkeley und Oxford. Seit 1977 leitet er die kanadischen Ausgrabungen in Karthago.
Zur römischen Geschichte und Archäologie hat er zahlreiche Aufsätze verfaßt; seine auf die archäologischen Zeugnisse gestützte Untersuchung *The German Policy of Augustus* erschien 1972.

Eine neue Geschichte der Antike braucht keine Rechtfertigung. Die moderne Forschung und neue Entdeckungen und Funde haben unser Bild der Antike in wichtigen Punkten verändert; es ist daher an der Zeit, die Ergebnisse dem Publikum zugänglich zu machen. Diese Reihe will aber nicht nur eine Darstellung des aktuellen Forschungsstands geben. Beim Studium der fernen Vergangenheit liegen die Hauptschwierigkeiten darin, daß es nur relativ wenig Zeugnisse gibt und diese zudem nicht leicht zu interpretieren sind. Dies aber macht es andererseits möglich und wünschenswert, die wichtigsten Zeugnisse dem Leser vorzulegen und zu diskutieren; so hat er selbst die Möglichkeit, die zur Rekonstruktion der Vergangenheit angewandten Methoden kennenzulernen und auch selbst die Ergebnisse zu beurteilen.

Diese Reihe hat sich deshalb als Ziel gesetzt, eine Darstellung der jeweils behandelten Periode zusammen mit möglichst vielen Zeugnissen zu bieten, die diese Darstellung ja erst ermöglichen. So sind ausgewählte Dokumente in die Erzählung einbezogen, werden dort erörtert und bilden oft sogar ihren Ausgangspunkt. Wo Interpretationen umstritten sind, werden die verschiedenen Meinungen dem Leser vorgelegt. Darüber hinaus enthält jeder Band eine Übersicht der unterschiedlichen Quellen jeder Epoche sowie Vorschläge zur vertiefenden Lektüre. Die Reihe wird, so hoffen wir, dem Leser die Möglichkeit geben, eigenen Vorlieben und Interessen folgend weiterzustudieren, nachdem er einen Eindruck von den Grenzen gewonnen hat, die dem Historiker bei seiner Arbeit gezogen sind.

Die Reihe ist zuerst auf englisch bei Fontana erschienen; die deutsche Ausgabe ist jedoch keine bloße Übersetzung, sondern eine revidierte Fassung. Wir haben unsere Texte überarbeitet und auf den neuesten Stand gebracht; insbesondere war es möglich, mehr und bessere Karten einzufügen und die Literaturhinweise für den deutschen Leser zu erweitern. Für die Organisation all dieser Verbesserungen danken wir besonders Kai Brodersen vom Institut für Alte Geschichte der Universität München.

Alte Geschichte ist eine europäische Disziplin, in der die Forschungstraditionen in jedem Land das jeweilige Bild der Antike prägen. Die »englische Sicht« in dieser Reihe wird dem deutschen Leser an manchen Stellen ungewöhnliche Aspekte auftun, wird aber auch in den Bereichen, in denen die deutsche Tradition besonders stark ist, ihr nicht ganz gerecht werden können. Doch vielleicht werden gerade diese Unterschiede zur Frische und Spannung unserer Reihe beitragen und das Interesse des deutschen Lesers steigern. Wir hoffen, daß sie auch in Deutschland so beliebt und so nützlich wird, wie es das englische Original in der englischsprachigen Welt ist.

Oswyn Murray
Balliol College, Oxford

Inhalt

»Die Führung des Weltregiments ist selten so lange in geordneter Folge verblieben. . . . Das römische Kaiserregiment . . . hat in
seinem Kreise, den die, welche ihm angehörten, nicht mit Unrecht als die Welt empfanden, den Frieden und das Gedeihen
der vielen vereinigten Nationen länger und vollständiger gehegt, als es irgendeiner anderen Vormacht je gelungen ist. In
den Ackerstädten Afrikas, in den Winzerheimstätten an der
Mosel, in den blühenden Ortschaften der lykischen Gebirge
und des syrischen Wüstenrandes ist die Arbeit der Kaiserzeit zu
suchen und auch zu finden . . . Und wenn einmal ein Engel des
Herrn die Bilanz aufmachen sollte, ob das von Severus Antoninus beherrschte Gebiet damals oder heute mit größerem Ver-
stande und mit größerer Humanität regiert worden ist, ob Ge-
sittung und Völkerglück im allgemeinen seitdem vorwärts- oder
zurückgegangen sind, so ist es sehr zweifelhaft, ob der Spruch
zu Gunsten der Gegenwart ausfallen würde.« So hat Theodor
Mommsen in der Einleitung zu seiner Geschichte der römischen Kaiserzeit[1] geschrieben.

Das »Kaiserregiment« konnte zwar Frieden und Ordnung
schaffen, nicht aber alles erreichen: »Das Römische Reich war
riesig. Seine Wirtschaft und seine Verbindungen waren zumeist
sehr primitiv. Die großen Römerstraßen führten durch kleine
Städte, die sich den Großteil dessen, was in ihnen an Nahrung,
Kleidung und Baustoffen gebraucht wurde, aus einem Umkreis
von 50 km holten. Wir werden das Leben in den Städten der
griechisch-römischen Welt nie verstehen, wenn wir nicht – über
unsere Quellen – ein Gespür für die ständige Angst vor einer
Hungersnot bekommen. Wie grandios sich das römische Straßensystem auch auf unseren Karten ausmachen mag – jede Stadt
wußte, daß sie einem Hungerwinter entgegenging, wenn je die
Ernte ausblieb. . . . Für viele Monate jeden Jahres waren die
Realien der römischen Welt, wie sie in den Geschichtsbüchern
immer wieder betont werden – das Heer, der Handel, die Finanzen –, schlicht fortgespült: die Pässe voll Schnee, das Pflaster der Straßen im Schlamm versunken, die Futtervorräte an

[1] Th. Mommsen, *Römische Geschichte*. (Bd. V 1885) = Bd. 6 der dtv-Ausgabe
(dtv 6058) München 1976, S. 14.

11

den Straßenstationen knapp, die kleinen Schiffe fest verankert ... Die Entfernung vom Kaiser zu seinen Untertanen vervielfachte sich ...«[2]

Ich habe mich bemüht, die Balance zu halten zwischen dem Zentrum (Rom) und der Peripherie (den Provinzen) sowie – was noch schwieriger war – zwischen fortlaufender Erzählung und Diskussion einzelner Probleme. Die Kapitel mit ungerader Nummer sollen eine mehr oder weniger fortlaufende Darstellung der zentralen Verwaltung des Reiches, der Erfolge der Kaiser, des Hofes und des Machtkampfes an dessen Spitze bieten; sie lassen sich als zusammenhängende Erzählung lesen, wenn man die Kapitel mit gerader Nummer ausläßt. In diesen nämlich werden einzelne Fragen angesprochen, zunächst die Quellen für die in diesem Buch behandelte Zeit und die Probleme, die sich aus ihren Eigenarten ergeben (Kap. 2), dann Probleme Italiens und der Provinzen.

Für wertvolle Vorschläge danke ich Susan Treggiari, Marianne Goodfellow, Oswyn Murray und Peter Brunt; spezielle Fragen konnte ich mit Shimon Applebaum (jüdische Quellen), Simon Ellis (Spätantike) und David Cherry (Bürgerrecht) besprechen. Meine Frau Kate und mein Sohn Dominic haben das Buch aus der Sicht des interessierten Laien gelesen, ihnen und den Studenten meiner Seminare in Ottawa verdanke ich wichtige Anregungen für die Darstellung. Kai Brodersen hat den Text nicht nur durchgesehen (und viele Belege nachgetragen), sondern auch in Absprache mit mir neu bearbeitet; die Abbildungen und der Anhang der deutschen Ausgabe gehen ebenfalls auf ihn zurück. Sein Anteil an der deutschen Ausgabe des Buches geht über seine Übersetzung weit hinaus. Dafür danke ich ihm sehr.

Colin Wells
Universität Ottawa

---

[2] P. Brown, *Religion and Society in the Age of Saint Augustine*. London 1972, S. 15 f.

Wir werden im folgenden viel mit der Entwicklung der gesellschaftlichen und politischen Institutionen der frühen römischen
Kaiserzeit zu tun haben. Um das Verständnis dafür zu erleichtern, sollen zunächst einige Begriffe erläutert werden.

Zur Zeit der römischen Republik lag die Macht letztlich bei
der Gesamtheit der erwachsenen männlichen Bürger, die von
einem »Beamten« in den *comitia* versammelt wurden[3]; dabei
waren die Methoden der Abstimmung, den jeweiligen Geschäften entsprechend, verschieden. Die in diesen Versammlungen
verabschiedeten Gesetze wurden nach dem Beamten benannt,
der sie beantragt hatte (eine *lex Iulia* geht also auf den Antrag
eines Iulius, etwa Gaius Iulius Caesar, zurück). Die gesetzge-
bende Funktion der *comitia* wurde in der Kaiserzeit immer
weniger wichtig, die letzte legislative Versammlung hat unseres
Wissens unter Kaiser Nerva stattgefunden.

Ein Senatsbeschluß, *senatus consultum* (abgekürzt *SC,* wie
z. B. auf den unter der Aufsicht des Senats herausgegebenen
römischen Münzen; s. Abb. 8), war zwar formal kein Gesetz
(lex), war aber ebenfalls bindend, auch wenn die Autorität des
Senats bisweilen – vor allem in der Spätzeit der Republik –
angezweifelt wurde, vor allem dann, wenn er in einem Not-
stand (aus seiner Sicht) mittels eines *senatus consultum ultimum*
alle reguläre Gesetzgebung aufhob. In der Kaiserzeit nun wurden die Kaiser zur Quelle des Rechts, und sie fanden es zunehmend einfacher, ihre Gesetzgebung nicht mehr als *lex,* sondern
als *senatus consultum* ausführen zu lassen. Der Senat hatte dar-
überhinaus wichtige judikative Funktionen.

Die Senatoren am Ende der republikanischen Zeit hatten zumeist bereits ein Amt innegehabt. Augustus gliederte dann die
für einen künftigen Senator erforderliche Laufbahn *(cursus honorum)* derart, daß jährlich 20 Männer im Alter von etwa 25
Jahren zu Quästoren gewählt und somit Senatoren wurden.
Diese Männer konnten weiterhin Ädilen (oder Tribunen,
s. S. 15) werden und mit etwa 30 für das Prätorenamt kandidieren, für das jährlich etwa 12 Posten zur Verfügung standen. Die

---

[3] Vgl. hierzu M. Crawford, *Die römische Republik.* (dtv 4404) München 1984,
Kap. 17 Exkurs 1.

Quästoren behandelten vor allem Finanzfragen, den Ädilen oblag die Verwaltung, den Prätoren die Rechtsprechung. Wer Prätor gewesen war, konnte noch verschiedene Posten, vor allem in den Provinzen (etwa als Kommandant einer Legion oder als Statthalter einer kleineren Provinz) erlangen.

Im Alter von 42 (oder, wenn der Kaiser es wollte, auch viel eher) konnte ein Mann sich um das Konsulat bewerben. Die beiden Konsuln, die am ersten Januar jeweils für ein Jahr ihr Amt antraten, waren nominell die Häupter des Staates, nach ihren Namen wurde das Jahr datiert (so war das Jahr 44 v. Chr. das »Konsulatsjahr des Gaius Iulius Caesar und des Marcus Antonius«). Das Konsulat war entsprechend begehrt, selbst als es in der späteren Kaiserzeit keine Macht, sondern nur noch Ehre einbrachte. Es bedeutete Ruhm für die eigene Familie, und im allgemeinen konnten sich die Nachfahren eines Konsuls zu den *nobiles* rechnen, wohingegen jemand ohne solche Vorfahren in der männlichen Linie bloß *homo novus,* »neuer« Mann, war – etwa Cicero oder auch Augustus.

Wenn ein Konsul während seiner Amtszeit starb oder zurücktrat, wurde ein *consul suffectus* als Nachfolger bestimmt. Diese Stellung galt als nicht ganz so ehrenvoll. Von 5 v. Chr. an wurde es jedoch üblich, daß die ersten Konsuln jeden Jahres nach der Hälfte ihrer Amtszeit zurücktraten und *suffecti* Platz machten. Dadurch erhöhte sich die Zahl der »Konsularen« (gewesenen Konsuln), und nur diese konnten bestimmte Posten erhalten, etwa den des Statthalters einer größeren Provinz oder – in der späteren Kaiserzeit – gewisse Ämter in der Verwaltung in Rom.

Prätoren und Konsuln sowie Inhaber eines speziellen Amts (wie Provinzverwaltung), das sie anstelle eines Prätors *(pro praetore)* oder Konsuls *(pro consule)* innehatten, besaßen *imperium.* Unter diesem unübersetzbaren Begriff verstand man die Befugnis, das Kommando im Kriegsfall zu führen, Recht zu sprechen und die Todesstrafe zu verhängen (wogegen ein römischer Bürger bei der Volksversammlung, später beim Kaiser Berufung einlegen konnte). Das *imperium* von Proprätoren und Prokonsuln war üblicherweise auf die Provinz beschränkt, die ihnen unterstand (ursprünglich meinte Provinz auch nur einen – nicht notwendig geographisch – definierten Machtbereich). Zur Spätzeit der Republik unterschied man manches *imperium* als *maius,* größer, von einem anderen, so daß im Falle eines Konflikts klar war, bei wem die Entscheidungsgewalt lag.

Manche Provinzen waren in der Kaiserzeit dem Kaiser zuge-
schrieben, der sie durch Vertreter meist von konsularem oder
prätorischem Rang verwalten ließ, die er selbst für eine von ihm
bestimmte Zeit auswählte und die nur ihm verantwortlich waren. Während also solche *legati Augusti pro praetore* die kaiserlichen Provinzen verwalteten, unterstanden die senatorischen
Provinzen, darunter Afrika und Asien, weiterhin den für ein
Jahr vom Senat bestimmten Prokonsuln und Proprätoren. In
jedem Falle hatte der Kaiser aber das *imperium maius,* konnte
sich also jederzeit über die Entscheidungen der Statthalter hin-
wegsetzen.

Mit dem Wort *imperium* ist *imperator* verwandt. Diesen Titel
riefen die Soldaten seit je ihrem siegreichen Feldherrn zu. Wenn
er aber nur als Vertreter eines Höhergestellten gehandelt hatte,
so stand diesem der Titel zu; der Kaiser empfing also alle Akklamationen als *imperator* für die Erfolge seiner Legaten in den
kaiserlichen Provinzen. Die Zahl dieser Akklamationen erscheint neben dem Jahr der tribunizischen Gewalt (s. u.) in der
offiziellen Titulatur des Kaisers (etwa auf Münzen). Während
Octavian, der spätere Augustus, in der Zeit des Triumvirats (s.
Kap. 1) *Imperator* als »Vornamen« führte, wurde der Titel *imperator* erst mit dem Kaiser Vespasian (69–79 n. Chr.) zum üblichen Titel des Kaisers. Augustus selbst bevorzugte den Titel
princeps, erster Mann, und es ist eigentlich anachronistisch, ihn
als Kaiser zu bezeichnen.

Schließlich sind noch zwei weitere Ämter, die es schon in
republikanischer Zeit gab, für die Kaiserzeit von Bedeutung,
das Tribunat und das Amt des Zensors; beide stehen außerhalb
des regulären *cursus honorum* (zu beiden vgl. auch Kap. 3). Die
Tribunen wurden ursprünglich gewählt, damit das Volk einen
Schutz gegen den Machtmißbrauch der Beamten oder des Senats hatte. Sie hatten ein weitreichendes Vetorecht und konnten
Gesetzgebung einleiten; ihre Person war sakrosankt (immun).
Augustus und seine Nachfolger erhielten nun die *tribunicia potestas* (tribunizische Gewalt), ohne das Amt eigentlich innezu-
haben, die Tribunen selbst wurden unbedeutend. – Die Zensoren wurden in republikanischer Zeit auf fünf Jahre gewählt, ihre
Aufgabe war die Revision der Bürger- und der Senatorenliste;
gewöhnlich waren sie ältere Konsulare. In der Kaiserzeit ging
auch die zensorische Gewalt auf die Kaiser über. – Ein weiteres
republikanisches Amt, das des Diktators, der in einem Not-
stand für eine befristete Zeit mit höchster Macht ausgestattet

wurde, war Augustus angeboten worden; er hatte die Diktatur abgelehnt, das Amt kam außer Gebrauch.

Senator konnte von Augustus' Zeit an nur werden, wer mindestens eine Million Sesterzen (bar oder in Investitionen) besaß[4]. Wer mindestens 400 000 Sesterzen sein eigen nannte (aber keine politische Karriere anstrebte), gehörte zum Ritterstand *(ordo equester)*, der sich aus der Kavallerie der frühen Republik entwickelt hatte, freilich aber nichts mehr mit dem Reiten zu tun hatte. Die Ritter bildeten dabei nicht, wie manchmal behauptet wird, eine »Mittelschicht« im Gegensatz zur »Senatsaristokratie«, beide Gruppen stammten vielmehr weitgehend aus denselben Kreisen: Der eine mag die politische Laufbahn eingeschlagen und es zum Konsul gebracht haben, der andere sich aufs Geldscheffeln verlegt und Muße in Wohlstand genossen haben und gerne Ritter geblieben sein. In der Kaiserzeit entwickelte sich allerdings auch eine Art ritterlicher *cursus honorum*, der es Männern von weniger illustrer und reicher Herkunft ermöglichte, in öffentlichen Ämtern aufzusteigen (s. Kap. 10).

[4] Den Wert dieser Beträge in moderner Währung auszudrücken, ist nicht möglich. Als Anhaltspunkte mögen die Angaben dienen, daß Kaiser Tiberius ein Vermögen von 2700 Millionen Sesterzen hinterließ (Sueton, Caligula 37), daß die reichsten uns bekannten Römer außerhalb des Kaiserhauses (Gnaeus Cornelius Lentulus, der Konsul des Jahres 14 v. Chr., und Narcissus, ein Freigelassener des Kaisers Claudius) jeweils 400 Millionen Sesterzen besaßen, daß ein Legionär unter Augustus einen Jahressold von 900 Sesterzen erhielt und daß ein ungelernter Arbeiter im Rom jener Zeit täglich 3 Sesterzen verdienen konnte (vgl. R. Duncan-Jones, *The Economy of the Roman Empire. Quantitative Studies.* Cambridge [2] 1982; s. auch Kap. 8).

1. Der Aufstieg Octavians

Octavius . . .

Der spätere Kaiser Augustus kam am 23. September 63 v. Chr. als Gaius Octavius in Rom zur Welt, am Tag der großen Senatsdebatte über Lucius Sergius Catilinas geplanten Staatsstreich. Der Vater des Kindes war ein ehrgeiziger junger Senator namens Gaius Octavius, der vier Jahre später starb, bevor er für das Konsulat kandidieren konnte. Er war ein *homo novus* gewesen[1], der erste seiner Familie, der Senator geworden war. Die Familie stammte aus Velitrae (heute Velletri), einer Kleinstadt in den Albanerbergen bei Rom. Gaius Octavius lebte, so heißt es, »von Jugend an in großem Reichtum und genoß auch allgemeines Ansehen« (Sueton, Augustus 3). Seine Frau kam aus dem nahegelegenen Aricia (Ariccia), ihre Familie hatte schon seit mehreren Jahren Senatoren gestellt und war sowohl mit Pompeius d. Gr. als auch mit Caesar verbunden. Die Octavii sind ein typisches Beispiel für das, was Cicero (Pro A. Cluentio 23; vgl. Sallust, Catilina 17) *domi nobiles* nennt, »zur Nobilität der Heimatstadt gehörend«, reiche Leute mit guten Verbindungen, die sich freilich von der Politik in Rom fernhielten. Auch Cicero stammte aus diesen Kreisen.

Der einzige Sohn des Gaius Octavius – er hatte noch zwei Töchter, davon eine aus einer früheren Ehe – wuchs in einer Welt auf, die von rastlosem Streben nach persönlicher Macht geprägt war. Er war erst 13, als Caesar den Rubicon überschritt und seine Legionen gegen Rom führte, woraufhin Pompeius d. Gr. Italien räumte, dann bei Pharsalos in Griechenland unterlag und schließlich auf der Flucht in Ägypten einen schmachvollen Tod fand. Caesar hatte mit den Anhängern des Pompeius Frieden geschlossen, soweit sie bereit waren, ihren eigenen Stolz aufzugeben und die *clementia*, Milde, derer sich Caesar rühmte, anzunehmen. Die anderen wurden gejagt und vernich-

---

[1] Unter *homo novus*, »neuem« Mann, verstand man in republikanischer Zeit Verschiedenes: einen Konsul oder Kandidaten für das Konsulat, dessen Vorfahren – obwohl Senatoren von bis zu prätorischem Rang – es nicht zum Konsul gebracht hatten, oder auch einen Senator, dessen Vorfahren nur Ritter waren und es nicht einmal zum Senator gebracht hatten. Vgl. T. P. Wiseman, *New Men in the Roman Senate 139 B.C. – 14 A.D.* Oxford 1971, S. 1.

tet. Am Ende des Jahres 46 v. Chr. war Caesar der Herr der römischen Welt, Diktator auf zehn Jahre (ab 44 v. Chr. auf Lebenszeit) und Konsul für die Jahre 46, 45 und 44 – ein Autokrat, der es nicht einmal versuchte, seine Verachtung für ererbte Formen und Institutionen der Republik zu verbergen. Caesar zahlte den Preis für sein Verhalten: Er wurde an den Iden des März (15. März) 44 v. Chr. von Senatoren ermordet, deren oligarchische Würde sich mit der fast-monarchischen Anmaßung Caesars nicht vertragen konnte.

... Octavianus ...

Hätte Pompeius d. Gr., nicht Caesar, die Schlacht bei Pharsalos gewonnen, so hätten wir wohl kaum noch etwas vom jungen Octavius gehört. Doch die Großmutter des Knaben mütterlicherseits war Caesars Schwester, und Caesar, der selbst keinen Sohn hatte, war von der Begabung und Energie seines Großneffen sehr beeindruckt:

Caesar, der einen Feldzug gegen die Daker und von dort gegen die Parther plante, schickte Octavius nach Apollonia voraus, wo dieser seine Zeit mit Studien verbrachte. Als er von Caesars Ermordung hörte und erfuhr, daß er zu seinem Erben bestimmt sei, war er zuerst lange Zeit unschlüssig, ob er nicht die in der Nähe stationierten Legionen zu Hilfe rufen solle, ließ dann aber diesen Plan als zu verwegen und voreilig fallen. Er ging nach Rom zurück und trat, trotz der Bedenken seiner Mutter und des wiederholten Abratens seines Stiefvaters Marcius Philippus, eines ehemaligen Konsuls, sein Erbe an.   (Sueton, Augustus 8)

Als adoptierter Erbe Caesars nahm Octavius den Namen seines Adoptivvaters an und fügte seinen eigenen in abgewandelter Form hinzu: er nannte sich künftig Gaius Iulius Caesar Octavianus[2]. Er war noch keine 19, doch »betrachtete er es als seine erste Pflicht, den Tod seines Großonkels zu rächen und dessen Werk zu erhalten« (Sueton, Augustus 10). Als Caesars Kollege im Konsulat, Marc Anton, an Caesars Dokumente und auch an sein Geld Hand anlegte und nicht bereit schien, den eigentlichen Erben anzuerkennen, unternahm Octavian – nach eigenen Angaben (zu den *Res Gestae* vgl. Kap. 2) – folgendes:

[2] Seine Zeitgenossen verwendeten den Namen Caesar, die moderne Forschung zwecks größerer Klarheit Octavianus.

Mit neunzehn Jahren habe ich auf eigene Veranlassung und aus eigenen Mitteln ein Heer aufgestellt, mit dem ich der Republik, die durch die Gewaltherrschaft einer Parteiung unterdrückt wurde, die Freiheit wiedergab. Um dessentwillen hat mich der Senat im Konsulatsjahr des Gaius Pansa und Aulus Hirtius (43 v. Chr.) mit ehrenden Beschlüssen in seine Reihen aufgenommen, mit den Rang eines Konsuls bei den Abstimmungen zuerkannt sowie mir *imperium* übertragen. Dafür, daß die Republik keinen Schaden erleide, hieß er mich im Rang eines Proprätors zusammen mit den Konsuln Sorge tragen.

Im selben Jahr wählte mich das Volk zum Konsul, als beide Konsuln gefallen waren, und zum Triumvir zur Neuordnung der Republik.

Diejenigen, die meinen Vater ermordet haben, trieb ich in die Verbannung und rächte durch gesetzmäßige gerichtliche Verfolgung so ihr Verbrechen. Und als sie darauf Krieg gegen den Staat anfingen, besiegte ich sie in doppelter Feldschlacht.   (Augustus, Res Gestae 1–2)

»Freiheit« und »Parteiung« waren politische Schlagwörter: Ich bin immer für Freiheit, du repräsentierst eine Parteiung. Wie heute »Demokratie« konnte damals »Freiheit« alles meinen, niemand war dagegen ... Abgesehen davon ist die Darstellung in den *Res Gestae* hier recht genau; sie spricht die Wahrheit, freilich nicht die ganze Wahrheit. Bemerkenswert ist, wieviel übergangen wird; so fehlt eine Erwähnung Marc Antons.

Tatsächlich setzte der Senat, allen voran Cicero, auf Octavian und hoffte, mit der Magie seines Namens, Caesar, die Soldaten und das Volk von Marc Anton abzuziehen. Octavian selbst ließ sich darauf ein, natürlich aus Eigeninteresse: Er bekam vom Senat, was er gewollt hatte, darunter das Konsulat als noch nicht Zwanzigjähriger, und schloß dann ein Abkommen mit Marc Anton. Die beiden zogen einen weiteren alten Anhänger Caesars hinzu, Marcus Aemilius Lepidus, der Statthalter von Gallia Narbonensis und Hispania Citerior und als solcher Kommandant eines bedeutenden Heeres war, und brachten einen wohlgesonnenen Tribun dazu, eine besondere Volksversammlung einzuberufen, die sich auf dem Forum – von Soldaten umringt – einstellte und den dreien die höchste Macht als »Dreierkommission zur Neuordnung der Republik« *(triumviri rei publicae constituendae)* übertrug (23. November 43 v. Chr.). Wie Sulla 40 Jahre zuvor gingen die Triumvirn sofort daran, sich an ihren Feinden zu rächen und zugleich Geld für ihre eigenen Soldaten aufzutun, indem sie Proskriptionen begannen. Mindestens 130 Senatoren und eine unbekannte Anzahl Ritter wurden geächtet und enteignet, viele gingen ins Exil. Der einzige Konsular, der tatsächlich ums Leben kam, war Cicero, der seine Flucht zu langsam und zu wenig entschieden geplant hatte.

. . . Augustus

Octavian hatte sich wie schon zuvor als energischer und oft rücksichtsloser Verfolger seiner Ziele gezeigt. »Er bekämpfte zwar eine Zeit lang seine Kollegen, die Proskriptionen durchführen wollten, zeigte sich dann aber, nachdem sie einmal begonnen waren, in der Ausführung noch schärfer als die beiden anderen.« (Sueton, Augustus 27) Wie wir sehen werden, war er später ebenso rücksichtslos gegen die beiden, bis die Niederlage und Schmach Marc Antons bei der Schlacht von Actium 31 v. Chr. Octavian als Herrn der römischen Welt bestätigte. Nunmehr nahm er den Namen Augustus mit seinen feierlichen, fast religiösen Konnotationen an – er hatte aus dem Schicksal Caesars gelernt und verdeckte seine Macht unter traditionellen Formen. Er regierte 45 Jahre lang, und als er als *pater patriae* (Vater des Vaterlands) hochgeehrt starb, verlief der Machtübergang auf seinen Stiefsohn Tiberius, den er erst spät und nicht gerne adoptiert hatte, problemlos. Zu jener Zeit gab es freilich, wie Tacitus (Annales 1,3) bemerkt, kaum noch jemanden, der sich an die Republik auch nur erinnern konnte. Und die wenigen, die sich doch erinnerten, werden das Chaos und den Gewaltausbruch nach Caesars Tod wohl kaum dieser Form des Machtwechsels vorgezogen haben.

Bevor wir auf die Geschichte des Triumvirats näher eingehen, wollen wir uns fragen, weshalb Augustus dort erfolgreich war, wo Caesar versagt hatte: in der Etablierung einer Alleinherrschaft. Augustus spielte seine Karten geschickter aus, außerdem waren Italien der Krieg und die »Freiheit«, die ja doch nur oligarchische Willkür zu bedeuten schien, zuwider. Seit Gaius Gracchus gelyncht worden war, galt Gewalt als Mittel republikanischer Politik, und zu den Schrecken dieser Ausschreitungen müssen wir die schlimmen Folgen von Proskriptionen und Konfiskationen hinzuzählen, die ganze Gemeinden betreffen konnten. Verarmung und Unruhe waren weitverbreitet. Manche Männer finanzierten ein eigenes Heer – so auch Augustus, der damit prahlt (s. o.) –; ein Konsul des Jahres 70 v. Chr.,

Marcus Licinius Crassus, soll gesagt haben, daß niemand sich reich nennen dürfe, der sich nicht aus eigenen Mitteln ein Heer halten könne. Senatoren ließen sich auf Reisen zu ihren Gütern von einer starken Mannschaft schützen, und selbst innerhalb Roms war bewaffnete Begleitung auf dem Weg zum Senatsgebäude nicht unnötig. Die öffentliche Ordnung und die Achtung vor den Gesetzen sanken so weit herab, daß man im Jahr 52 v. Chr. keine Konsulwahl abhalten konnte und der Senat wider jede Regel Pompeius d. Gr. zum einzigen Konsul bestimmte. Es folgten der offene Krieg zwischen Caesar und Pompeius, Caesars Sieg, seine Ermordung und erneut Krieg. Vor Actium hatte Octavian, wie er (Res Gestae 25) angibt, »ganz Italien« hinter sich – das ist wahrscheinlich wahr; seine wachsende Autorität versprach Sicherheit und Stabilität. Das größte Werk der Literatur jener Zeit (wenn nicht überhaupt), Vergils *Georgica*, zeugt von Liebe für Italien und Sehnsucht nach Frieden. Vergil klagt: »Greuel und Gewalt ringsum! Längst mangelt aller geziemen / Fron und Verehrung der Pflug. Wüst starrt von den Bauern verlassen / Anger und Feld. Sie schmolzen des Landmanns Sichel zum Schwert ein.« (Georgica 1,505–507) Und kein Zeitgenosse konnte die Botschaft überhören, die Vergil bei seiner Darstellung des Lebens der Bienen verkündete: Mit ständigen Seitenblicken auf das Leben der Menschen betont er die treue Anhänglichkeit zu einem König (in der Antike hielt man die Bienenkönigin für männlich). Für den Fall, daß es zwei rivalisierende »Könige« gibt – die mit Worten beschrieben werden, die an die zeitgenössischen Bezeichnungen für Octavian bzw. Marc Anton erinnern –, rät Vergil zu folgendem: »Hast du die Könige nun auseinander gerufen, so töte / den, der von beiden der Schlechtere scheint, auf daß dir kein fauler / Fresser verbleib', und es herrsche der Bessere frei in der Halle.« (ebd. 4, 88–90) Kein Wunder, daß Augustus dieses Gedicht so schätzte, daß er es sich bei seiner Rückkehr von Actium nach Italien vier Tage lang vorlesen ließ.

Es besteht kein Zweifel, daß im Jahrzehnt nach Actium nur die Person des Augustus die römische Welt vor einem erneuten Bürgerkrieg bewahrte. 23 v. Chr. wäre er beinahe gestorben. Dann jedoch sicherte er sich alle nötigen rechtlichen Befugnisse und ließ sich nicht mehr – wie er es seit 31 jährlich getan hatte – als Konsul aufstellen (s. Kap. 3). Es ist bezeichnend, daß daraufhin das Volk von Rom, das einen Autoritätsverlust des Augustus fürchtete, ihn zur Übernahme des Konsulats geradezu zwingen wollte. Augustus' Macht ruhte auf einem breiten Konsens. Unruhige Zeiten, wie die letzten Jahrzehnte der römischen Republik, führen nicht selten zu einer Reaktion zugunsten einer starken Zentralregierung – eine Beobachtung, die man auch in anderen Lebensbereichen machen kann, wie Yehudi Menuhin einmal gesagt hat: »Wenn ein Orchester in seiner Leistung nachgelassen hat, weil der Dirigent zu nachsichtig war, um es zusammenzuhalten oder hohe Anforderungen an die Musiker zu stellen, begrüßen sie es, wenn ein eher autoritärer Dirigent die Leitung übernimmt und dafür sorgt, daß der bisher fehlende Zusammenhalt wiederhergestellt wird.«[3] Augustus war ein solcher Dirigent, den Rom brauchte.

Das Triumvirat

Nunmehr wollen wir die Geschichte des Triumvirats seit 42 v. Chr. ausführlicher betrachten. Nach den Proskriptionen begannen die Triumvirn die Auseinandersetzung mit dem Hauptheer ihrer Gegner, das unter dem Befehl des Marcus Iunius Brutus und des Gaius Cassius Longinus stand; in zwei Schlachten bei Philippi in Makedonien im Oktober 42 v. Chr. siegten die Soldaten der Triumvirn, Brutus und Cassius begingen Selbstmord. Octavians Anteil am Kampf war nicht ruhmvoll; zu den weniger glücklichen Tagen seines Lebens zählte »bei der Schlacht von Philippi seine Krankheit, seine Flucht und sein dreitägiges Verstecken im Sumpf, und das, obwohl er krank war und – laut Agrippa und Maecenas – an Wassersucht litt« (Plinius, Naturalis historia 7, 148). Während seiner Abwesenheit nahm Brutus sein Lager ein. Die offizielle Version lautete nun, daß Octavian, von einem Traum seines Arztes gewarnt, entkommen konnte (Velleius 2, 70). Seine Rache folgte nach der Schlacht:

Weit davon entfernt, seinen Sieg mit Mäßigung auszunützen, sandte er das Haupt des Brutus nach Rom, damit es vor der Statue Caesars niedergelegt werde, und gerade gegen die vornehmsten Gefangenen wütete er, nicht ohne sie auch mit Worten schwer zu beleidigen. So soll er einem, der ihn kniefällig um ein ehrenvolles Begräbnis bat, geant-

---

    [3] Yehudi Menuhin, *Ich bin fasziniert von allem Menschlichen. Gespräche mit Robin Daniels.* (Serie Piper 263) München, Zürich 1982, S. 89.

wortet haben, er stelle das dem Willen der Vögel anheim. ... Deshalb schmähten ihn auch die anderen Gefangenen, unter ihnen Marcus Favonius, der Nacheiferer Catos, als sie in Ketten vorgeführt wurden, in aller Öffentlichkeit mit den gröbsten Schimpfworten, während sie Antonius ehrerbietig als *imperator* begrüßten.   (Sueton, Augustus 13)

Freilich ist es nicht einfach zu wissen, welcher von solchen Geschichten man glauben kann. Rom besaß eine lebendige Tradition von politischen Invektiven (Schmähschriften) und Gerüchtemacherei. Nach ihrer Entzweiung bedachten sich Octavian und Marc Anton geradezu enthusiastisch mit den übelsten Beschimpfungen, und da die erhaltenen Zeugnisse der Zeit naturgemäß den Standpunkt des Siegers spiegeln, kommt Marc Anton im allgemeinen schlechter weg. Doch ist Plinius' eben zitierte Angabe wohl über jeden Zweifel, es könne sich auch um ein bloßes Gerücht handeln, erhaben: Marcus Vipsanius Agrippa und Gaius Maecenas waren zwei der engsten Freunde und Berater Octavians von Anfang an. Vermutlich war Octavians Abwesenheit bei der Eroberung seines Lagers zu vielen Leuten bekannt geworden, als daß man sie hätte totschweigen können, und so war das beste, was seine Freunde tun konnten, plausible Erklärungen zu verbreiten. Ebenso muß das Benehmen des Favonius und seiner Mitgefangenen weithin bekannt gewesen sein, und allein die Tatsache, daß hier – trotz aller Selektivität zugunsten des Siegers – die Quellen Marc Anton in gutem Licht erscheinen lassen, ist schon an sich ein Argument für ihre Historizität.

Trotz der Beschuldigungen, damals – und auch weiterhin – Grausamkeit gezeigt zu haben, behauptete Octavian später (Res Gestae 3), »das Leben aller Bürger, die um Gnade gebeten haben«, geschont zu haben, und trug künftig seine Milde ebenso wie seinen Mut, seine Gerechtigkeit und seine Frömmigkeit als Kardinaltugenden zur Schau (ebd. 34). Milde aber folgte eigentlich erst, als er sie sich leisten konnte. Vorerst war es der Tod der Gegner, sei es im Kampf, durch Selbstmord oder durch Exekution, den die Triumvirn gebrauchen konnten: »Kein anderer Krieg war blutiger durch den Tod ausgezeichneter Männer« (Velleius 2, 71). Die Unversöhnlichen, die Philippi und die Proskriptionen überlebt hatten und nicht um Milde zu bitten bereit waren, scharten sich um Sextus Pompeius, den Sohn Pompeius' d. Gr., den der Senat im April 43 zum Kommandant der Flotte und der Küstenbereiche gemacht hatte, und der nun Sizilien besetzt hatte und Italien blockierte, wobei er seine Flotte und sein Heer durch Aktionen finanzierte, die seine Gegner als »Piraterie« bezeichneten.

Marc Anton und Octavian teilten sich die Beute. Die Neuzuweisung der Provinzen, von der Lepidus ausgeschlossen wurde, deutete bereits auf die spätere Trennung von Ost und West hin. Marc Anton bekam jedoch auch ganz Gallien außer Gallia Cisalpina, das nunmehr zu Italien zählte.

Antonius übernahm die Neuordnung des Orients, Octavian die Aufgabe, die Veteranen nach Italien zurückzuführen und auf dem Gebiet der Provinzstädte anzusiedeln, wobei er sich weder den Dank der Veteranen noch den der Landbesitzer erwarb, weil die einen sich beklagten, daß sie vertrieben würden, die anderen, daß man sie nicht so behandle, wie sie es ihren Verdiensten entsprechend erwarten durften.

(Sueton, Augustus 13)

Daß die *Res Gestae* dieses Thema nicht ansprechen, fällt umso mehr auf, als die Auszahlung von 600 Millionen Sesterzen zu zwei späteren Zeitpunkten (30 und 14 v. Chr.) zum Kauf von Land für Soldaten sehr wohl angegeben wird (Res Gestae 16). Nach Philippi wurden, wie wir aus anderen Quellen wissen, 18 Städte einfach ihres Umlands beraubt, das neu vermessen und an neue Eigentümer verteilt wurde. Eine der Städte, die unter dieser Maßnahme litten, war Cremona, wo die neue Vermessung auch Land einbezog, das dem benachbarten Mantua – »allzu nah dem jammernswerten Cremona« (Vergil, Ecloga 9, 28) – zugehörte, vielleicht auch solches von Brixia (Brescia). Archäologische Untersuchungen haben die Vermutung nahegelegt, daß das üblicherweise zugewiesene Stück Land 35 *iugera* (knapp 10 Hektar) groß war; das neuvermessene Land um Cremona hat für 3000 bis 4000 Veteranen gereicht. Man versteht, weshalb sich die vorherigen Landbesitzer wehrten!

Octavian gegen Marc Anton

Die Beziehungen zwischen Octavian und Marc Anton waren gespannt. Während Octavian das Odium von Enteignungen auf sich nahm, wenig Geld zur Verfügung hatte und Italien hungern sah, weil Sextus Pompeius die Getreideschiffe abfing, konnte Marc Anton die Reichtümer der Osthälfte des Reiches anzapfen, die er neu zu organisieren unternahm, wobei er alte Schützlinge der dortigen Herrscher fallen ließ und sich neue schuf. Die bedeutendste war die ägyptische Königin Kleopatra, die er zu sich befahl. Ihre Ankunft war spektakulär: »Die Bark', in der sie saß, ein Feuerthron, / brannt' auf dem Strom ...« heißt es bei Shakespeare[4], der hier der Darstellung Plutarchs folgt. Marc Anton bestätigte sie in ihren Besitzungen und verbrachte schließlich den Winter 41/40 v. Chr. mit ihr in Ägypten. In Italien unternahm in jenem Winter Marc Antons Bruder Lucius Antonius als Konsul des Jahres 41 einen Krieg gegen Octavian. Besiegt und mit seinem Heer in Perusia (Perugia) eingeschlossen, ergab er sich zu Beginn des Jahres 40. Perusia wurde gebrandschatzt.

Octavian sprach zahlreiche Todesurteile aus und antwortete denen, die Gnade zu erflehen oder sich zu entschuldigen suchten, mit dem einen Wort: »Man muß sterben«. Manche Autoren berichten, er habe aus den Besiegten 300 Mann ausgelesen, alles Ritter oder Senatoren, und sie an einem zu Ehren des vergöttlichten Iulius (Caesar) errichteten Altar an den Iden des März wie Opfertiere abschlachten lassen.

(Sueton, Augustus 15)

Lucius Antonius wurde verschont und erhielt sogar einen Posten als Prokonsul für Spanien, wo er wenig später starb.

Es läßt sich nicht beweisen, daß Marc Anton wußte, was sein Bruder tat, und nach dessen Scheitern war sowohl ihm als auch Octavian daran gelegen, die Episode nicht hochzuspielen. Gerüchte – oder war es Octavians Propaganda? – konzentrierten sich vielmehr auf das schwelgerische Leben, das Marc Anton angeblich mit Kleopatra führte, »zu berauscht von Lust und Wein, als daß er noch an Freunde oder auch Feinde hätte denken können« (Cassius Dio 48, 27). Sein Verhalten war tatsächlich zumindest unklug. Octavian versuchte damals, mit Sextus Pompeius ein Abkommen zu schließen, und als Teil der diplomatischen Züge in diesem Zusammenhang heiratete er die Tante von dessen Frau, eine gewisse Scribonia, die viel älter als er und angeblich ein rechter Drachen war. Weder das Abkommen noch die Ehe waren von Dauer, doch Octavians einziges Kind, seine Tochter Iulia, entsprang dieser Verbindung.

Im Sommer des Jahres 40 waren die Feindseligkeiten zwischen Octavian und Marc Anton zum offenen Streit geworden. Marc Anton fuhr gen Italien – Sextus Pompeius unterstützte

---

[4] William Shakespeare, *Antonius und Cleopatra*. 2. Akt, 2. Szene. Dt. v. W. H. Graf Baudissin. (RUB 39) Stuttgart 1964, S. 30.

ihn – und versuchte, in Brundisium (Brindisi) an Land zu gehen, wo ihm jedoch die Stadttore verschlossen wurden. Die
Soldaten auf beiden Seiten wollten nicht kämpfen, und so einig-
ten sich die beiden Triumvirn gütlich. Dieser »Friede von Brundisium« (September 40 v. Chr.) bestimmte für Marc Anton die
Provinzen östlich von Makedonien, während Octavian Illyricum und den Westen bekam und Lepidus mit Afrika abgespeist
wurde. Mit Sextus Pompeius, der die Herrschaft über Sizilien
und Sardinien erhielt, wurde Frieden geschlossen, allen zu ihm
Geflüchteten wurde Amnestie gewährt. Der Vertrag wurde mit
der Eheschließung zwischen Marc Anton, dessen Gattin Fulvia
jüngst verstorben war, und Octavians Schwester Octavia, die
ihren ersten Ehemann Gaius Marcellus im Jahr zuvor verloren
hatte, besiegelt; der Sohn Octavias aus erster Ehe heiratete später seine Base Iulia. Octavian selbst ließ sich nunmehr von Scribonia scheiden, die ihren Zweck politisch wie biologisch erfüllt
hatte, und ehelichte Livia, die von ihrem ersten Mann, Tiberius
Claudius Nero, zum zweiten Male schwanger war. Livia war
mit Roms ältesten und mächtigsten Familien verbunden, mit
den Claudii durch Geburt und Heirat, mit den Livii durch die
Adoption ihres Vaters in diese Familie. Livia hat die Schriftsteller von Tacitus bis Robert von Ranke Graves[5] fasziniert; sie
blieb »die einzige Frau, die Augustus wahrhaft liebte bis zu
seinem Tod« (Sueton, Augustus 62). Freilich hatte die Ehever-
bindung mit den Claudii und den Livii auch politische Vorteile.

Konsolidierung

Der Friede von Brundisium bewahrte Italien vor einer Invasion
und einem neuen Bürgerkrieg. Im allgemeinen Aufatmen gewährte man sowohl Marc Anton als auch Octavian die kleinere
Form von Triumph namens *ovatio* (Fasti Triumphales Capitolini: EJ S. 33); dasselbe Gefühl der Erleichterung spricht auch aus
der vierten Ekloge Vergils, in der die Geburt eines Kindes ge-
weissagt wird, das einst »die Lande regiert, durch Kraft seines
Vaters befriedet« (Ecloga 4, 17). Wer dieses Kind sei, ist eines
der Rätsel der Forschung, gemeint sein könnte jedenfalls das

---

[5] Robert von Ranke Graves, *Ich, Claudius, Kaiser und Gott.* (dtv 1300) München 1977.

Kind, das Marc Anton und Octavia erwarteten. Marc Anton war immer noch das Haupt des Triumvirats, und erst allmählich im Laufe des nächsten Jahrzehnts verband sich Italiens ·Hoffnung auf einen dauernden Frieden immer mehr mit Octavian.

Während Marc Antons Abwesenheit waren die Parther in die römischen Provinzen im Osten eingefallen; ihr Anführer war Quintus Labienus, der »aus dem Lager des Brutus zu den Parthern gegangen« war (Velleius 2, 78). Sie drangen bis nach Jerusalem vor, wo sie den herrschenden prorömischen Hohenpriester Hyrkanos absetzten, ihm seine Ohren abschnitten und so rituell für das Amt unfähig machten und einen Mann ihrer Wahl einsetzten. Marc Anton brachte aber den Senat dazu, Hyrkanos' Schwiegersohn Herodes (d. Gr.) als König Judäas anzuerkennen, und schickte seinen besten General, Paulus Ventidius Bassus aus Asculum (Ascoli Piceno), um die Parther zu vertreiben, was dieser so vollständig erledigte, daß er der erste Mann wurde, dem ein Triumph wegen Besiegung der Parther gewährt wurde – übrigens ein dramatischer Wandel des Schicksals: Ventidius war 51 Jahre zuvor als Gefangener im Triumphzug des Gnaeus Pompeius Strabo (des Vaters Pompeius' d. Gr.) nach Besiegung der aufständischen italischen Bundesgenossen mitgeführt worden (Cassius Dio 49, 21). Ein Beispiel dafür, wie weit manche Männer aus den italischen Städten in der römischen Gesellschaft aufsteigen konnten!

Octavian machte sich nun daran, seine Position im Westen zu stärken. Sein oberster Feldherr, Marcus Vipsanius Agrippa (er ließ den Namen Vipsanius bald fallen, weil dieser seine obskure Herkunft andeutete) wurde als Prokonsul nach Gallien geschickt, das im vergangenen Jahrzehnt unerwartet ruhig gewesen war – offenbar hatte Caesars »Befriedung« gewirkt. Agrippa beseitigte einige Unruheherde, ließ ein strategisches Straßensystem mit Lugdunum (Lyon) als Zentrum einrichten und erlaubte den Ubiern, einem Stamm, der vom rechtsrheinischen Ufer von wandernden Germanenstämmen verdrängt worden war, das Land zu behalten, das sie in der Gegend des späteren *oppidum Ubiorum* belegt hatten, der nachmaligen *Colonia Claudia Ara Agrippinensium* (Köln). Die Ubier waren gute Bauern, man konnte darauf zählen, daß sie ihr neues Land gegen mögliche Angreifer tapfer verteidigen würden.

Der Friede mit Sextus Pompeius war nicht von Dauer. Einer seiner Leutnants fiel von ihm ab und übergab Sardinien dem Octavian; dieser plante daraufhin (38 v. Chr.) eine Invasion Siziliens, die Pompeius und ein Sturm jedoch verhinderten. Octavians wichtigster Berater und diplomatischer Agent, der Etrusker Gaius Maecenas, trug dazu bei, daß Marc Anton überredet wurde, Verstärkung zu schicken, und Lepidus war bereit, seine Legionen aus Afrika herüberzubringen. Als schließlich der Angriff im Juli 36 stattfand, geriet Octavian zwar in Bedrängnis, doch Agrippa rettete die Situation für ihn. Sizilien fiel, Pompeius floh in den Osten, wo ihn Marc Antons Generäle zu Tode hetzten. Lepidus meinte nun, Sizilien sollte ihm gehören, und befahl dem Octavian, die Insel zu verlassen. Dieser jedoch ging in Lepidus' Lager, »obwohl unbewaffnet und in Zivilkleidung, mit nichts als seinem Namen ausgerüstet« (Velleius 2, 80), wo die Soldaten in Scharen zu ihm überliefen. Velleius erwähnt nicht, daß Octavian die Loyalität von Lepidus' Männern bereits vorher untergraben hatte (Appian, Emphylia 5, 124). Lepidus bettelte um Gnade, die ihm großzügig gewährt wurde: Er durfte seinen Besitz und das Amt des *pontifex maximus* (Oberpriester) behalten und zog sich für die nächsten 24 Jahre bis zu seinem Tod in den wenig ruhmvollen Ruhestand nach Circei zurück, einer Kleinstadt in Latium, die für ihre Austern bekannt war.

Es war schon Tagesgespräch im Heer (das insgesamt etwa 40 Legionen umfaßte), daß der nächste Krieg einer zwischen Octavian und Marc Anton sein würde; so meuterten die Soldaten:

Mit zornigen Rufen forderten sie, aus den Diensten entlassen zu werden, denn sie seien verbraucht – sie taten dies nicht, weil sie wirklich entlassen werden wollten, die meisten waren vielmehr Männer im besten Alter, sondern weil sie vermuteten, daß ein Krieg mit Marc Anton ins Haus stand und sie ihren Wert dafür kannten ... Octavian wußte zwar genau, daß der Krieg kommen würde und verstand ihre Absichten sehr wohl, doch gab er ihnen nicht nach.   (Cassius Dio 49, 13)

Tatsächlich entließ Octavian alle, die zehn oder mehr Jahre gedient hatten und verkündete, daß sich von ihnen keiner mehr wieder einschreiben lassen dürfe. Er bot Land bei der Entlassung an, »nicht für alle – die Dienstältesten ausgenommen –, sondern für die, die es am meisten verdient hatten« (Cassius

Dio 49, 14). Er fügte eine Abfindung von 2000 Sesterzen pro Person hinzu, versprach noch weiteres und »machte den Zenturios Hoffnung, daß er sie in ihren Heimatstädten zu Senatoren machen würde« (ebd.). Wie wir sehen werden (Kap. 4), war die Hoffnung auf gesellschaftlichen Aufstieg einer der Hauptantriebe für Rekruten im folgenden Jahrhundert. Die Meuterei brach zusammen. Es wurde mehr Land für die Rekruten gefunden, jetzt durch Ankauf. So gab Capua, das unter Bevölkerungsmangel litt, große Ländereien für die Ansiedlung von Soldaten her und erhielt dafür Land auf Kreta, das es noch im 3. Jahrhundert besaß, sowie einen neuen Aquädukt, die *aqua Iulia*. Dies war ein Anzeichen dafür, daß sich die Lage in Italien besserte – und daß Octavians Schicksal sich zum Besten wendete.

Ehren für Octavian

In Rom empfing man die Sieger wie in Trance. Die Niederlage des Sextus Pompeius hatte den Seeweg wiedereröffnet und das Gespenst des Hungers vertrieben. »Dem Meer habe ich Ruhe vor den Seeräubern verschafft«, lautete die offizielle Version (Augustus, Res Gestae 25). Die Bürgerkriege schienen vorbei (Appian, Emphylia 5, 130 u. 132). Octavian erhielt eine zweite *ovatio,* Statuen, einen (Triumph-)Bogen und verschiedene Vorrechte wie den Ehrensitz im Theater, das Recht, zu Pferd in die Stadt zu kommen, einen Lorbeerkranz auf alle Zeiten, ein Haus auf Staatskosten und ein alljährliches Siegesbankett im Jupitertempel auf dem Kapitol. Wahrscheinlich zur selben Zeit wurde ihm die persönliche Immunität eines Tribunen zuerkannt – so Cassius Dio 49, 15; Appians Version (Emphylia 4, 132), daß ihm *alle* Macht eines Tribunen übergeben wurde, ist weniger wahrscheinlich. Cassius Dio bezeugt die Übergabe der tribunizischen Gewalt für das Jahr 30 (51, 19) und verwirrenderweise noch einmal für 23 (53, 32). Was nun davon wahr ist, hat die Historiker schon lange beschäftigt, und wir werden darauf in Kap. 3 zurückkommen.

Agrippa, dem Octavian seinen Sieg verdankte, wurde nicht vergessen: Er erhielt einen goldenen Kranz, der statt mit den üblichen Lorbeerblättern mit Schiffsschnäbeln geziert war – so erscheint er auf Münzportraits. Ein anderer von Octavians erfolgreichen Generälen, Lucius Cornificius, ließ es sich einfallen, zu einer Essenseinladung auf einem Elefanten reitend anzukommen. Man kann sich vorstellen, was die alte Nobilität von den neuen Ehrungen und der vulgären Zurschaustellung ihrer Träger hielt. Octavians früheste Anhänger kamen fast ausschließlich von außerhalb der traditionellen herrschenden Schicht; Octavian war ja selbst, trotz all seiner Verbindungen zu den Iulii, ein *homo novus*. Sein Erfolg brachte nun aber immer mehr Mitglieder der alten Nobilität auf seine Seite; Cassius Dio und Appian nennen acht gewesene oder künftige Konsuln, die aktiv auf Octavians Seite im sizilischen Feldzug standen: Drei davon waren nicht-latinische Italiker, die zweifellos »neue« Männer waren – Marcus Vipsanius Agrippa, Gaius Calvisius Sabinus und Titus Statilius Taurus –, dasselbe galt vermutlich für Quintus Laronius, während ein fünfter, der eben erwähnte Lucius Cornificius, aus einer zwar nicht distinguierten, aber vielleicht doch senatorischen Familie stammte. Die anderen drei waren jedoch Angehörige der alten Nobilität: Appius Claudius Pulcher, Paullus Aemilius Lepidus und Marcus Valerius Messalla Corvinus. Noch war dies die Ausnahme; die meisten Männer ihrer Schicht hatten für Pompeius d. Gr., dann für Brutus und Cassius gekämpft und bevorzugten nun Marc Anton. Doch Octavian beherrschte Italien und war von daher in einer günstigeren Lage, wenn es darum ging, Anhänger zu gewinnen. Es muß rasch deutlich geworden sein, daß sich jeder einflußreiche Mann für eine der beiden Seiten zu entscheiden hatte – und daß dabei viel auf dem Spiel stand.

Weitere Eroberungen Octavians

Nach der Niederlage des Sextus Pompeius und der Euphorie in Rom ging Octavian wieder zum Kämpfen über. In den Jahren 35 und 34 stand er in Illyricum, an der Nordostgrenze Italiens – einer Gegend, in der ehrgeizige römische Generäle schon seit langem sich Triumphe hatten verdienen können. Octavian konnte außerdem auf diese Weise seine Soldaten auf Kosten des Landes, in dem er stand, versorgen. Und »damit der Müßiggang, der schlimmste Feind der Tapferkeit, sein Heer nicht verderbe, hatte Octavian es durch häufige Einfälle in Illyricum und Dalmatien zum Ertragen von Gefahren und zur Kriegstüchtigkeit gestählt.« (Velleius 2, 78; ebenso Cassius Dio 49, 36) Octavian wollte nicht zuletzt persönlichen Ruhm erlangen, der ihm bei Philippi und gegen Sextus Pompeius versagt gewesen war. In Illyricum, so heißt es, setzte er sich recht verwegen riskanten Situationen aus und wurde ehrenvoll verwundet – was nützlicherweise an Alexander den Großen erinnerte. Sein Hauptziel war es aber zweifellos, seine Position für die bevorstehende Auseinandersetzung mit Marc Anton zu stärken. Das eroberte Gebiet war eher klein, es umfaßte den Oberlauf der Save bis Siscia. Die Propaganda machte daraus eine gute Basis für künftige Feldzüge gegen Dakien und die dalmatinische Küste bis hin zu den dinarischen Alpen; die strategische Bedeutung des Gebiets lag eher in der Sicherung des östlichen Zugangs nach Italien. Dieses war denn auch entsprechend dankbar, und Octavian fand Beifall für seine geplanten Eroberungsziele, die er von Caesar übernommen hatte. Er ließ damals sogar wissen, daß er an eine Invasion Britanniens denke (Cassius Dio 49, 38) – ein romantischer Plan: Britannien lag am Ende der Welt, und Horaz betonte später, in den zwanziger Jahren, welchen Ruhm man dort erwerben könne. Ebenso ein anderer Dichter: »Dort erwartet dich der Brite, vom römischen Mars ungebeugt« (Panegyricus Messallae 150). Nichts freilich ist weniger wahrscheinlich, als daß Octavian in jenem Moment ernsthaft daran dachte, Italien den Rücken zu kehren.

Marc Anton und Kleopatra

Was tat Marc Anton während dieser ganzen Zeit? Er hatte den Winter 37/36 in Antiochia in Syrien verbracht und einen Feldzug nach Parthien vorbereitet. Er hatte außerdem Kleopatra, die ägyptische Königin, kommen lassen und sie geheiratet. Das römische Recht erkannte die Ehe eines Bürgers mit einer Ausländerin nicht als rechtsgültig an, im Osten jedoch betrachtete man die Hochzeit als wirksam. Sie stand in der Tradition der hellenistischen Monarchien und damit Alexanders des Großen mit seiner persischen und seiner makedonischen Gemahlin. Die Ehe mit Kleopatra bedeutete natürlich einen Bruch mit Marc Antons angetrauter römischer Gattin, Octavia, die schon zwei Kinder von ihm hatte und erneut schwanger war. Sie blieb tapfer in Italien und kümmerte sich nicht nur um ihre eigenen

Kinder, sondern auch um Marc Antons zwei Söhne aus dessen erster Ehe mit Fulvia. Daß Octavian aus dieser Situation Kapital schlug, versteht sich; Sueton überliefert einen von Marc Antons rohen Antwortbriefen auf Octavians Vorwürfe:

Warum hast Du Dich mir gegenüber so geändert? Weil ich bei der Königin (Kleopatra) schlafe? Sie ist meine Frau. Ist sie's erst jetzt oder nicht schon seit neun Jahren? Und Du, schläfst Du nur bei Drusilla? Wahrscheinlich hast Du doch, wenn Du diesen Brief liest, auch schon bei Tertulla oder Terentilla oder Rufilla oder Salvia Titisenia oder bei allen zusammen geschlafen. Kommt es denn darauf an, wo und mit wem man seine Lust befriedigt? (Sueton, Augustus 69)

Natürlich ist die Geschichte von Marc Antons Verhältnis mit Kleopatra in der Propaganda Octavians verzerrt worden. Ebensowenig besteht Zweifel daran, daß für Marc Anton die Ehe vorteilhaft war, denn er erhielt so Soldaten, Geld und Nachschub; auch Kleopatra hatte politische Vorteile. Doch überschätzen manche Gelehrte diesen Zweckaspekt; der Aspekt aber, den später Shakespeare in seinem Wort von »des Weltalls dritter Säule, umgewandelt / zum Narren einer Buhlerin«[6] ausdrückt, wird ja in den antiken Quellen (allen voran Plutarch, Antonius 36) sicher nicht zu Unrecht so herausgestellt. Und immerhin blieb Marc Anton auch dann noch an Kleopatras Seite, als dies ein verheerendes politisches Risiko war. Vielleicht können sich manche Gelehrte nicht vorstellen, daß man so völlig und selbstlos verliebt sein kann wie es Marc Anton gewesen sein muß.

Das Partherreich war die einzige organisierte Macht an den Grenzen des römischen Reiches, anderswo gab es nur Kleinfürstentümer und barbarische Stämme. Die Parther hatten ein römisches Heer unter Crassus im Jahr 54 v. Chr. vernichtet und stellten eine ständige Bedrohung für die reichen östlichen Provinzen dar. Rom mußte an der Ostgrenze seines Reichs stets auf der Hut sein – obwohl die dynastischen Streitigkeiten im polygamen parthischen Königshaus die Gefahr abschwächten. Eine solche Auseinandersetzung tobte gerade im Sommer 36, als Marc Anton über Armenien nach Parthien einmarschierte. Mit ihm kamen einige von Roms Klientelkönigen (s. Kap. 6), und seine Streitkräfte – 60000 römische Infanteristen, 10000 iberische und keltische Reiter und 30000 Mann Verbündete.

[6] Shakespeare, a. a. O. (s. S. 25) 1. Akt, 1. Szene, S. 5.

All die gewaltige Rüstung und Machtzusammenballung, die sogar die Inder jenseits von Baktrien schreckte und ganz Asien erbeben ließ, wurde, so heißt es, wegen Kleopatra für ihn unnütz. Nur darauf bedacht, den Winter mit ihr zu verbringen, habe er den Feldzug vorzeitig eröffnet und sei in allem ohne rechte Ordnung verfahren, wie wenn er nicht recht bei Verstand gewesen wäre, sondern unter der Wirkung von Liebesträken oder sonst einer Bezauberung immer nur den Blick auf sie gerichtet gehalten und mehr an die baldige Rückkehr als an den Sieg über die Feinde gedacht habe. (Plutarch, Antonius 37)

Das klingt so recht nach des Heeres Klatsch und Murren. Wir können uns die Soldaten vorstellen, vom General abwärts, die – als nach und nach immer mehr fehlschlug – rauhe Witze über ihren Kommandanten und seine Vorlieben rissen. Wenn Kleopatra auch nur annähernd so bezaubernd war, wie sie die Quellen beschreiben, muß jeder den Marc Anton beneidet haben; Kleopatra selbst mit ihrem herrscherlichen Gebaren und ihrem Machthunger kann kaum beliebt gewesen sein.

Tatsächlich schlug eine Unternehmung nach der anderen fehl. Die genaue zeitliche Abfolge der Ereignisse, der Plan des Vorgehens und die genommene Route sind umstritten. Die antiken Darstellungen sind lebendig, aber oft ungenau. Marc Anton erreichte offenbar die Hauptstadt Mediens, Phraaspa, und belagerte sie, nachdem er auf dem Zug seine 200 Wagen voll Belagerungsmaschinen zur Marschbeschleunigung zurückgelassen hatte, ohne Erfolg. Die Parther erbeuteten die Maschinen und vernichteten zwei Legionen. Der wichtigste Verbündete des Römers, der König von Armenien, desertierte mit seinen 16 000 Reitern. Marc Anton hatte auf diese gezählt, am Ende des Sommers war er zum Rückzug gezwungen. Die Parther brachen das vereinbarte freie Geleit. Die römischen Verluste waren gewaltig: Velleius (2, 82) beziffert sie auf mehr als ein Viertel des Heeres, Plutarch (Antonius 50) auf 20 000 Mann Infanterie und 4000 Reiterei, mehr als die Hälfte davon durch Krankheiten. Von einer solchen Katastrophe konnte sich Marc Anton nicht mehr erholen. Von Italien und dem Westen abgeschnitten konnte er keine neuen Legionen zu sich befehlen, und Octavian schickte ihm nur nominelle Verstärkung, die er annahm. Als Octavia zu ihm kommen wollte, schickte er sie zurück: »Man haßte ihn, weil er einer solchen Frau solches Unrecht tat«. (Plutarch, Antonius 54)

Trotz allem feierte Marc Anton im Herbst 34 in Alexandria einen Triumph; im Gymnasion auf einem goldenen Thron an

Kleopatras Seite sitzend vergab er Königtümer und Titel an sie und die drei Kinder, die er mittlerweile mit ihr hatte, sowie an ihren Sohn von Caesar, Ptolemaios Caesar (bekannt unter seinem Spitznamen Caesarion), den er als legitimen Sohn anerkannte. Dies sollte offenbar Octavians Position unterminieren, blieb aber ohne Erfolg. Selbst wenn wir Octavians Propaganda abrechnen müssen, können wir sicher sagen, daß die öffentliche Meinung in Rom Marc Antons Verhalten als Skandal betrachtete: Der Triumph war ein hochgeschätztes Stück römischer Tradition, ihn außerhalb Roms zu feiern bedeutete, Roms zentrale Rolle zu negieren. Ihn zumal in einem Gymnasion abzuhalten, war noch schlimmer: Dies war eine ganz und gar unrömische Institution, ein Symbol griechischer Kultur, und das insbesondere in dem für kulturelle Gegensätze bekannten Alexandria. Die Episode zeigt, wie weit Marc Anton sich vom römischen Empfinden entfernt hatte.

Octavian gegen Marc Anton

Kaum jemand bezweifelte, daß ein neuer Bürgerkrieg bevorstand, und man hielt es im nachhinein für einen der größten Fehler Marc Antons, daß er es nicht schon 32 v. Chr. dazu kommen ließ, da Octavians Position doch immer stärker wurde, während sich seine eigene ständig verschlechterte. Es ist möglich, daß die Macht, die den Triumvirn übertragen worden war, Ende 33 v. Chr. auslief – die Frage ist in der Forschung umstritten –, doch in jedem Fall hatte Octavian in Italien die öffentliche Meinung auf seiner Seite. Die Konsuln des Jahres 32 waren Anhänger Marc Antons, doch nach einem öffentlichen Streit mit Octavian im Senat verließen sie Rom, um ins Hauptquartier Marc Antons zu gehen, wahrscheinlich von etwa einem Viertel des Senats gefolgt. Für Marc Anton stellte sich die Frage, ob er nun Krieg führen sollte – Kleopatra konnte mit Soldaten, Geld und Schiffen helfen – und damit Octavian einen Propagandatrumpf überlassen oder ob er Kleopatra heimschicken und den Krieg so vermeiden sollte. Sie blieb, und einer von Marc Antons engsten Vertrauten – er war 35 v. Chr. Siegelverwalter des Triumvirn gewesen (Appian, Emphylia 5, 144) –, Lucius Munatius Plancus, desertierte zu Octavian. »Er litt an der Krankheit namens Verrat« (Velleius 2, 83), ein anderer Ausdruck für »er verließ das sinkende Schiff«. Sein Seitenwechsel war eine Art Vorzeichen, und außerdem konnte er wissen oder erraten, was Marc Antons in Rom aufbewahrtes Testament enthalten würde, das zu öffnen er dem Octavian riet.

Octavian nahm sich das Testament von den Vestalinnen, in deren Obhut es gelegen hatte, und verlas es vor Senat und Volk. Obwohl dieses Vorgehen nicht gutzuheißen war, tat es seine Wirkung: Vor allem die Bestimmung in Marc Antons Testament, daß er, selbst wenn er in Rom sterben sollte, in Ägypten beigesetzt sein wolle, machte einen denkbar schlechten Eindruck und gab dem – sicher nicht ohne Zutun von Octavians Agenten verbreiteten – Gerücht Nahrung, daß er der Kleopatra Rom zum Geschenk machen und die Hauptstadt des Reichs nach Alexandria verlegen wollte.

Die Veröffentlichung des Testaments brachte das Faß zum Überlaufen. Man entzog Marc Anton das Konsulat für 31, für das er acht Jahre zuvor designiert worden war, als er und Octavian solche Dinge noch abgesprochen hatten (Cassius Dio 50, 4; vgl. 48, 35, 1 u. 10), und mit Octavian als dem präsidierenden Priester wurde der Krieg erklärt, »vorgeblich gegen Kleopatra, tatsächlich aber ebenso gegen Marc Anton« (Cassius Dio 50, 4; Sueton, Augustus 17 ist offenbar verderbt). Octavian und seine Berater wußten, daß Marc Anton Kleopatra unterstützen und sich ins Unrecht setzen würde, »sie wollten diesen zusätzlichen Angriffspunkt gegen ihn haben, daß er aus freien Stücken zugunsten der Ägypterin den Krieg mit seinem eigenen Vaterland aufgenommen habe, ohne daß ihm selbst dort jemand etwas zuleide getan hätte« (Cassius Dio 50, 6). Die Unterstützung in Italien und den westlichen Provinzen wurde durch sanften Druck oder Drohungen erreicht: »Den Gefolgschaftseid hat mir ganz Italien aus freien Stücken geleistet und mich in dem Krieg, in dem ich Sieger bei Actium war, nachdrücklich als Anführer gefordert. Die gleichen Eide haben die Provinzen Galliens und Spaniens, Afrika, Sizilien und Sardinien geleistet.« (Augustus, Res Gestae 25) Der Gegensatz zwischen West und Ost wurde zum Thema in der Dichtung:

Hier hält Caesar August(us) und führt die Römer ins Treffen, /
mit ihm Väter (Senat) und Volk, die Penaten und großen Götter. / ...
Drüben mit günstigem Wind und gewogenen Göttern Agrippa /
führt die Geschwader heran ... /
Dort Antonius führt, mit dem scheckigen Heer der Barbaren /
siegreich kehrend vom Strand der morgenländischen Meere, /

ganz Ägypten, die Kraft des Orients bis zu den fernsten /
Baktrern, gefolgt – o Schmach! – von dir, ägyptische Gattin.

(Vergil, Aeneis 8, 678–688)

Actium und die Eroberung Ägyptens

Im Frühjahr 31 unternahm Octavian die Offensive und blok-
kierte Marc Antons Basis bei Actium (Aktion) am Ausgang des
ambrakischen Golfs in Nordwestgriechenland. Marc Anton
war durch weitere Desertionen geschwächt, der Nachschub
stockte, Krankheiten breiteten sich aus, die Moral sank.
Schließlich beschloß der Kriegsrat offenbar, daß Marc Anton
und Kleopatra nach Ägypten fliehen sollten, wobei natürlich
dieses Vorhaben als Vorbereitung für die Entscheidungsschlacht
kaschiert werden solle (so Cassius Dio 50, 15, dessen Version
plausibler ist als die bei Plutarch, Antonius 66, und Velleius 2,
85, daß Kleopatra plötzlich während des Kampfes floh und der
überraschte Marc Anton alles stehen und liegen ließ, um ihr zu
folgen). Sobald die beiden fort waren (2. September 31 v. Chr.)
– auf ihrer Flucht nach Süden wurden sie nicht ernstlich verfolgt –, brach der Widerstand rasch zusammen, die Flotte ergab
sich, das Landheer folgte nach diversen Verhandlungen eine
Woche später.

Einzelheiten der Schlacht und der folgenden Verhandlungen
sind in den Quellen dunkel, vielleicht nicht zufällig: Octavian
hatte allen Grund, die Härte des Kampfes und folglich den
Ruhm seines Sieges zu überhöhen. Vielleicht aber hatten schon
einige von Marc Antons Offizieren vor der Schlacht mit ihm
Verbindung aufgenommen, jedenfalls waren die Verluste relativ
gering.

Im Laufe des Winters 31/30 entließ Octavian viele Soldaten,
übernahm die Reste von Marc Antons Heer in sein eigenes und
ordnete die östlichen Provinzen und Klientelkönigtümer neu.
Die meisten von Marc Antons Klienten, darunter Herodes
(d. Gr.), beeilten sich, zu Octavian überzugehen. Doch erst im
Sommer fiel Octavian in Ägypten ein. Die Soldaten in Marc
Antons Flotte und Reiterei liefen in Scharen über, er selbst
beging Selbstmord, und Octavian zog am 1. August 30 v. Chr.
als Eroberer in Alexandria ein. Kleopatra wurde gefangengenommen, doch entzog sie sich der Vorführung im Triumphzug
durch Gift. Ihr Sohn von Caesar wurde umgebracht, ebenso

Abb. 1: Goldmünze des Augustus, 27 v. Chr.
Vorderseite: Haupt des Augustus.
Rückseite: Krokodil; AEGYPTO CAPTA.

Marc Antons ältester Sohn von Fulvia, der ihn in den letzten Jahren begleitet hatte. Der zweite Sohn aus dieser Ehe, der bei Octavia in Rom geblieben war und bald Octavias älteste Tochter aus erster Ehe heiratete, brachte es hingegen später zum Konsul und Prokonsul für Asien; er kam in den Wirren um Iulia ums Leben (s. Kap. 3). Und Octavia? Sie nahm nun auch die Kinder, die Marc Anton von Kleopatra hatte, zu sich.

Octavian rühmte sich seiner Milde (Res Gestae 3). Velleius war beeindruckt: »Der Sieger verfuhr auf das mildeste: niemand wurde getötet bis auf ganz wenige, die es nicht übers Herz gebracht hatten, um Gnade zu bitten« (2, 86)[7]; ebenso nach dem doppelten Selbstmord in Alexandria: »Es war des Glücks und der Milde Octavians würdig, daß niemand von denen, die gegen ihn zu Waffen gegriffen hatten, durch ihn oder auf seinen Befehl getötet wurden« (2, 87) – eine augenfällige Übertreibung, doch war die Zahl der Getöteten tatsächlich nicht groß. Die meisten einigermaßen bedeutenden Römer hatten rechtzeitig Marc Anton verlassen und sich mit Octavian geeinigt, bevor der letzte Akt gegeben wurde.

Der Sturz der Kleopatra wurde von Horaz in einer berühmten Ode (1, 37) gefeiert: *Nunc est bibendum, nunc pede libero / pulsanda tellus* ... (Jetzt heißt es trinken, jetzt mit dem freien Fuß / die Erde stampfen). Münzen, die die Eroberung Ägyptens propagierten, wurden geprägt (s. Abb. 1), Octavian rühmte sich, »Ägypten dem Herrschaftsgebiet des römischen Volkes hinzugefügt« zu haben (Res Gestae 27). Noch über 20 Jahre danach, 8 v. Chr., gab der Senat als Begründung für seinen Entschluß, den Monat Sextilis Octavian Augustus zu Ehren in Augustus umzubenennen, unter anderen an, daß »in diesem Monat

---

[7] Manche Ausgaben und Übersetzungen verändern den Text hier zu Unrecht in »niemand wurde getötet und nur ganz wenige verbannt, die ...«

Ägypten in die Herrschaft des römischen Volks gebracht und die Bürgerkriege beendet worden« seien (Macrobius 1, 12, 35).

Octavian war nun Herr der römischen Welt. Seine bisherige Karriere konnte man von zwei unterschiedlichen Standpunkten aus sehen: Es hat »kein anderes Heilmittel für die Zerrissenheit des Vaterlands gegeben, als daß es von *einem* Mann regiert wurde« (Tacitus, Annales 1, 9) – oder aber »die Pietät gegen den Vater und die Verhältnisse der Republik« waren nur Vorwand, der wirkliche Grund »Herrschsucht« (ebd. 1, 10). Den meisten Menschen war diese Frage gleichgültig, was zählte, war der Friede.

Vom 13. bis 15. August 29 feierte Octavian einen spektakulären Triumph (vgl. Vergil, Aeneis 8, 714–723) wegen seiner Erfolge in Illyricum, bei Actium und in Ägypten. Er war damals 33, so alt wie Alexander der Große bei seinem Tod. Octavian hatte noch 43 Jahre zu leben; in ihnen gelang es ihm, seine Macht zu konsolidieren (s. Kap. 3), das nicht immer erfreuliche Bild seiner jungen Jahre zu überdecken und als *pater patriae,* Vater des Vaterlands, das große Vorbild für alle künftigen Kaiser zu werden. Als er starb, war die neue Ordnung so fest etabliert, daß keine Alternative möglich erschien: Wie Tacitus (Annales 1, 3) feststellt, waren zu jener Zeit »die Jüngeren erst nach der Schlacht bei Actium geboren und die Älteren noch zur Zeit der Bürgerkriege: So gut wie niemand hatte je die echte Republik gesehen.«

2. Die Quellen

Das erste und zweite Jahrhundert

Daß uns zur ersten Hälfte der in diesem Buch behandelten Epoche weit mehr Untersuchungen vorliegen als zur zweiten, ist in der Natur unserer Quellen für jene Zeit begründet: Der traditionelle Zugang zur Geschichte, der sich vor allem auf eine Interpretation der literarischen Zeugnisse gründet, fand für die Zeit von Augustus bis Trajan ausreichend Material durch vier antike Schriftsteller, die sich der Geschichte der Kaiser, ihrer jeweiligen Persönlichkeit, Politik, Hofhaltung und Einstellung gegenüber dem Senat widmeten. Drei dieser Autoren schrieben am Ende des ersten bzw. zu Beginn des zweiten Jahrhunderts: Tacitus, Plinius d. J. und Sueton. Tacitus und Plinius waren Senatoren (und sich dessen auch wohl bewußt), Sueton gehörte dem Ritterstand an und war Sekretär am Hof des Kaisers Hadrian, was ihm Zugang zum kaiserlichen Archiv ermöglichte. Der vierte Autor, der hier zu nennen ist – ebenfalls ein Senator –, schrieb ein Jahrhundert später: Cassius Dio. Es ist leicht, die ganze Zeitspanne mit den Augen dieser vier Schriftsteller, somit also aus der Perspektive der Senatoren und Höflinge, von Rom und Italien aus zu sehen. Insbesondere Tacitus präsentiert sein Material mit solch machtvoller Durchdringung, so individueller Interpretation und so denkwürdiger Darstellungskraft, daß kein Leser sich seinem Einfluß ganz entziehen kann. Kein anderer antiker Historiker, Thukydides ausgenommen, hat seine eigene Sicht so sehr der späteren Geschichtsschreibung aufgeprägt: Noch heute sieht man das erste Jahrhundert oft mit dem Blick auf die Persönlichkeiten und das Tun der herrschenden Kaiser, betont – wie das Tacitus tut – das Verhältnis von Kaiser und Senat, die Hofintrigen und die dynastischen Streitereien. Die Weltsicht ist die der italischen Oberschicht, das senatorische Ethos herrscht vor.

Zur zweiten Hälfte der hier behandelten Epoche liegen uns – sobald Plinius' d. J. Briefe als Zeugnisse auslaufen (der jüngste erhaltene Brief, abgesehen von der in Buch 10 gesammelten amtlichen Korrespondenz aus Bithynien, datiert aus dem Jahr 108) – keinerlei gleichermaßen ausführliche Quellen mehr vor, die uns ähnliche Untersuchungen ermöglichten. Wir können etwa über die Personen und den Klatsch an Hadrians Hof –

anders als bei Nero – nichts sagen. Uns fehlt außerdem für den Großteil dieser Zeit ein chronologisches Gerüst, wie es Tacitus und Cassius Dio für die frühere Zeit bieten. Somit wird zum Beispiel eine genaue Datierung von Gesetzen sehr erschwert. Ferner beherrschen die damaligen Verhältnisse in Rom und Italien auch deshalb nicht mehr so sehr unser Bild der Zeit, da die Kaiser Trajan, Hadrian und Marc Aurel sich oft außerhalb von Italien aufhielten. Stattdessen ist die Gewichtung verändert: Es gibt mehr und bessere Zeugnisse für gesellschaftliche und wirtschaftliche Bedingungen, das Leben der ärmeren Schichten, und eben für die Provinzen. Die griechische Literatur der sogenannten Zweiten Sophistik kann als Quelle für den griechischen Osten dienen, die frühchristliche Literatur zeigt uns das Leben und Sterben in den Gefängnissen und Arenen. Schließlich liegt uns für diese Zeit eine viel größere Zahl von Inschriften und Papyri vor als für das erste Jahrhundert. So erfahren wir nun weit mehr über Leute, die senatorische Schriftsteller wie Tacitus und Plinius d. J. eben für »nicht der Rede wert« gehalten haben. Im übrigen sind die archäologischen Zeugnisse für das zweite Jahrhundert im allgemeinen reicher, spektakuläre Stätten wie Pompeji und Herculaneum (vom Vesuvausbruch 79 n. Chr. verschüttet) einmal ausgenommen.

Das vorliegende Buch spiegelt unvermeidlich die Unausgewogenheit unserer Quellen wider. Es wäre unsinnig, das Zeugnis eines Tacitus oder Sueton zu vernachlässigen, auch wenn wir versuchen wollen, uns nicht auf ihre Aussagen zu beschränken. Nicht weniger unsinnig wäre es aber auch, bei der Darstellung des zweiten und dritten Jahrhunderts ebenso breit auf die kaiserliche Familiengeschichte einzugehen wie für die Zeit, da uns mit Tacitus und Sueton ausführliche Quellen vorliegen. Insgesamt müssen wir besonders darauf achten, daß die Provinzen gebührend berücksichtigt werden, auf gesellschaftliche und wirtschaftliche Faktoren eingegangen wird und auch die Zeugnisse für das Leben außerhalb der herrschenden Schichten vorgelegt werden.

Das Zeitalter des Augustus

In allen angeführten Bereichen stellt das Zeitalter des Augustus eine gewisse Ausnahme dar. Die einzige zusammenhängende Darstellung der Zeit ist die bei Cassius Dio, der deshalb zu einer Hauptquelle wird. Tacitus bietet nur eine Zusammenfassung von Augustus' Karriere, Appian stellt in seinen *Emphylia* die Geschichte des Bürgerkriegs bis 35 v. Chr. und den Illyrienfeldzug im darauffolgenden Jahr dar. Ebenso von großem Wert für die Geschichte der Zeit der Triumvirate ist Plutarchs Biographie des Antonius. Velleius Paterculus war Augenzeuge mancher späterer Feldzüge, die er in oft faszinierenden Details darstellt; wo er nicht selbst zugegen war, sind sein Zeugnis und seine Interpretation nur mit Vorsicht zu verwenden. Suetons Biographie des Augustus ist besonders wichtig – es ist die längste, die er verfaßt hat. Augustus' eigene Darstellung seiner Erfolge, ursprünglich auf einer Bronzetafel an seinem Mausoleum angeschlagen und uns in mehreren Inschriften erhalten (Monumentum Ancyranum: EJ S. 1 ff.), die *Res Gestae Divi Augusti,* ist für die ganze Kaiserzeit einmalig. Die Dichter, besonders Vergil und Horaz, zeigen uns viel vom Bild des Augustus in den frühen Jahren seines Wirkens. Der griechische Geograph Strabon überliefert viele »nebensächliche« Informationen über Italien und die Provinzen zur Zeit des Augustus. Andere Schriftsteller sind für besondere Themen oder Regionen wichtig, wie Seneca d. Ä. für die Rhetorik oder Flavius Josephus für die Geschichte Judäas und der östlichen Provinzen. Da Augustus 45 Jahre lang die römische Welt beherrschte, von der Schlacht bei Actium 31 v. Chr. bis zu seinem Tod 14 n. Chr., länger als jeder seiner Nachfolger, und da er diese Welt für die Nachwelt in einzigartiger Weise formte, ist es wohl deutlich, warum sein Wirken so bedeutend ist (und weshalb wir seinem Zeitalter zwei ganze Kapitel widmen).

Tacitus

Darauf, wie sehr Tacitus die historiographische Tradition beherrscht, wurde bereits hingewiesen. Im Vorwort zu den *Annales,* seinem letzten Werk, kritisiert er frühere Historiker, die sich mit der Zeit nach Augustus' Tod befaßten:

Für die Schilderung der augusteischen Zeit fehlte es nicht an ausgezeichneten Talenten, bis sie die überhandnehmende Schmeichelei abschreckte. Die Taten des Tiberius, Gaius (Caligula), Claudius und Nero sind zu ihren Lebzeiten aus Furcht gefälscht, nach ihrem Tod mit frischem Haß geschildert worden. Deshalb plane ich, nur weniges über

Augustus – und das über sein Ende – zu überliefern, dann aber Tiberius' Prinzipat und das Übrige zu behandeln, alles ohne Haß und Vorliebe *(sine ira et studio)*, wofür mir jeglicher Grund fehlt.

(Tacitus, Annales 1,1)

Es herrscht in der Forschung allgemein Übereinstimmung darüber, daß Tacitus sein letztgenanntes Ziel verfehlt hat. Er hat vielmehr eine spürbare Vorliebe für Episoden, die eine dramatisierte Darstellung ermöglichen, auch wenn sie historisch nicht so bedeutend waren. Er hat seine »Guten« und »Bösen« und erkennt daher oft nicht, wie sich ein Charakter verändern kann oder daß eine Persönlichkeit nicht immer berechenbar ist: Seine »Guten«, z. B. Germanicus, strahlen, seine »Bösen« sind ganz schwarz gezeichnet (s. Kap. 5). So sieht er etwa Tiberius als grundsätzlich böse an und erklärt daher alle guten Taten, die zu berichten er nicht umgehen kann, als Heuchelei oder Verstellung. Geschichte hat in Tacitus' Augen ein moralisches Ziel zu verfolgen, nämlich daß »Tugend nicht stillschweigend übergangen« und daß für »Verworfenheit in Wort und Tat Furcht vor Schande bei der Nachwelt eingeflößt« wird (Annales 3,65). Manche Tatsachen sind nicht »des Überliefernd würdig«, wie der Bau eines Amphitheaters (Annales 13,31; vgl. Sueton, Nero 12). Vor allem aber projiziert Tacitus die Interessen und Animositäten seiner eigenen Zeit in die Vergangenheit zurück: Auch wenn er über Dinge schreibt, die zwei oder drei Generationen zurückliegen, bieten sich Angriffspunkte für »Haß und Vorliebe« bei ihrer Interpretation aufgrund von Tacitus' eigenen Erfahrungen.

Seine frühesten Werke waren wahrscheinlich die Biographie seines Schwiegervaters *Agricola* und die *Germania,* ein Werk, das für uns besonders nützlich ist, da es viel Material enthält, das sonst verloren gegangen wäre. In der Darstellung ist es allerdings deutlich von dem Ziel beeinflußt, die Germanen als die »edlen Wilden« im Gegensatz zu den degenerierten Römern zu profilieren. Beide Werke datieren etwa aus dem Jahr 98 n. Chr., und die Mehrzahl der Gelehrten nimmt an, daß Tacitus' drittes kleines Werk, der *Dialog über die Redner,* bald folgte. Die *Historien* entstanden zwischen 100 und 110 – nur die ersten vier Bücher, die die Ereignisse von 69 und 70 schildern, sind erhalten. Als letztes Werk folgten die *Annalen,* die das Geschehen vom Tod des Augustus bis zum Anfang des in den *Historien* behandelten Zeitraums verfolgen. Für seine historischen Werke sah Tacitus eine beeindruckende Anzahl von Quellen ein. Unter den früheren Historikern erwähnt er besonders Plinius' d. Ä. Geschichte der Germanenkriege und dessen allgemeineres Geschichtswerk sowie die Bücher des Cluvius Rufus, Fabius Rusticus und Domitius Corbulo. All diese Werke sind uns nicht erhalten. Tacitus zog ferner die Memoiren der Agrippina, Neros Mutter, heran, in denen er eine bei allen anderen Historikern nicht bezeugte Tatsache gefunden haben will, nämlich daß Agrippinas Mutter im Jahr 26 den Tiberius um einen anderen Ehemann gebeten habe (Annales 4,53). Wieviel mehr solcher – historisch oft zweifelhaften – Hofskandale mögen aus derselben Quelle entnommen worden sein!

Tacitus benutzte auch Biographien, Grab- und andere Reden, er zog die Protokolle des Senats herbei (Annales 15,74), die amtlichen Bekanntmachungen *(acta diurna)*, kaiserliche Archivalien *(commentarii principis)*, Inschriften und Pamphlete. Er überliefert Aussagen von mündlicher Tradition, die er schriftlichen Aufzeichnungen gegenüberstellt: *fama* steht gegen *auctores*. Alles, was er verwendet, unterwirft er seinem eigenen stilistischen Ziel: Dies wird deutlich, wenn wir den auf einer Inschrift in Lyon (ILS 212 = Sm. I 369; HIRK 34) erhaltenen Text einer Rede des Kaisers Claudius mit Tacitus' eigenwilliger Version (Annales 11,24) vergleichen (s. Kap. 5). Und doch war Tacitus sorgfältig bei seinen Recherchen, oft bestätigen andere Zeugnisse, etwa Inschriften, seine Angaben. Wenn wir also Tacitus' Zeugnis mit Vorsicht verwenden müssen, so nicht, weil er Tatsachen falsch wiedergibt, sondern weil er manche Dinge bewußt ausläßt und das meiste eigenständig interpretiert.

Cassius Dio

Cassius Dio reicht weder in der Durchdringung des Materials noch in der stilistischen Ausarbeitung an Tacitus heran, und doch ist sein griechisch geschriebenes Werk nächst jenem unsere wichtigste Einzelquelle für die gesamte Epoche, deren Wert vor allem in der Zusammenstellung von Fakten liegt, weniger in allgemeinen Interpretationen des Geschehens. Cassius Dios Werk entstand im frühen dritten Jahrhundert und umfaßte ursprünglich die Ereignisse bis zum zweiten Konsulat des Autors 229. Erhalten ist es vollständig bzw. in ausführlichen Exzerpten für den Zeitraum von 68 v. Chr. bis 46 n. Chr.; wertvoll ist es ferner für manche Ereignisse in Cassius Dios eigener Zeit. Es gibt eine annalistische Aufzeichnung der Ereignisse, deren Nutzen besonders dann deutlich wird, wenn das Werk uns nicht im Original vorliegt, sondern nur in kurzen Auszügen *(epitome)* des elften und zwölften Jahrhunderts, die Xiphilinos und Zonaras angefertigt haben. Cassius Dio ist, wie auch Tacitus, geneigt, die Probleme seiner eigenen Zeit in die Vergangenheit zurückzuprojizieren; besonders die langen Reden in seinem Werk sind zumeist reine Erfindung und oft völlig anachronistisch.

Prosaliteratur

Es gibt viele Prosawerke, die als Quelle wertvoll sind, auch wenn sie nicht eigentliche Geschichtsschreibung darstellen. Außer Plinius' d. J. Briefen ist hier sein *Panegyricus* zu nennen, eine Preisrede auf Hadrian, die Plinius beim Antritt seines Konsulats 100 n. Chr. verfaßt hat. Als Geograph ist bereits Strabon genannt worden, weiter gab es den lateinisch schreibenden Pomponius Mela, den Griechen Ptolemaios und den ebenfalls griechischen »Baedeker« Pausanias, einen Reiseführer durch das Griechenland des 2. Jahrhunderts, oder das anonyme Seemannshandbuch über die Umfahrung des Roten Meeres *(Periplus Maris Erythraei)*. Plinius d. Ä., der Onkel des Jüngeren, schrieb 37 Bücher Naturgeschichte *(Naturalis historia)* – ein wahrer Steinbruch von wahren, zuweilen aber auch falschen Informationen. Ferner sind die beiden Senecas zu nennen, Seneca d. Ä., der über Rhetorik schrieb, und dessen Sohn, Seneca d. J., Neros Erzieher, dessen Wert für uns vor allem in seinen Anekdoten und in dem Einblick liegt, den er uns in die Geistesgeschichte jener Zeit gewährt. Vitruv schrieb über Architektur, sein Werk wurde das Handbuch schlechthin für die klassische Architektur der Renaissance. Columella, ein gebürtiger Spanier, der große Güter in Italien besaß, schrieb zu Neros Zeit über Landwirtschaft. Quintilian, ebenfalls Spanier, war Professor für Rhetorik in Rom und verfaßte zwölf Bücher *Institutio Oratoria*, für uns als Quelle zur Literatur- und auch Sozialgeschichte von Bedeutung. Frontin, zum dritten Mal Konsul im Jahre 100, war zuvor für die Wasserversorgung Roms zuständig gewesen; er schrieb *Strategemata* und ein technisches Handbuch über Aquädukte.

Petron, der *arbiter elegantiae* (Schiedsrichter des guten Geschmacks) Neros (Tacitus, Annales 16,18), verfaßte einen Roman, der unter dem Titel *Satyricon* (nicht zuletzt durch Fellinis Film) bekannt ist. Der längste Abschnitt dieses bunten Romans beschreibt ein großes Gelage mit der überragenden Vulgarität und Selbstdarstellung des neureichen Gastgebers, des Freigelassenen Trimalchio. Ganz offenbar wollte der elegante Petron sein feines Publikum mit der übertriebenen Ungehobeltheit seiner Romanfigur amüsieren, doch jede Satire muß, um wirkungsvoll zu sein, eine Stütze in der Realität haben, weshalb wir das Werk auch als Quelle für die Sozialgeschichte jener Zeit ansehen dürfen. Als solches öffnet es uns den Blick in das Leben von Leuten weit unterhalb der senatorischen Aristokratie, für die ja die meisten der bisher genannten Autoren als Beleg dienen können. Petron hat man im übrigen auch die sogenannte *Apocolocyntosis* (»Verkürbissung des Kaisers Claudius«), eine scharfe Satire voll schwarzen Humors, zugewiesen – wahrscheinlich zu Unrecht; man vermutet zumeist Seneca d. J. als Autor.

Zu erwähnen sind schließlich noch die Anthologien und Anekdotensammlungen, wie sie uns in den Werken eines Valerius Maximus, Macrobius oder Aulus Gellius erhalten sind; ferner die Geschichtsabrisse des Florus, der im 2. Jahrhundert schrieb – und zwar sehr schlecht –, des Aurelius Victor und des Eutropius, beide aus dem 4. Jahrhundert, sowie die Darstellungen der Christen Eusebios und Orosius.

Jüdische und christliche Quellen

Bereits aus den ersten Jahrhunderten n. Chr. liegen uns in den Büchern des Neuen Testaments nicht zuletzt wertvolle Zeugnisse für die Sozialgeschichte vor, in denen das tägliche Leben der kleinen Leute gezeigt wird. Wenn der Lebensstil eines reichen Landbesitzers wie Plinius d. J. mit dem eines englischen Aristokraten des 18. Jahrhunderts vergleichbar ist, und wenn der römische Imperialismus und römische Ideale es Imperialisten des 19. Jahrhunderts wie Briten und Franzosen in Indien bzw. Nordafrika nahegelegt haben, sich selbst als Römer zu sehen, dann ist die Welt der Evangelien, das Milieu etwa in den

Gleichnissen Jesu, in vielen Punkten sehr nahe der tagtäglichen Welt unserer Grabungsarbeiter in Karthago.

Die jüdische Welt ist in unseren Quellen gut repräsentiert. Außer dem Neuen Testament und der intertestamentarischen Literatur liegt uns das Werk des schon genannten Flavius Josephus vor, der zur Zeit Domitians seine 20 Bücher zur jüdischen Geschichte, *Antiquitates Judaicae*, veröffentlichte und aus der Sicht eines übergelaufenen Juden den *Jüdischen Krieg* schilderte, der in der römischen Eroberung von Massada gipfelte (s. Kap. 7). Auch Philo Judaeus, ein hellenisierter Jude aus Alexandria, der an einer Gesandtschaft an Caligula 39 n. Chr. teilnahm, weiß einiges zu den kulturellen Gegensätzen seiner Heimatstadt zu berichten. Schließlich läßt sich der späteren jüdischen Tradition oft interessantes Material entnehmen: Die *Mischna*, eine Kodifizierung rabbinischer Interpretationen und Regeln zum jüdischen Recht, stammt aus dem späten 2. Jahrhundert, der *Talmud*, eine spätere Ausarbeitung und Erweiterung der *Mischna*, und auch die *Midraschim* (Kommentare) – all das sind wertvolle Quellen.

Lateinische Dichtung

Auch in der zeitgenössischen Dichtung finden wir häufig Zeugnisse zur Geschichte der Zeit. Die augusteischen Dichter Vergil (70–19 v. Chr.) und Horaz (65–8 v. Chr.) zeigen uns, wie Augustus' Person und Wirken in den Jahren vor der Schlacht von Actium wahrgenommen wurden und wahrgenommen werden sollten (vgl. Kap. 1 und 3). Ovid (43 v. – 18 n. Chr.), der in den späteren Jahren von Augustus' und den ersten von Tiberius' Regierungszeit schrieb, bietet viel historisches Material[1]. Phaedrus (ca. 15 v. – ca. 50 n. Chr.), ein Freigelassener des Augustus, schrieb Fabeln, deren satirischer Biß ihm Verfolgung durch Sejan einbrachte. Die Satiren des Persius (gest. 62 n. Chr.) hingegen haben nur wenig Bezug zur Lebenswirklichkeit. Lucan, Enkel Senecas d. Ä. und Neffe des Jüngeren, 65 zum Selbstmord gezwungen, schrieb ein Epos über den Bürgerkrieg, das viele historische Informationen enthält, die sich freilich zumeist auf die Zeit vor der in unserem Buch behandelten Epoche be-

[1] Vgl. nur Sir Ronald Symes Buch *History in Ovid*. Oxford 1978.

ziehen. Von den nach-augusteischen Dichtern sind zweifellos die beiden für uns wichtigsten Martial und Juvenal, insbesondere wegen des Lichts, das sie auf das Leben im Rom unter den Flaviern werfen.

Martial war Spanier; in Bibilis geboren ging er im Jahre 64 nach Rom und kehrte dann 98 nach Spanien zurück, wo er sechs Jahre später starb (Plinius, Epistulae 3,21). Von Spanien aus schrieb er (Martial 12,18) nach Rom an Juvenal, gab an, er sei in seiner Heimat ehrenvoll empfangen worden und bedaure nun seinen Adressaten, der im überfüllten Rom festsitze, wo er den Großen in der verschwitzten Toga aufwarten müsse. Juvenal, ebenfalls ein satirischer Schriftsteller, war noch 127 tätig (Juvenal 15,27); auch er beschäftigt sich mit den Ereignissen, die in seine Jugend (und damit in Martials beste Jahre) fielen, nämlich den Charakteren und Skandalen am Hofe Domitians. Beide Autoren bieten uns ein eindrucksvolles Bild ihrer Zeit, doch sollten wir nicht vergessen, daß beide Satiriker waren und daher zu Übertreibungen neigten!

Spätere Historiker

Die klassische lateinische Literatur endet nach allgemeiner Ansicht mit Juvenal. Ohne Zweifel läßt sich ein Rückgang in Quantität und Qualität des erhaltenen Lateinischen konstatieren, wohingegen die griechische Literatur eine Art Renaissance erlebte. Erst die christlichen Autoren mit ihren neuen Inhalten belebten die lateinische Literatur aufs Neue. Der Historiker kann sich daher nach Juvenals Zeit zunächst nur noch auf wenige literarische Quellen stützen. Für das zweite und frühe dritte Jahrhundert kommen einer fortlaufenden Geschichtsdarstellung lediglich die Exzerpte aus Cassius Dio nahe, für die Zeit nach 180 ferner das Geschichtswerk des syrischen Griechen Herodian. Cassius Dios eigentlicher Text ist aber – mit Ausnahme von Fragmenten zum Tod des Caracalla, zur Herrschaft des Macrinus und zum Aufstieg des Elagabal (217–219) – verloren.

Kompliziert wird die Quellenproblematik noch durch die Sammlung von Kaiserbiographien, die unter dem Titel *Historia Augusta* (HA) überliefert sind und vorgeben, das Werk mehrerer Autoren zur Zeit Diokletians und Konstantins zu sein. In der Forschung hält man sie heute jedoch für die Arbeit eines einzigen Verfassers, der am Ende des 4. Jahrhunderts lebte und die angeblichen Verfasser samt vermeintlich zeitgenössischer Anspielungen so erfunden hat, wie heute mancher Autor historischer Romane es tut. Dieser Verfasser benutzte gute Quellen, die heute verloren sind, darunter die Biographien, die ein Marius Maximus (Konsul 233 n. Chr.) als Anhang zu Sueton verfaßt hat und die im Rom des 4. Jahrhunderts viel gelesen wurden; oft aber arbeitet der Autor sehr frei. Folglich stellt sich immer das Problem seiner historischen Glaubwürdigkeit. Es ist so, als wenn wir für die iulisch-claudische Zeit nicht Tacitus und Sueton, sondern nur *Ich, Claudius, Kaiser und Gott* als Quelle zur Verfügung hätten[2]. Im allgemeinen nimmt man für die Biographien der früheren Kaiser einen größeren Teil wertvollen Materials an, und für die Kaiserbiographien mehr als für die sekundärer Personen (Prätendenten und Thronerben), doch sollte man Belege aus der *Historia Augusta* stets mit größter Vorsicht heranziehen. Für manche Dinge ist sie dennoch unsere einzige literarische Quelle, etwa dafür, daß der Hadrianswall in Großbritannien von Hadrian gebaut wurde (HA Hadrian 11), was durch archäologische und inschriftliche Zeugnisse ja gesichert ist. Oft aber ist es das lebhafteste (und daher vielzitierte) Detail, das doch nur erfunden ist, um – wie es für Pooh-Bah in der Operette *Der Mikado*[3] zutrifft – einer ansonsten unwahrscheinlichen und wenig anregenden Geschichte künstlerische Plausibilität zu verleihen.

Weitere literarische Quellen

Zu speziellen Themen, Regionen und Zeitabschnitten gibt es weitere literarische Zeugnisse: Die wichtigsten griechischen Autoren des 1. Jahrhunderts sind Plutarch mit seinen Biographien und anderen Werken, der stoische Philosoph Epiktet mit seinen Hofanekdoten, der Redner Dion Chrysostomos, der den Zelebritäten der Zweiten Sophistik voranging (vgl. Kap. 10) und der Historiker dieser Bewegung, Philostratos, der auch

[2] Robert von Ranke Graves, *Ich, Claudius, Kaiser und Gott.* (dtv 1300) München 1977.
[3] W. S. Gilbert, A. Sullivan, *Der Mikado oder Ein toller Tag in Titipu. Operette in zwei Akten.* Dt. Übers. v. O. E. Deutsch. Köln, Wien 1959.

eine Biographie des Philosophen und Wundertäters Apollonios von Tyana verfaßte, in der manche Geschichte aus der Zeit des Tigellinus und Vespasian enthalten ist. Der Briefwechsel des Kaisers Mark Aurel mit seinem Lehrer Fronto gewährt uns einen Einblick in den kaiserlichen Haushalt, und Mark Aurels Werk *An sich selbst* sind von hohem autobiographischen Wert. Apuleius, der Autor des zweiten großen Romans der Antike (nach Petron, s. o.), und Lukian mit seinen oft spaßhaften Dialogen und Traktätchen sind nicht zuletzt wertvolle Quellen zur Sozialgeschichte des 2. Jahrhunderts. Der bedeutende Arzt Galen verfaßte medizinische Texte mit interessanten Fallbeispielen. Den sogenannten *Acta Alexandrinorum* entnehmen wir Informationen über Spannungen innerhalb Alexandrias; das letzte in ihnen erwähnte Ereignis fällt in die Zeit des Commodus. Christliche Autoren belegen das Verhältnis zwischen Anhängern der neuen Religion und ihren heidnischen Nachbarn; zu nennen sind etwa Justinus Martyr, Eirenaios (Irenaeus), Minucius Felix, Tertullian, Cyprian und Laktanz sowie die verschiedenen Märtyrerakten. Schließlich sei auf die juristischen Texte hingewiesen, die *Institutionen* des Gaius, die *Digesten* und *Institutionen* des Justinian, die viel Material des 2. u. 3. Jahrhunderts überliefern. Spätere Autoren wie Libanios sind oft auch für die hier behandelte Epoche wertvoll. Somit wird deutlich, daß tatsächlich auch das zweite und dritte Jahrhundert in nicht wenigen literarischen Quellen erfaßt werden können, die sich freilich von denen für das erste in mancher Hinsicht unterscheiden: Sie sind weniger ausgesprochen »historische« Quellen, sind kaum noch für das Wie der römischen Reichsverwaltung von Wert, werfen dafür Schlaglichter auf das Leben der Reichsuntertanen, und sie stellen Rom und Italien weit weniger in den Vordergrund. Apuleius und die christlichen Autoren, die griechischen Redner und Pausanias beleuchten die Provinzen, Justinus Martyr stammte aus Palästina, Lukian aus Samosata am Euphrat, Irenaeus aus Kleinasien (er wurde später Bischof von Lyon), Minucius Felix aus Afrika und Tertullian und Laktanz aus Karthago, wo Apuleius aufwuchs und dessen Bischof später Cyprian war.

Die wichtigsten Kategorien epigraphischer Zeugnisse für die hier behandelte Epoche sind:

1. »Öffentliche« Dokumente wie Gesetzestexte, amtliche Bekanntmachungen, Kalender und offizielle Aufzeichnungen, Abschriften wichtiger (vor allem kaiserlicher) Reden, Inschriften zu Ehren bedeutender Persönlichkeiten, Weihungen und Bauinschriften.

2. Private Aufzeichnungen wie Grabsteine, Epitaphe, Militärdiplome, Fluchtafeln (die zumeist auf Bleitäfelchen stehen) und Briefe, Quittungen und sonstige Niederschriften auf Holztafeln und ähnlichen Materialien.

Die beiden Kategorien lassen sich freilich nicht immer genau unterscheiden, und man sollte vielleicht Graffiti als dritte Kategorie ansehen – vom Wahlslogan über Preislisten bis zu obszönen Kritzeleien ist an den Wänden Pompejis alles vertreten.

Einige Inschriften sind recht umfangreich: Von Augustus' *Res Gestae* war schon die Rede; von Bedeutung sind hier außerdem die fünf Edikte von Kyrene (SEG IX 8 = EJ 311; HIRK 28), die auf Griechisch wertvolle Angaben über Augustus' direktes Eingreifen in einer eigentlich »senatorischen« Provinz darstellen; dann die bereits erwähnte Lyoner Inschrift mit der Rede des Kaisers Claudius (ILS 212 = Sm. I 369; HIRK 34); das Gesetz, mit dem Vespasian dieselbe Machtvollkommenheit übertragen wurde, wie seine Vorgänger sie besaßen *(lex de imperio Vespasiani:* ILS 244 = MW 1; HIRK 49); außerdem die Aufzeichnungen über das öffentliche Unterstützungsprogramm für Kinder *(alimenta)* zweier italischer Landstädte unter Trajan (ILS 6509 = Sm. II 435 und ILS 6675 = Sm. II 436; HIRK 70); Hadrians Ansprache an die Truppen in Lambaesis/Afrika nach seinem Manöverbesuch 128 n. Chr. (ILS 2487 + 9133–35 = Sm. II 328; HIRK 79); dazu die zu seiner Regierungszeit aufgestellten Regeln für den Betrieb der Bergwerke in Vipasca/Lusitanien (ILS 6891 = Sm. II 440; HIRK 84) – die Liste ließe sich ohne Ende fortsetzen; wir werden auf die genannten Inschriften im weiteren Verlauf zurückkommen. Am anderen Ende der Skala zeigen uns Grabsteine und Graffiti das Leben der kleinen Leute: »Hier liegt Vitalis, der Sklave des Gaius Lavius Faustus, und auch sein Sohn, ein im Haus geborener Sklave. Er lebte 16 Jahre lang.« (ILS 7479, bei Philippi gefunden) und »Dein für 2 As« (CIL IV 5372 – die Wandanschrift einer Hure).

Abb. 2: Münze des Augustus aus Lugdunum (Lyon), ca. 10 v. Chr.
Vorderseite: Bekränztes Haupt des Augustus.
Rückseite: Altar für ROM(A) ET AUG(USTUS) in Lugdunum.

Münzen

Münzen sind neben literarischen und epigraphischen Zeugnissen eine weitere wichtige Quelle. Sie wurden zu Propagandazwecken eingesetzt, dazu, bedeutende Ereignisse oder offizielle Vorhaben zu verkünden – etwa wie heutzutage Briefmarken. So finden wir Augustus, der die Rückkehr der parthischen Standarten verewigt oder die Errichtung eines Altars für Rom und Augustus in Lyon verkündet (s. Abb. 2), oder wir sehen, wie er gegen Ende seiner Herrschaft die Lyoner Münzserie mit Tiberius teilt und so die Leute an die Idee, daß Tiberius sein Nachfolger werde, zu gewöhnen sucht. Neros Münzen betonen seine »Wohltaten« für das Volk in einer Weise, die es uns verständlich machen kann, warum er beim einfachen Volk so beliebt war (s. Abb. 8). Vespasians Münzen weisen auf die des Augustus zurück, und wir erinnern uns, daß die *lex de imperio Vespasiani* (s. S. 50) immer wieder auf die Machtbefugnisse des Augustus als geeigneten Präzedenzfall verweist. Hadrian, der so viel reiste, feierte seine Besuche in den Provinzen. Antoninus Pius, der die römische Grenze in Britannien bis zu Forth und Clyde nach Norden verschieben konnte (s. Kap. 9), ließ eine Münze mit der Aufschrift *Britannia* und der Darstellung einer sitzenden Frau, die die Provinz verkörpert, prägen; diese Bildidee griff der englische König Charles II. wieder auf, und die sitzende Britannia fand sich auf den britischen Pennies bis zu ihrer Abschaffung durch die Dezimalisierung. Münzen schließlich zeigen uns mitunter, wie berühmte Gebäude in der Antike aussahen, und sie geben uns gute Portraits der Kaiser und ihrer Gattinnen.

Papyri

Anders als die Inschriften waren die Aufzeichnungen auf Papyrus nicht für die Nachwelt bestimmt. Nur der trockene ägyptische Wüstensand (oder ähnliche Bedingungen an anderen Orten, wie Dura-Europos am Euphrat, Nessana in der Wüste Ne-
gev oder Herculaneum, wo Papyrusrollen beim Vesuvausbruch
79 n. Chr. verkohlten, aber so erhalten blieben) hat den Papyrus
bewahrt. Fast alle erhaltenen Papyri sind auf griechisch geschrieben; die wenigen lateinischen Papyri enthalten meist amtliche Heeresaufzeichnungen – bis auf ein jüngst gefundenes
Fragment des lateinischen Dichters Gaius Cornelius Gallus[4].
Wir haben griechische Privatbriefe, Abrechnungen, Testamente, Bekanntmachungen, Petitionen, Rechtsentscheide, Steuer-
fälle usw. – Zeugnisse, die sich teils nur auf die Verhältnisse in
Ägypten beziehen, dessen Verwaltung sich von der anderer
Provinzen deutlich unterschied, teils aber auch allgemein interessant sind. Das persönliche Detail rührt uns hier noch mehr
an als auf Inschriften: Man denke an den Brief des Seemanns
Irenaeus, der auf einem der alexandrinischen Getreideschiffe
Dienst tut und aus Puteoli (Puzzuoli) an seinen Bruder nach
Hause schreibt, daß sein Schiff und alle anderen im Hafen fest-
liegen, aber täglich aufs Entladen warten, und daß er Rom be-
sichtigt hat, wo man ihn »wie's die Götter gewollt haben« empfangen habe – offenbar war seine Tour kein voller Erfolg! (Sel.
Pap. 11) Oder an den Sklavenjungen Epaphroditos, acht Jahre
alt, der aus einem Fenster in einem oberen Stockwerk die Ka-
stagnettenspieler bei einem Fest sehen wollte und dabei heraus-
stürzte; ein Papyrus zeugt davon, daß seinem Tod nun nachge-
gangen wird (P.Oxy. III 475).
  Ebenfalls in den Aufgabenbereich des Papyrologen fallen
Ostraca, Scherben, auf die kurze Notizen eingeritzt wurden
und die vielfach für Quittungen (etwa für Steuern oder Ratio-
nen im Heer) verwendet wurden. Ferner die – allerdings sehr
seltenen – Wachs- oder Holztäfelchen, die wohl nur ein Papy-
rologe entziffern kann, auch wenn sie theoretisch zur Epigraphik gehören: Die beiden wichtigsten derartigen Funde sind das
155 Wachstäfelchen umfassende Archiv des Bankiers Lucius
Caecilius Iucundus in Pompeji (CIL IV 3340) und die 1983

[4] R. Anderson, P. Parsons, R. Nisbet, *Elegiacs by Gallus from Qasr Ibrim.*
Journal of Roman Studies 69 (1979) 125–155.

veröffentlichten Holztäfelchen von Vindolanda, einer römischen Siedlung beim Hadrianswall in Britannien (heute Chesterholm)[5].

Archäologie

Schließlich wollen wir den schriftlosen archäologischen Zeugnissen nachgehen, den Gebäuderesten, wie sie noch erhalten sind oder vom Ausgräber freigelegt wurden, sowie den Artefakten und sonstigen Funden. Bis in die Mitte dieses Jahrhunderts hat sich die klassische Archäologie vor allem den großen Monumenten und den Städten gewidmet. In Rom selbst fanden der Palatin und das Forum natürlich besondere Aufmerksamkeit, in Italien vor allem Pompeji und Herculaneum – die Ausgrabungen zeugen dabei oft mehr vom Enthusiasmus der Forscher als von sorgfältiger wissenschaftlicher Präzision. Wo Bevölkerungsbewegungen oder wirtschaftliche Veränderungen ganze Städte veröden ließen, wie das in Nordafrika und Kleinasien der Fall ist, hat man diese Städte freilegen und dabei höchst interessante Ergebnisse erzielen können. Was hingegen nicht monumental oder eindrucksvoll war, wurde oft vernachlässigt oder gar zerstört, um visuell (und emotional) »befriedigendere« Zeugen der Vergangenheit freizulegen.

In den nordwestlichen Provinzen des Reiches, vor allem entlang des Rheins und in Britannien, waren die Gelegenheiten für diese Art von Ausgrabungen freilich begrenzt. Die Römerstädte waren zumeist weit weniger wohlhabend und daher weniger attraktiv als die im Mittelmeerraum, außerdem bildeten sie, und das gilt gerade für die wenigen Großstädte dort, zumeist den Kern einer modernen Stadt, die – wie London, Köln oder Lyon – noch heute besteht. Was hingegen in Germanien und Britannien häufig war, sind militärische Einrichtungen. In Britannien und Gallien (Frankreich) gab es ferner viele befestigte keltische Ansiedlungen, *oppida,* die die Römer bei ihrer Invasion vorfanden. Weder die römischen noch die keltischen Anlagen sind auch nur annähernd so eindrucksvoll wie etwa die monumentalen Überreste von Domitians Palast auf dem Palatin oder auch die vielen Römerstädte in Nordafrika, z. B. Timgad, Dje-

[5] A. K. Bowman, J. D. Thomas, *Vindolanda: The Latin Writing Tablets.* (Britannia Monograph 4) London 1983.

mila oder Dougga. Ausgrabungen im Norden erforderten und erfordern große Vorsicht, wenn man die Spuren hölzerner Reste nicht übersehen und für immer verlieren will. In den letzten Jahrzehnten des vergangenen Jahrhunderts begründete General Pitt-Rivers (Augustus Henry Lane Fox Pitt-Rivers, 1827–1900) in England die wissenschaftliche Archäologie, in Frankreich grub Joseph Déchelette (1862–1914) das keltische *oppidum* Bibracte (Mont Beuvray) aus, die Hauptstadt der Haeduer, und in Deutschland leitete die Limes-Kommission Forschungen zu dieser römischen Grenze und ihren Festungen. Die Art der Fundstätten, die Ziele der Ausgräber und die angewendeten Techniken unterschieden sich dabei deutlich von denen in Italien, in Afrika und im Osten.

Es ist wichtig, sich diese Unterschiede vor Augen zu halten, da sie die Menge und Art der archäologischen Zeugnisse, die uns zur Verfügung stehen, beeinflussen; macht man sich dies nicht deutlich genug, ist man vielleicht geneigt, aufgrund moderner Forschungsgegebenheiten antike Verhältnisse zu postulieren, die nie zutrafen. Das Verhältnis von Stadt und Land kann für das römische Britannien viel besser untersucht werden als für das römische Spanien; ein Buch über die Germanenpolitik des Augustus kann aufgrund der ausgegrabenen augusteischen Militäreinrichtungen in Germanien geschrieben werden[6], doch an der mittleren und unteren Donau gibt es keinen sicheren Beleg für eine augusteische Einrichtung – was freilich an der Intensität der archäologischen Forschung liegen mag. An der Ostgrenze des Reichs ist der Grabungsbefund noch geringer, dort sind die meisten Stätten nur aus Luftbildern oder aufgrund ihrer bloßen Existenz als sichtbare Ruine bekannt, aber mangels Ausgrabung nicht genau zu datieren.

Historiker, die nicht ausgebildete Archäologen sind, übernehmen oft recht unkritisch die Schlüsse, die ein Ausgrabungsbericht oder gar eine Zusammenstellung archäologischer »Tatsachen« bieten. Dies ist nicht ohne Risiko: Heißt es zum Beispiel im Ausgrabungsbericht, daß bei einer Stätte »keine Belege« für augusteische Besiedlung gefunden wurden und daß die frühesten Keramik- und Münzfunde aus flavischer Zeit stammen, könnte der unaufmerksame Historiker diese Aussage so verstehen und dann für seine Sicht der Geschichte jener Stätte

---

[6] C. M. Wells, *The German Policy of Augustus. An Examination of the Archaeological Evidence*. Oxford 1972.

auswerten: »Diese Stätte ist nicht in augusteischer, sondern erst in flavischer Zeit besiedelt worden.« Genaueres Nachlesen würde aber vielleicht zeigen, daß der Archäologe nur wenige Suchgräben in einem kleinen Bezirk der Stätte untersucht und mit seiner Grabung aufgehört hat, als er die ältesten Baureste aus Stein gefunden hatte, die eben durch flavische Keramik datierbar waren. Daß die Stätte also in flavischer Zeit besiedelt war, ist damit erwiesen, doch solange die Grabung nicht auch die Schichten unterhalb der flavischen Mauern auf mögliche Spuren älterer Holzbauten untersucht hat, läßt sich nicht belegen, ob nicht auch eine frühere, etwa augusteische Siedlung bestand. Es ist sogar eine typische Abfolge römischer Militärarchitektur, daß zunächst nur Holzbauten mit Erdwällen und Palisaden errichtet werden, die dann später durch Steinbauten ersetzt werden. An Rhein und Donau geschieht letzteres unter Claudius, und erst feinere Grabungsmethoden haben eine vorclaudische Besiedlung, die zunächst geleugnet wurde, nachweisen können.

Doch auch das Gegenteil kann passieren: In Nordafrika zum Beispiel verstanden sich die frühen französischen Archäologen als Erben Roms. Sie wollten die Werke ihrer »Ahnen« finden, an denen sie auch aus rein praktischen Überlegungen interessiert waren – man wollte die römischen Aquädukte und Bewässerungssysteme untersuchen und möglicherweise nachahmen, um das einst so fruchtbare Land wieder nutzbar zu machen. Während also Joseph Déchelette die Holzhütten der Haeduer ausgrub, legten seine Landsleute und Kollegen in Algerien und Tunesien große urbane Zentren frei, brachten ganze Straßenzüge und gepflasterte Foren ans Licht, Theater und öffentliche Gebäude. Dabei räumten sie oft die weniger eindrucksvollen späteren Zeugnisse fort, die lehmbedeckten Straßen, die Hütten über den monumentalen Resten, die nach deren Verfall entstanden waren, kurz, all die Belege, die vom Niedergang und Untergang der einst so großen Städte sprachen.

Die Zeugnisse aus Ausgrabungen müssen immer wieder überprüft werden, wenn neue Erkenntnisse gewonnen werden; ein gutes Beispiel hierfür ist die Untersuchung von Keramik, einer vor allem für Datierungen entscheidenden Fundart. Auch die Keramiktypen, die am besten erforscht sind, bergen dabei noch immer manche Überraschung: Die im Westen des römischen Reiches weitverbreitete *terra sigillata*, feine glänzende rote Ware, teils glatt, teils reliefiert, ist, so nahm man immer an, seit der Mitte des ersten vorchristlichen Jahrhunderts in Italien, seit

Anfang des ersten nachchristlichen Jahrhunderts hingegen zunehmend in Gallien hergestellt worden, wobei die gallischen Produktionszentren rasch den Exportmarkt der italischen übernahmen und die westlichen Provinzen belieferten. Ausgrabungen in Lyon und Laboruntersuchungen der chemischen Zusammensetzung des Tons haben aber vor etwa 20 Jahren erwiesen, daß auch die vermeintlich »italische« Sigillata in Gallien hergestellt worden ist und daß das italische Produktionszentrum Arretium (Arezzo) eine viel geringere Rolle bei der Belieferung des römischen Heeres gespielt hatte. Die 1909 auf der Grundlage von Funden in Haltern/Lippe entworfene und von der arretinischen Herkunft ausgehende Typologie und Datierung der Sigillata muß daher in mancher Hinsicht korrigiert werden.

Haltern (s. Abb. 3) bietet auch ein Beispiel für das umgekehrte methodische Problem: Man hatte angenommen, daß das dortige Lager während Germanicus' Feldzügen in den Jahren 14 bis 16 n. Chr. belegt war und deshalb die jüngste dort gefundene Keramik auf diese Jahre datiert. Neuere Ausgrabungen und Überprüfungen der Belege haben jedoch gezeigt, daß Haltern mit größter Wahrscheinlichkeit schon 9 n. Chr. in der Folge der römischen Niederlage gegen Varus (s. Kap. 3) zerstört wurde. Die jüngste Keramik müßte demnach aus diesem oder einem früheren Jahr stammen – die Datierung der Zerstörung der Fundstätte ermöglicht also hier, umgekehrt als sonst, die Datierung der Keramik.

Das Verhältnis von literarischen und archäologischen Zeugnissen ist nicht mehr das von Herrin und Magd; schriftliche und nichtschriftliche Zeugnisse sind durchaus gleichwertig. Sie können einander bestätigen, ergänzen oder auch widersprechen (wenn Caesar, De bello Gallico Krieg 1,4,4, den Rhein als wichtige ethnographische Grenze ansieht, so bestätigt das die Archäologie durchaus nicht); archäologische Zeugnisse geben uns überdies Informationen, wie sie die literarische Überlieferung nie enthält. Die Grenzen dieser Zeugnisse müssen uns aber ebenso deutlich sein: Ausgrabungen bringen nur materielle Reste ans Licht, zeugen im Idealfall von der physischen Beschaffenheit einer Stätte in der Vergangenheit. Aus diesen Resten auf ihre Urheber und deren Ziele zu schließen, ist oft riskant, wenn keine schriftlichen Zeugnisse vorliegen.

Schließlich verdient die Luftbildarchäologie besondere Erwähnung. Luftbilder vermögen verborgene Gebäudespuren, Straßen und Gräben aufzuzeigen: Oft wachsen Gras und Ge-

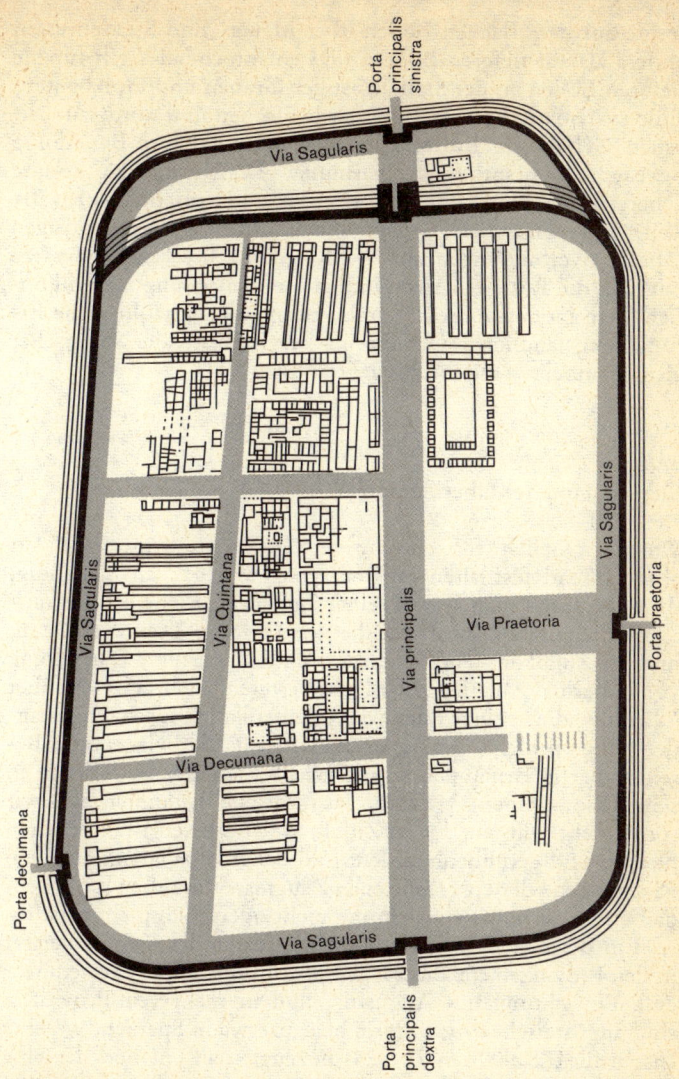

Abb. 3: Haltern. Übersichtsplan der bis 1975 erkannten Gebäudespuren des römischen Hauptlagers. Die langgestreckten Blocks werden als Kasernen interpretiert.

57

treide auf dem flachen Boden über Mauer- und Straßenresten anders als auf tieferen Böden, und entsprechendes gilt für die tieferen Böden an der Stelle einstiger Gräben und Holzbauten. Eine systematische Erfassung der britischen und nordfranzösischen Gebiete im Luftbild hat eine weit dichtere Besiedlung bezeugt als ursprünglich vermutet. In Nordafrika konnte Oberst Jean Lucien Baradez[7] von der französischen Luftwaffe Teile des römischen Grenzverlaufs mit den dazugehörigen Überlandverbindungen und Siedlungen nachweisen; anderswo hat man die Reste einer römischen Landaufteilung zeigen können – ein interessantes Ergebnis, zumal die archäologische Erforschung ländlicher Gebiete im Vergleich zu der städtischer Zentren noch wenig fortgeschritten ist.

Der Zustand der Überlieferung

Unsere Quellen für die antike Geschichte sind, wie wir abschließend festhalten müssen, ganz und gar unvollständig, ihre Erhaltung zumeist ein reiner Zufall. Nur eine einzige mittelalterliche Handschrift hat die *Annalen* von Tacitus erhalten, und der Zufall der Überlieferung will, daß wir seine Darstellung von Tiberius' Aufstieg zur Macht besitzen, nicht aber die über Claudius, die in einer Lücke der erhaltenen Handschrift gestanden haben muß. Es ist Zufall, daß Tacitus' Schwiegervater Befehlshaber in Britannien war. Deshalb berichtet uns Tacitus in seiner Biographie so viel über das römische Britannien, was wir sonst nicht wüßten. Es ist Zufall, welche Inschriften erhalten bleiben und gefunden werden, und daher unzulässig, aus dem »Schweigen« der epigraphischen Zeugnisse darauf zu schließen, daß eine bestimmte Einrichtung nicht oder noch nicht existierte. Ein Beispiel: Die finanziellen Interessen des Kaisers vertrat in den Provinzen ein kaiserlicher *procurator*. Dieses System war eine Einrichtung des Augustus, und in mehreren Provinzen sind augusteische *procuratores* belegt, etwa in Spanien, wo eine Inschrift (ILS 9007 = EJ 224) bezeugt, daß ein und derselbe Mann nacheinander *procurator* in Rätien, Spanien und Syrien war. Für andere Provinzen gibt es vor Domitian keine epigra-

[7] J. Baradez, *Fossatum Africae. Recherches aériennes sur l'organisation des confins sahariens à l'époque romaine.* Paris 1949.

phischen Belege, für Britannien einen frühen literarischen Beleg (Tacitus, Annales 14, 32). Wir können also nicht sagen – wie das in der Forschung bisweilen getan worden ist –, daß *kein* epigraphisches Zeugnis gleichbedeutend ist mit dem Fehlen des Postens in dieser und jener Provinz. Außerdem müssen wir mit einem Wechsel dessen rechnen, was üblich war: Zur Zeit der römischen Republik war es durchaus unüblich, die ganze Karriere eines Mannes inschriftlich zu verewigen, im ersten nachchristlichen Jahrhundert taten dies vor allem Senatoren, im zweiten dann auch die Angehörigen des Ritterstands, wohingegen im dritten Jahrhundert diese Art von Inschriften recht drastisch abnimmt. Ferner waren, wie es scheint, italische und afrikanische Städte eher bereit, solche Inschriften für ihre Wohltäter oder »großen Söhne« aufzustellen als Städte in anderen Provinzen – oder ist dies wiederum ein Zufall der Überlieferung?

Was eben für Inschriften gesagt worden ist, gilt erst recht für Papyri und ebenso für archäologische Zeugnisse. Die Zerstörungsrate archäologischer Stätten durch moderne Bautätigkeit und intensiven Ackerbau ist vor allem in Westeuropa so hoch und die Geldmittel für Ausgrabungen so gering, daß man die gegenwärtige Situation mit der eines Mannes in einer Bibliothek verglichen hat, der weiß, daß sie bald zerstört sein wird und daß er nur ganz wenige Bücher retten darf, die er nach der Farbe des Einbands auswählen muß . . .

Wie der Archäologe muß auch der Historiker auswählen, was nicht schon die Zufälle der Überlieferung ausgeschieden haben. Was er für wichtig hält und wie er sein Material gestaltet und seine Schlüsse zieht, hängt nicht zuletzt von seinen Zielen und Einstellungen ab.

3. Augustus: Staat, Nachfolge und Eroberungen

res publica restituta

Nach dem Sieg bei Actium und der Eroberung Ägyptens kehrte
Octavian im Sommer 29 v. Chr. nach Rom zurück, wo er seinen
dreifachen Triumph feierte (s. Kap. 1). Die Kriegsbeute ermöglichte es ihm, öffentliche Gebäude zu finanzieren und weitere
Stiftungen zu errichten. Seine Position war unangreifbar: Seit
31 war er jedes Jahr Konsul, und das Jahr 28, als Agrippa sein
Kollege war, verbrachten beide Konsuln zur Gänze gemeinsam
in Rom – das war das erste Mal seit 20 Jahren, daß dies geschah.
Octavian, durch Caesars Schicksal gewarnt, war daran gelegen,
möglicher Opposition gegen ihn durch seine Unterwerfung unter traditionelle Formen von vornherein zu begegnen. »In meinem sechsten und meinem siebten Konsulat (28 und 27 v. Chr.)
habe ich, nachdem ich die Flammen der Bürgerkriege gelöscht
hatte und mit der einmütigen Zustimmung der gesamten Bevölkerung die höchste Machtbefugnis erworben hatte, die Republik aus meiner Machtbefugnis wieder der Ermessensfreiheit
des Senats und des römischen Volkes überantwortet.« (Augustus, Res Gestae 34) Andere Quellen sprechen von der Wiederherstellung der Republik, *res publica restituta*. Was heißt das?
   Diese »Wiederherstellung« war nicht ein einziger Akt, sondern ein Vorgang, der gut zwei Jahre dauerte. Betrachten wir
ein Beispiel: Die Römer hatten ein hochentwickeltes und thea-
tralisches Gespür für öffentliche Zeremonien wie etwa für die
Kreuzigung oder – am anderen Ende der Skala – für den
Triumph; auch die Zeremonien in Verbindung mit den höheren
Magistraten gehören hierzu. Konsuln wurden z. B. von zwölf
Liktoren begleitet, die Rutenbündel mit einer Axt *(fasces)* trugen, Symbole (und auch tatsächliche Werkzeuge) für die Macht
des Konsuls, körperliche Züchtigung und Tötung als Strafe auszusprechen. Zur Zeit der Republik wechselten sich die Konsuln
monatlich in der Mitführung der *fasces* ab. Octavian nun hatte
sich die ununterbrochene Mitführung zusagen und seinen Kollegen davon ausschließen lassen; jetzt aber, 28 v. Chr., beschloß
er, sie wiederum mit dem Kollegen zu teilen, und am 1. Februar
paradierte Agrippa hinter den *fasces* – die öffentliche Demonstration, daß der Ausnahmezustand vorüber war.

Abgesehen von solchen Propagandagesten mußte Octavian aber auch rechtliche Formen – möglichst mit guten republikanischen Vorbildern – finden, in denen er seine tatsächliche Macht auch ausüben konnte. Die Forschung des 19. und frühen 20. Jahrhunderts war überaus an der »konstitutionellen Stellung des Augustus« interessiert – eine damals wohl interessante, doch, wie wir heute meinen, nicht richtig gestellte Frage: Augustus war kein deutscher Rechtsanwalt, der von 1848 träumte, und kein britischer Beamter, der eine tadellos liberale Verfassung für einen neuen afrikanischen Staat entwarf. Sicher bespricht Cicero in seinem Werk *de re publica,* was die beste Staatsform, der *optimus rei publicae status* sei (1, 39–71), doch Augustus war eben gerade kein Theoretiker. Ihm ging es schlicht darum, seine praktisch monarchische Machtstellung zu legalisieren und zugleich zu verschleiern.

Der erste Versuch, ein umfassendes rechtliches Konzept zu schaffen, datiert aus dem Jahr 27 v. Chr. Am 13. Januar legte er in Absprache mit seinen Anhängern auf einer Senatsversammlung alle außerordentlichen Befugnisse nieder und stellte alle seine Provinzen in die Macht des Senats (Cassius Dio 53, 11–19 ist unsere Hauptquelle hierfür). Er war freilich immer noch Konsul, was er durchgehend bis 23 v. Chr. bleiben sollte; daraus ergab sich sein *imperium* und sein Vorrang gegenüber allen Prokonsuln. Man bot ihm sogleich auf zehn Jahre die Provinzen Syrien, Kilikien, Zypern, Gallien und Spanien (das friedliche Baetica im Süden ausgenommen) an, die er mit deutlich gezeigtem Widerwillen annahm; Afrika, Illyricum und Makedonien mit ihren Legionen blieben vorerst unter Prokonsuln. Ägypten blieb ihm als rechtmäßigem Nachfolger der Ptolemäer (s. Kap. 6). Zahlreiche Ehren wurden ihm übertragen: ein Eichenkranz über der Tür seines Hauses, ein Schild mit der Aufschrift seiner Tugenden, und nicht zuletzt – auf Antrag eben des Munatius Plancus, der fünf Jahre zuvor von Marc Anton zu Octavian abgefallen war – der neue Name *Augustus,* der Erhabene, »da ja auch die Heiligtümer und all die Orte, die von den Auguren geweiht werden, *augustus* genannt werden« (Sueton, Augustus 7).

Für das meiste gab es republikanische Präzedenzfälle, so für die Übertragung gleich mehrerer Provinzen, die Augustus ja nicht alle persönlich verwalten konnte: Pompeius d. Gr. hatte im 7. Jahrzehnt v. Chr. viele Provinzen erworben und im 6. die Provinz Spanien durch Vertreter verwalten lassen – und was konnte es für einen besseren Präzedenzfall geben als den des Pompeius, des Verfechters der Republik gegen die tyrannische Selbsterhebung Caesars (der offenbar seinen Zweck für die augusteische Propaganda erfüllt hatte)? Ohne Vorbild war jedoch die Häufung von Provinzen in einer Hand, und wir müssen Cassius Dio (53, 16) recht geben, wenn er feststellt, daß die Herrschaft über die Finanzen und das Heer Augustus geradezu die Gesamtherrschaft überließ. Cassius Dio (53, 17) kehrt die Formel, die Augustus verwendete, sogar um und vertritt die Meinung, daß mit der Vereinbarung von 27 »die ganze Macht vom Volk und Senat auf Augustus überging und von dieser Zeit an etwas bestand, das wirklich eine Monarchie war.«

Konsulat, tribunizische Gewalt und *imperium maius*

Ein Nachteil am jetzt erreichten Zustand war, daß das fortwährende Konsulat des Augustus seine Vorrangstellung zu offenbar machte und zudem anderen die Möglichkeit nahm, Konsul zu werden. Noch war es nicht üblich, daß Konsuln schon während ihrer Amtszeit zurücktraten und *suffecti*, »Ersatzmännern«, Platz machten, und auch zwischen 27 und 6 v. Chr. geschah dies nur viermal. Im Jahr 23 stellte Augustus nun, in der Mitte einer Konsulatsperiode, sein Amt zur Verfügung; er war später nur noch einmal Konsul, im Jahre 5 v. Chr., als er seinen Enkel ins öffentliche Leben einführen wollte, und trat prompt zurück, als er sein Ziel erreicht hatte. In jenem Jahr gab es drei *suffecti*, und daraufhin wurde dieses Verfahren so üblich, daß es bis zu Augustus' Todesjahr 14 n. Chr. nur noch einmal ein Jahr ohne *suffectus* gab – ein auffallender Wandel und ein Anzeichen dafür, wie wenig ein Konsul noch ausrichten konnte.

Damit Augustus nach der Abgabe des Konsulats 23 v. Chr. dennoch seine Rechtsposition behaupten konnte, wurde ein neues Konzept erarbeitet, dessen Kernbegriff die tribunizische Gewalt, *tribunicia potestas* war. Die Bedeutung dieses Titels mag man daran ersehen, daß die späteren Kaiser ihre Regierungszeit nach der Zahl ihrer Jahre mit *tribunicia potestas* rechneten und daß die Verleihung dieser Macht an einen anderen diesen als Nachfolger auswies. So bemerkt Tacitus anläßlich von Tiberius' Bitte im Jahr 22 n. Chr., man möge die tribunizische Gewalt seinem Sohn Drusus Caesar übertragen:

Augustus hatte diese Bezeichnung für die höchste Macht gewählt, um nicht den Namen König oder Diktator annehmen zu müssen und doch durch einen Titel die übrigen Staatsmänner zu überragen. Später erwählte Augustus den Agrippa zum Teilhaber der tribunizischen Gewalt und nach dessen Tod den Tiberius, um über seinen Nachfolger keinen Zweifel zu lassen. (Tacitus, Annales 3, 56)

Es ist wahrscheinlich, daß Augustus bereits früher (36 v. Chr. laut Appian, Emphylia 5, 132, ebenso Orosius 6, 18, 34; sechs Jahre später laut Cassius Dio 51, 19) gewisse Befugnisse erhalten hatte, die eigentlich mit dem Tribunat verbunden waren. Die genauen Umstände sind umstritten, doch macht Cassius Dios Darstellung der Vorgänge von 23 v. Chr. (53, 32) deutlich, daß Augustus nun erstmals die ganze tribunizische Macht erhielt. *Sacrosanctitas* (Immunität) und *ius auxilii* (Appelationsrecht), beides Rechte der republikanischen Tribunen, besaß er wohl schon; das alte tribunizische Recht, Senat und Volksversammlung einzuberufen und beiden Anträge vorzulegen, kam jetzt hinzu (später erhielt er noch das Vorrecht, zu jedem Zeitpunkt in der Senatsversammlung einen Antrag einreichen zu können), ebenso das Vetorecht gegen jede staatliche Aktion oder Beamtenhandlung und die *coercitio*, das Recht, Gehorsam gegen seine Anordnungen zu erzwingen und gegebenenfalls mit Strafen durchzusetzen (s. Kap. 10). Nicht aller dieser neuen Rechte bedurfte Augustus, sein *imperium* zum Beispiel umfaßte bereits *coercitio*. Doch in jedem Falle hatte er nun durch den Einsatz der vollen tribunizischen Gewalt die Möglichkeit, so gut wie jede ihm mißliebige Entwicklung zu verhindern und eine Gesetzgebung in seinem Sinne einzuleiten.

Außerdem erhielt er, wie Cassius Dio andeutet, nun, da er das *imperium* des Konsuls mit diesem Amt abgelegt hatte, das prokonsularische *imperium* auf Lebenszeit; dies sollte im Unterschied zur üblichen Regelung auch innerhalb der Stadt Rom wirksam und dem aller anderen Prokonsuln vorgeordnet sein *(imperium maius)*. Auch für letzteres gab es ein republikanisches Vorbild, doch die Häufung der Befugnisse war ohne Beispiel. Die neue Stellung des Augustus war sehr geschickt konstruiert worden. Sie stärkte seine Position enorm und nahm ihm zudem die viele Routinearbeit des Konsulats ab. Dies war ihm wichtig, denn zuvor in diesem Jahr war er lebensbedrohlich krank gewesen und hatte sich schonen müssen.

Die Verschwörung des Murena

Etwa zu jener Zeit wurde Augustus' Herrschaft durch einen
Vorgang herausgefordert, den Sueton (Augustus 19) schlicht als
coniuratio Murenae, die Verschwörung des Murena, bezeichnet, ohne näher darauf einzugehen. Die Einzelheiten liegen im
dunkeln. Es scheint, als hätten Augustus und seine Berater versucht, die Angelegenheit totzuschweigen, und offenbar war
mehr als eine Version der Ereignisse im Umlauf. Das wenige,
was es an antiken Zeugnissen zum Thema gibt, datiert die Verschwörung auf 22 v. Chr., insbesondere Cassius Dio, der sie mit
dem Prozeß gegen einen gewissen (und sonst unbekannten)
Marcus Primus in Verbindung bringt, der als Prokonsul in Makedonien Krieg ohne Auftrag des Senats geführt hatte:

Nicht wenige stimmten für einen Freispruch des Primus, und andere
bildeten eine Verschwörung gegen Augustus. Fannius Caepio fing sie
an, andere stießen hinzu; selbst Murena soll an ihr beteiligt gewesen
sein. ... Sie wurden in Abwesenheit verurteilt, als ob Fluchtgefahr
bestünde, und wenig später getötet, und weder bei seinem Bruder Pro-
culeius noch bei seinem Schwager Maecenas – beide von Augustus
hochgeschätzt – fand Murena Hilfe.   (Cassius Dio 54, 3)

Zwar sagt Cassius Dio nicht ausdrücklich, daß der Murena in
der Verschwörung jener Licinius Murena ist, den er zuvor als
Verteidiger des Primus erwähnt hat, doch impliziert dies seine
Darstellung. Velleius (2, 91) nennt den Verschwörer Lucius
Murena, Sueton (Tiberius 8) Varro Murena, beide den Fannius
Caepio als Beteiligten. Wir wissen, daß Maecenas' Gattin Terentia hieß, deren Bruder also ein Terentius gewesen sein muß,
und tatsächlich nennen die antiken Belege einen Terentius Var-
ro, der im Jahr 25 die Salassi im Aostatal in Norditalien besiegte
(Cassius Dio 53, 25; vgl. Strabon 4 p. 205–206). Strabon gibt an,
daß der Verschwörer, den er nur »Murena« nennt, vor kurzem
Legat im Osten gewesen war (14 p. 670), und von Josephus
(Jüdischer Krieg 1, 398; Jüdische Altertümer 15, 345) wissen
wir, daß ein Varro zu jener Zeit ein solches Amt in Syrien
innehatte. Sollte dies etwa alles ein- und derselbe Mann, ein
Lucius Terentius Varro (bzw. Licinius) Murena sein?
  Auch die Datierung auf 22 v. Chr. ist angezweifelt worden:
Die Fasti Capitolini (EJ S. 36) nennen für das Jahr 23 als Kolle-
gen des Augustus im Konsulat einen »Aulus T[erentius Var]ro
Murena«, der von einem Gnaeus Calpurnius Piso abgelöst wur-

de; diesen wiederum führen alle anderen Fasti als einzigen Kollegen des Augustus und schon zu Beginn des Jahres an, ohne Varro Murena zu erwähnen. Leider ist die kapitolinische Inschrift (wie durch die Klammern angedeutet) fragmentarisch, und insbesondere ist auch die Begründung, warum Varro Murena abgelöst wurde, nicht erhalten. Die einfachste Erklärung bestünde nun in der Annahme, daß jener designierter Konsul war, aber vor seinem Amtsantritt starb, weshalb die anderen Fasti nur Piso nennen, der ja tatsächlich am 1. Januar das Amt angetreten hatte. Doch hat die Forschung der vergangenen Jahrzehnte diese einfache Erklärung zumeist abgelehnt und die Verschwörung im Widerspruch zur literarischen Überlieferung auf 23 v. Chr. zurückdatiert. Diese Frage ist wohlgemerkt nicht so unbedeutend wie manches andere chronologische Problem, sondern für das Verständnis der augusteischen Politik von großer Bedeutung: Datiert man die Verschwörung auf 23, wird man die Neufassung der Position des Augustus als Antwort auf die Krise in jenem Jahr verstehen und keine weitreichende Planung hinter ihr vermuten. Datiert man sie hingegen auf 22 – und dies, wie ich glaube, zu Recht –, dann sieht man die Verschwörung als Folge, nicht als Ursache der Veränderungen. Auch manche Zeitgenossen werden erkannt haben, wie sehr die neue Position Augustus' Machtstellung festigte, und die Opposition mag sich auf einer »jetzt oder nie«-Basis gefunden haben. Daß die Verschwörung bis in die innersten Kreise der Regierung reichte, ist offenbar: Wir hören, daß Murena mit Maecenas verschwägert war und daß Maecenas seine Schwester von der Aufdeckung der Verschwörung informiert hat – und daß seine Beziehungen zu Augustus seither nie mehr so herzlich wie einst waren.

Augustus' *auctoritas*

Das Volk von Rom war, gleich wann die Verschwörung nun stattfand, stets und ganz loyal gegenüber Augustus. Dies wurde 22 deutlich, als es ihn geradezu gewaltsam zur Annahme des Diktatorenamtes zwingen wollte. Offenbar deutete man alles – eine Flutwelle, eine Seuche und Nahrungsmittelmangel – als Auswirkungen von Augustus' Rückzug aus dem Konsulat, was für den politisch Naiven bedeuten mußte, daß Augustus nicht mehr regierte. Augustus aber versuchte alles, die Diktatur zu vermeiden, »denn da er bereits Macht und Ehrenstellung oberhalb der eines Diktators hatte, suchte er sich zu Recht gegen den Haß und die Mißgunst, die dieses Amt mit sich brächte, zu schützen« (Cassius Dio 54, 1). Er weigerte sich ebenso und wohl aus denselben Gründen, das Zensorenamt zu übernehmen, und wählte statt seiner zwei Männer von untadeliger republikanischer Abstammung aus – die beiden letzten gewöhnlichen Bürger, die dieses Amt je zusammen innehaben sollten. Nichtsdestoweniger führte Augustus selbst einige Maßnahmen durch, die eigentlich in den Aufgabenbereich des Zensors gehörten. Er übernahm die Verantwortung für die Getreideversorgung, die im von Importen völlig abhängigen Rom so wichtig war (Pompeius d. Gr. gab das republikanische Vorbild ab) und delegierte sie dann auf eine jährlich zu bestimmende Kommission von Prätoren.

Auch weiterhin mißverstand man im Volk die Stellung des Augustus. Als er im Winter 22/21 v. Chr. außerhalb von Rom weilte, wählte man nur einen Konsul und akklamierte Augustus in Abwesenheit als dessen Kollegen. Das Jahr 21 begann deshalb mit nur einem Konsul im Amt, und als Augustus nach seiner Rückkehr das Amt, das er ja zwei Jahre zuvor »endgültig« niedergelegt hatte, nicht anzutreten bereit war, verursachte die nun nötige Neuwahl eines zweiten Konsuls so große Unruhen, daß Agrippa zur Wiederherstellung der Ordnung einschreiten mußte. Zwei Jahre später geschah dasselbe noch einmal, nur schlimmer. Augustus beugte sich schließlich dem Willen der Öffentlichkeit und übernahm auf fünf Jahre das Amt des *praefectus moribus* (Wahrer der Sitten) und des Zensors zusammen mit konsularischen Befugnissen auf Lebenszeit (so jedenfalls laut Cassius Dio 54, 10, der 54, 30 eine weitere fünfjährige Amtsperiode als *praefectus moribus* im Jahre 12 v. Chr. angibt). Augustus bedurfte der konsularischen Befugnisse durchaus nicht, doch stellten die nunmehr akzeptierten sichtbaren Zeichen seiner Würde das Volk zufrieden.

Augustus' eigene Version der Ereignisse lautet so:

Die Diktatur, die mir in meiner Abwesenheit und in meinem Beisein sowohl vom Volk wie auch vom Senat im Konsulatsjahr des Marcus Marcellus und Lucius Arruntius (22 v. Chr.) angetragen wurde, habe ich zurückgewiesen. Nicht abgelehnt habe ich aber, als größter Mangel an Getreide herrschte, die Aufsicht über die Getreideversorgung, die ich so verwaltete, daß ich innerhalb von wenigen Tagen die ganze

Bürgerschaft von Furcht und drohender Gefahr dank meiner Aufwendungen und meiner Fürsorge befreien konnte. Das mir damals angetragene Konsulat, das ich alljährlich auf Lebenszeit bekleiden sollte, habe ich ebenfalls abgelehnt. (Augustus, Res Gestae 5)

Er fährt fort, daß Senat und Volk ihm dreimal (19, 18 und 11 v. Chr.) das Amt des »Wahrers der Gesetze und Sitten ohne Kollegen und mit höchster Machtbefugnis« angeboten haben, was er als »gegen die ererbte Sitte *(mos maiorum)* verstoßend« abgelehnt habe. Was freilich »der Senat damals von mir ausgeführt wissen wollte, habe ich kraft meiner tribunizischen Gewalt vollbracht« (ebd. 6). Dies steht auf den ersten Blick im Widerspruch zu den eben zitierten Angaben Cassius Dios und auch zu Sueton (Augustus 27), der überliefert, daß Augustus zusätzlich zur tribunizischen Gewalt »auch die Aufsicht über Sitten und Gesetze anvertraut (wurde). In dieser Stellung führte er, obwohl er nie Zensor war, dreimal einen Zensus (Volkszählung) durch, das erste und dritte Mal mit einem Kollegen, das zweite Mal allein.« Augustus selbst betont in den *Res Gestae* hingegen den Satz »ohne Kollegen und mit höchster Machtbefugnis«, was ihn praktisch zum Diktator gemacht hätte. Gerade diese verhaßte Stellung aber wollte er vermeiden, und die Übernahme des Postens des »Wahrers der Sitten«, der für einen begrenzten Zeitraum auf Anweisung des Senats einige der traditionellen Aufgaben eines Zensors wahrnahm, schien nicht inkonsistent zum republikanischen Vorbild zu sein.

Im Jahre 8 v. Chr. führte Augustus einen umfassenden Zensus durch, der die Revision der zwanzig Jahre alten Daten ermöglichte (Augustus hatte diese erste Zählung mit Agrippa zusammen durchgeführt, die letzte davor hatte 70 v. Chr. stattgefunden); eine weitere hielt er mit Tiberius als Kollegen im Jahre 14 n. Chr. ab (Sueton, Tiberius 21). Die Mitgliederlisten des Senats wurden unabhängig davon revidiert, dreimal von Augustus selbst, 29, 18 und 11 v. Chr. (Cassius Dio 53, 42; 54, 13–14; 54, 35), einmal von einer Senatskommission 4 n. Chr. (Cassius Dio 55, 13). Cassius Dio nennt eine weitere für 13 v. Chr. (54, 26), verwechselt diese aber mit der Revision der Ritterlisten (Sueton, Augustus 38).

Die rechtlichen Formen waren gewahrt. Das Problem bestand nicht darin, ob ihm für seine Pläne Machtbefugnisse auf Lebenszeit, für fünf Jahre oder ad hoc übertragen wurden, sondern viel eher darin, solche Ämter und Würden abzulehnen, die ihn verhaßt machen könnten. Das Heer war loyal, die höheren

Kommandos von Männern besetzt, denen Augustus vertraute. Die Provinzen hatten allen Grund, dankbar zu sein, nicht nur für den Frieden und den wachsenden Wohlstand, den ihnen Augustus' Herrschaft bescherte, sondern auch für die Abschaffung des spätrepublikanischen Regierungssystems, bei dem ihnen »die Herrschaft des Senats und des Volkes (von Rom) durch den Machtkampf der Großen und die Habsucht der Beamten verleidet war. Die Hilfe der Gesetze, die durch Gewalt, durch Einflußnahme und zuletzt durch Bestechung in Verwirrung gebracht worden waren, war unwirksam geworden.« (Tacitus, Annales 1, 2) Selbst Tacitus, der Augustus' Motive so schwarz wie möglich zu malen versucht, muß (ebd.) zugeben, daß seine Stellung deshalb unantastbar geworden war, weil sie sich auf echte Dankbarkeit und eine allgemeine Übereinstimmung in den Interessen gründete: »Er hatte das Heer durch Geldgeschenke, das Volk durch Getreidespenden und alle zusammen durch die Süßigkeit des Friedens an sich gebunden ... Widerstand fand er keinen.«

Augustus hat seine Stellung in einem berühmten Wort selbst zusammengefaßt:

Seit dieser Zeit (27 v. Chr.) überragte ich alle übrigen an *auctoritas*, an *potestas* (Amtsgewalt) aber besaß ich nicht mehr als meine Kollegen in meinen Ämtern.«   (Augustus, Res Gestae 34)

Was zählte, war die *auctoritas*; die rechtlich genaue Beschreibung von Augustus' Position war nie von großer Bedeutung, nur wenn sie wider Erwarten herausgefordert wurde, stellte sich die Frage: Beim Prozeß des Marcus Primus bezweifelte jemand die Berechtigung des Augustus zum Eingreifen: »Was tust du hier, wer hat dich gerufen?« Da soll dieser – nach Cassius Dio (54, 3) – schlicht gesagt haben: »Das öffentliche Interesse«. Der, dessen *auctoritas* allgemein akzeptiert ist, der nur seine Wünsche wissen zu lassen braucht, und schon beeilt man sich, ihnen nachzukommen, ohne lange nach der rechtlichen Stellung des Wünschenden zu fragen, der freilich braucht über seine *auctoritas* hinaus eigentlich kein konsularisches oder prokonsularisches *imperium* und auch keine *tribunicia potestas* ...

Die Jahre 19 und 18 v. Chr. sahen die letzten größeren Änderungen in der rechtlichen Position des Augustus; unabhängig davon nahmen seine tatsächliche Macht und sein Einfluß weiterhin zu. Die Schaffung spezieller von Augustus eingesetzter Kommissionen zur Aufsicht über einzelne Bereiche der Verwaltung Roms und Italiens untergruben die Macht des Senats und der gewählten Magistrate. Ein Beispiel: Einst hatte die Verantwortung für die Wasserversorgung Roms bei den Ädilen gelegen, dann hatte Agrippa die spezielle Aufsicht über diese erhalten, und als er 12 v. Chr. starb, »stellte Augustus in einem Edikt aufgrund der Aufzeichnungen Agrippas die Rechte derer fest, die Wasser entnehmen durften, und machte somit das ganze System von seinem Wohlwollen abhängig« (Frontinus 2, 99). Ein Senatsbeschluß aus dem Jahr 11 v. Chr. hält fest, daß Augustus »mit Zustimmung des Senats« eine Dreierkommission unter Vorsitz eines gewesenen Konsuls eingesetzt und sie bezüglich Status, Rangzeichen und Personal wie die Kommission für die Getreideversorgung ausgestattet habe (ebd. 100).

Insbesondere nach Agrippas Tod 12 v. Chr. war Augustus eine herausragende und damit einsame Persönlichkeit. Horaz schrieb ihm: »Aufrecht und allein trägst Du die vielen, die gewichtigen Bürden; Italien schirmst Du durch der Waffen Macht, Du hebst es durch der Sitten Zucht, Du läuterst es durch Deine Satzungen: da hieße es am Gemeinwohl freveln, wollte ich durch langes Briefgespräch Deine Zeit in Anspruch nehmen ...« (Epistulae 2, 1, 1–4). Was Augustus damals für den einfachen Mann in Rom und Italien bedeutete, drückt ebenfalls Horaz aus, besonders in seinem großartigen vierten Odenbuch, das er 8 v. Chr., kurz vor seinem Tod, veröffentlichte[1]. Man lese die fünfte Ode darin, die Augustus' Abwesenheit (er war von 16 bis 13 v. Chr. in Gallien) beklagt und den Frieden und Wohlstand, den er gebracht hat, feiert (v. 18f.: Ceres segnet die Flur wieder mit reicher Saat, / friedlich schaukelt das Schiff durch die versöhnte Flut ...), man lese die beiden letzten Oden 14 und 15. Man lese den schon zitierten Brief an Augustus (Epistulae 2, 1) zur Gänze, um zu sehen, wie Augustus bei all seiner Machtvollkommenheit zugänglich, freundlich, kurz menschlich geblieben ist, ganz *primus inter pares* (freilich insbesondere *primus*). Wie der große Gelehrte Eduard Fraenkel einmal[2] gesagt hat, sollte der Historiker sich nur einmal fragen, »ob ein Brief wie dieser an, sagen wir, Ludwig XIV. hätte geschrieben werden können, so groß dieser Fürst auch war«!

---

[1] Die ältere Forschung hat dieses Buch, das sie – wie ich meine zu Unrecht – für wenig gelungen hielt, ins Jahr 13 v. Chr. datiert; zur hier übernommenen Datierung vgl. G. Williams, *Horace*. (Greece and Rome; New Surveys in the Classics 6) Oxford 1972, S. 46.
[2] E. Fraenkel, *Horaz*. Darmstadt 1963, S. 463.

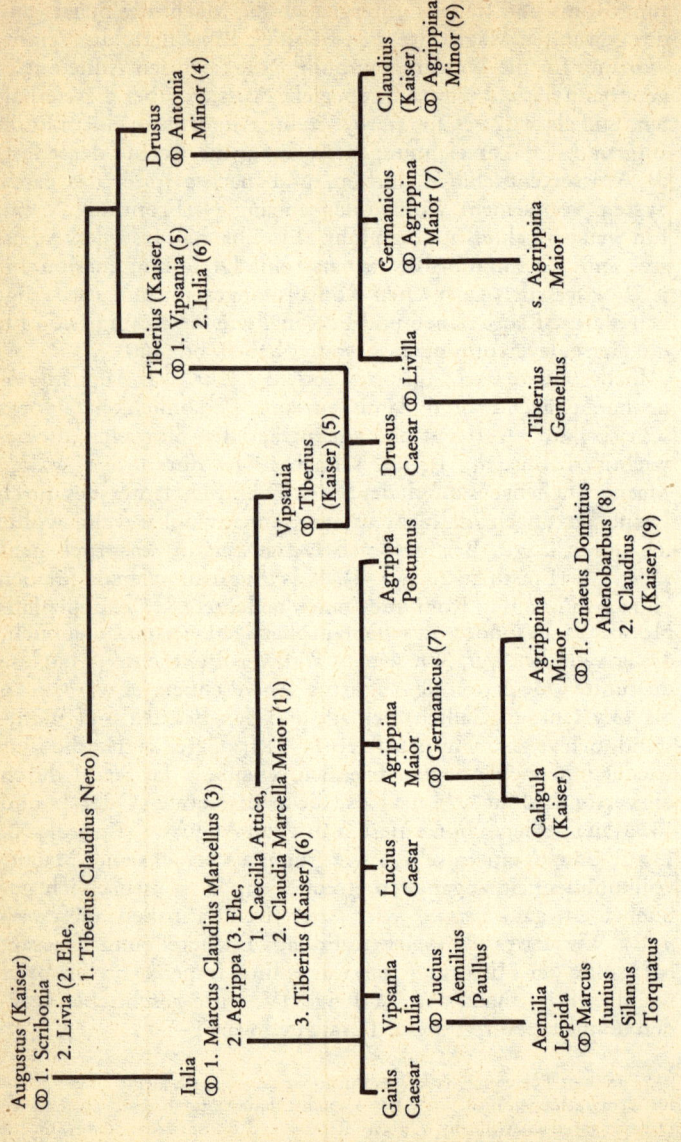

Abb. 4: Das iulisch-claudische Kaiserhaus.

70

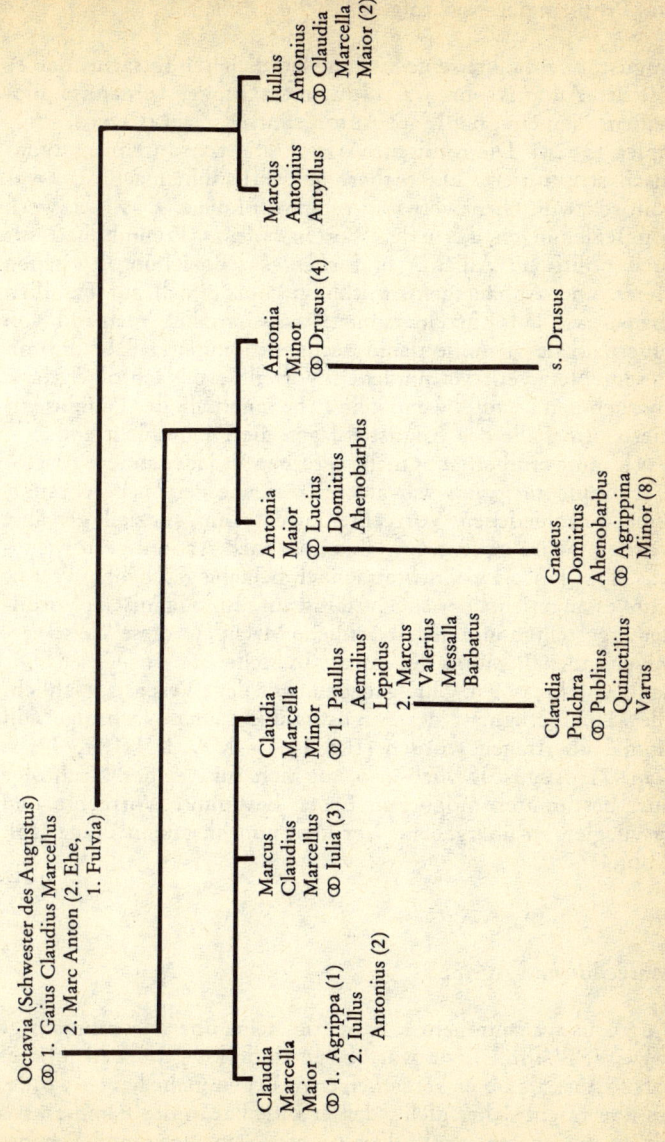

Octavia (Schwester des Augustus)
⚭ 1. Gaius Claudius Marcellus
2. Marc Anton (2. Ehe,
1. Fulvia)

Claudia
Marcella
Maior
⚭ 1. Agrippa (1)
2. Iullus
Antonius (2)

Marcus
Claudius
Marcellus
⚭ Iulia (3)

Claudia
Marcella
Minor
⚭ 1. Paullus
Aemilius
Lepidus
2. Marcus
Valerius
Messalla
Barbatus

Claudia
Pulchra
⚭ Publius
Quinctilius
Varus

Antonia
Maior
⚭ Lucius
Domitius
Ahenobarbus

Gnaeus
Domitius
Ahenobarbus
⚭ Agrippina
Minor (8)

Antonia
Minor
⚭ Drusus (4)

s. Drusus

Marcus
Antonius
Antyllus

Iullus
Antonius
⚭ Claudia
Marcella
Maior (2)

Augustus verdankte seine Stellung letztlich der Tatsache, daß er Caesars Adoptivsohn war; »du, mein Junge, verdankst alles deinem Namen«, hat Marc Anton einmal gesagt (Cicero, Philippica 13, 24). Die römische Aristokratie war durchweg dynastisch strukturiert. Die Sicherung der Familiennachfolge war politisch wünschenswert und religiös fundiert. Das Netzwerk von Beziehungen, das in den Worten *amicitia* (Freundschaft, oft auch politische Allianz) und *clientela* (Beziehung zwischen Herrn und Abhängigem) mitklingt, bezog sich auf Familien ebenso wie auf Einzelpersonen, wobei freilich niemand von außerhalb der Familie damit rechnen konnte, daß er die mit diesem Netzwerk verbundenen Vorteile als Nachfolger dann übernehmen konnte, wenn kein Erbe innerhalb der Familie existierte. Im Falle des Augustus lagen die Dinge nicht anders – was konnte er überhaupt mehr vererben als jeder andere Aristokrat? Seine *auctoritas* war auf seine eigene Person beschränkt, seine verschiedenen Vorrechte jeweils ihm speziell gewährt worden. Wäre er etwa im Jahrzehnt nach Actium gestorben – was ja im Jahr 23 v. Chr. tatsächlich beinahe geschehen wäre –, hätte es angesichts der so sorgfältig auf republikanische Vorbilder abgestellten und die tatsächliche Macht auf diese Weise verschleiernden Position des Augustus sicher nie ein Gesetz wie das des Jahres 69 n. Chr. gegeben, mit dem Vespasian schlicht alle Machtbefugnisse des Augustus und seiner Nachfolger auf einmal übertragen wurden (ILS 244 = MW 1; HIRK 49; s. Kap. 7). Augustus blieb also zur Sicherung seiner Nachfolge nur, bestimmten möglichen Erben bestimmte Vorrechte und Privilegien zu übergeben. Wer kam nun hierfür in Frage (vgl. Abb. 4)?

Marcellus und Agrippa

Augustus war nunmehr fast vierzig, seine über vierzehnjährige (zweite) Ehe mit Livia war bisher kinderlos geblieben, und es sah so aus, als ob er keinen eigenen Erben mehr haben würde. Es überrascht daher nicht, daß er offenbar in der Familie nach einem geeigneten Nachfolger suchte. Sein Neffe und Schwiegersohn, Sohn seiner Schwester Octavia aus erster Ehe und

Gemahl seiner einzigen Tochter Iulia (aus seiner ersten Ehe mit Scribonia), war Marcellus; 24 v. Chr. war er für das kommende Jahr als Ädil gewählt worden und hatte zugleich den Ehrenrang eines gewesenen Prätors und das Recht erhalten, zehn Jahre eher, als es das Gesetz vorschrieb, für das Konsulat zu kandidieren. Augustus' Stiefsohn Tiberius, Sohn seiner zweiten Gattin Livia aus deren erster Ehe, wurde 23 zum Quästor gewählt und erhielt »nur« das Recht, für alle künftigen Ämter fünf Jahre eher als gesetzlich vorgeschrieben zu kandidieren (Cassius Dio 53, 28). Daß Augustus sich um einen möglichen Nachfolger von seinem eigenen Blut, eben Marcellus, bemühen würde, ist nur verständlich, und daß Livia ihrem Mann zugeredet haben wird, etwas für seine Stiefsöhne zu tun, ist so natürlich, daß man in ihr nicht die unversöhnliche Intrigantin sehen muß, als die sie Robert von Ranke Graves[3] gezeichnet hat.

Doch bedeutete all dies noch lange nicht, daß Augustus den Marcellus als Nachfolger designierte. Als es 23 v. Chr. so schien, als müsse er sterben, übergab er vielmehr alle militärischen und finanziellen Aufgaben seinem Kollegen im Konsulat und händigte seinen Siegelring dem Agrippa aus (Cassius Dio 53, 30). Wäre also der eine Konsul – eben Augustus – gestorben, so hätte der andere die staatlichen Aufgaben weitergeführt, Agrippa hingegen hätte sich der persönlichen und familiären Angelegenheiten angenommen. Auch wenn es der Klatsch jener Zeit wahrhaben wollte, daß die Bevorzugung, deren Marcellus im Jahr zuvor teilhaftig geworden war, auf dessen möglichen Aufstieg hinwies, war Augustus offenbar klug genug zu erkennen, daß so mächtige Personen wie Agrippa und die anderen Generäle und früheren Konsuln einen so wenig erprobten jungen Mann als Nachfolger nicht akzeptieren würden. Es gibt außerdem kein Zeugnis, daß Augustus sich noch einmal zur Förderung des Marcellus verwendet hätte. Als Augustus sich von seiner Krankheit erholt hatte, bot er an, sein Testament zu verlesen, »um dem Volk zu zeigen, daß er keinen Nachfolger für seine Machtstellung designiert hatte. Tatsächlich verlas er es nicht, denn niemand ließ dies zu. Alle waren jedoch erstaunt, daß er – obwohl er Marcellus als Schwiegersohn und Neffen liebte – ... ihm die Monarchie nicht übertragen hatte, sondern ihm den Agrippa vorgezogen hatte.« (Cassius Dio 53, 31) Zweifellos ist dieser Vorgang historisch. Die Möglichkeit, daß Augu-

[3] R. v. Ranke Graves, *Ich, Claudius, Kaiser und Gott.* (dtv 1300) München 1977.

stus wirklich hätte sterben können, nur vier Jahre nach seiner »monarchischen« Erhebung, ließ sicher viele führende Senatoren ihre Chancen für diesen Fall erwägen. Cassius Dios Erzählung ist jedoch, wie so oft, aus seinem eigenen Erleben heraus gefärbt: Er hatte gesehen, wie der Kaiser Severus seinen Sohn, den künftigen Kaiser Caracalla, als Teilhaber der Macht mit dem Titel Augustus designierte, als dieser gerade acht Jahre alt war[4]. Wäre Augustus wirklich im Jahr 23 v. Chr. gestorben, so hätte dies sicher einen erneuten Bürgerkrieg nach sich gezogen. Horaz spiegelt die zeitgenössische Besorgnis um Augustus' Gesundheit: »Aufruhr / fürcht' ich nicht noch Tod durch Gewalt, es lenkt ja / Caesar (Augustus) den Erdkreis« (Carmina 3, 14, 14–16), oder auch: »Wen, da Caesar uns lebt, kümmert des Krieges Droh'n . . .« (Carmina 4, 5, 27)

Schließlich jedenfalls war es Augustus, der sich erholte, und Marcellus, der starb. Gerüchte gaben Livia die Schuld und behaupteten, sie hätte aus Eifersucht im Interesse ihrer eigenen Söhne gehandelt. Doch braucht man dem keinen Glauben zu schenken, es herrschte wirklich zu jener Zeit eine Seuche, der auch Marcellus zum Opfer gefallen sein wird (Cassius Dio 53, 33; man vergleiche die angebliche Vergiftung des Germanicus, s. Kap. 5). Als 1917 ein britischer General Bagdad eingenommen hatte und dort starb, wurde dies »offiziell auf die Cholera zurückgeführt; doch viele glaubten, daß er vielmehr ein Opfer der traditionellen orientalischen Methode, Feinde zu beseitigen, geworden war: nämlich von Vergiftung«[5].

Binnen zwei Jahren wurde Iulia, Augustus' Tochter und nun Witwe des Marcellus, erneut verheiratet: Agrippa wurde ihr Gatte; er ließ sich für diese seine dritte Ehe von Augustus' Nichte Claudia Marcella Maior (der ältesten Tochter von Augustus' Schwester Octavia aus erster Ehe) scheiden und heiratete nunmehr die Base und Schwägerin seiner zweiten Frau (in erster Ehe war er mit der Tochter von Ciceros Freund Atticus verbunden gewesen; aus dieser Ehe hatte er eine Tochter, Vipsania, die später die erste Gemahlin des Tiberius wurde) – wir sehen, wie üblich dynastische Heiraten in der römischen Aristokratie waren. Iulia wird von ihrer neuen Verbindung kaum

---

[4] Zu Cassius Dios Anachronismen (vor allem im Bereich verfassungstechnischer und rechtlicher Fragen) vgl. F. Millar, *A Study of Cassius Dio*. Oxford 1964, S. 73–118; zu Augustus speziell S. 83ff.

[5] Vgl. A. J. Smithers, *Toby. A Real Life Ripping Yarn*. London 1978, S. 112.

überrascht gewesen sein, wenn sie auch kaum Gefallen an ihr gefunden haben mag: Agrippa war alt genug, ihr Vater sein zu können, und dazu ein wahrer Bauer, »ein Mann, der dem Landleben näher stand als der Eleganz« (Plinius, Naturalis historia 35, 26). Sie gebar ihm in weniger als zehn Jahren fünf Kinder, Gaius Caesar, Vipsania Iulia, Lucius Caesar und Agrippina Maior sowie Agrippa Postumus; alle wurden verständlicherweise bald wichtige Figuren im (heirats-)politischen Spiel.

Tiberius und Drusus

Mittlerweile waren die beiden Stiefsöhne des Augustus, Livias Söhne aus erster Ehe, aufgewachsen. Tiberius und Drusus wären selbst ohne die zweite Ehe ihrer Mutter durch deren Verbindungen mit den mächtigsten aristokratischen Familien Roms, den Claudii und Livii, zu politischen Karrieren bestimmt gewesen; sie zeigten außerdem eine natürliche Eignung zum Kriegsdienst. Tiberius, der ältere, wurde mit Agrippas Tochter aus erster Ehe, Vipsania, verheiratet, zeichnete sich 20 v. Chr. als Augustus' persönlicher Vertreter im Osten aus, wo er die von den Parthern eroberten römischen Standarten (s. Kap. 4) zurückholte, und wurde 13 v. Chr. Konsul. Bereits zwei Jahre zuvor hatte er mit seinem jüngeren Bruder Drusus das Kommando über alle römischen Streitkräfte für eine großangelegte Invasion des Alpengebiets übertragen bekommen. Deren Erfolg ging zweifellos vor allem auf die Generäle zurück, die Preislieder aber wurden für Drusus und Tiberius gesungen: Horaz, Carmina 4, 4 und 14. Beide wurden im weiteren Verlauf Kommandanten im Balkan und in Germanien, stets mit Erfolg. Drusus starb nach einem Sturz vom Pferd 9 v. Chr., Tiberius wurde dank seiner Leistung zum schlechthin besten General seiner Zeit, den seine Leute hoch schätzten (Velleius 2, 104 u. 114). In der Generation nach Augustus war Tiberius nunmehr der einzige männliche Erbe. Drusus hatte eine Tochter der Octavia (die Antonia Minor aus ihrer Ehe mit Marc Anton) geheiratet, sie hatten mehrere Kinder: Eine Tochter, Livia Iulia (Livilla), heiratete später Tiberius' Sohn Drusus Caesar, und zwei Söhne sollten für die römische Geschichte Bedeutung erlangen: Germanicus, den sein Onkel Tiberius adoptierte, und der jüngere Claudius, der spätere Kaiser (s. Kap. 5). Letzterer hatte eine weder gesunde noch glückliche Kindheit; seine Mutter soll manche Leute als »noch dümmer als mein Sohn Claudius« verunglimpft haben, seine Großmutter Livia »verachtete ihn immer aus tiefstem Herzen, sprach nur höchst selten mit ihm und pflegte ihm ihre Ratschläge nur in kurzen bitteren Schreiben oder durch Dritte mitzuteilen« (Sueton, Claudius 3). Sueton (ebd. 4) zitiert auch einen Briefwechsel zwischen Livia und Augustus, dessen Überlegungen bezüglich der Karriere der Kinder lauten: »Wir dürfen der Öffentlichkeit . . . keine Gelegenheit geben, Claudius und uns zu verlachen. Wir werden jedenfalls bei jeder Beratung über seine Karriere im Ungewissen sein, wenn wir uns nicht ein für allemal festlegen, ob wir ihn überhaupt für fähig halten, Ehrenämter zu bekleiden, oder nicht . . .«

Tiberius hatte von Vipsania einen Sohn, der – nach seinem Onkel – Drusus (im folgenden der Klarheit halber Drusus Caesar) genannt wurde; er starb, angeblich durch Gift, 23 n. Chr. Tiberius mochte Vipsania gern, und es war eine persönliche Tragödie, als er nach Agrippas Tod dazu gezwungen wurde, sich von ihr zu trennen und Augustus' Tochter Iulia zu ehelichen. Sie war nicht nur die Tochter des Mannes seiner Mutter, sondern auch Stiefmutter seiner früheren Frau, wodurch er Stiefvater von deren fünf Stiefgeschwistern wurde! Selbst für die römische Aristokratie war dies ungewöhnlich kompliziert und zeigt Augustus' Eingreifen in das Privatleben seiner Familienangehörigen zu dynastischen Zwecken. Iulia gebar Tiberius einen Sohn, der als Säugling starb, und Tiberius verachtete sie bald so sehr, daß er jeden weiteren Vollzug der Ehe verweigerte.

Iulia

Iulia war sehr streng erzogen worden: Spinnen und Weben, genaue Überwachung von allem, was sie sagte und tat, *no boy friends* – dasselbe erlebten dann auch ihre Töchter. Sie hatte wenig Glück in ihren Ehen gefunden, und sie suchte es nun anderswo, »an schwelgerischer Wollust nichts unterlassend, was eine Frau schändlicherweise tun oder sich gefallen lassen kann: Die Größe ihres Glücks bemaß sie nur nach der damit gewährten Zügellosigkeit ihrer Schande; was ihr beliebte, hielt sie für erlaubt.« (Velleius 2, 100) Alle wußten, was vor sich ging, außer Augustus (Cassius Dio 55, 10). Als er es erfuhr (2 v. Chr.), legte er selbst die Einzelheiten vor dem ganzen Senat dar. Iulia wurde verbannt, Augustus zwang Tiberius, sich von ihr scheiden zu lassen, was dieser – trotz seiner Verachtung für sie – nicht wollte. Iulias Mutter Scribonia folgte ihrer Tochter ins Exil – was war wohl ihre Rolle in Iulias Leben gewesen, nachdem sie selbst von Livia abgelöst worden war? Einer von Iulias Liebhabern wurde zum Selbstmord getrieben oder getötet: Iullus Antonius, der jüngere von Marc Antons Söhnen aus seiner Ehe mit Fulvia, der die älteste Tochter seiner Stiefmutter aus deren erster Ehe, Claudia Marcella Maior, nach deren erzwungener Scheidung von Agrippa (der Iulia heiratete) geehelicht hatte. Vier weitere Senatoren wurden verbannt, darunter ein gewesener Konsul und drei Angehörige der ersten Familien. Die moderne Forschung hat hierbei politische Intrigen, nicht nur sexuelle Indiskretion vermutet.

Lucius und Gaius Caesar

Wie bereits festgestellt, war Tiberius in der ersten Generation nach Augustus nunmehr der einzig mögliche männliche Nachfolger. Auch ansonsten war seine Stellung ungewöhnlich: Er war 7 v. Chr. zum zweiten Mal Konsul, hatte zwei Triumphe gefeiert und erhielt im Jahre 6 die tribunizische Gewalt auf fünf Jahre. Somit deutlich als zweiter Mann im Staat herausgehoben, beschloß er jedoch im selben Jahre plötzlich, sich zurückzuziehen und sich soweit wie möglich aus dem Zentrum des Geschehens zu entfernen. Seine Motive boten zu aufgeregten Spekulationen Anlaß (Sueton, Tiberius 10; Cassius Dio 55, 9) – seine Mutter Livia versuchte, ihm sein Vorhaben auszureden, sein Stiefvater Augustus beklagte seinen Rückzug öffentlich im Senat, beide ohne Erfolg: Tiberius ließ Iulia in Rom zurück und begab sich nach Rhodos, dessen Schönheit und gesundes Klima er von früher kannte. Vier Jahre später brach der Skandal um Iulia auf, im Jahr darauf lief seine tribunizische Macht aus und wurde nicht verlängert.

Während seiner Abwesenheit waren nun in Rom seine Stiefsöhne Gaius und Lucius Caesar, die Kinder aus Iulias Ehe mit Agrippa, erwachsen geworden. Augustus hatte sie adoptiert und somit den Eindruck erweckt, er sehe sich nunmehr in der

Generation seiner Enkel nach möglichen Nachfolgern um; er machte sich jedoch um das Benehmen der beiden jungen Männer in der Öffentlichkeit Sorgen, denn sie zeigten eine gedankenlose Arroganz, die sich bei ihrer fast monarchischen Abstammung wie von selbst eingestellt hatte (Cassius Dio 55, 9). Nur als man Gaius Caesar noch vor dem Erreichen der für den Militärdienst erforderlichen Altersgrenze zum Konsul wählen wollte, ließ Augustus dies nicht geschehen; Tacitus (Annales 1, 3) behauptet freilich, Augustus habe sich insgeheim über die seinem Enkel gezeigte Ehrung gefreut, und Augustus' eigene Darstellung in den *Res Gestae* (14) scheint dem recht zu geben.

Die schon in der Antike vertretene Meinung, Tiberius sei aus Protest gegen eine solche dynastische Politik nach Rhodos gegangen, ist wahrscheinlich richtig: Tiberius war selbst erst vier Jahre zuvor erstmals Konsul gewesen, was er sich durch seine militärischen Leistungen verdient hatte; der Kult aber, den man um die beiden Burschen trieb, war ihm zuwider. Augustus gab außerdem zu, daß er hoffte, die beiden würden ihm nachfolgen (in einem Brief des Jahres 1 n. Chr., den Gellius 15, 7 zitiert). Augustus war mittlerweile 64 und so sehr abgesichert – er war nach Lepidus' Tod 12 v. Chr. *pontifex maximus* geworden und zehn Jahre darauf *pater patriae*, Vater des Vaterlands –, daß er auf eine quasi monarchische Nachfolge hoffen konnte, wie sie sich 23 v. Chr. noch verboten hatte. Innerhalb der nächsten drei Jahre waren jedoch beide jungen Männer tot, Lucius Caesar starb 2 n. Chr., Gaius Caesar 4 n. Chr.

Germanicus und Agrippa Postumus

Mittlerweile war Tiberius – wohl durch Livias Vermittlung – nach Rom zurückgekehrt, hatte aber weder Ehrungen noch Verantwortung erhalten. Der Tod des Gaius Caesar änderte dies. Tiberius erhielt, obwohl er privat und in der Öffentlichkeit seinen Unwillen wissen ließ, erneut die tribunizische Gewalt und wurde von Augustus adoptiert. Von nun an war alles klar. Tiberius war als Nachfolger ausgezeichnet, und Augustus änderte seine Meinung nie mehr. Es gab jedoch eine weitere Komplikation: Tiberius mußte den Sohn seines verstorbenen Bruders Drusus, den Germanicus, adoptieren, der dadurch vom

Alter her Vorrang vor Tiberius' eigenem Sohn von Vipsania, Drusus Caesar, erhielt. Germanicus hatte weitere Vorzüge: Er war mit Augustus blutsverwandt, seine Großmutter mütterlicherseits war Augustus' Schwester Octavia. Drusus Caesar hingegen war dies nicht, seine Großeltern mütterlicherseits waren bloß Agrippa und die Tochter des Atticus, Caecilia Attica. Außerdem konnte man Germanicus keinesfalls bei der Nachfolgefrage übergehen, er hätte sonst sicher für Unruhe gesorgt: Seine Frau, Agrippina Maior, war eine Enkelin des Augustus. Durch die Adoption war seine Position in der Erbfolge nun eindeutig; sie änderte freilich nichts am Vorrang des Tiberius.

Die eben genannte Agrippina Maior hatte eine ältere Schwester, Vipsania Iulia, und einen jüngeren Bruder, der nach seines Vaters Tod zur Welt gekommen war und daher Agrippa Postumus genannt wurde (beide wurden später verbannt); die beiden älteren Brüder, Gaius und Lucius Caesar, waren bereits tot. Agrippa Postumus, »ein Mensch ohne höhere Bildung, der töricht auf seine körperlichen Kräfte pochte«, neigte zu gewaltsamen Ausschreitungen und stritt sich fortwährend mit seinem Großvater Augustus und mit Livia (Cassius Dio 55, 32). Da er tatsächlich Augustus' Enkel war, machte ihn sein Verhalten unmöglich, seine Abstammung war politisch peinlich. 7 v. Chr. wurde er auf eine Insel verbannt und schließlich nach Augustus' Tod (und vermutlich auf dessen Weisung) getötet. Hätte Tiberius den Germanicus nicht adoptiert, hätte er auch ihn beiseite schaffen müssen.

Ebenfalls verbannt – jedoch auf eine andere Insel – wurde 8 n. Chr. die genannte Vipsania Iulia. Ihr Gatte, Lucius Aemilius Paullus, ein Mann von vornehmster Abstammung, wurde (zu diesem oder einem früheren Zeitpunkt) wegen Verschwörung exekutiert, ihre Liebhaber verbannt, das Kind, mit dem sie schwanger war, ausgesetzt (Sueton, Augustus 19 u. 65; Tacitus, Annales 3, 24; 4, 71). Wie im Falle ihrer Mutter war der Anlaß für ihren Sturz Ehebruch, doch die Tötung des Aemilius Paullus läßt vermuten, daß es auch politische Hintergründe gab. Wollten er und seine Gemahlin Tiberius ausstechen? Immerhin war Vipsania Iulia nach dem Tod ihrer Brüder Augustus' ältestes Enkelkind. Wenn dem so war, hatten sich die beiden jedenfalls verrechnet.

Claudius und Gnaeus Domitius Ahenobarbus

In der zweiten Generation nach Augustus gab es nun außer Germanicus (der wie erwähnt mit Agrippina Maior, der noch verbleibenden Enkelin des Augustus und der Iulia verheiratet war) und Tiberius' Sohn Drusus Caesar nur noch zwei weitere Männer: Einmal Germanicus' Bruder Claudius, den man für geistig minderbemittelt hielt und daher vom öffentlichen Leben ausschloß, zum anderen den Vetter dieser beiden Brüder, Gnaeus Domitius Ahenobarbus. Seine Mutter war, ebenso wie die seiner beiden Vettern, eine der beiden Töchter der Octavia von Marc Anton; sie hatte einen Lucius Domitius Ahenobarbus geheiratet, der ein erfolgreicher Feldherr, aber »anmaßend, verschwenderisch und grausam« (Sueton, Nero 4) war. Der Sohn geriet in Letzterem nach dem Vater, und Augustus hat ihn offenbar nicht für geeignet für seine dynastischen Pläne gehalten. Immerhin heiratete der junge Mann die Tochter des Germanicus und der Agrippina Maior, Agrippina Minor; aus dieser Verbindung ging der spätere Kaiser Nero hervor. Agrippina Minor wurde nach dem Tod ihres Mannes schließlich die Gattin des Claudius.

Die aristokratischen Familien

Der unglaublich komplizierte Stammbaum (s. Abb. 4) der aristokratischen Familie der Iulii besteht im wesentlichen aus drei Ästen: Dem von Augustus über Iulia, dem von Octavia über ihre verschiedenen Kinder, und dem von Livia aus ihrer ersten Ehe. Die Familien der Claudii Marcelli und der Antonii sind durch die beiden Ehen der Octavia schon in der Generation des Augustus mit den Iulii verbunden. In der nächsten Generation entsteht die Beziehung zu den Aemilii (durch die erste Ehe von Octavias Tochter Claudia Marcella Minor mit Paullus Aemilius Lepidus) und zu den Valerii (durch deren zweite Ehe mit Marcus Valerius Messalla Barbatus Appianus) sowie zu den Domitii Ahenobarbi (durch die Ehe von Octavias Tochter Antonia Maior mit Lucius Domitius Ahenobarbus); in der dritten Generation die zu den Quinctilii (durch die Ehe der Tochter von Claudia Marcella Minor, Claudia Pulchra, mit Publius Quinctilius Varus); in der vierten Generation ist die wichtigste neue

Verbindung die zu den Iunii Silani (durch die Ehe der Tochter der Augustusenkelin Vipsania Iulia, Aemilia Lepida, mit M. Iunius Silanus Torquatus); deren Tochter Iunia Calvina konnte sich in den siebziger Jahren n. Chr. rühmen, der einzige lebende Nachfahre des Augustus zu sein.

Welche anderen aristokratischen Familien von ähnlicher Bedeutung gingen nun keine Verbindung mit den Iulii ein? Zu nennen sind hier vor allem die Cornelii in ihren verschiedenen Ästen: Die *Fasti* geben für die fünfziger und sechziger Jahre n. Chr. noch manche Cornelii Scipiones und Cornelii Sullae an, während etwa die Cornelii Lentuli nach 26 v. Chr. keinen Konsul mehr hervorbrachten; offenbar hatte sich die »Eigenbrötelei« nicht ausgezahlt. Durch Adoption wurden die Calpurnii Pisones ihre Nachfolger; sie bildeten mit der Zeit sogar so etwas wie eine alternative Dynastie zu der der Iulii. Durch Adoption oder Einheirat mit den Nachfahren Pompeius' d. Gr. und des Crassus verbunden, brachten sie drei prominente Männer hervor: den Verschwörer gegen Nero, Gaius Calpurnius Piso, ferner einen Prokonsul für Afrika, Lucius Calpurnius Piso, und Lucius Calpurnius Piso Frugi Licinianus (s. Kap. 7), den Adoptivsohn des Kaisers Galba. Später trat noch ein Gaius Calpurnius Piso Crassus Frugi Licinianus hervor, der Verschwörungen gegen Nerva und Trajan anzettelte, verbannt und schließlich getötet wurde. Angehörige anderer Zweige dieser Familie finden sich noch in den *Fasti* der zweiten Hälfte des 2. Jahrhunderts.

Die fast monarchische Stellung des Augustus ließ auch nicht die ererbten Rivalitäten zwischen den einzelnen Familien enden, ja, es scheint, als habe die Generation, die nach Actium und insbesondere nach der Festigung von Augustus' Stellung 23 v. Chr. ins politische Leben trat, es einfacher gefunden, die Oberherrschaft des Augustus und seine Rolle als weit herausgehobener Schiedsrichter in ihrem Wettstreit um Ehren zu akzeptieren, als einen Gleichrangigen als obersten Herrn anzuerkennen. Dies zeigt etwa die Geschichte von Gnaeus Cornelius Cinna Magnus, einem Enkel Pompeius' d. Gr. und Neffen des Sextus Pompeius, Konsul 5 n. Chr., der der Verschwörung gegen Augustus verdächtigt wurde, aber von Augustus sanft darauf hingewiesen wurde, daß selbst wenn er Augustus aus der Welt geschafft habe, die anderen aristokratischen Familien niemals ihn als neuen Herren anerkennen würden – der »Verschwörer« ließ daraufhin von seinen Plänen ab! (Seneca, De clementia 1, 9,

10) Wie zur Zeit der Republik war das Beste, was ein Angehöriger dieser Familien und ebenso ein »neuer« Mann (s. Kap. 1) erreichen konnte, das Konsulat. Der Zugang zu diesem Amt hing von Augustus' Gunst ab, ebenso der zu den hohen militärischen Kommandos. Keiner konnte freilich Augustus übertrumpfen, doch als Legat des Augustus konnte der ehrgeizige junge Mann auch jetzt den Ruhm erlangen, den das aristokratische Ethos verlangte und der auf den Inschriften verewigt wurde. Weiterhin galt, was Cicero (Pro Murena 9, 22) einmal gesagt hatte: »Der Ruhm militärischen Erfolgs überragt alle anderen.«

Militärische Expansion

In einem dritten Teil dieses Kapitels wollen wir uns nun der militärischen Expansion unter Augustus widmen. Es ist nämlich irrig, Augustus' Grenzpolitik als im Grunde defensiv einzuschätzen; das Heer wurde nicht in der prinzipiell defensiven Rolle, die es später erhielt, eingesetzt. Nach Actium und der Eroberung Ägyptens organisierte Augustus das Heer um (s. Kap. 6), behielt 28 Legionen und machte sich daran, die Eroberung Spaniens zu vollenden, die – wie Velleius (2, 90) beredt feststellt – über 200 Jahre lang so viel römisches Blut und so vielen römischen Feldherren das Leben gekostet hatte. Im dritten Jahrzehnt v. Chr. hatte Augustus mindestens sieben Legionen dort stehen, und die endgültige Eroberung des Nordwestens 19 v. Chr. setzte bedeutende Truppen für Operationen an anderen Orten frei. Ebenfalls im dritten Jahrzehnt hatten römische Heere anderswo in begrenzten Aktionen die Grenzen römischer Herrschaft ausgedehnt: So hatte etwa der schon erwähnte Terentius Varro (s. S. 64 zur Verschwörung des Murena) im Jahre 25 v. Chr. die Salassi im Aostatal unterworfen, damit den Großen und Kleinen St.-Bernhard-Paß unter römische Kontrolle gebracht und Augusta Praetoria (Aosta; s. Abb. 5) gegründet (Cassius Dio 53, 25; Strabon 4 p. 205–206). Im selben Jahrzehnt wurden anderen Feldherren je zweimal ein Triumph und eine Begrüßung als *imperator* für militärische Erfolge in Gallien und am Rhein gewährt. Im Balkangebiet versuchten Marcus Licinius Crassus und der unglückliche Marcus Primus (s. o. zu seinem Prozeß) – teilweise erfolgreich – Eroberungen. 19 v. Chr. feierte Lucius Cornelius Balbus den fünf-

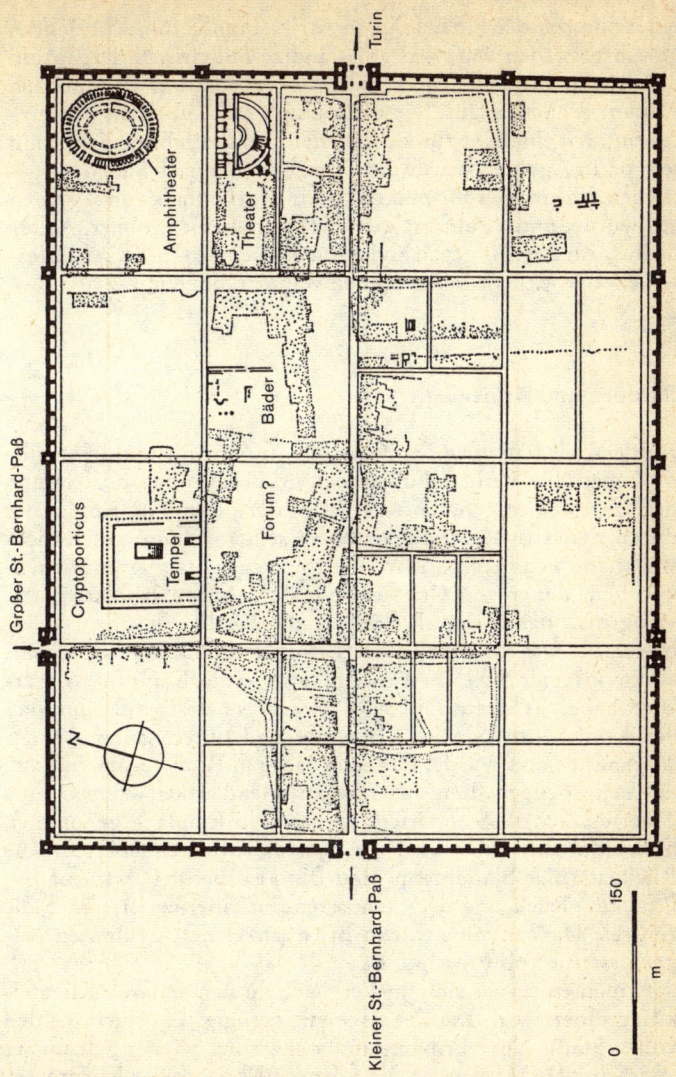

Abb. 5: Augusta Praetoria, Plan der römischen Anlagen (24 v. Chr.) unter der modernen Stadt Aosta.

ten Triumph, der für Erfolge in Afrika binnen fünfzehn Jahren gewährt worden war, was auf ständige militärische Expansion der Römer im Süden und Südwesten der bereits bestehenden Provinz schließen läßt. Dieser Triumph sollte übrigens der letzte sein, den ein nicht zur kaiserlichen Familie gehörender Mann feierte. In Ägypten wurde die Grenze soweit nach Süden vorgetrieben, wie man es für praktikabel hielt; ebenfalls von Ägypten aus wurde, unter Führung des Präfekten dieser Provinz, Aelius Gallus, ein Angriff gegen Südarabien gestartet (25 v. Chr.), dessen Zweck schlicht Beutemachen war (Strabon 16 p. 780).

Parthien und Armenien

Mittlerweile hatten an den Grenzen zu Armenien und Parthien diplomatische Verhandlungen den großen Propagandatriumph des Jahres 20 eingebracht: Phraates, der parthische König, der durch dynastische Streitigkeiten in seinem Hause geschwächt war, hatte sich bereit erklärt, die römischen Standarten zurückzugeben, die er von Crassus und Marc Anton erbeutet hatte. »Augustus nahm sie, als hätte er die Parther in einem Krieg besiegt; er war stolz auf seinen Erfolg und erklärte, daß er, was zuvor in einer Schlacht verloren war, ohne Kampf wiedererlangt habe.« (Cassius Dio 54, 8) Phraates nahm ferner hin, daß der König von Armenien beseitigt und durch seinen Bruder Tigranes ersetzt wurde, der zehn Jahre in Rom verbracht hatte und seine neue Stellung aus Tiberius' Hand erhielt – es war auch Tiberius, der die Standarten eigentlich in Empfang genommen hatte (Sueton, Tiberius 9). Augustus' Münzen feierten »die Rückgabe der Standarten« und die »Eroberung Armeniens«; Phraates' Rückgabe der Standarten an Tiberius ist ferner die zentrale Darstellung auf dem Brustpanzer der berühmten Augustusstatue von Primaporta.

Armenien erwies sich im Vergleich zu den anderen Klientelkönigtümern (vgl. Kap. 6) als wenig gefügig. Es erhielt nie den vollen Status einer Provinz und war immer wieder Schauplatz von Kämpfen (s. Kap. 6). Von diesem Konzept des Klientelkönigtums, also der Beziehung der Römer zu einem *rex socius* (verbündeten König), machte Augustus besonders an den östlichen Fronten des Reichs Gebrauch. Zu den wichtigsten *reges socii* zählen Herodes (d. Gr.) von Judäa, Archelaos von Kappa-

dokien und Polemon von Pontos (das Klientelkönigtum Galatien war nach dem Tod des Königs Amyntas 25 zu einer Provinz gemacht worden). Sueton (Augustus 48) betont zu Recht,
daß Augustus diese Könige als »Glieder und Teile des Reiches«
betrachtete und zu Heirats- und Freundschaftsverbindungen
untereinander ermunterte, für minderjährige oder geistesschwa-
che Thronerben Regenten bestellte und die Prinzen zusammen
mit seinen eigenen Nachkommen erziehen ließ. Es kam Augustus dabei gelegen, im Osten des Reiches möglichst wenig militärisch aktiv sein zu müssen, so daß er die Streitmacht umso
konzentrierter in anderen Gebieten einsetzen konnte.

Alpen, Balkan und Gallien

Von 19 v. Chr. an war der Großteil der Legionen an den Nord-
grenzen des Reichs konzentriert. Neue Unternehmungen in
den Alpentälern und die Schaffung weiterer römischer Aus-
gangsbasen dort machten den Weg zur Eroberung der Alpen
unter der Führung von Augustus' Stiefsöhnen Tiberius und
Drusus 15 v. Chr. frei. Die französischen Alpen wurden im
folgenden Jahr überwunden, und das grandiose augusteische
Siegesmonument steht noch heute auf dem Hügel von La Tur-
bie oberhalb von Monaco:

Dem Imperator Caesar Augustus, Sohn des Vergöttlichten, *pontifex
maximus, imperator* zum 14. Mal, Inhaber der *tribunicia potestas* zum
17. Mal, (weihen dies) der Senat und das Volk von Rom, weil unter
seiner Führung und seinen Auspizien alle Alpenstämme vom Meer auf
dieser bis zu dem auf jener Seite (Italiens) unter die Herrschaft *(imperium)* des römischen Volkes gebracht worden sind. (Es folgt eine grob
geographisch geordnete Liste von 45 unterworfenen Stämmen.)
    (CIL V 7817 = EJ 40; vgl. Plinius, Naturalis historia 3, 136–137)

Ebenfalls 14 v. Chr. begann ein Feldzug entlang der Sava und
anschließend durch das ganze Balkangebiet, das bis hin zur
Donau unter römische Herrschaft geriet. Befehlshaber waren
im ersten Jahr ein Marcus Vinicius, nach ihm Agrippa, nach
dessen Tod Tiberius. Einige Jahre später wurden Unruhen in
Pannonien und ein Aufstand in Thrakien unterdrückt und das
Werk der »Befriedung« dieses Gebiets vollendet:

Die Völker Pannoniens, mit denen kein Heer des römischen Volkes je zusammengetroffen war, bevor ich der Erste Mann *(princeps)* wurde, habe ich der Herrschaft des römischen Volkes unterworfen, nachdem sie von Tiberius, der damals noch mein Stiefsohn und mein militärischer Stellvertreter war, besiegt worden waren. Damit habe ich die Grenzen von Illyricum bis ans Ufer der Donau vorgeschoben.

(Augustus, Res Gestae 30)

Augustus selbst war in der Zwischenzeit (von 16–13 v. Chr.) in Gallien gewesen; man plante einen massierten Einmarsch in Germanien jenseits des Rheins (seit 15 v. Chr.).

Heeresreform

Die meisten Soldaten, die ihre militärische Laufbahn in der Zeit der Bürgerkriege begonnen hatten, waren zuletzt in den Kämpfen in Spanien im dritten Jahrzehnt v. Chr. eingesetzt worden (vgl. Cassius Dio 54, 11) und werden sich ihre ehrenvolle Entlassung wohl bereits vor den großen Feldzügen in den Alpen, auf dem Balkan und jenseits des Rheins verdient haben. Viele wurden tatsächlich im Jahre 14 entlassen, als es – wie schon einmal nach Actium – ein großes »Aufräumen« im Heer gab. In diesen beiden Jahren gab Augustus 860 Millionen Sesterzen für Land in Italien und den Provinzen, das an die Veteranen verteilt wurde (Res Gestae 16). Für die neue Generation von Rekruten, die in den nun anstehenden Feldzügen eingesetzt wurde, standardisierte Augustus die Besoldung, Dienstdauer und Entlassungsgratifikationen. 13 v. Chr. wurden neue Regelungen veröffentlicht, die die Dauer des Dienstes für Legionäre auf sechzehn, für Prätorianer (vgl. Kap. 6) auf zwölf Jahre festlegte (Cassius Dio 54, 25; vgl. Sueton, Augustus 49). Der Jahressold eines Legionärs betrug 900 Sesterzen, zahlbar in drei Raten. Diese Summe, aus der der Soldat seine Ausrüstung und Verpflegung bezahlen mußte, wird die von Caesar eingeführte gewesen sein; sie war doppelt so hoch wie die zuvor übliche (Sueton, Caesar 26) und blieb nun für mehr als ein Jahrhundert konstant, bis sie Domitian um ein Drittel erhöhte (Cassius Dio 67, 3). Im Jahre 5 n. Chr. wurde die Dauer des Dienstes auf zwanzig bzw. sechzehn Jahre verlängert, die Entlassungsgratifikation wurde auf 12 000 Sesterzen, also fast dreizehn Jahressolde, festgesetzt (Cassius Dio 55, 23; Augustus, Res Gestae 17). Im folgenden

Jahr richtete Augustus eine spezielle militärische Kasse, das *aerarium militare* ein, das für die Zahlungen an die Soldaten in Geld oder Land verantwortlich war[6].

Germanien

Es war wohl zur Zeit von Augustus' Gallienaufenthalt, daß die ersten festen Legionsbasen auf dem linken Rheinufer gebaut wurden. Als 12 v. Chr. alles bereit war, fielen die Römer unter Drusus in Germanien (s. Abb. 6) ein; sie benutzten dazu drei Hauptrouten: 1. Vom Rheinunterlauf gelangten sie durch einen eigens gegrabenen Kanal an die Nordseeküste, an der sie bis zu Ems, Weser und Elbe entlang zogen; anschließend gingen sie diese Flüsse aufwärts vor; 2. von ihrer Basis in Vetera (Xanten) aus zogen sie das Lippetal hinauf; und 3. von Mogontiacum (Mainz) gelangten sie mainaufwärts bis in die Wetterau, wo eine Nachschubbasis mit großen Getreidekammern bei Rödgen, etwa 60 km nordöstlich von Mainz, von der Größenordnung und der Effizienz der römischen Planungen zeugt. Eine ungewöhnlich große permanente Basis bei Oberaden an der Lippe, etwa 90 km östlich von Xanten, die 10 oder 9 v. Chr. eingerichtet wurde und mit ihrem 60 Hektar großen Gebiet genügend Platz für zwei Legionen und starke Hilfstruppen bot, zeigt, daß die römischen Truppen bald mit der Besetzung und Besiedlung des gewonnenen Landes begannen. Sowohl Rödgen als auch Oberaden wurden jedoch nach der ersten Phase des römischen Vorgehens aufgegeben[7] und durch andere Basen ersetzt, Oberaden insbesondere durch Haltern, ein eindrucksvolles Legionslager etwa 40 km westlich, das bis zu seiner Zerstörung nach der Niederlage des P. Quinctilius Varus 9 n. Chr. durchgehend besetzt war.

9 v. Chr., als Tiberius' Bruder Drusus durch seinen Reitunfall ums Leben kam, hatten die Römer bereits die Elbe erreicht und

[6] Zu weiteren Maßnahmen des Augustus, die den rechtlichen Status der Soldaten betrafen, s. Kap. 6.

[7] In beiden hat man keine der Münzen vom Typ »Altar von Lugdunum (Lyon)« gefunden (s. Abb. 2), die erst seit 10 v. Chr. geprägt wurden und in allen anderen augusteischen Militäranlagen in Germanien der am häufigsten auftretende Münztypus sind. Offenbar waren also beide Anlagen bald nach 10 v. Chr. bereits aufgegeben.

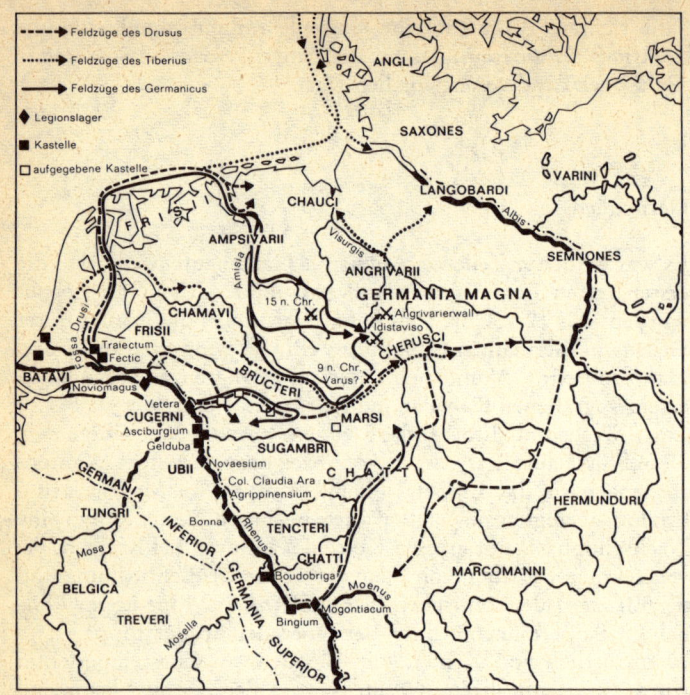

Abb. 6: Das römische Germanien.

eine römische Verwaltung der eroberten Gebiete einzurichten
begonnen. Tiberius, der aus Illyricum geholt worden war, damit er seinen Bruder ersetze, »führte den Krieg mit der ihm
eigenen Tapferkeit und dem gewohnten Glück weiter; siegreich
durchzog er alle Teile Germaniens ohne jeden Verlust für das
ihm anvertraute Heer. ... Er bändigte Germanien so vollständig, daß es fast zu einer tributpflichtigen Provinz wurde.« (Velleius 2, 97) Daß von den Hunderten von Zwischenlagern, die
beim Feldzug unter Drusus und Tiberius entstanden sein müssen, nur eine Handvoll gefunden wurde, noch dazu alle nahe
dem Rhein, führt uns die Begrenztheit der erhaltenen archäologischen Zeugnisse deutlich vor Augen.

Tiberius zog sich, wie wir gesehen haben, 6 v. Chr. aus dem
öffentlichen Leben zurück, und »die ganze Welt fühlte, daß
Tiberius von der Bewachung Roms entfernt war« (Velleius 2,

100). Für das folgende Jahrzehnt bis 4 n. Chr., als Tiberius zurückkehrte und wieder das Kommando in Germanien übernahm (ebd. 104), ist die Darstellung unserer Hauptquelle Velleius (Cassius Dios Werk ist für diese Jahre verloren, nur die wenig nützlichen Auszüge der Epitomatoren sind erhalten) kurz und wenig informativ. Die Ereignisse lassen sich daher nicht vollständig rekonstruieren. Wir wissen aber, daß in Germanien ein Heer unter Lucius Domitius Ahenobarbus die Elbe überquerte und mit den dort lebenden Stämmen einen Freundschaftsvertrag schloß (Cassius Dio 55, 10 a). Marcus Vinicius hatte als dessen Nachfolger dennoch so viele Kämpfe durchzuführen, daß er sich die Insignien des Triumphators verdiente.

Illyricum und Böhmen

Zur selben Zeit überschritten im Balkangebiet Gnaeus Lentulus und Marcus Vinicius die Donau, 50 000 Goten wurden ans Südufer umgesiedelt und die Daker »gezwungen, die Herrschaft des römischen Volkes zu ertragen« (Augustus, Res Gestae 30). Insgesamt aber war die römische Herrschaft sowohl in Illyricum als auch in Germanien nunmehr, 6 v. Chr., so weit gesichert, daß ein weiterer großangelegter Vorstoß möglich schien.

Zwei Heere wurden zur Invasion des heutigen Böhmen aufgestellt, wo der Markomanne Maroboduus eine in Germanien neuartige Monarchie etabliert hatte. Das eine Heer sollte unter Tiberius die Donau bei Carnuntum (nahe Petronell) überschreiten und nach Norden und Nordwesten marschieren, das andere unter Sentius Saturninus Böhmen von Westen aus angreifen. Tacitus (Annales 2, 46) läßt Maroboduus äußern, gegen ihn seien zwölf römische Legionen ausgezogen, was wohl tatsächlich die römische Gesamtstärke in Germanien, Raetien und Illyricum zu jener Zeit war, wobei die eigentliche Angriffsstreitmacht aus einigen ganzen Legionen sowie Abteilungen *(vexillationes)* der anderen bestand.

Illyricum war ruhig, der Statthalter Marcus Valerius Messalla Messalinus war mit dem Großteil seines Heeres bei Tiberius in Carnuntum. Auch Germanien war friedlich; es unterstand nunmehr dem Kommando des Publius Quinctilius Varus (s. u.). Es schien, als sei nichts Besonderes zu erwarten – ein fataler Irrtum!

Erstens Illyricum: Rekruten der dalmatischen Stämme, die an der Invasion Böhmens teilnehmen sollten, meuterten, ihr Anfangserfolg führte zu einem allgemeinen Aufstand, an dem nun auch einige Pannonier teilnahmen; die römische Garnison in Sirmium (Sremska Mitrovica) an der Sava wurde angegriffen, die ganze dalmatische Küste heimgesucht. Der Statthalter der östlich davon gelegenen Provinz Mösien griff ein, um Sirmium zu retten, mußte sich aber bald wieder zurückziehen, da Daker und Sarmater seine Abwesenheit nutzend die Donau überschritten hatten und in Mösien eingefallen waren. Tiberius gab nun seine Pläne für einen Einmarsch in Böhmen auf und eilte zurück, um den Aufstand niederzuwerfen, was drei Jahre harter Kämpfe kostete. Rom mußte zu außerordentlichen Maßnahmen greifen: Freigelassene wurden als Rekruten zwangsweise verpflichtet und eine neue Kriegssteuer (2 Prozent der Kaufsummen im Sklavenhandel) sowie andere finanzielle Maßnahmen eingeführt. Zu Beginn hatte Tiberius zehn Legionen auf einmal, dazu zahlreiche Hilfstruppen, eingesetzt (Velleius 2, 113 ist hier Augenzeuge, er war ein höherer Offizier in Tiberius' Heer).

Publius Quinctilius Varus

Zweitens Germanien: Es unterstand, wie erwähnt, dem Kommando des Publius Quinctilius Varus; dieser entstammte einer aristokratischen Familie, die jahrhundertelang nicht hervorgetreten war, bis er – mit Augustus' Großnichte Claudia Pulchra (s. Abb. 4) verheiratet – eine glänzende zivile Karriere machte: Er war 13 v. Chr. Konsul gewesen, anschließend Prokonsul für Afrika und Legat in Syrien, und nun Kommandant in Germanien; im Gegensatz zu seinen Vorgängern war er kein Militär, vielmehr war er »von milder Gesinnung und ruhigem Temperament, an Geist und Körper schwer beweglich und eher die Muße des Lagerlebens als das Kriegführen gewohnt« (Velleius 2, 117). Fünf Tage, nachdem im Sommer des Jahres 9 n. Chr. der Aufstand in Dalmatien niedergeworfen war, was mit einem Triumph für Augustus und Tiberius und den Insignien des Triumphators für Germanicus, Tiberius' Neffen und Adoptivsohn, gefeiert wurde, »kamen schlimme Nachrichten aus Germanien über die Vernichtung des Varus und seiner Legionen

sowie von drei Kavallerieregimentern und sechs Kohorten«
(Velleius 2, 117). Welche Folgen diese Katastrophe haben sollte,
ist bekannt: Die vernichteten Legionen, die XVIII., XIX. und
XX., wurden nie wieder neu geschaffen, die Legionslager wurden auf das linksrheinische Gebiet zurückgezogen, wo sie noch
Jahrhunderte später bestanden, und es erfolgte kein weiterer
Versuch, das Gebiet zwischen Rhein und Elbe zurückzuer-
obern. Neue Stämme von jenseits der Elbe waren rasch in das
nunmehr von den Römern geräumte Gebiet eingedrungen. In
den nächsten hundert Jahren entwickelten sich kulturelle Unterschiede zwischen den westgermanischen Stämmen, die wohl
von Rom unabhängig waren, aber mit ihm in ständigem Han-
delskontakt und weiteren Beziehungen standen, und den Stämmen weiter im Osten, die von Rom weitgehend unberührt
blieben.

Die Folgen der Katastrophe also sind bekannt, ihre Ursachen
hingegen liegen weitgehend im dunkeln. Die antiken Quellen
suchen die Schuld bei Varus:

Er hielt die Germanen für Wesen, an denen außer der Stimme und den
Gliedern nichts Menschliches sei. Da sie durch das Schwert nicht ge-
bändigt werden konnten, glaubte er sie durch das römische Recht
bilden zu können. Mit diesem Vorsatz betrat er Germanien, als käme er
zu Männern, die der Segnungen des Friedens froh seien und brachte die
Zeit für den Sommerfeldzug mit feierlichem Rechtsprechen von seinem
Stuhle aus hin. ... Er hielt sich für einen Stadtprätor, der auf dem
Forum in Rom Recht spricht, nicht für einen Feldherrn, der mitten in
Germanien ein Heer zu befehligen hat.   (Velleius 2, 117–118)

Gegen ihn nun trat Arminius auf, der Sohn eines cheruskischen
Stammeshäuptlings, »tapfer, schnell und gewandteren Geistes, als
es die Barbaren gewöhnlich sind«, der zuvor an vielen Feldzügen
auf römischer Seite beteiligt gewesen war und »mit dem römischen Bürgerrecht den Rang eines Ritters erreicht hatte« (Velleius
2, 118). Varus war vor dessen Verschwörung gewarnt worden,
hatte aber nicht darauf gehört. Als die Verschwörer nun die
Nachricht von einem Aufstand meldeten, machte sich Varus mit
seinem Heer auf und wurde in einen Hinterhalt im Teutobur-
ger Wald gelockt; die Legionen wurden vernichtet, und alle
römischen Garnisonen östlich des Rheins wurden über-
wältigt.

Die Schuld für die römische Katastrophe ist dabei wahrscheinlich weniger in der Person des Varus als vielmehr bei
denen zu suchen, die ihn eingesetzt hatten. Man hatte eben

nicht mit einer Rebellion gerechnet: Vor 9 v. Chr. »hielten die Römer Teile Germaniens . . ., ihre Soldaten überwinterten dort, Städte wurden gegründet, und die Barbaren waren dabei, sich der römischen Lebensart anzupassen und Zentren für den Handel und friedliches Miteinander zu schaffen« (Cassius Dio 56, 18). Das bereits erwähnte Legionslager in Haltern bezeugt in seinen letzten Jahren Anpassung an eine mögliche friedliche Nutzung, und es scheint, als habe es außerhalb des eigentlichen Lagers eine zivile Ansiedlung gegeben. Cassius Dio (56, 26) überliefert außerdem, daß die Soldaten der einzigen römischen Garnison, die dem Massaker entkam und sich über den Rhein retten konnte, ihre Frauen und Kinder bei sich hatten – alles Anzeichen für eine friedliche Entwicklung; Varus hatte demnach nur seinen Auftrag erfüllt, wenn er sich um die Errichtung einer regulären Rechtsprechung und Steuerverwaltung in einer Provinz bemühte, die dafür bereit zu sein schien.

Die Nachricht von der Katastrophe rief in Rom eine Panik hervor, doch die Germanen fielen entgegen der Befürchtungen nicht im römischen Gallien ein. Tiberius, der die Rheingrenze verstärkt hatte, ging ab 11 n. Chr. zur Hebung der Moral vorsichtig dazu über, wieder in Germanien einzufallen. Das verlorene Gebiet aber wurde nicht mehr zurückgewonnen, das große Lager bei Haltern nicht mehr besetzt, und selbst die umfangreicheren Germanienfeldzüge der Jahre 14 bis 16 wurden »mehr zu dem Zweck geführt, die Schmach jenes unter Quinctilius Varus verlorenen Heeres zu tilgen, als aus dem Verlangen, das Reich weiter auszudehnen oder zu sonst einem würdigen Zweck« (Tacitus, Annales 1, 3). Augustus hinterließ so bei seinem Tod ein Reich, das »durch den Ozean oder durch weit entfernte Ströme umzäunt war« (ebd. 1, 9) – letztere Begrenzung war eine Folge von Arminius' Schicksal.

Augustus als Mehrer des Reiches

Augustus war ein großer Eroberer und stand damit ganz in der republikanischen Tradition. Die *Res Gestae* (26–33) betonen diesen Zug seiner Herrschaft. Hätte er auch Böhmen erobert, wären dann seine Nachfolger dort stehen geblieben oder hätten sie nicht vielmehr das Reich noch weiter nach Norden und Osten ausgedehnt? Die Elbe galt nicht als »natürliche« oder besonders leicht zu verteidigende Grenze. Die Schriftsteller der augusteischen Zeit – Livius, Vergil, Horaz – betonen den göttlichen Auftrag an die Römer, zu herrschen: »Dem Volk setz' ich nimmer ein Ziel der Zeit noch der Ehren; / ewige Herrschaft schenk' ich ihm . . .« läßt Vergil (Aeneis 1, 278–279) den Jupiter sagen. »Sei du, Römer, gedenk des Reichs und übe die Herrschaft / – das sind die Künste, die dir anstehen –, bring Friede den Völkern, / sei den Besiegten gelind, sei siegreich über die Stolzen!« (ebd. 6, 851–853) Oder Livius (1, 16): »Geh, sage den Römern, daß es der Götter Wille ist, daß mein Rom das Haupt der Welt sein soll; laß sie daher die Kunst des Kriegführens üben und laß sie wissen und ihren Nachfahren überliefern, daß keine menschliche Macht den römischen Waffen widerstehen kann.«

Es gibt keinen Anlaß zu der Vermutung, daß Augustus erkannt hätte, wieviel Land östlich des Rheins und nördlich der Donau lag. Die Barbaren waren ohnehin rechtlos, unter den Segnungen der römischen Kultur würde es ihnen bestimmt wohler sein . . . Florus (2, 29) hat später einmal den Nomadenstamm der Sarmaten so abgekanzelt: »Sie sind solche Barbaren, daß sie nicht einmal verstehen, was Friede ist.« Sueton (Augustus 21) betont, daß Augustus »nie ohne gerechten Grund und Notwendigkeit« Krieg führte – freilich waren die Römer Meister darin, solche Gründe zu finden: »Der Tempel des Ianus Quirinus sollte nach dem Wunsch unserer Vorfahren nur dann geschlossen sein, wenn im gesamten römischen Reich zu Wasser und zu Lande durch Siege errungener Friede herrschte – was vor meiner Geburt seit Gründung der Stadt überhaupt erst zweimal geschehen ist, wie überliefert ist. Dieser Tempel also wurde, während ich *princeps* war, auf Beschluß des Senats dreimal geschlossen.« (Augustus, Res Gestae 13) Die Betonung liegt auf dem »durch Siege errungenen Frieden«, nicht auf dem Frieden selbst. Aus anderen Texten wird deutlich, daß die Wörter »Friede« und »befrieden« *(pax, pacare)* diese Konnotation hatten:

Nächst den unsterblichen Göttern erwies Augustus dem Angedenken der Feldherrn, die das römische Reich aus kleinsten Anfängen zu solcher Größe gebracht hatten, die höchsten Ehren. Deshalb ließ er auch die von einem jeden errichteten Bauwerke unter Beibehaltung der alten Inschriften wiederherstellen und ihnen allen in den beiden Säulenhallen seines Forums Statuen weihen, die sie als Triumphatoren darstellten. Auch gab er in einem Edikt bekannt, er wolle selbst zu Lebzeiten – wie auch die *principes* nach ihm – nach dem Vorbild dieser großen Männer von der Bürgerschaft beurteilt werden.

(Sueton, Augustus 31)

Und die *Res Gestae* selbst beginnen mit den Worten:

Die Taten des vergöttlichten Augustus, mit denen er den Erdkreis der Herrschaft des römischen Volkes unterwarf . . .

(Augustus, Res Gestae 1)

Cicero (De re publica 3, 24) berichtet, daß zu den Statuen der größten Feldherrn die Inschrift gehört: »Er mehrte das Gebiet des Reichs«. Daß Augustus das römische Reich um mehr vergrößerte als je ein anderer, war nicht seine geringste Leistung, und er war stolz darauf. Als er seinem Nachfolger den Rat gab, das Reich innerhalb der gegenwärtigen Grenzen zu belassen (Tacitus, Annales 1, 11), verlangte er nicht nur, was er selbst nicht getan hatte, sondern gab damit vielleicht seiner – zu späten – Erkenntnis Ausdruck, daß die Aufstände in Illyricum und Germanien gezeigt hatten, daß Roms Herrschaft nicht so grenzenlos war, wie er selbst einst vermutet hatte.

Neue Bauten in Rom

Augustus gibt für das Jahr 32 v. Chr. in seinem Tatenbericht an:
»Den Gefolgschaftseid hat mir ganz Italien aus freien Stücken
geleistet und mich in dem Krieg, in dem ich Sieger bei Actium
war, nachdrücklich als Anführer gefordert.« (Res Gestae 25)
Zwanzig Jahre später, nach dem Tod des Lepidus, wurde er
zum *pontifex maximus* bestimmt, und »zu meiner Wahl strömte
aus ganz Italien eine riesige Menschenmenge zusammen, wie sie
zuvor niemals in Rom belegt war« (ebd. 10).

Italien hatte allen Grund, dankbar zu sein. Das Ende des
Bürgerkriegs bedeutete einen wirtschaftlichen Aufschwung,
und Rom selbst änderte sein Gesicht durch das augusteische
Bauprogramm.

Das Senatsgebäude und das daran angrenzende Chalcidicum, den
Apollontempel auf dem Palatin mit seinen Säulenhallen, den Tempel
für den vergöttlichten Iulius ... (es folgt eine Liste mit weiteren 13
Tempeln und Bauten) ... habe ich errichtet. Das Kapitol und Pompeius' (d. Gr.) Theater ließ ich beide mit gewaltigem Aufwand wiederherstellen, ohne daß ich eine Inschrift mit meinem Namen anbringen
ließ. Die Aquädukte, die an zahlreichen Stellen wegen ihres Alters
schadhaft geworden waren, ließ ich reparieren, und den Marcia genannten Aquädukt auf das doppelte Fassungsvermögen bringen. Das Forum
Iulium und die Basilica, die sich zwischen dem Castor- und dem Sa-
turntempel befindet – Bauten, die von meinem Vater (Caesar) begonnen und fast zu Ende geführt worden waren – habe ich vollendet, und
als die Basilica durch Feuer zerstört worden war, habe ich ihren
Grundriß erweitert und unter dem Namen meiner Söhne erneut mit
ihrem Bau begonnen; falls ich sie zu meinen Lebzeiten nicht vollenden
kann, habe ich angeordnet, daß sie von meinem Erben fertiggestellt
wird. In meinem sechsten Konsulat (28 v. Chr.) habe ich 82 Göttertem-
pel in Rom auf Senatsbeschluß wiederherstellen lassen und keinen dabei übergangen, der zu diesem Zeitpunkt erneuerungsbedürftig war. ...
Auf Privatgrund und aus der Kriegsbeute habe ich den Tempel des
Mars Ultor und das Forum Augustum erbaut. Das Theater am Apollontempel ließ ich auf einem Grund bauen, der großenteils aus Privat-
hand gekauft war. Es soll den Namen meines Schwiegersohnes Marcus
Marcellus tragen.   (Augustus, Res Gestae 19–21)

Der Text fährt fort, Augustus' Gaben für die Tempel aufzuzäh-
len, seine Zurückweisung der bislang üblichen Abgaben itali-

scher Gemeinden, seine Veranstaltung von Gladiatorenspielen und anderen Darbietungen, die in einer inszenierten Seeschlacht gipfelten, und zwar »jenseits des Tiber, dort, wo sich nun der Hain der Caesaren befindet. Dazu wurde das Erdreich 1800 Fuß in der Länge und 1200 Fuß in der Breite ausgehoben. Dabei trafen 30 rammspornbewehrte Drei- und Zweiruderer und noch mehr kleinere Schiffe im Kampf aufeinander; auf diesen Schiffen befanden sich als Kämpfer außer den Ruderknechten etwa 3000 Mann.« (ebd. 23)

Die Größenordnung dieser Veranstaltung ist riesig. Die bewußte Bescheidenheit, die Augustus – wie er freilich ausdrücklich registriert – seinen Namen an manchen der von ihm geförderten Bauten nicht anbringen ließ, legt die Vermutung nahe, daß er dies bei den anderen Bauten tat. Es gab schließlich keinen einzigen einigermaßen wichtigen öffentlichen Platz in Rom ohne ein eindrucksvolles Monument seiner Macht, Mittel und Gabenbereitschaft. Auch weitere Mitglieder seiner Familie, besonders Agrippa, waren große Bauherren. So fand Augustus nicht nur ein »Rom aus Backsteinen und hinterließ es aus Marmor« (Sueton, Augustus 28), sondern er schuf auch Arbeit für viele Unternehmer, Baustoffhändler und Bauarbeiter. Die Eröffnung neuer Steinbrüche in Carrara (s. S. 97) machte den weiten Gebrauch von Marmor möglich, und griechische Handwerker wurden angeworben, da es keine bodenständige Tradition der Marmorbearbeitung gab. Landbesitzer in der Umgebung Roms, deren Boden geeigneten Ton für Ziegelbrennereien hergab, gingen zur Ziegelproduktion im großen Stil über. Daß sich darunter auch einige der bedeutenden senatorischen Familien befanden, scheint nicht gegen das traditionelle Verbot für diese Schicht, Handel zu treiben, gestanden zu haben; es war vielmehr akzeptabel, wenn man seinen Landbesitz ausnutzte, und Ziegelherstellung muß als Abart des Ackerbaus gegolten haben. Weiterhin gingen Architekten immer mehr zum Gebrauch von Beton über – freilich noch nicht in der Größenordnung wie später unter Nero –, wobei sie es verstanden, bessere Qualitäten von Beton herzustellen, die langsam trocknen und eine sehr feste Masse bilden. Noch herrschten traditionelle Baustile vor, Ziegel und Zement wurden verputzt. Das erste große öffentliche Gebäude, das seine Ziegelwände und Zementkonstruktion deutlich zeigte, wird die Kaserne der Prätorianer *(castra praetoria)* gewesen sein, die im dritten Jahrzehnt n. Chr. errichtet wurde.

Ein Motiv der augusteischen Propaganda war die Wiederherstellung der Stabilität. So wie Augustus' rechtliche Stellung auf
dem republikanischen Vorbild beruhte, wie er vergessene und
obsolete religiöse Zeremonien wiederbelebte, und so wie viele
seiner Anhänger – etwa Livius und Horaz – auf die gute alte
Zeit unverderbter Einfachheit zurückblickten, so folgte auch
die augusteische Kunst und Architektur traditionellen Vorbildern, ja ging über die späte römische Republik hinaus bis zur
klassischen Zeit Griechenlands zurück.

In der eben ausführlich zitierten Stelle aus den *Res Gestae*
fällt die Betonung der Vollendung von Caesar begonnener Pro-
jekte auf. Tatsächlich hatte der Klassizismus bereits unter Caesar begonnen: Die von ihm geweihte Statue der Venus Genetrix
(Stammutter des iulischen Hauses) geht auf griechische Vorbilder des ausgehenden fünften Jahrhunderts v. Chr. zurück. Auch
seine eigenen Statuen sind in klassischem Stil gestaltet, ideali-
sierte Körper und realistisches Portrait vereint. Caesar war es
auch, der die neuen Steinbrüche in Carrara eröffnet hatte. Die
römischen Staatsgottheiten ließen sich in ihrer Darstellung von
ihren griechischen Entsprechungen nicht mehr unterscheiden.
Augustus führte diesen Prozeß nun weiter, seine Portraits sind
noch deutlicher klassizierend, noch mehr idealisiert als die Caesars. Sein Forum, zwar nicht als griechische Agora, sondern
durchaus als römisches Forum geplant und gebaut, hat dennoch
griechisch stilisierte Architekturteile und ebensolchen Bau-
schmuck, bis hin zur verkleinerten Kopie der Karyatiden am
Erechtheion auf der Athener Akropolis. Römisch hingegen ist
die nüchterne Feuermauer, die das Forum von den Slums des
übel angesehenen Viertels Subura trennt. Die Verwendung von
Marmor aus Afrika, Griechenland und Kleinasien sowie Carrara für das Prunkstück des Forums, den Tempel des Mars Ultor,
weist auf Augustus' Vorherrschaftsgedanken hin: Der Herr der
Welt läßt die Welt Reverenz erweisen. Und doch zeigt ein Detail, daß sich Augustus als Bürger dem Recht beugen mußte: Er
konnte nicht all das Land kaufen, das für sein Forum notwendig
war, und so ist der Grundriß an der Ostecke unsymmetrisch (s.
Abb. 7).

Außer dem Augustusforum und dem Marcellustheater sind
an augusteischen Bauten in Rom heute noch zu sehen: einmal
das Mausoleum des Augustus, das in Größe und Grandiosität

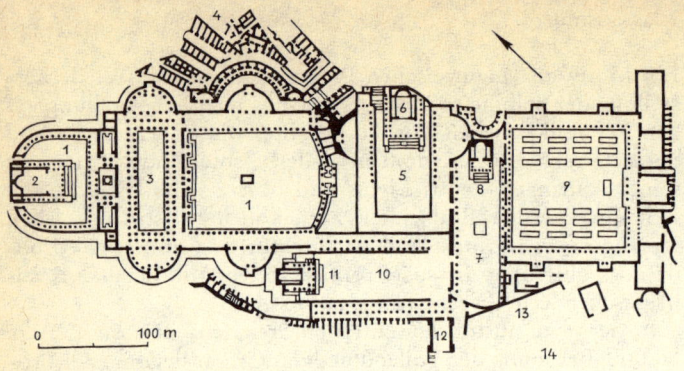

Abb. 7: Rom, die Kaiserforen.

1 Forum des Trajan. 2 Trajans-Tempel. 3 Basilica Ulpia. 4 Markthallen
des Trajan. 5 Forum des Augustus. 6 Tempel des Mars Ultor. 7 Forum
des Nerva 8 Minerva-Tempel. 9 Forum des Vespasian. 10 Forum des
Caesar. 11 Tempel der Venus Genetrix. 12 Curia. 13 Basilica Aemilia.
14 Forum Romanum.

jedes republikanische Vorbild übertrifft (auch wenn es noch
erkennbar in republikanischer Tradition steht, wie sie uns etwa
im Grab der Caecilia Metella an der Via Appia begegnet). Zum
anderen die *Ara Pacis Augustae*, die – nicht an ihrer ursprünglichen Stelle – wiederaufgebaut wurde. Errichtet zwischen 13
und 9 v. Chr. umfaßt hier eine fast quadratische Einfriedung
einen monumentalen, über eine Treppe zugänglichen Altar,
wobei alles großzügig mit Reliefs geschmückt ist. Die Friese auf
Umfassungsmauer und Altar stellen Prozessionen dar, alle Fa-
milienmitglieder und -anhänger des Augustus sind abgebildet,
die Porträts erkennbar für jeden, der die Ikonographie von Statuen und Münzen kannte. Die Proportionen und Gewandfalten
sind streng klassisch, die Anordnung der Figuren freilich natür-
licher als beim Parthenonfries der Athener Akropolis, auf den
sich der Altarfries (über hellenistische Zwischenstufen) letzten
Endes bezieht – so wie ein gutes Jahrhundert später die Trajanssäule den Altar zitiert. Auch das Marcellustheater weist die
gleiche Verbindung von Elementen auf: klassische Säulenstel-
lungen an einem Theater, das sonst an das erste Steintheater in
Rom, das Pompeius' d. Gr., erinnerte. Das Marcellustheater,
das auch einen öffentlichen Park und ein Museum unter freiem

98

Himmel umfaßte, wurde bald zum Vorbild für die Baumode im ganzen Reich.

Augustus und seine Freunde waren an Zweck-, nicht nur an Repräsentationsbauten interessiert. Augustus schreibt, wie er die Wasserversorgung verbessert hat; die wichtigsten Erfolge auf diesem Gebiet hatte allerdings bereits Agrippa erzielt, der die vier schon bestehenden Aquädukte Roms ausbessern und erweitern sowie zwei neue errichten ließ. Dabei verwendete man erstmals Beton statt behauener Steine, freilich noch wenig guten Zement, der für Lagen recht bröckeligen Mörtels verwendet wurde und noch nicht zum Verputzen der weiterhin kaum attraktiven Ziegelmauern diente. Agrippa war ferner der erste Aquäduktbauherr, der mehrere Wasserkanäle auf einer einzigen Bogenreihe verlaufen ließ. Nach seinem Tod ging seine eigene Sklavengruppe, die mit der Wartung des Wasserversorgungssystems betraut war, in den Besitz des Augustus über und wurde so der Kern einer kaiserlichen Aquäduktaufsicht. Agrippa ließ außerdem das gesamte stadtrömische Abwassersystem überholen, die Flutmauern am Tiber ausbessern und eine neue Brücke bauen. Er war ferner Urheber eines monumentalen Viertels auf dem Marsfeld, zu dem das erste Pantheon gehörte (das Hadrian später durch seinen Bau ersetzte, so daß heute nur noch Fundamente von Agrippas Bau als Teil des hadrianischen erhalten sind).

Finanzierungsfragen

Der Großteil der Kosten wurde aus Kriegsbeute gezahlt, wie Augustus zu einigen seiner Bauten ausdrücklich anmerkt. Wir wissen auch, daß Cornelius Balbus, der letzte nicht zum Kaiserhaus gehörende *triumphator,* 13 v. Chr. ein Theater aus der Beute des Afrikakrieges finanzierte (Sueton, Augustus 29). Mit solchen Mitteln also ließ Augustus (er selbst oder seine Generäle auf seine Weisung hin) auch die Straßen Italiens ausbessern (Sueton, Augustus 30; Cassius Dio 53, 22). Eigene Beute hatte er u. a. aus dem großen Schatz der Ptolemäer gewonnen – nicht daß er ohne sie arm gewesen wäre: Wie wir schon (in Kap. 1) festgestellt haben, begann er seine Karriere mit der Aufstellung eines Privatheeres, und Konfiskationen und Erbschaften trugen dann ihren Teil zu seinem Reichtum bei. Der ägyptische Schatz war jedoch etwas Besonderes, er versetzte Augustus in die Lage, soviel neues Geld in Umlauf zu setzen, daß der Zinssatz von 12 auf 4 Prozent fiel und der Wert von Besitztümern entsprechend anstieg (Sueton, Augustus 41; Cassius Dio 51, 21).

Wohltaten für Cisalpina und Mittelitalien

Ganz Italien war in jener Zeit vom Aufschwung berührt. Konfiskationen und Landzuweisungen an Veteranen und andere Männer, denen die neuen Machthaber verpflichtet waren, hatten die Eigentumsverhältnisse stark verändert, und in den nun herrschenden Friedenszeiten und angesichts der blühenden Wirtschaft konnten die Landbesitzer ihre Güter ertragreich bebauen. In ganz Italien wurden Straßen repariert, Brücken gebaut und die Verkehrsverbindungen verbessert; ähnliches gilt auch – nach dem Zeugnis der zahlreichen Meilensteine – für die Provinzen (s. Kap. 6). »In meinem siebten Konsulat (27 v. Chr.) ließ ich die Via Flaminia von Rom bis Ariminum (Rimini) sowie alle Brücken, ausgenommen die Mulvische und die Minucische, ausbessern« (Augustus, Res Gestae 20) – eine Angabe, die ein (Triumph-)Bogen in Rimini bestätigt und ergänzt:

Der Senat und das Volk [von Rom (weihen dies) dem Imperator Caesar Augustus, Sohn des Vergöttlichten, siebenmal *imperator,* siebenmal] Konsul und designierter Konsul für ein achtes Mal, weil er die V[ia Flamin]ia [und die anderen] wichtigsten Straßen Italiens auf eigene Veranlassung [und aus eigenen Mitteln hat befestigen] lassen.
(ILS 84 = EJ 286)

Münzen und Meilensteine (ILS 9371 = EJ 288) bezeugen dasselbe. Augustus ermöglichte außerdem eine schnellere Überlandverbindung, indem er militärische Wachposten an wichtigen Punkten entlang der Straßen einsetzte (Sueton, Augustus 32). Dies alles verdankte Italien dem Augustus.

Die italischen Städte wurden weiterhin von Augustus und Angehörigen seiner Familie oder von lokalen Wohltätern mit öffentlichen Gebäuden, monumentalen Bögen, Toren und Mauern, die ihrer Würde entsprachen, und neuer Wasserzufuhr beglückt. Ein langatmiges Edikt des Augustus, das die Versorgung und Wartung der Wasserzufuhr für Venafrum (Venafro) regelt und uns inschriftlich erhalten ist (ILS 5743 = EJ 282; HIRK 27), zeigt, welche Bedeutung man dieser Tatsache beimaß. Vor allem in Norditalien gibt es einige Städte, die bis auf den heutigen Tag den augusteischen Stadtplan bewahren, z. B. Augusta Turinorum (Turin), Verona oder Augusta Praetoria (Aosta, s. Abb. 5). Letzteres wurde im Gebiet der Salassi nach deren Unterwerfung 25 v. Chr. gegründet; die Stadt liegt dort, wo sich die Straße durchs Aostatal gabelt und mit ihrem einen Zweig über den Großen St.-Bernhard-Paß in den heutigen Schweizer Kanton Wallis (aus lateinisch *vallis Poenina*) führt – die kürzeste Route von Italien nach Helvetien und an den Rhein –, mit dem anderen über den Kleinen St.-Bernhard-Paß nach Gallien läuft. Ein weiteres Paar wichtiger Alpenpässe, der Mont Cénis und der Mont Genèvre, hatten ebenfalls eine Stadt an ihrer italienischen Mündung, nämlich Susa (Segusio), das Sitz eines nun in römischen Diensten als Präfekt stehenden keltischen Häuptlings war, der über den Stamm herrschte, durch dessen Gebiet die Pässe führten. Eine Inschrift am (Triumph-) Bogen von Susa, errichtet 9/8 v. Chr., bezeichnet ihn als »Marcus Iulius Cottius, Sohn des Königs Donnus, Präfekt der im folgenden aufgezählten Gemeinden« (ILS 94 = EJ 166).

In der Nordostecke Italiens erblühte Aquileia als Nachschubbasis für die römischen Truppen in Illyricum. Augustus hielt sich dort auf, Tiberius' Sohn von Iulia kam dort zur Welt (Sueton, Augustus 20; Tiberius 7). Es war außerdem durch seine Lage als Basis für den Handel mit Noricum und damit auch für den mit den Stämmen jenseits der Donau geeignet, war schon seit Jahrhunderten der Endpunkt der Bernsteinroute von der Ostsee zum Mittelmeer gewesen (die zu Neros Zeit ein römischer Ritter persönlich nachgefahren war, der große Mengen Bernsteins zurückgebracht hatte: Plinius, Naturalis historia 37, 45). Die Städte am Rand Italiens wurden so zu Zentren der Romanisierung; die Stämme der Alpentäler wurden ihnen »zugewiesen«: In Aosta stellten die Salassi, die »von Anfang an« in der Kolonie hatten siedeln dürfen, eine Inschrift für Augustus auf (ILS 6753 = EJ 338). Die Stämme in der Umgebung von Trient (dem antiken Tridentum) erhielten die Erlaubnis, das Bürgerrecht zu beanspruchen und machten davon so sehr Gebrauch, daß später Kaiser Claudius es ihnen formal übertrug (ILS 206 = Sm. I 368; HIRK 33). Norditalien, *Gallia Cisalpina*, wurde nicht zuletzt das nützlichste Rekrutierungsgebiet für Legionäre in ganz Italien.

Im Vergleich dazu waren die Appeningebiete in Mittelitalien recht zurückgeblieben. Auch sie brachten zwar eine Anzahl

Rekruten hervor, unter denen wir manches Beispiel für erstaunlichen sozialen Aufstieg finden (zu den Paeligni s. S. 108). Saepinum (Sepino), eine arme und recht isolierte Gemeinde in Samnium, bietet uns ein klassisches Beispiel von Aufschwung und Stadtentwicklung unter Augustus: Etwa 400 Meter unterhalb der älteren samnitischen Siedlung, im Tal, entstand ein Zentrum für die ganze Region, das zwischen 2 v. und 4 n. Chr. Tiberius und sein verstorbener Bruder Drusus »auf eigene Kosten mit einer Mauer, Toren und Türmen« ausstatteten (ILS 147 = EJ 79). Saepinums Bedeutung war in seiner Lage an einer der großen Weidewechselrouten begründet, die entlang die Schafherden im Frühjahr in die Bergweiden hinauf und im Herbst wieder herabgetrieben wurden – eine in der Antike weitverbreitete Form der Herdenhaltung. Eine Inschrift aus dem 2. Jahrhundert n. Chr., die in Saepinum gefunden wurde und einen Brief des kaiserlichen Sekretariats an den Magistrat der Stadt enthält, läßt uns die Schafe geradezu sehen und riechen:

... die Pächter von Schafherden geben mir gegenüber nun wiederholt an, daß sie beim Zug entlang den Weidewechselrouten häufig Unrecht erleiden von seiten der Militärwachen und der Behörden von Saepinum und Bovianum. Diese nämlich nehmen, so höre ich, ihnen beim Durchzug manche Tiere und Hirten, die die Pächter angeheuert haben, fort und behaupten, es handle sich um flüchtige Sklaven, die die Tiere gestohlen hätten, durch welchen Vorwand sogar dem Kaiser gehörende Schafe verloren werden ...   (CIL IX 2438; HIRK 105)

Das Umland Roms

Keine Region Italiens schließlich hatte mehr Vorteile vom Wohlstand unter Augustus als Kampanien. Augustus selbst ließ hier einen 96 km langen Aquädukt nach Neapel und den anderen Orten an der Bucht, u. a. Puteoli und Cumae bauen. Puteoli war ein bedeutender Hafen für den Handel mit dem Osten; es war der Anlegepunkt für die ägyptischen Getreideschiffe (Sueton, Augustus 98), und wir finden, daß Angehörige einer wichtigen Familie im Ort von Handelsleuten mit Verbindungen nach Alexandria in Ägypten, nach Asien und Syrien geehrt werden (ILS 7273). Erst als Trajan den neuen Hafen an der Tibermündung bauen ließ, begann der Niedergang von Puteoli (vgl. OGIS 595; HIRK 120). Wohlhabende Männer wetteiferten miteinander im Bau von luxuriösen Villen in der Bucht von Neapel. Baiae erlebte einen Bauboom, und eine ununterbrochene Kette von Häusern und Gärten zog sich von Misenum bis Athenaeum (Strabon 5 p. 246 f.). Solche am Meer gelegene Villen waren hauptsächlich als Erholungs- und Ferienhäuser gedacht, sie standen oft einen Großteil des Jahres leer und brachten keinen Ertrag; es war freilich üblich, daß man sein Haus an Freunde »verlieh«, da Gasthäuser kaum für standesgemäß gehalten wurden und Anmieten von Wohnungen als eher dubios galt.

Die Reichen besaßen oft auch Villen in den Hügellandschaften um Rom, in Latium und Etrurien. Hier war es weniger der Erholungsaspekt, der den Kauf bestimmte, als vielmehr die Möglichkeit, daß solch ein Besitz wirtschaftlich arbeiten und sich so selbst finanzieren konnte. Latium galt als Ursprungsland des besten Weines, und Horaz macht deutlich, daß man auf Produkte vom eigenen Landgut stolz sein konnte (Epistulae 2, 2, 160). Landgüter in Roms Nähe hatten oft auch Obst- und Gemüsegärten und konnten ferner Baumaterial wie Ton (für Ziegel), Stein und Bauholz bieten. Es wäre jedoch falsch, sich Latium und Etrurien ganz in große Landgüter aufgeteilt vorzustellen. Horaz selbst besaß nur ein kleines Gut in den Sabinerbergen, acht Sklaven unter einem Aufseher und fünf weitere Bauern in einem eigenen Haus bearbeiteten dort Weinberge, einen Obst- und Gemüsegarten, Getreidefelder, Weiden und Waldungen (Sermones 2, 7, 118; Epistulae 1, 14, 1–3). Er erzählt die Geschichte eines Klienten, der von seinem Patron ein Bauerngut im Wert von 14 000 Sesterzen erhält. Eine Generation zuvor war Catulls Besitz in den Sabinerbergen bei Tibur (Tivoli) 15 200 Sesterzen wert (26,44), und Cicero erwähnt in den Briefen an seinen Bruder Quintus (3,1,9) einen gewissen Hippodamus, möglicherweise einen Freigelassenen seines Bruders, der das Geld für ein solches Bauerngut in der Umgebung Roms erwartet.

In ganz Latium und Etrurien finden wir ebenso wie in Cisalpina ein Erblühen der Städte unter Augustus. Sutrium (Sutri) in Südetrurien gelangte durch seine Lage an der Via Cassia, an der es die erste Stadt von Rom aus war, zu seinem Wohlstand; das in den Fels gebaute Theater datiert wahrscheinlich aus der augusteischen Zeit. Aber auch viele der anderen Städte in Etrurien und Umbrien profitierten vom Bauboom; Etrurien war ja besonders von den Wirren des vergangenen Jahrhunderts betroffen gewesen: Männer, die von Sullas Konfiskationen betroffen waren, bildeten einen wichtigen Kreis unter den Anhängern Catilinas, und darunter waren, wie Sallust (Catilina 17) überliefert, »viele aus den Kolonien und Gemeinden (im Umland Roms), die in ihren Heimatorten zur Nobilität gehörten *(domi nobiles)*«. Auch die Triumvirn ließen viel Land in jenen Gegenden beschlagnahmen (wohl nicht zuletzt, weil es so fruchtbar war). Augustus seinerseits, der in den Jahren 30 und 14 v. Chr. Land für seine Veteranen kaufte (Res Gestae 16) und später auf seine 28 italischen Kolonien stolz war (ebd. 28; vgl. Sueton, Augustus 46), war ebenfalls besonders in Etrurien und Campanien an Land interessiert gewesen. Umgekehrt kamen einige etrurische Familien, die die Proskriptionen und Konfiskationen überstanden hatten, in der augusteischen Zeit nicht nur zu großem Wohlstand, sondern gelangten auch in die Ränge der römischen Nobilität – sie waren nicht mehr zufrieden, nur *domi nobiles* zu sein. Ein Beispiel sind die Caecinae aus Volaterrae (Volterra), die einen Konsul *suffectus* im Jahr 1 v. Chr. stellten, der in seiner Heimatstadt ein Theater errichten ließ (AE 1957, 220). Die Familie stammte von dort, ihr Grab, das 1739 entdeckt wurde, barg viele Urnen mit etruskischen Inschriften. Zu nennen sind auch die Spurinnae und die Caesennii in Tarquinii und die Seii in Volsinii, die einen Präfekten Ägyptens stellten, den Vater des Seianus (Sejan), Seius Strabo. Besonders in Südetrurien gab es reiche Landhäuser, doch war hier Ackerbau nicht die einzige Einnahmequelle. In Luna gab es Marmorbrüche, in Arezzo Keramikmanufakturen, deren Ware weltweit verbreitet war, bis nach Indien und in den Jemen, und die Zweigwerkstätten in Pisa und Gallien für die lukrative Belieferung des Heeres unterhielten (s. Kap. 2). Selbst Veii, abseits der Hauptstraßen gelegen, scheint an dem Aufschwung noch teilgenommen zu haben, bevor es in Vergessenheit geriet und verfiel.

Süditalien

All dies steht in deutlichem Gegensatz zur Situation in Süditalien, wo kaum Wohlstand in den Städten bezeugt ist. Weite Landstriche wurden hier nur für Viehzucht verwendet, und die Zeugnisse für Getreide-, Wein-, Oliven-, Obst- und Gemüseanbau sind vergleichsweise wenige. Die meisten Landbesitzer waren nicht ansässig, sondern ließen ihre Güter in Abwesenheit verwalten. Waren sie etwa Senatoren und folglich in Rom gebunden, so waren für sie süditalienische Güter zu weit entfernt und boten außerdem nicht die gleichen Attraktionen wie (noch heute) die Bucht von Neapel oder die Hügel bei Tivoli und Praeneste. So praktizierte man im Süden vor allem Weidewechselwirtschaft, wobei außer Schafen (als Wollieferanten) auch Schweine gehalten wurden, die wohl in den großen Eichenwäldern Nahrung fanden. (Horaz, Epistulae 1,7,14–19, nennt einen Mann aus Kalabrien, der verdorbene Früchte an seine Schweine verfüttert, und scheint dabei vorauszusetzen, daß man die Gegend mit Schweinemast assoziierte.) Als Hirten dienten Sklaven. Die literarische Überlieferung spricht von einer Entvölkerung der süditalienischen Gebiete, und wenn diese auch nicht vollständig war, so werden doch die Verbliebenen häufig Sklaven gewesen sein. Die einzelnen Gebiete brachten aber durchaus noch ausreichend Nahrungsmittel für den Eigenbedarf hervor, selbst wenn große Flächen in Gras- und Weideland verwandelt waren.

Landbesitz und Luxus

Land blieb nicht nur die beste Investition, sondern wohl auch die wichtigste Einnahmequelle (s. Kap. 8). Ein gewisser Gaius Caecilius Isidorus hatte in den Bürgerkriegen seinen Besitz verloren, und doch hinterließ er bei seinem Tod Güter mit über 4000 Sklaven, 3600 Paar Ochsen, über einer Viertelmillion Schafen und anderen Tieren und 60 Millionen Sesterzen in bar (Plinius, Naturalis historia 33, 135). Gnaeus Cornelius Lentulus soll, trotz der Armut in seiner Jugend, ein Vermögen von 400 Millionen Sesterzen angesammelt haben – der höchste bekanntgewordene Betrag (Sueton, Tiberius 49; Seneca, De beneficiis 2, 27). Mit Augustus selbst konnte freilich niemand konkurrieren, die kaiserlichen Besitzungen wuchsen ständig an und wurden selbst bei Wechseln in der Dynastie vererbt. So ging die Villa Pausilypum (Posilippo), »Sanssouci«, von Vedius Pollio an Augustus über und befand sich – unter der Verwaltung eines Freigelassenen – noch unter Hadrian im kaiserlichen Besitz. Und Tiberius starb 37 in einem Landhaus, das über Marius, Sulla und Lucullus ins Eigentum der Kaiser übergegangen war.

Man hat die Zahl der erwachsenen freien Männer in Italien am Ende von Augustus' Herrschaft auf nicht mehr als 1,5 Millionen geschätzt; für Sklaven läßt sich ein solcher Zahlenwert nur raten. Die Einwohnerzahl Roms muß an die Million gegrenzt haben. Die Versorgung all dieser Menschen mit Nahrungsmitteln war von höchster Bedeutung, aber nicht einfach. Getreide, das zumeist aus Afrika und Ägypten auf dem Seeweg in die Häfen kam, mußte verteilt werden. Daß Augustus sich der Getreideversorgung seit 22 v. Chr. annahm und dabei nach Experimenten mit verschiedenen Verwaltungsformen schließlich einen Ritter als Verantwortlichen einsetzte, überrascht daher nicht (Augustus, Res Gestae 5, vgl. Tacitus, Annales 3, 54). Und trotzdem waren die Verhältnisse alles andere als ideal: Soranus, ein Arzt des frühen 2. Jahrhunderts n. Chr., beschreibt (in seinem Werk zur Frauenheilkunde 2,20,44) unter den Kindern in Rom weit verbreitete Krankheitssymptome, die auf Rachitis hinweisen. Wohl keine andere Stadt des Reiches bot einen so scharfen Gegensatz zwischen Arm und Reich.

Einige der Reichen, unter ihnen Augustus selbst, trugen die Genügsamkeit, die in der römischen Tradition so hochgehalten wurde, gerne zur Schau, doch stieg der Standard des Luxus ständig an (was sich wohl angesichts des »neuen« Geldes kaum verhindern ließ), und der Sittenstandard nahm ständig ab. Einige von Augustus' Freunden waren für ihren Luxus und ihre Lockerheit bekannt, allen voran Maecenas. Horaz und die elegischen Dichter zeigen eine Gesellschaft, die sich gern dem Festefeiern und den Affären mit Damen und Knaben der Halbwelt hingab – und andere Zeugnisse legen nahe, daß dies nicht nur dichterische Freiheit war.

Gesellschaftspolitik

Augustus versuchte, einen höheren Sittenstandard in der Oberschicht durchzusetzen und zugleich der fallenden Geburtenrate zu begegnen. Eine ganze Reihe von Gesetzen, die zwischen 18 v. und 9 n. Chr. entstanden, erklärten Ehebruch zum Verbrechen, regelten die Legitimität von Ehen zwischen den verschiedenen Schichten (insbesondere wurde – außer für Senatoren und ihre Familienangehörigen – die Ehe mit freigelassenen Frauen gestattet) und setzten Strafen (besonders im Bereich des

Erbrechts) für Unverheiratete und Kinderlose fest. Es ist oft schwierig zu entscheiden, welchen Passus spätere römische Juristen aus welchem Gesetz zitiert und uns so erhalten haben, außerdem wissen wir nicht sicher, ob die Gesetze wirklich erfolgreich waren oder wie stark sie durchgesetzt wurden, doch gibt es Belege für »Exempel«, die gegen hochgestellte Missetäter zur Abschreckung statuiert wurden.

Weitere Gesetze verliehen auch den nicht formal gültig Freigelassenen gesetzliche Freiheit (freilich ohne volle Bürgerrechte) und beschränkten die Zahl von Sklaven, die ein Herr freilassen durfte. Formal gültig Freigelassene wurden, wie schon zuvor, zu vollgültigen Bürgern, schuldeten aber ihrem früheren Herrn noch gewisse Pflichten und Dienste im Rahmen des Klientelsystems. Dieses Verhältnis von Patron und Klienten war für die römische Gesellschaft grundlegend. An der Zahl seiner Klienten konnte man den Status des Patrons ermessen, und so vergrößerte die Freilassung von Sklaven die Zahl von Klienten, die einem aufwarteten. Seneca d. J. (Epistulae ad Lucilium 47,14) zitiert das Paradoxon des Freigelassenen Callistus, der so reich und mächtig geworden ist, daß sein früherer Herr ihm nun als einer seiner Klienten aufwartet und keinen Zutritt erhält. Allerdings konnten nur wenige Sklaven auf einen solchen Gewinn in der Lotterie des Lebens hoffen, wenn auch die bloße Möglichkeit dazu beigetragen haben mag, daß die Mehrzahl ihr Los akzeptierte. Es gibt genügend Zeugnisse dafür, daß mancher Herr vor Gewalttätigkeiten seiner Sklaven Angst hatte: Tacitus (Annales 14, 42–25) und Plinius (Epistulae 3,14) berichten, wie zwei Senatoren, Pedanius Secundus 61 v. Chr. bzw. Larcius Macedo zu Beginn des 2. Jahrhunderts n. Chr., von ihren Sklaven umgebracht wurden. (Wir kommen auf das Thema Sklaverei in Kapitel 8 zurück.)

Sozialer Wandel und Mobilität

Trotz allen Wohlstands und Friedens, oder vielleicht gerade deswegen, war das Zeitalter des Augustus eine Periode rapiden und unumkehrbaren gesellschaftlichen Wandels, der alle Schichten und ganz Italien betraf. Die Zusammensetzung der Senatorenschicht wandelte sich im Vergleich zur späten Republik radikal, der Ritterstand vergrößerte sich, »neue« Männer traten in bedeutenden Stellungen in Erscheinung. Eine Untersuchung der Familienabstammung der Konsuln jener Zeit zeigt, was vor sich ging: Bis 19 v. Chr. herrschen hier die »neuen« Männer (s. Kap. 1) vor, die sich in den Kriegen hervorgetan hatten. Dann finden wir eine neue Generation von *nobiles,* oft Männer, deren Väter nicht Konsuln geworden waren, weil Bürgerkrieg herrschte. Von 5 v. Chr. an werden dann *consules suffecti* immer häufiger, wodurch die Zahl von Männern im konsularischen Amt stark anwächst. Zu ihnen gehören nun Angehörige der großen Familien der republikanischen Zeit, aber auch Söhne erfolgreicher Generäle und wiederum »neue« Männer, zumeist aus den Gemeinden Italiens. Wozu diese Entwicklung führt, sehen wir in Kapitel 8: Die alte Aristokratie stirbt geradezu aus und eine neue Amts-Aristokratie entwickelt sich, innerhalb der der Durchsatz an »neuen« Männern überraschend schnell vor sich geht.

Als Beispiel für das, was geschah, sollen einige Männer aus den abgelegeneren Gebieten Italiens dienen: Die Paeligni waren ein italisches Volk in den Abruzzen in Mittelitalien. Unter Augustus brachten sie erstmals einen stadtrömischen Senator hervor, einen gewissen Quintus Varius Geminus, der es zum Prokonsul und zweimal zum Legaten des Augustus brachte. Wir wüßten nichts von ihm, wäre nicht seine Heimatstadt so stolz auf ihn gewesen, daß sie aus öffentlichen Mitteln eine Inschrift für ihn aufstellen ließ, die festhält, daß er »der erste aller Paeligni war, der Senator wurde und diese ehrenvollen Aufgaben erhielt« (ILS 932 = EJ 205). Eigentlich hätte ja ein anderer Paelignus deren erster Senator werden sollen, wenn der »diese ehrenvollen Aufgaben« nicht abgelehnt hätte und Dichter geworden wäre – ich meine Ovid.

Die Paeligni begannen damals gerade erst, ihren Platz im Leben Roms einzunehmen. Die Stadt Superaequum Paelignorum (Castelvecchio Subequo), aus der die eben zitierte Inschrift stammt, barg noch eine weitere, die die Laufbahn des Quintus Octavius Sagitta überliefert: Er war *praefectus fabrum,* eine Art Ehrenadjutant, befehligte dann ein Kavallerieregiment und diente schließlich als *tribunus* in einer Legion. Nach dieser militärischen Karriere begann er eine zivile, wurde Finanzverwalter für Augustus, was er sechzehn Jahre lang in drei verschiedenen Provinzen – den Alpen, dann Spanien und schließlich im reichen Syrien – war. Nach seiner Pensionierung war er dreimal *duumvir,* also einer der zwei Bürgermeister der Gemeinde, und zwar jedesmal im fünften Jahr, in dem die *duumviri* auch die Macht eines Zensors innehatten – wir sehen, ein bedeutender Mann (ILS 9007 = EJ 224).

Nicht weniger bedeutend war wohl Sextus Pedius Lusianus Hirrutus, uns ebenfalls aus einer paelignischen Inschrift (ILS 2689 = EJ 244) bekannt, der nicht nur hohe gemeindliche Ämter innehatte, sondern auch die Stadt aus eigenen Mitteln mit einem Amphitheater bedachte. In seiner militärischen Karriere hatte er es zum *primus pilus* der XXI. Legion gebracht, war dann zum equestrischen Präfekten derselben Alpenregion geworden, in der Octavius Sagitta als Finanzverwalter gearbeitet hatte. Nachdem der Kommandant einer Legion immer Senator war, konnte nur eine Provinz ohne Legionärsgarnison von einem equestrischen Präfekten verwaltet werden (Ägypten ist die Ausnahme von dieser Regel); Sextus Pedius gibt als vollen Titel an »Präfekt der Raeti, der Vindolici, von *vallis Poenina* (Wallis), und der leichtbewaffneten Truppen«, die offenbar die einzigen Soldaten in der Provinz darstellten. Diese Provinz umfaßt den Oberlauf von Rhein und Rhône und den Furkapaß; Sextus Pedius tat wahrscheinlich hier mit seiner Legion während der Eroberung 15 v. Chr. Dienst und blieb dann als Präfekt in diesem Gebiet. Nach Abschluß der Eroberung der Alpen und der Einrichtung der Verwaltung zogen die Legionen weiter, nur einige leichtbewaffnete Wachmannschaften blieben an den Straßen postiert.

Wir können nicht sagen, ob Sextus Pedius vom einfachen Soldaten aufgestiegen ist oder schon in höherer Stellung ins Heer eintrat. Aus Tiberius' Zeit haben wir jedoch ein Beispiel für ersteres, einen Marcus Helvius Rufus, der sich in den ersten Jahren der Regierungszeit dieses Kaisers bei Kämpfen in Afrika gegen die Aufständischen um Tacfarinas auszeichnete (Tacitus, Annales 3,21). Er erhielt damals die *corona civica,* einen Orden als Lebensretter eines Kameraden. Wir begegnen ihm erneut auf einer Inschrift in einer Kleinstadt nahe Rom (ILS 2637 = EJ 248). Er führt jetzt *Civica* als Beinamen, ist zum *primus pilus* aufgestiegen und übergibt der Stadt gerade öffentliche Badeanlagen. Bedenkt man, daß ein *primus pilus* das sechzigfache eines gewöhnlichen Legionärs verdiente und auch entsprechend mehr bei der Verteilung von Zuwendungen erhielt, versteht man, weshalb Sextus Pedius ein Amphitheater und Helvius Rufus Badeanlagen bauen lassen konnten. Auch wenn ein solcher außerordentlicher Erfolg eben die Ausnahme war, konnte doch jeder Soldat sich wenn schon keinen Marschallstab, so doch immerhin den Rebstock eines Zenturio in seinem Gepäck denken[1]. In den italischen Kleinstädten sind viele Zenturionen bezeugt, die sich, wohlhabend und geehrt, dort zur Ruhe setzten; und die alten ortsansässigen Honoratioren müssen solchen militärischen Karrieristen wohl so gegenübergestanden haben, wie Sir Walter Elliot (in Jane Austens *Persuasion*) der Marine in den napoleonischen Kriegen, die nämlich »dafür verantwortlich ist, daß Leute obskurer Herkunft es zu unverdienter Auszeichnung bringen und Männer in ehrenvolle Stellungen gelangen, von denen ihre Väter und Großväter niemals geträumt hätten«[2].

Augustus' Ziel

Die augusteische Zeit ist die Zeit Italiens. Die Teilhabe der Provinzialen an der Verwaltung und den Einnahmen des Reichs liegt noch in der Zukunft; dies wird ein Hauptthema der folgenden Kapitel sein. Augustus bemühte sich bewußt um die Schaffung und Sicherung einer neuen Ordnung, sowohl der Institutionen als auch der Dynastie, doch war ihm auch daran gelegen, konservative Gemüter nicht zu verletzen, sondern durch ständigen Bezug auf Vorbilder und durch Aufrechterhalten oder Wiederbeleben traditioneller Werte, Zeremonien und Vorgänge an sich zu binden. Nicht umsonst war eines seiner Lieblingsmotti *festina lente*, »Eile mit Weile« (Sueton, Augustus 25). Und nicht zufällig zeigen die Schriftsteller, die ihm in der ersten Hälfte seiner Herrschaft am nächsten standen, Vergil und Horaz, nicht nur, wieviel von Augustus selbst abhing, sondern ihre Werke spiegeln auch ein starkes Gefühl der Identifikation mit Italien. Nirgends in der Literatur finden wir die italienische Landschaft lebhafter beschrieben als in Vergils Eclogae und Georgica – »Schon steigt ferne der Rauch vom First der Weiler und Höfe; / und vom hohen Gebirg sank längst ein

---

[1] Der Rebstock war das Rangzeichen eines Zenturio und wurde auch dafür hergenommen, Bummler zur Arbeit zu veranlassen – so daß ein vielgehaßter Zuchtmeister, der immer seinen Rebstock auf dem Rücken der Männer zerbrach, den Spitznamen »Noch einen« erhielt (Tacitus, Annales 1, 23); als sich eine Gelegenheit bot, lynchten ihn die Männer.
[2] Jane Austen, *Überredung*. Dt. v. U. u. Ch. Grawe. (RUB 7972) Stuttgart 1983, S. 21 f.

breiterer Schatten« (Ecloga 1,82 f.) – oder im Preis Italiens: »Fü-
ge die prächtigen Städte hinzu und die Werke der Menschen, /
soviele Festen, erbaut auf hangender Klippe, so manchen /
Fluß, der unter dem Fuß ehrwürdiger Mauern vorbeiströmt«
(Georgica 2, 155–157). Nicht weniger lebendig erscheint die
Stadt Rom bei Horaz, etwa in dem Gedicht, in dem er einen
Langweiler trifft, der ihm beim Spazieren auf der Via Sacra
begegnet und sich beim Gang durch die halbe Stadt an ihn
klettet (Sermones 1, 9). Rom, Italien und die alten Werte waren
es auch, an denen Augustus lag.

5. Das iulisch-claudische Kaiserhaus

Der Tod des Augustus

Augustus war alt geworden. 12 n. Chr. hatte er die Senatoren gebeten, ihn nicht mehr in seinem Haus aufzusuchen und von öffentlichen Festmählern zu entschuldigen (Cassius Dio 56, 26); im folgenden Jahr nahm er »nur noch ganz selten« an den Senatssitzungen teil und leitete die Staatsgeschäfte von seiner Liege aus (ebd. 28). Tacitus (Annales 1, 4) überliefert den Klatsch über mögliche Nachfolger, »erfolglose Erörterungen der Vorteile der Freiheit« und allgemeine Furcht vor einem Bürgerkrieg.

Angesichts des Verfalls von Augustus' Gesundheit wurden Schritte unternommen, die den friedlichen Machtübergang einleiten sollten. Während des ganzen Sommers 14 n. Chr. wurden die Legionen am Rhein in den Lagern belassen, »ohne Aufgaben oder mit nur leichtem Dienst« (Tacitus, Annales 1, 31) – wohl damit sie in Gallien eingreifen könnten, wenn dort ein Aufstand ausbräche. Augustus besuchte gemeinsam mit Tiberius Kampanien, in Beneventum (Benevento) trennten sie sich: Tiberius ging nach Illyricum, Augustus machte sich auf den Rückweg nach Rom. Er war bereits krank, die Situation verschlimmerte sich, und am 19. August 14 n. Chr. starb Augustus in Nola.

Zuvor waren noch Boten zu Tiberius gesandt worden, die ihn nach Nola riefen. Nach Sueton erreichte Tiberius den Augustus auf dem Sterbebett; dieser »unterhielt sich lange mit ihm unter vier Augen; danach befaßte er sich mit keinem wichtigen Geschäft mehr« (Augustus 98; vgl. Tiberius 21). Auch Velleius (2, 123) schildert eine rührende Abschiedsszene. Cassius Dio allerdings übernimmt eine andere Version, derzufolge Tiberius erst in Nola ankam, als Augustus schon tot war – »so jedenfalls steht es bei den meisten und glaubwürdigeren Autoren« (56, 31). Tacitus beschreibt seine Verwirrung: »Es steht nicht fest, ob Tiberius den Augustus in Nola noch am Leben oder bereits tot vorgefunden hat. Livia hatte nämlich durch scharfe Bewachung Haus und Zugänge abgeschlossen und gab zuweilen günstige Krankheitsberichte heraus, bis alle Vorbereitungen, die die

Lage empfahl, getroffen waren und zu gleicher Zeit die Bekanntmachung erfolgte, Augustus sei gestorben und Tiberius trete die Herrschaft an.« (Annales 1, 5)

Die Ermordung des Agrippa Postumus

Tacitus fährt – charakteristisch für ihn! – fort: »Das erste Verbrechen der neuen Herrschaft war die Ermordung des Agrippa Postumus« (zur Person vgl. Kap. 3), womit sein Vorurteil sogleich bei Beginn der Darstellung offenbar wird. Daß diese Affäre ein Skandal war, ist offenbar. Sueton gibt sogar an, Tiberius habe die Kundgabe von Augustus' Tod so lange verzögert, bis Agrippa Postumus umgebracht worden war (Tiberius 22). Wer den Befehl gab, ist unklar. Tacitus (Annales 1, 6) verdächtigt Livia, gibt aber an, Tiberius habe zu seiner Rechtfertigung eine Anordnung des Augustus vorgeschoben: »Dieser habe dem Tribunen, der die (den Agrippa Postumus bewachenden) Soldaten kommandierte, den Befehl gegeben, er solle unverzüglich den Agrippa töten, sobald er selbst (Augustus) aus dem Leben geschieden sei.« Schließlich klagt er aber den Sallustius Crispus an, Augustus' engsten Vertrauten in seinen letzten Jahren (übrigens kein Senator, sondern ein Ritter), daß tatsächlich dieser den Befehl übermittelt habe (ebd.; vgl. Annales 3, 30). Auch Sueton weiß von schriftlichen Befehlen: »Es blieb immer zweifelhaft, ob Augustus diesen Befehl auf dem Totenbett erlassen hatte, um Unruhen nach seinem Tod vorzubeugen, oder ob Livia ihn in Augustus' Namen – mit oder ohne Tiberius' Wissen? – diktiert habe.« Tiberius jedenfalls habe jedes Mitwissen abgestritten (Tiberius 22).

Gerüchte wollten wissen, daß Augustus einige Monate zuvor den Agrippa mit nur einem Begleiter besucht und eine tränenreiche Versöhnung zuwege gebracht habe (Tacitus, Annales 1, 5; Cassius Dio 56, 30). Doch selbst Tacitus scheint skeptisch, und Cassius Dios Geschichte, daß Livia zum Zeitpunkt jener Reise nicht eingeweiht war, aber später davon erfuhr und sogleich Augustus vergiftete, ist völlig unglaubwürdig – ebenso wie eigentlich auch die ganze Theorie, daß Augustus sein Lebenswerk an einen so denkbar ungeeigneten Nachfolger wie Agrippa Postumus hätte verschleudern wollen. Was wir sicher sagen können, ist nur, daß man sich offenbar streng an die

Mahnung des Sallustius Crispus hielt: »Geheimnisse der Familie, die Ratschläge der Freunde und die Dienste der Soldaten nicht an die Öffentlichkeit bringen« (Tacitus, Annales 1, 6).

Germanien und Illyricum

Tiberius berief kraft seiner tribunizischen Gewalt den Senat ein. Er hatte bereits das Kommando über die prätorischen Kohorten übernommen und Befehle an das Heer ausgesandt.

Tacitus vermutet dahinter Tiberius' Befürchtung, sein Neffe Germanicus – der die Soldaten am Rhein befehligte und »in dessen Händen so viele Legionen und gewaltige Hilfstruppen der Bundesgenossen lagen« – könne »größere Lust haben, die Macht zu erhalten als auf sie zu warten« (Annales 1, 7). Zu fragen ist hierbei jedoch, inwieweit Tacitus die Vorgänge aus seiner eigenen Erfahrung der jüngeren Vergangenheit fehldeutet: Nach Neros Tod und Galbas Machtübernahme waren es die Legionen am Rhein gewesen, die sich gegen Galba erhoben und auf Rom marschierten, was schließlich das Geheimnis lüftete, daß »Kaiser auch anderswo als in Rom gemacht werden« konnten (Tacitus, Historiae 1, 4); in der Folge hatte jeder Kaiser das Verhalten der Rheinlegionen und ihres Befehlshabers besonders im Auge zu behalten, etwa Nerva, der 97 n. Chr. einen Bürgerkrieg nur durch die Entscheidung verhindern konnte, eben jenen Befehlshaber – Trajan – zu seinem Nachfolger zu machen (s. Kap. 7). Es wäre kaum verwunderlich, wenn Tacitus bereits dem Tiberius solche Überlegungen unterstellte.

Sueton und Cassius Dio bieten eine ähnliche Version wie Tacitus, und an der Popularität des Germanicus kann kein Zweifel bestehen. Außerdem ist bekannt, daß die Legionen in Niedergermanien und Illyricum auf die Nachricht von Augustus' Tod hin meuterten, um bessere Bedingungen für ihren Dienst zu erzwingen.

Nichtsdestoweniger war das Heer Tiberius gegenüber loyal – die älteren Soldaten hatten noch unter seinem persönlichen Kommando gekämpft –, auch wenn die Zusammensetzung der Rheinlegionen durch eine »kürzlich ausgehobene stadtrömische Masse« verwässert war (Tacitus, Annales 1, 31. Zur hier angesprochenen überstürzten Rekrutierung des Jahres 9 n. Chr. vgl. S. 90). Überdies beteiligten sich die Legionen Obergermaniens nicht an der Meuterei, und die Illyricums unterstanden Tiberius' Sohn Drusus Caesar, der einer Machtübernahme des Germanicus – wenn dieser sie je gewollt hätte – sicher nicht tatenlos zugesehen hätte. Tacitus übertreibt hier also, was es ihm zugleich ermöglicht, seinen Helden Germanicus für seine Loyalität zu Tiberius, der ihn haßte, zu preisen.

Tacitus, alles andere als ein Militär, erwartet ganz offenbar von seinen Lesern, daß sie Germanicus' Umgang mit der Meuterei bewundern. Tatsächlich aber mußte jeder Soldat Germanicus' Auftreten für schwach, theatralisch und inkompetent halten. Drusus Caesar in Illyricum handelte weit besser, auch wenn Tacitus dies nicht angeben will. Die Meuterer legten übrigens eine geradezu gewerkschaftliche Solidarität an den Tag: »Weder Tribun noch Lagerpräfekt behaupteten noch ihr Recht; Nachtwachen, Posten, und was sonst noch für den Augenblick nötig war, verteilten sie selbst« (Tacitus, Annales 1, 31). Sie schickten einen Abgesandten nach Obergermanien, der das Heer dort zum Mitmachen bewegen sollte (ebd. 1, 36). Tacitus will sie anscheinend als insgesamt gute Männer darstellen (abgesehen eben von den neu Rekrutierten), die von unverantwortlichen und bewußt lügnerischen Agitatoren verführt worden seien, etwa von einem gewissen Vibulenus, der zum Lynchen des Legaten in Illyricum aufrief, weil dieser seinen Bruder habe töten lassen – wobei sich herausstellte, daß er gar keinen Bruder hatte (Annales 1, 22 f.).

Tiberius übernimmt die Macht

Während also in Illyricum und Germanien »aus keinerlei besonderen Gründen, sondern nur weil der Machtwechsel eine Gelegenheit zu Unruhen und einem Bürgerkrieg mit der Aussicht auf Belohnungen zu bringen schien« (Tacitus, Annales 1, 16), Meutereien ausbrachen, nahm Tiberius in Rom Augustus' Platz ein. Unsere Hauptquelle hierfür ist wiederum Tacitus (Annales 1, 8), dessen eigene Sympathien die ganze Darstellung färben. Auf der ersten Senatsversammlung, die Tiberius einberief, wurden Augustus' Testament verlesen und die Begräbnisfeierlichkeiten besprochen. Das Testament bedachte u. a. die führenden Senatoren. Tacitus bemerkt dazu, Augustus habe eigentlich die meisten davon gehaßt und das Geld nur aus »Eitel-

keit und Sucht nach Ruhm bei der Nachwelt« verteilt. Einige
der Ehrungen kamen Tiberius übertrieben vor, zum Beispiel
der Antrag, der Leichnam des Augustus solle auf den Schultern
von Senatoren getragen werden. Tiberius lehnte dies »mit
anmaßender Bescheidenheit« ab – er konnte es Tacitus eben nie
recht machen!

Nach dem Begräbnis wurde Augustus zum Gott erklärt. So-
dann wandten sich alle an Tiberius, der eine Ansprache an den
Senat hielt, in der er die Größe des Reiches mit seiner eigenen
Unzulänglichkeit in Beziehung setzte:

> Nur ein Geist wie der des vergöttlichten Augustus sei einer solchen
> Aufgabe gewachsen. Er selbst habe, nur zu einem Teil der Geschäfte
> von jenem berufen, durch Erfahrung gelernt, wie schwer und wie sehr
> dem Glück unterworfen die Last sei, das Ganze zu regieren. Daher
> sollten sie in einem Staat, der sich auf so viele hervorragende Männer
> stützen könne, nicht alles einem einzigen aufbürden: Mehrere würden
> leichter die Aufgaben des Staates mit vereinten Kräften bewältigen.
>
> (Tacitus, Annales 1, 11)

Bei derselben Versammlung ließ Tiberius auch eine eigenhändi-
ge Aufstellung des Augustus verlesen, in der die finanziellen
und militärischen Mittel des Reiches erfaßt waren und der Augustus den Rat hinzugefügt hatte, »das Reich innerhalb seiner
Grenzen zu halten« (ebd.). Die Verlesung sollte wohl das Argument belegen, daß die für die Reichsverwaltung erforderlichen
Aktivitäten eine weitere Verteilung der Macht wünschenswert
erscheinen ließen. Geradezu zur Stützung dieser These sagte
Tiberius, er würde – der Gesamtleitung des Staates nicht gewachsen – »die Betreuung eines Teils übernehmen« (ebd. 1, 12).

Der Senat jedoch bat ihn weiterhin dringend, die ganze Macht
zu übernehmen und »seines Vaters Stellung (statio) einzunehmen«, wie Velleius (2, 124) es ausdrückt. Sowohl Tacitus (ebd.)
als auch Sueton (Tiberius 24) überliefern die Ungeduld der Senatoren, die Tiberius mißverstand; die Stimmung wurde gereiz-
ter, und schließlich willigte Tiberius ein, »da er einsah, daß alles
untergehen würde, was er nicht unter seinen Schutz nähme«
(Velleius ebd.), »gleichsam genötigt und sich beklagend, daß
man ihm eine elende und drückende Sklaverei aufzwinge. Auch
tat er es nur, indem er der Hoffnung Ausdruck verlieh, das Amt
später wieder ablegen zu können – seine eigenen Worte hierzu
lauteten *bis die Zeit kommen wird, da es richtig erscheinen
könnte, meinem Alter etwas Ruhe zu gönnen*« (Sueton, ebd.).
Tiberius stand zwei Monate vor seinem 55. Geburtstag.

Für Tacitus war die ganze Debatte eine Farce, Tiberius ein Heuchler, dem es dieses Verhalten ermöglichte, sich all die zu merken (und später fallenzulassen), die ihn wörtlich genommen hatten. Doch mag Tiberius tatsächlich vor der so riesigen Aufgabe zurückgeschreckt sein. Er wußte, daß er weder Augustus' Leutseligkeit noch seine Fähigkeit zum Umgang mit Menschen hatte und fürchtete natürlich überdies Verschwörungen gegen sich. Sein Leben bisher war anstrengend gewesen, viele Jahre hatte er fern von Rom verbracht, im Exil in Rhodos oder auf Feldzügen. Er war ein guter Soldat, den seine Männer schätzten, und wahrscheinlich in dieser Rolle glücklich. Nie zuvor hatte er die Gesamtverantwortung tragen müssen, und er wird die Welt politischer Intrigen am Hof und im Senat nicht geschätzt haben. Ihm war das strenge Verhaltensmuster der römischen Nobilität zueigen, zu der er – anders als Augustus – von Geburt an gehörte. Wie jener geringere römische Militär, der Hauptmann (Zenturio) von Kapernaum (Lukas 7, 8), war er zeitlebens »der Obrigkeit untertan« gewesen. Er hatte getan, was er für seine Pflicht hielt und was Augustus von ihm verlangt hatte. Wenn er sich der Gesamtmacht nicht gewachsen fühlte, so sollte er damit recht behalten.

Germanicus

Ein Großteil von Tacitus' Darstellung der ersten drei Jahre von Tiberius' Herrschaft ist den Ereignissen in Germanien gewidmet, wo Germanicus nach der Beendigung der Meuterei alljährlich Feldzüge auf das rechtsrheinische Gebiet unternahm. Tacitus (Annales 1, 3) selbst gibt an, daß diese Unternehmungen nur zur Wiederherstellung des römischen Prestiges dienten und nicht zum Gewinn neuer Gebiete führten; der archäologische Befund bestätigt dies (das Lager von Haltern wurde nicht wieder besetzt; s. S. 56). Man kommt nicht um die Schlußfolgerung herum, daß Tacitus mit der so detaillierten Darstellung dieser Feldzüge vor allem ein Ziel verfolgt: seinen tragischen Helden Germanicus aufzubauen. (Wo er auf die Ereignisse in Rom zu sprechen kommt, erweist sich übrigens Tiberius als maßvoller und vernünftiger Herrscher; auch Cassius Dio bestätigt dies.)

Nach Abschluß des Feldzugs von 16 n. Chr. wurde Germanicus nach Rom zurückberufen, damit er dort einen Triumph feiere. Er jedoch bat um ein weiteres Jahr in Germanien, »um abzuschließen, was er begonnen habe« (Annales 2, 26). Angesichts der Tatsache, daß er noch immer gegen dieselben Stämme wie zwei Jahre zuvor kämpfte und es keine Anzeichen für irgendwelchen Fortschritt seiner Aktionen gab, müssen wir entweder Germanicus oder Tacitus für allzu optimistisch halten. Jedenfalls besteht keinerlei Anlaß zu der Vermutung, daß ein weiteres Jahr die Unterwerfung der Germanen mit sich gebracht hätte. Was Germanicus erreicht hatte, waren zwei blutige Massaker unter unbewaffneten Männern; zweimal war sein eigenes Heer einer Katastrophe nahe gewesen. Nur eine offene Schlacht (an der Weser) war für die Römer siegreich verlaufen. Germanicus selbst neigte zu theatralischen Gesten (Annales 2, 13), war in übler Weise selbstgefällig und kümmerte sich nicht um Tiberius' Empfindlichkeit. Seine ehrgeizige Frau Agrippina Maior, die Tochter des Agrippa und der Augustustochter Iulia (s. Abb. 4), gab sich leutselig und zeigte ihr Söhnchen Gaius in Miniaturuniform herum – daher dessen Spitzname »Stiefelchen«, *Caligula,* mit dem er noch als Kaiser bezeichnet wurde. Wiederum meint Tacitus, alle seine Angaben seien zu Germanicus' Bestem. Bemüht man sich aber einmal, auf militärisch richtiges Verhalten zu achten und Tiberius' Standpunkt einzunehmen, sieht man viele von Tacitus' Angaben als »Belastungsmaterial« gegen Germanicus.

Germanicus kehrte widerwillig zurück und feierte (am 16. Mai 17 n. Chr.) einen prachtvollen Triumph, woraufhin er prompt mit dem *imperium maius* (s. Kap. 3) in den Osten versetzt wurde. Armenien war nämlich wieder einmal unruhig geworden, die Parther hatten den von Rom eingesetzten König vertrieben. Für einen künftigen Kaiser war es ja wichtig, daß er auch die östlichen Provinzen kennenlernte und dort bekannt wurde, und so hätte ihn Tiberius wohl kaum geschickt, wenn er seiner Loyalität mißtraut hätte. Kein Vertrauen setzte er freilich in Germanicus' Urteilsfähigkeit und bestellte daher einen neuen Statthalter für Syrien, Gnaeus Calpurnius Piso, seinen einstigen Kollegen im Konsulat 7 v. Chr., der Germanicus beraten (und im Zaum halten) sowie zweifellos eine unabhängige Informationsquelle des Tiberius sein sollte. Zwischen Germanicus und Piso kam es zu Streitereien. Germanicus besuchte – ohne Tiberius' Erlaubnis, die jeder Senator brauchte (s. Kap. 6) – Ägypten und gab dort ein charakteristisch blasiertes und pompöses Edikt heraus (Sel. Pap. 211). Nach Syrien zurückgekehrt befahl er dem Piso, das Land zu verlassen. Kurz darauf starb Germanicus, und man verdächtigte Piso eines Giftanschlags; seine Asche wurde von Agrippina Maior theatralisch nach Rom überführt. Piso kehrte gewaltsam nach Syrien zurück, wurde aber von dem neuen amtierenden Statthalter vertrieben.

Germanicus' Asche wurde in Rom mit größter Trauer empfangen; Tiberius' für seinen Charakter so typische Zurückhaltung wirkte verletzend – Anlaß genug für Tacitus zu schlimmen Verdächtigungen. Piso wurde vor dem Senat verhört, Tiberius drang auf formale Korrektheit des Prozesses und eine Entscheidung aufgrund von Zeugnissen. Piso konnte sich von dem Verdacht eines Giftanschlags so gut befreien, daß selbst Tacitus überzeugt war; Tiberius bestand hingegen auf einer Anklage wegen kriegerischen Einfalls in der Provinz. Piso entging einer Verurteilung durch Selbstmord – ein für niemanden befriedigender Schluß der Affäre. Viele scheinen trotz der eindeutigen Gegenbeweise Germanicus weiterhin als Opfer eines Giftanschlags gesehen zu haben, obwohl auch Pisos Frau freigesprochen worden war (was Tacitus, Annales 3, 17, unbegründeterweise mit ihrer Freundschaft zu Livia in Verbindung bringt). Tiberius' Verhalten bei alledem war offenbar tadellos, auch wenn er dafür nicht gelobt wird.

Drusus Caesar

Tiberius' Sohn Drusus Caesar war nunmehr der nächstmögliche Nachfolger seines Vaters. Er hatte sich bei der Niederwerfung der Meuterei in Illyricum ausgezeichnet, war aber für Gewalttätigkeit, Grausamkeit und Trunksucht bekannt. Der Tod des Germanicus hatte keine Auswirkung auf Tiberius' Regierung, die zu jener Zeit selbst bei Tacitus Lob findet – ja Tacitus beschreibt ihn geradezu als den perfekten konstitutionellen Monarchen:

Was zunächst die staatlichen Angelegenheiten und die wichtigsten privaten Sachen anlangt, so wurden sie im Senat verhandelt. Den angesehensten Senatoren war es gestattet, ihre Meinung auszusprechen, wobei der Kaiser selbst denen wehrte, die sich durch Schmeicheleien erniedrigten.

Bei der Übertragung der hohen Ämter sah er auf alten Adel, auf militärische Verdienste und auf ausgezeichnete Eigenschaften im Frieden. So konnte man ziemlich sicher sein, daß er die tüchtigsten Männer auswählte. Die Konsuln hatten ihr gebührendes Ansehen, die Prätoren ebenfalls, auch die niederen Beamten übten ihre Amtsgewalt voll aus. Die Gesetze wurden, wenn man von den Majestätsprozessen absah, vernünftig gehandhabt. Die Getreidelieferungen freilich, die Steuern und die sonstigen Staatseinkünfte lagen in den Händen von Gesellschaften römischer Ritter. Die Verwaltung seiner eigenen Angelegenheiten übertrug der Kaiser nur den bewährtesten Männern, einigen, die er selbst nicht kannte, auf Grund ihres guten Rufs. Wer einmal berufen war, behielt seine Stellung ohne jede zeitliche Begrenzung, und die meisten blieben bis ins hohe Alter im gleichen Amt.

Zwar hatte das Volk unter den hohen Getreidepreisen zu leiden, doch traf den Kaiser keine Schuld daran. Vielmehr suchte er den Mißernten und Schiffsunfällen zu begegnen, soweit er durch Geldspenden und andere Maßnahmen dazu imstande war.

Auch sorgte er dafür, daß die Provinzen nicht durch neue Steuerlasten beunruhigt wurden und die alten erträglich blieben, ohne daß die Provinzialen unter der Habgier und Härte der Beamten leiden mußten. Körperliche Züchtigungen und Konfiskationen kamen nicht vor. In Italien besaß der Kaiser nur wenige Landgüter, die Zahl seiner Sklaven war bescheiden, seine Hausverwaltung auf wenige Freigelassene beschränkt. Hatte er einmal Streitigkeiten mit den Bürgern, so wurden sie vor Gericht entschieden.   (Tacitus, Annales 4, 6)

Drusus Caesar starb 23 n. Chr., diesmal vermutete niemand ein Verbrechen. Tacitus sieht dies als das Ende der guten Regierung; freilich widerspricht er sich prompt, wenn er angibt, Tiberius habe Ablenkung von seinem Schmerz durch verstärktes Engagement in seinen Amtsgeschäften gesucht (Annales 4, 13), wofür Tacitus auch Belege gibt: Er führt etwa (ebd. 4, 15) an, wie Tiberius später im Jahr 23 n. Chr. darauf bestand, daß der Senat eine Klage der Bevölkerung von Kleinasien gegen Tiberius' eigenen Finanzverwalter in jener Provinz anhöre.

Tiberius' scheinbarer Rückzug

26 n. Chr. verließ Tiberius Rom und zog sich auf die Insel Capri zurück – »ein lange gehegter und oft verschobener Plan« (ebd. 4, 57). Tacitus führt ihn auf den Einfluß des Prätorianerpräfekten Sejan (L. Aelius Seianus) zurück, zeichnet aber auch das Gerücht auf, Tiberius habe sich den Eingriffen seiner Mutter

Livia entziehen wollen, was Sueton (Tiberius 51) mit geradezu dramatischen Details ausschmückt. Andere angebliche Motive waren Tiberius' Überempfindlichkeit gegen sein Äußeres (im Alter war er bucklig, glatzköpfig und von einer Hautkrankheit entstellt) und seine Absicht, sich heimlich Grausamkeit und Lust hinzugeben. Wie wenig glaubwürdig dies ist, zeigt schon die Tatsache, daß Tiberius' einzige Gefährten außer Sejan ein berühmter Jurist von konsularischem Rang, ein Ritter, der für seine literarischen Interessen bekannt war, sowie Gelehrte und Schriftsteller – zumeist Griechen – waren, »deren Konversation Tiberius aufheiterte« (Tacitus, Annales 4, 58).

Nichts in Tacitus' Darstellung – bei der er sich freilich um ein dunkles Gemälde voll von Prozessen im Senat, Tod bedeutender Männer und schwindendem Konsens im Kaiserhaus bemüht – rechtfertigt die Meinung, Tiberius' Verwaltungstätigkeit sei tatsächlich in den drei Jahren nach dem Tod des Drusus Caesar degeneriert. Tacitus beklagt sich sogar (Annales 4, 32), wie langweilig diese Zeit war: »Es herrschte tiefer oder nur wenig gestörter Friede, die Verhältnisse in Rom waren trübselig, und der Kaiser dachte nicht an eine Erweiterung des Reichs«, so daß er seine Leser nicht mit heroischen Geschichten fesseln könne, sondern »nur tyrannische Befehle, unaufhörliche Prozesse, trügerische Freundschaften, das Verderben Unschuldiger und die immer gleichen Gründe ihres Untergangs aneinanderreihen« könne.

Tatsächlich beschreibt er über 20 Prozesse in den drei Jahren; etwa ein Drittel von diesen endete mit Freispruch, manche waren juristische Routineangelegenheiten (Erpressung, Bestechung, Meineid, Gattenmord). Wenn man überhaupt Änderungen registrieren kann, dann vielleicht in dem Prozeß gegen Gaius Silius und seine Gattin Sosia Galla, die laut Tacitus (Annales 4, 19) zweifellos der Erpressung schuldig waren, aber wegen Verrat (Verbrechen gegen die *maiestas*) verfolgt wurden – erstes Anzeichen für eine spätere Tendenz, unter *maiestas*-Verbrechen ein umfassenderes Gebiet zu verhandeln. Das schlimmste Beispiel hierfür bot der Prozeß gegen Aulus Cremutius Cordus, der auf Sejans Veranlassung angeklagt war, den Caesarmörder Brutus in einem von ihm veröffentlichten Geschichtswerk gelobt und Cassius »den letzten Römer« genannt zu haben (ebd. 4, 34). Cremutius beging Selbstmord, der Senat ordnete die Verbrennung seiner Bücher an. Wenn bei alledem den Tiberius ein Vorwurf trifft, dann höchstens der, daß er nicht eingriff. Doch ist die Mitschuld des Senats hierbei offenbar, und man sollte sich umgekehrt vor Augen halten, daß in zwei Prozessen ein persönlicher Gegner des Tiberius, Gaius Asinius Gallus, eine härtere Bestrafung forderte als Tiberius' Vertraute oder der Kaiser selbst (ebd. 4, 20 u. 30).

Neben den Prozessen prominenter Römer sind für jene Jahre verschiedene Verwaltungsmaßnahmen bezeugt, die die öffentliche Ordnung in Rom, die Staatsreligion oder – dies war die häufigste Kategorie – die Angelegenheiten der Provinzgemeinden betrafen. In allen Fällen scheint Tiberius' Eingreifen von Vorteil gewesen zu sein. Als zum Beispiel Gesandte aus Spanien kamen und um Erlaubnis baten, Tiberius und Livia einen Tempel errichten zu dürfen, lehnte dies Tiberius ab: »Ich bin ein Mensch, der seine Menschenpflichten erfüllt, und mit dem ersten Platz unter den Menschen zufrieden« – eine Haltung, die er selbst in privater Konversation einnahm. Man könnte erwarten, daß Tacitus (Annales 4, 37f.; unsere Quelle für diese Geschichte) wenigstens hierfür lobende Worte findet, aber nein: »Manche hielten Tiberius' Einstellung für ein Zeichen von Degeneriertheit.« Und mit einem charakteristischen, einprägsamen Wort beendet Tacitus diesen Teil seiner Darstellung und geht zu anderen Themen über: »Wer den Nachruhm verachtet, verachtet auch die Tugend.«

Agrippina Maior, Livilla, Livia

Die Rivalitäten im Kaiserhaus waren durch Drusus Caesars Tod intensiviert worden. Wer würde nun Tiberius' Nachfolger sein? Germanicus hatte drei Söhne hinterlassen, seine Witwe Agrippina Maior war eine herrschsüchtige Natur. Nach traditionellen republikanischen Maßstäben war sie ein Emporkömmling neben den altadligen Claudii, doch war sie eine Enkelin des Augustus und hielt sich daher für höhergestellt als die Claudii, zu denen nicht nur der verstorbene Drusus Caesar und seine Witwe Livia Iulia – allgemein als Livilla bekannt – gehörten, sondern auch Tiberius selbst (s. Abb. 4). Sie trug ihre »Verdienste« ständig zur Schau und machte kein Hehl aus ihren Absichten. Sejan warnte Tiberius, daß Agrippina Maior eine eigene Parteiung begründen würde und mit einem Bürgerkrieg drohen könnte (Tacitus, Annales 4, 17) – eine Vermutung, die sie durch

ihr Verhalten nur bestätigte: Als sie wegen einer Beschwerde zu
Tiberius kam und ihn bei einem Opfer für den vergöttlichten
Augustus antraf, rief sie aus, nicht auf leblose Standbilder sei
sein Geist übergegangen; vielmehr sei sie selbst sein wahres
Abbild, seinem göttlichen Blut entsprossen! Worauf Tiberius
ihre Hand ergriff und sie mit einem griechischen Vers fragte:
»Wenn du nicht herrschst, mein Töchterchen, glaubst du dann,
dir geschehe Unrecht?« (Tacitus, Annales 4, 52; vgl. Sueton,
Tiberius 53). Sie bat um einen neuen Gemahl, einen, der »Germanicus' Gattin und seine Kinder« willkommen heißen würde
(Tacitus, Annales 4, 53). Öffentlich sprach sie ihren Verdacht
aus, Tiberius wolle sie vergiften. Der jedenfalls hielt es für si-
cherer, Agrippina Maior nicht wieder heiraten zu lassen ...
 Livilla ihrerseits hoffte, den Sejan ehelichen zu können, der
bereits ihr Liebhaber war. Sejan hielt auch tatsächlich bei Tiberius um ihre Hand an, die ihm dieser verweigerte, wohl auch
deshalb, weil eine solche Verbindung Agrippinas Feindschaft
verstärken und die Konflikte in der Familie irreparabel machen
würde. Livillas Stellung im dynastischen »Rennen« war freilich
ohnehin nicht stark: Die Zwillingsbrüder, die sie von Drusus
Caesar hatte, waren beim Tod ihres Vaters erst drei Jahre alt,
einer von ihnen starb bald danach. Der überlebende Tiberius
Gemellus war sieben Jahre jünger als der jüngste von Agrippina
Maiors drei Söhnen, Gaius (der spätere Kaiser Caligula), und
dessen beide älteren Brüder standen bereits im öffentlichen Leben, ja waren nach Drusus Caesars Tod von Tiberius dem Senat
in einer Weise empfohlen worden, die sie als potentielle Nachfolger auszeichnete. Agrippina hatte außerdem noch drei Töchter (darunter Agrippina Minor, die später die Gemahlin des
Claudius wurde, und Drusilla, die Caligula zur Frau nahm), die
zu einflußreichen Heiraten prädestiniert waren. Ihre Position
schien sicher[1].
 Livia, Tiberius' Mutter, bevorzugte Livilla, ihre Enkelin, und
hatte für Agrippina nicht viel übrig. Doch waren Livias Beziehungen zu Tiberius auch nicht gut; es hieß, sie habe immer

---

[1] Wer hätte vorhersehen können, daß ihre beiden älteren Söhne im Gefängnis
sterben würden, sie selbst Selbstmord begehen würde, ebenso Livilla, der man
den Tod des Drusus Caesar anlastete, und daß Tiberius Gemellus schließlich von
Gaius (Kaiser Caligula) umgebracht werden würde. Selbst wenn man mit allerlei
Übertreibung und Skandalsucht in den Quellen rechnen muß – die Wirklichkeit
war skandalös genug. Die herrschende Familie hatte die Tatsache ihrer Herrschaft und die Machtsucht ihrer Mitglieder noch nicht in den Griff bekommen.

wieder betont, daß Tiberius alles ihrem Einfluß bei Augustus verdanke (Tacitus, Annales 4, 57). Tiberius mußte sie wiederholt verwarnen, »sich nicht in wichtigere, Frauen nicht zukommende Geschäfte zu mischen« (Sueton, Tiberius 50) – ein Wort, das so recht zu dem altmodischen, unbeweglichen Tiberius paßt. Die Beziehung kühlte sich so weit ab, daß sich Mutter und Sohn nur noch einmal in den drei Jahren nach Tiberius' Rückzug nach Capri trafen, bevor Livia 29 n. Chr. starb.

Alles in allem ist es also kein Wunder, daß sich Tiberius von diesen »glücklichen« Familienbanden soweit wie möglich lösen wollte – und daß er so sehr an einem nicht zur Familie gehörenden Berater interessiert war, nämlich Sejan.

Sejan

Tacitus stellt den Sejan ständig als den bösen Geist im Kaiserhaus dar, der stets nur sein eines großes Ziel verfolgte; Livilla habe, so Tacitus (Annales 4, 3), Schande über ihre Familie gebracht, als sie sich einen solchen »kleinstädtischen Liebhaber« genommen habe. Sejan, d. i. Lucius Aelius Seianus, war der Sohn des Lucius Seius Strabo. Dieser, ein Ritter aus Volsinii in Etrurien, war aber durchaus über den Rahmen der »Kleinstadt« hinaus erfolgreich und bekannt gewesen. Er war nacheinander Prätorianerpräfekt und Präfekt Ägyptens; seine Schwägerin Terentia war die Gattin des Maecenas. Sejan selbst war ebenfalls mehr als eine Provinzgröße. Er war von Aelius Gallus, einem früheren Präfekten Ägyptens, adoptiert worden, und Brüder, Vettern und ein Onkel von ihm hatten konsularischen Rang inne (Velleius 2, 127). Mit all diesen Beziehungen und seinem Talent wäre er sehr wohl selbst zu einer senatorischen Karriere imstande gewesen; offenbar wählte er bewußt einen anderen Weg und verlegte sich auf eine equestrische (ritterliche) Karriere. Bei Augustus' Tod war sein Vater bereits Prätorianerpräfekt; Sejan übernahm diese Stellung, als sein Vater nach Ägypten versetzt wurde. Durch die Konzentration aller prätorischen Kohorten in eine einzige Kaserne am Rande Roms gelang es ihm, seine Machtstellung auszubauen; zu Augustus' Zeit hatten nie mehr als drei Prätorianerkohorten zugleich in Rom sich aufhalten und dort kein festes Lager unterhalten dürfen (Sueton, Augustus 49). Sejan machte sich bei Tiberius vor allem durch seine Effizienz und Belastbarkeit so unentbehrlich, daß der Kaiser ihn als »Mitarbeiter« pries (Tacitus, Annales 4, 2). Drusus Caesar war deshalb eifersüchtig, und die gegenseitige Abneigung der beiden Männer führte zu einer Katastrophe.

Drusus Caesar hatte bei der Niederwerfung des Aufstands der Legionen in Illyricum 14 n. Chr. großes Geschick gezeigt (Sejan zählte damals zu seinen Begleitern), und als er 21 n. Chr. zusammen mit Tiberius das Konsulat innehatte, dieser aber sich zu Beginn des Jahres aus Gesundheitsgründen nach Kampanien zurückzog, hatte Drusus Caesar die Geschicke Roms gut geleitet und sich viel Lob verdient. Obwohl er selbst zwei Söhne hatte, an deren Karriere ihm natürlich gelegen war, zeigte er sich Germanicus' Söhnen gegenüber »freundlich, jedenfalls nie feindlich« (Tacitus, Annales 4, 4). Tiberius hatte ihn gerne als Kollegen im Konsulat (Annales 3, 31); sein Tod 23 n. Chr. traf den Vater schwer. Und doch war Drusus Caesar nie der unermüdliche »Mitarbeiter« gewesen, der Sejan dem Tiberius war.

Tiberius' Rückzug nach Capri 26 n. Chr. stärkte Sejans Position ungemein. Es trat ein, was Sejan vorhergesehen hatte: »Der Zutritt zum Kaiser werde von ihm (Sejan) abhängen und der Schriftverkehr großenteils unter seiner Aufsicht stehen, da er durch die Hände seiner Soldaten ginge. Der Kaiser werde angesichts seines hohen Alters und der Abgeschiedenheit seiner Residenz dann auch so verwöhnt werden, daß er die Regierungsgeschäfte gerne an ihn (Sejan) übertragen würde«. (Tacitus, Annales 4, 41) Tatsächlich ging fünf Jahre lang alles nach Sejans Willen. Der Senat verlegte sich auf unglaubliche Schmeicheleien. Als Livia 29 n. Chr. starb, war damit ihr mäßigender Einfluß verloren, der bisher die Witwe ihres Enkels, Agrippina Maior, und deren Kinder gedeckt hatte (auch wenn Livia die Agrippina Maior persönlich nicht geschätzt hatte, hatte sie doch darauf bauen können, daß deren Kinder, ihre eigenen Urenkel, im Ernstfall auf der Seite der kaiserlichen Familie gestanden hätten) – und es überrascht nicht, daß kurz nach Livias Tod Agrippina Maior und ihr ältester Sohn zu Staatsfeinden erklärt wurden. Im folgenden Jahr wurde der zweite Sohn verhaftet, der dritte, Gaius (Caligula) wurde nach Capri verbannt.

31 n. Chr. wurde Sejan, der bei Tiberius auf Capri weilte, mit dem Kaiser zusammen zum Konsul bestimmt und mußte daher nach Rom zurückkehren. Dort erhielt er das prokonsularische *imperium.* Als Tiberius und er im Mai dieses Jahres das Konsulat niederlegten, um *suffecti* Platz zu machen – was ja mittler-

weile üblich war (s. S. 14) –, vertraute Sejan fest darauf, nunmehr auch die tribunizische Gewalt übertragen zu bekommen. Doch hatte Tiberius inzwischen einen Verdacht geschöpft, den zumindest teilweise ein Brief der Antonia Minor, der Witwe seines Bruders Drusus, Mutter des Germanicus und damit Großmutter von Agrippinas Kindern, geweckt hatte. Tiberius' Botschaften aus Capri wurden immer rätselhafter: »Einmal lobte er den Sejan in den Himmel, ein andermal verwünschte er ihn« (Cassius Dio 58, 6) – Tiberius prüfte den Wind. Schließlich kamen gleichzeitig zwei Briefe in Rom an, die der frühere Präfekt der *vigiles* (Feuerwache) Quintus Naevius Cordus Sutorius Macro überbrachte.

Der eine wurde den Konsuln zur Verlesung in der Senatsversammlung am 18. Oktober übergeben; Sejan vertraute Gerüchten, der Brief enthalte die Übertragung der tribunizischen Gewalt an ihn – tatsächlich war dieser Brief Sejans Todesurteil (Cassius Dio 58, 9). Der andere Brief übergab den Posten des Prätorianerpräfekten an Macro und versprach den Prätorianern diverse Gaben. Während Tiberius' erster Brief im Senat verlesen wurde, hatte Macro Gelegenheit, eine Wache von *vigiles* um das Senatsgebäude zu postieren und zur Prätorianerkaserne zu eilen, wo er das Kommando übernahm. Als im Senat der Brief mit seiner unerwarteten Aussage zuende verlesen war, erhob niemand auch nur einen Finger, um Sejan zu retten. Er wurde vielmehr sogleich verhaftet, noch am selben Nachmittag zum Tode verurteilt und sofort exekutiert. Sein Leichnam blieb drei Tage lang offen liegen, und der Mob riß sogleich seine Statuen nieder und lynchte seine Agenten. Sejans Kinder wurden ermordet. Seine früheren Anhänger beeilten sich, sich von ihm loszusagen, und beschuldigten sich gegenseitig; vielen wurde der Prozeß gemacht, viele wurden abgeurteilt. Noch zwei Jahre später befahl Tiberius eine Massenexekution »aller wegen Mitschuld an Sejans Verschwörung Angeklagten und Verhafteten« (Tacitus, Annales 6, 19).

Tiberius' Ende

Der älteste Sohn der Agrippina Maior war bereits einige Zeit vor Sejans Fall hingerichtet worden, 33 n. Chr. wurde sein jüngerer Bruder ermordet, woraufhin die Mutter Selbstmord beging. Das folgende Jahr sah weitere Prozesse und Exekutionen.

Macro zeigte sich in der Vernichtung der Opposition ebenso gewaltsam wie einst Sejan. Manche Gelehrte haben versucht, Tiberius von der Schuld an diesen Morden freizusprechen oder zumindest anzunehmen, daß Tacitus übertreibt – wohl nicht zu Unrecht; liest man seine Darstellung, wird einem kaum bewußt, daß der Kreis der Exekutierten oder Selbstmörder durchaus begrenzt war. Zwei Tatsachen lassen sich jedoch nicht abstreiten: Zum einen, daß die senatorische Schicht demoralisiert war, insgesamt ebenso wie viele einzelne ihrer Mitglieder, zum anderen, daß Tiberius' Wünsche, waren sie einmal geäußert, Gehorsam fanden, gleich ob sie Milde oder Härte befahlen. Tiberius hätte also theoretisch den Denunziationen und nutzlosen Morden ein Ende machen können; in der Praxis freilich war er so isoliert, furchtsam und zynisch geworden, daß ihm der Wille dazu fehlte. Sowohl Sueton (Tiberius 67) als auch Tacitus (Annales 6, 6) zitieren den Anfang eines Briefes des Kaisers an den Senat, der für beide das Ende von Tiberius' Kräften anzeigte: »Was soll ich Euch schreiben, Senatoren, oder wie soll ich schreiben, oder was soll ich im jetzigen Moment nicht schreiben? Wenn ich das weiß, mögen mich die Götter und Göttinnen schlimmer zugrunde gehen lassen, als ich mich jetzt schon täglich zugrundegehen fühle . . .«

Tiberius starb unbeweint am 16. März 37 n. Chr. Gerüchte behaupteten – wohl ohne Grund –, er sei vergiftet oder mit einem Kissen erstickt worden. Seine Persönlichkeit bleibt für den Historiker rätselhaft, weil Tacitus sie uns als Rätsel dargestellt hat. Über keinen anderen Kaiser, Augustus ausgenommen, ist so viel geschrieben worden, doch brachte die Zeit seiner Herrschaft keine wichtige Neuerung mit sich.

Caligula

Tiberius hatte seinen Großneffen Gaius (Caligula, den einzig überlebenden Sohn des Germanicus und der Agrippina Maior) und seinen Enkel Tiberius Gemellus (den jüngsten und einzig überlebenden Sohn des Drusus Caesar und der Livilla) zu gemeinsamen Erben bestimmt. Der Senat mißachtete diesen Wunsch – man gab vor, Tiberius sei nicht bei Verstand gewesen, als er sein Testament gemacht habe –, und übergab die Macht allein dem Caligula, der den Alters- und Stellungsunterschied zu Tiberius Gemellus dadurch betonte, daß er ihn adoptierte und ihm den für einen Jugendlichen ehrenvollen Titel des *princeps iuventutis* verlieh. Tiberius Gemellus sollte sein Erbe nicht antreten können, nicht am Reich teilhaben dürfen – und ein Jahr später war er bereits ermordet. Caligulas Aufstieg zur Alleinherrschaft war von Macro sorgfältig eingefädelt worden. Tatsächlich erschien Caligula »der Mehrzahl der Provinzbewohner und Soldaten, von denen ihn die meisten schon als Kind gekannt hatten, als der heißersehnte Fürst. Das gleiche läßt sich aber auch von der gesamten Bevölkerung Roms sagen, die sich an seinen Vater Germanicus erinnerte und Mitleid mit dieser fast ganz ausgerotteten Familie empfand.« (Sueton, Caligula 13) Caligula machte sich daran, seine Popularität durch eine merkwürdige Mischung von theatralischen Gesten und wirklich nützlichen Maßnahmen zu festigen. Selbst seine Extravaganzen, seine Gelage und Darbietungen machten ihn bei den Leuten beliebt – unter Tiberius hatte es keinerlei solche Abwechslung gegeben. Allerdings brachte Caligula auf diese Weise in weniger als einem Jahr neben anderen Summen auch das gesamte Vermögen von 2700 Millionen Sesterzen durch, das Tiberius hinterlassen hatte (Sueton, Caligula 37).

Suetons Biographie dieses Kaisers widmet nur neun Kapitel dem Thema »Caligula als Herrscher«, 39 hingegen »Caligula als Scheusal« (ebd. 22); Tacitus' Darstellung ist verloren. Tatsächlich war Caligula wohl alles andere als ein tugendhafter Held. Noch als Knabe wurde er beim Inzest mit seiner Schwester Drusilla ertappt, und auf Capri soll er sowohl äußerste Unterwürfigkeit gegen Tiberius und seinen Hof als auch Freude beim Beobachten von Foltern und Exekutionen, bei Gelagen und sexuellen Abenteuern gezeigt haben. Binnen anderthalb Monaten nach seinem Machtantritt hatte er den Tod seiner Großmutter Antonia Minor (der Witwe des Drusus) bewerkstelligt. Eine ernste Erkrankung später im selben Jahr soll seinen Verstand getrübt haben – so die Meinung schon von Zeitgenossen. Doch gibt es durchaus keine Belege dafür, daß Caligula vor seiner Erkrankung weniger grausam gewesen war; sein zunehmend tyrannisches und willkürliches Verhalten mag schlicht auf seine Erkenntnis zurückzuführen sein, was ein Kaiser sich alles leisten konnte. Der Tod der Drusilla im folgenden Jahr (38 n. Chr.) bedeutete die Entfernung der einzigen Person, die wohl wirklich einen Einfluß auf ihn gehabt hatte. Im Herbst dieses Jahres wurde Macro zum Selbstmord gezwungen, viele seiner Anhänger exekutiert. Geldknappheit führte Caligula zu weiteren pauschalen Exekutionen und Beschlagnahmungen. Er zeigte kaum Interesse an der Verwaltung des Reichs, so daß die Auswirkungen seines Verhaltens zumeist auf Rom beschränkt blieben. Allerdings brachte ihn seine immer fester werdende Überzeugung, er sei ein Gott, in Konflikt mit den Juden, die sich weigerten, ihn als Gott anzuerkennen. Dies führte zu Gewaltausbrüchen gegen die Juden in Alexandria und an anderen Orten im Osten des Reichs. In der *Gesandtschaft an Gaius (Caligula)* des Philo, mit der die alexandrinischen Juden den Kaiser bitten, ihnen seine Verehrung zu erlassen, liegt uns ein lebendiges Bild vom tyrannischen Caligula und von den Gewalttätigkeiten zwischen den verschiedenen religiösen Gruppen im Orient vor – wir fühlen uns an den Libanon unserer Tage erinnert: Philo übergeht etwa die Ägypter als »eine wertlose Brut, deren Seelen mit dem« Gift und der Galle ihrer Krokodile und Nattern infiziert sind« (ebd. 26), und zu den Griechen in Jamnia/Judäa, die sich »wie Würmer in die Stadt geschlichen« hätten, merkt er an, daß sie zwar schon einen Altar für Caligula errichtet hätten, »aber aus dem schäbigsten Baustoff, Lehmziegeln«, nur um die Juden zu provozieren und sie, wenn sie den Altar abrissen, angreifen zu können (ebd. 30).

Im Herbst 39 n. Chr. führte Caligula eine Farce von militärischen Operationen am Rhein durch, für die ihm siebenmal die Begrüßung als *imperator* gewährt wurde; die fürs folgende Jahr geplante Aktion in Britannien wurde nie ausgeführt. Mittlerweile ließ der Kaiser auch keine Gelegenheit aus, den Senat zu terrorisieren und zu erniedrigen. Die Stadtbevölkerung verprellte er durch die Einführung neuer Steuern, im Palast machte er die Freigelassenen und die Offiziere der Prätorianergarde um ihre eigene Sicherheit fürchten. Am 24. Januar 41 n. Chr. wurde er in einem wohlgeplanten Hinterhalt ermordet, und sein Onkel Claudius (der Bruder seines Vaters Germanicus), der sich hinter einem Vorhang verborgen hatte, eilte zur Prätorianerkaserne, wo er als Kaiser ausgerufen wurde.

Claudius

Während der Senat noch debattierte und einige Senatoren das Wort *libertas* (Freiheit) ausriefen, man aber zu keiner Einigung kommen konnte, fand auf den Straßen eine Demonstration zugunsten des Claudius statt. Schließlich billigte der Senat die ohnehin bereits durch die Prätorianer vollendete Tatsache und erkannte ihn als Kaiser an. Claudius begann seine Herrschaft mit der Exekution der Mörder Caligulas, doch rief er auch die durch jenen Verbannten zurück, gab konfiszierte Besitztümer zurück und schuf die neuen Steuern wieder ab – er führte somit eine Art »Freiheit« ein, die auch gleich auf den Münzen als *Libertas Augusta* gefeiert wurde.

Claudius, der jüngere Bruder des Germanicus, war jetzt 50 Jahre alt; bisher war er vom öffentlichen Leben wegen seiner körperlichen Behinderungen und seiner beunruhigenden Exzentrik ausgeschlossen gewesen. Wie nicht anders zu erwarten, betont die literarische Überlieferung seine Schrulligkeit, ja stellt ihn als Sklaven seiner Völlerei und Lüste dar, der ganz unter dem Einfluß seiner Freigelassenen und Gattinnen stand – deren Einfluß etwa Sueton (Claudius 9) die Hinrichtung von über 35 Senatoren und 300 Rittern zuschreibt. Seine Beziehungen zum Senat waren oft gespannt. Er mußte sich mit mehreren Verschwörungen gegen ihn auseinandersetzen, deren gefährlichste 42 n. Chr. die des Statthalters von Dalmatien und Nachfahren Pompeius' d. Gr., Lucius Arruntius Camillus Scribonianus war (der schließlich jedoch von seinen eigenen Soldaten getötet wurde). Weitere Verschwörungen gab es in den Jahren 46 und 47, und im Jahr 48 folgte eine mysteriöse Affäre, in deren Verlauf Claudius' dritte Gattin Messalina in aller Öffentlichkeit mit dem Konsul Gaius Silius eine Art Ehe einging; Silius habe, so heißt es, die Ermordung des Claudius und die Adoption seines Sohnes Britannicus geplant, um durch diesen dann die Herrschaft ausüben zu können. Die Geschichte dieser Hochzeitszeremonie »klingt wie ein Märchen«, sagt Tacitus (Annales 11, 27), verbürgt sich jedoch für die Wahrheit seiner Angabe.

Im Gegensatz zu seinem Vorgänger war Claudius außenpolitisch tätig. Er hatte zum Beispiel von ihm einen Krieg mit dem Klientelkönigreich von Mauretanien übernommen. Ptolemaios (ein Enkel von Marc Anton und Kleopatra), der letzte Herrscher dort, war wegen seiner Beteiligung an der Niederwerfung des Tacfarinas-Aufstands (s. S. 172 f.) zum »König, Bundesgenossen und Freund« der Römer erklärt worden (Tacitus, Annales 4, 26), doch hatte ihn Caligula aus Geldgier umbringen lassen. Claudius ordnete nun Mauretanien neu als zwei gesonderte Provinzen, deren Hauptstädte Iol-Caesarea (Cherchel, 100 km westlich von Algier) und Tingis (Tanger) wurden. – Einer Gesandtschaft aus Alexandria gab er einen maßvollen und gerechten Bescheid, der uns auf einem Papyrus erhalten ist (Sel. Pap. 212). – In den östlichen Provinzen und Klientelkönigreichen führte Claudius einige Veränderungen ein, vor allem in Judäa, das er zunächst dem aus Galiläa und Südlibanon bestehenden Königreich des Marcus Iulius Agrippa (Enkel Herodes' d. Gr.; der Herodes der Apostelgeschichte 12) zuwies, nach dessen Tod 44 n. Chr. aber wieder zu einer eigenen Provinz machte. Dieser Agrippa war übrigens wie sein Großvater ein bedeutender Bauherr, der insbesondere die römische Kolonie Berytus (Beirut) mit einem Theater, einem Amphitheater, Bädern und Säulenhallen ausstattete; die Eröffnung des Amphitheaters feierte er mit einer Darbietung, bei der 700 Paare von Gladiatoren fochten (Josephus, Jüdische Altertümer 19, 335–337). Seine Tochter wurde später die Geliebte des Titus (s. Kap. 7). – Auch in Armenien intervenierten die Römer, ebenso im Königreich Bosporus in Südrußland; im Westen kämpften sie am Rhein, wo sich Gnaeus Domitius Corbulo, später Neros bester Feldherr, auszeichnete. Die wichtigste Unternehmung war aber die Invasion von Britannien.

Britannien

Südostengland hatte sich seinerzeit Caesar ergeben, und auch wenn die Römer das Gebiet nie effektiv kontrollierten, konnten sie den Anspruch erheben, daß es ihnen gehörte – ein wahrhaft glorreicher Anspruch, da ja Britannien als außerhalb der bekannten Welt liegend galt (s. Kap. 1). Claudius und seine Berater erkannten, daß sich der Kaiser militärisches Prestige erwerben mußte – wo konnte er das besser tun als in Britannien? Vier Legionen wurden für die Invasion dem Kommando des Aulus Plautius unterstellt und erkämpften sich den Weg zu einem Themse-Übergang nahe Londons, warteten dort auf die Ankunft des Kaisers, der Elephanten mit sich führte, und marschierten dann dem Hauptzentrum des Widerstands, Camulodunum (Colchester), entgegen, der Hauptstadt der Trinovantes, des dominierenden Stammes im Südosten. Deren Anführer Caractacus zog sich westwärts zurück und erneuerte den Kampf. Benachbarte Stämme, die die Herrschaft der Trinovantes nicht geschätzt hatten, nämlich die Iceni (im heutigen Norfolk) und die Leute im heutigen Sussex ergaben sich den Römern, ihre Häuptlinge wurden zu römischen Klienten. Den Palast eines solchen Häuptlings, eine Villa im römischen Stil, hat man bei Fishbourne nahe Chichester ausgegraben. Dieser Cogidubnus erhielt den Ehrentitel »König *(rex)* [und Legat] des Augustus«[2], sein Volk hieß daher *Regni* oder *Regnenses*.

Claudius selbst verbrachte nur sechzehn Tage in Britannien und »eilte zurück nach Rom, wobei er die Nachricht von seinem Sieg vorweg schickte« (Cassius Dio 60, 21). Der Senat gewährte ihm einen Triumph; ein später während seiner Herrschaft errichteter Triumphbogen hält fest, daß dies geschah, »da er die Unterwerfung von elf britischen Königen entgegengenommen hat, ohne daß es zu Verlusten gekommen war, und da er der erste war, der barbarische Stämme jenseits des Ozeans der Herrschaft des römischen Volkes unterworfen hat« (ILS 216 = Sm. I 43 b). Die Insignien des Triumphs wurden großzügig an Claudius' Leute verteilt – kurz, alles war so eingerichtet worden, daß Claudius an seinen Triumph mit einem Minimum an Aufwand und Mühe kam. Er erhielt außerdem den Beinamen Britannicus, den er nicht selbst annahm, sondern seinem Sohn übertrug.

Das Heer marschierte in drei Kolonnen voran, je eine nach Norden, Nordwesten und Südwesten; die dritte dieser Kolonnen unterstand übrigens dem späteren Kaiser Vespasian. Es kam zu harten Kämpfen. (Reste mancher der von den Römern eingenommenen Festungen der Ansässigen sind noch heute zu sehen, z. B. Maiden Castle und Hod Hill.) Als Aulus Plautius die neue Provinz 47 n. Chr. an seinen Nachfolger Publius Ostorius Scapula übergab, war der römische Vormarsch bereits bis zum Fosse Way vorgedrungen, den Ostorius dann als Straße zwischen Isca Dumoniorum (Exeter) und Lindum (Lincoln) ausbauen ließ, womit eine Verbindung parallel zur »Front« geschaffen war. Caractacus, der mittlerweile in Südwales den Widerstand der Silures organisierte, wurde von dort vertrieben und flüchtete sich zu den Brigantes im heutigen Yorkshire und Lancashire, deren Königin Cartimandua ihn 51 n. Chr. den Römern auslieferte.

Wir wollen die römischen Unternehmungen in Britannien gleich bis an das Ende von Neros Herrschaft verfolgen. Nach

---

[2] CIL VII 1338a; J. B. Bogaers, *King Cogidubnus in Chichester*. Britannia 10 (1979) 243-254 schlägt vor: »Der große König *(rex magnus)* . . .«

einer Zeit der Stabilisierung, während der sich eine nicht unbe-
trächtliche Zahl von römischen Händlern außer in der Veteranenkolonie in Colchester auch in Verulamium (St. Albans)
und Londinium (London) etablierte, war der nächste größere
Vorstoß derjenige, den Suetonius Paulinus im Jahre 59 gegen
eine druidische Festung auf der Insel Anglesey unternahm;
Ausgrabungen dort haben Zeugnisse des lebhaften Austausches
zwischen römischer und keltischer Welt in jener Zeit ans Licht
gebracht[3].

Als ein oder zwei Jahre später der König der Iceni, Prasuta-
gus, starb, beschlossen die Römer, sein Reich ihrer Provinz
einzuverleiben. Seine Witwe, Königin Boudicca, protestierte,
wurde dafür von den Römern mißhandelt, ihre Töchter ge-
schändet. Boudicca brachte ihren Stamm zum Aufstand, die
Trinovantes schlossen sich an, und gemeinsam schafften sie es,
Colchester zu erobern und die IX. Legion, die gegen sie aus
Anglesey anmarschiert kam, zu besiegen. Suetonius Paulinus
gelang es nicht, London und St. Albans zu halten – die II.
Legion, die er aus Glevum (Gloucester) zu sich befohlen hatte,
kam nicht bei ihm an (ihr Kommandant beging später Selbstmord) –, und in den drei Städten sollen 70 000 Römer umgebracht worden sein. Was Suetonius Paulinus jedoch schließlich
gelang, war, die britischen Stammessoldaten in den Midlands in
einer Schlacht zu stellen und völlig zu besiegen. Seine Strafmaß-
nahmen waren so hart, daß der kaiserliche Prokurator, der für
die Finanzen der – bei römischen Geldverleihern tief verschul-
deten – Provinz verantwortlich war, in Rom protestierte und so
die Abberufung des Suetonius Paulinus erreichte. Es folgte eine
Friedenszeit bis zum Aufstieg des Vespasian (s. Kap. 7). 67
n. Chr. wurde die Garnison auf drei Legionen reduziert, als die
XIV. Legion zum Dienst in den Osten versetzt wurde.

Claudius' Herrschaft

Die Herrschaft des Claudius zeichnete sich durch solide Erfolge
aus. Die zeitgenössischen Inschriften und Papyri geben uns ein
günstigeres Bild dieses Kaisers als es die literarische Tradition

---

[3] Vgl. Cyril Fox, *A Find of the Early Iron Age from Llyn Cerrig Bach, Anglesey.* Cardiff 1946 [veröff. 1947].

tut, die seine Abhängigkeit von seinen Freigelassenen und Gattinnen wohl übertreibt. Gleichwohl ist es wahrscheinlich, daß seine dritte Gemahlin Messalina ihn systematisch betrog und ihre Position dazu ausnützte, ihre persönlichen Gegner zu beseitigen. Als sie nach ihrer »Hochzeit« mit Gaius Silius 48 n. Chr. hingerichtet wurde, heiratete Claudius Agrippina Minor, die Tochter seines Bruders Germanicus. Sueton (Claudius 26) führt dies auf die »erregte Sinnlichkeit« des Kaisers zurück, doch sollte man bedenken, daß Agrippina Minors Sohn Nero (aus ihrer ersten Ehe mit Gnaeus Domitius Ahenobarbus) älter als Britannicus (Claudius' einziger überlebender eigener Sohn) war und somit unausweichlich ein Rivale um die Nachfolge des Kaisers geworden wäre. Die Situation war geradezu eine Wiederholung der Verhältnisse zwischen Caligula und Tiberius Gemellus – in den drei Generationen von Germanicus und Drusus Caesar an hatte es jeweils zwei mögliche Thronfolger gegeben, wobei jedes Mal der eigentliche Sohn bzw. Enkel des regierenden Kaisers der jüngere von beiden war. Claudius mag gewußt oder den Rat erhalten haben, daß er entweder Agrippina Minor heiraten und ihren Sohn adoptieren oder aber beide umbringen lassen müsse. Wenn er sich für ersteres entschied, so dürfen wir diese Wahl durchaus allein ihm zuschreiben – die beiden mächtigsten seiner Freigelassenen und »Minister« (s. S. 136), Narcissus und Pallas, waren in dieser Frage verschiedener Meinung gewesen.

Es gibt noch weitere Belege dafür, daß Claudius politisch weit mehr erreichte als die literarische Tradition anerkennt. Eine seiner bemerkenswertesten Initiativen führte zu dem Senatsbeschluß von 48 n. Chr., nicht nur Männern aus Gallia Narbonensis, sondern aus allen gallischen Provinzen die Mitgliedschaft im Senat zu ermöglichen. Tacitus (Annales 11, 24) gibt an, daß diese Entscheidung auf Claudius' persönliche Intervention hin erfolgte und überliefert zugleich die angebliche Rede des Kaisers. Auch auf einer zeitgenössischen Bronzetafel, die man 1528 in Lyon gefunden hat, ist ein Teil der Rede erhalten (ILS 212 = Sm. I 369; HIRK 34). Der krause Stil, die plötzlichen unwichtigen Abschweifungen, der ungeschickte Bruch in der Mitte des Texts, als Claudius sich auf einmal selbst anspricht: »Die Zeit ist gekommen, Tiberius Caesar Germanicus (d. i. Claudius), daß du den Mitgliedern des Senats offenbarst, worauf deine Rede hinausgeht« (wir hören die Senatoren geradezu seufzen: »Na endlich«) – all das ist so typisch für die

Eigenarten, die die Tradition dem Claudius zuweist, daß wir wohl tatsächlich des Kaisers eigene Worte auf der Tafel vor uns haben, somit also auch seine eigene Politik. Wäre er nur ein Sprachrohr seiner Berater gewesen, hätte er doch wenigstens seine Rede ordentlich aufbauen können!

Für Claudius' persönliches Eingreifen in politische Entscheidungen sprechen auch seine Maßnahmen zur Verbesserung der so wichtigen Getreideversorgung der Stadt (s. Kap. 3):

Fast alles Getreide, das die Römer verwendeten, war importiert, und trotzdem gab es im Gebiet nahe der Tibermündung keine sicheren Anlegestellen und keine geeigneten Häfen ... Angesichts dieser Tatsache unternahm Claudius die Errichtung eines Hafens. Ja, er ließ sich nicht einmal dann davon abbringen, als die Architekten auf seine Frage nach den zu erwartenden Kosten antworteten: »Du willst das doch nicht wirklich tun!« – sie hofften nämlich, wenn er die Höhe der Kosten zuvor erführe, werde er von seinem Vorhaben ablassen. Doch er machte sich an diese Sache, die der Würde und Größe Roms angemessen war, heran und führte sie erfolgreich aus.   (Cassius Dio 60, 11)

Zu den weiteren Maßnahmen des Kaisers zur Sicherung der Getreideversorgung gehörten die Übernahme der Versicherung für Getreideschiffahrt während der Wintermonate durch die Regierung und die Ablösung des bisherigen senatorischen Quästors für Ostia durch einen kaiserlichen *procurator portus Ostiensis,* während die senatorischen Präfekten, denen die Getreideverteilung unterstand, ihre Verantwortung praktisch an den kaiserlichen *praefectus annonae* abgaben. Die Verteilung wurde neu organisiert und in der Porticus Minucia unter der Aufsicht eines kaiserlichen Freigelassenen zentralisiert. Spätere Zeugnisse belegen, wie sich das System weiterentwickelte (s. Kap. 10). All diese Maßnahmen führten zweifellos zu einer größeren Effizienz der Getreideversorgung, untergruben aber zugleich die Position des Senats. Insofern sind sie typisch für die vielleicht weitreichendste Neuerung der Herrschaft des Claudius: die Entwicklung einer Art von Kabinett des Kaisers, in dem jeweils ein Minister für die wichtigsten Bereiche der Regierungsgeschäfte verantwortlich war, und das außerhalb des Senats und allein dem Kaiser rechenschaftspflichtig. Augustus hingegen hatte die Verwaltungsfunktionen, die er dem Senat oder einzelnen Ämtern entzogen hatte, zumindest häufig an Senatoren delegiert (s. Kap. 3).

Paradoxerweise scheint Claudius aber zugleich ebenso wie Augustus an einer Zusammenarbeit mit dem Senat interessiert gewesen zu sein. So gaben etwa einige Maßnahmen dem Senat die Würden zurück, die ihm unter Caligula genommen worden waren. Claudius forderte die Senatoren immer wieder dazu auf, in den Debatten einen unabhängigen Standpunkt zu vertreten. Doch fand er es ebenso wie seinerzeit schon Augustus günstiger, mit ständigen nicht-senatorischen Amtsinhabern anstelle von häufig wechselnden senatorischen Beamten zu arbeiten. Seine wichtigsten Minister waren vier Freigelassene: Narcissus stand als *praepositus ab epistulis* der Erledigung der amtlichen Korrespondenz vor, Pallas *(a rationibus)* der Verwaltung der kaiserlichen Gelder, Callistus *(a libellis)* der Bearbeitung von Petitionen an den Kaiser und vermutlich *(a cognitionibus)* auch von Rechtsfragen, Polybius *(a studiis)* war Vorstand der Bibliothek und des Archivs. »Vor allen anderen erfreuten sich Narcissus und Pallas der kaiserlichen Gunst, denen er sogar durch Senatsbeschluß nicht nur ungeheure Belohnungen, sondern auch die quästorischen und prätorischen Abzeichen bereitwillig zusprechen ließ. Im übrigen gestattete er ihnen, so viel zusammenzuraffen und zu rauben, daß einmal, als er sich über die Ebbe in der kaiserlichen Kasse beklagte, ganz treffend gesagt wurde, er könnte im Überfluß leben, wenn er von seinen zwei Freigelassenen als Teilhaber aufgenommen würde.« (Sueton, Claudius 28) Narcissus soll (nach Cassius Dio 61, 34) über 400 Millionen Sesterzen besessen haben, das ist der höchste Betrag, den ein Privatmann je hatte.

Claudius reorganisierte auch die Staatsfinanzen und kaiserlichen Besitzungen. Ein *procurator patrimonii* hatte dem Pallas Bericht zu erstatten und war allen kaiserlichen Prokuratoren in den Provinzen vorgeordnet, selbst den senatorischen. Von 53 n. Chr. an übten diese Prokuratoren auch die Finanzgerichtsbarkeit unabhängig von den Prokonsuln aus. Die Verwaltung des Staatsschatzes, *aerarium Saturni,* wurde Quästoren übertragen, die Claudius selbst auswählte – all dies führte schließlich dazu, daß bis zum Ende des folgenden Jahrhunderts die Unterscheidung von kaiserlichen und staatlichen Besitzungen, von *fiscus* und *aerarium,* so gut wie aufgehoben war. Auch verlor der Senat außer der Aufsicht über die Getreideversorgung weitere Befugnisse an den Kaiser. Ein spezieller Prokurator überwachte nun die Erbschaftssteuersachen, die Aufsicht über den Straßenbau ging an die kaiserliche Verwaltung über, und vor allem wurden nun Prozesse auch direkt vor dem Kaiser und seinen Beratern *(intra cubiculum)* statt vor dem Senat geführt

und entschieden. Solche Prozesse beschleunigten die Rechtsprechung, waren aber – so schien es zumindest – eher anfällig
für Bestechungen und Korruption; der Senat hielt sie für ungut.
Weitere rechtliche Maßnahmen des Claudius zeigen sein wirkli-
ches Interesse an der Justiz und seinen Beitrag zu Entwicklungen, die zu größerer Humanität ebenso wie zu höherer Effizienz führten. Und damit nicht genug: Man sollte auch nicht
vergessen, daß Claudius ein umfangreiches Bauprogramm (insbesondere von Aquädukten für Rom) durchführte, was vielfach
inschriftlich bezeugt ist, und verschiedene Maßnahmen zur
Stärkung der traditionellen Staatsreligion ergriff.

Claudius' Ende

In den letzten Jahren des Kaisers hatte seine vierte und letzte
Gemahlin Agrippina Minor außerordentliche Prominenz er-
langt. Zu Beginn des Jahres 50 n. Chr. adoptierte Claudius ihren
Sohn, der den Namen Nero Claudius Drusus Germanicus Caesar annahm (auch wenn ihn sein Stiefbruder Britannicus weiterhin sehr zu seinem Leidwesen Ahenobarbus titulierte). Mehr als
jede Kaisersgattin vor ihr trat Agrippina Minor öffentlich in
Erscheinung, empfing Gesandtschaften und nahm an Zeremonien teil. Es gelang ihr, Männer, die ihr und ihrem Sohn loyal
waren, in Schlüsselpositionen zu rücken, insbesondere schaffte
sie es, den Afranius Burrus zum Prätorianerpräfekten zu machen. Nero wurde 51 n. Chr. erwachsen, erhielt den Titel *princeps iuventutis*, im folgenden Jahr wurde er Stadtpräfekt *(praefectus urbis)*, trat ein weiteres Jahr später in den Senat ein und
heiratete Octavia, die Schwester des Britannicus (Claudius'
Tochter von Messalina). Wenn nun Claudius stürbe, wäre er als
sein Nachfolger gesichert. Lebte Claudius noch länger, konnte
noch etwas schiefgehen. Folgerichtig ließ Agrippina Minor am
13. Oktober 54 n. Chr. den Claudius vergiften. Es kursierten
verschiedene Gerüchte darüber, wie sie das bewerkstelligte, offenbar aber spielten Pilze eine Rolle (Tacitus, Annales 12, 67;
Sueton, Claudius 44) – als Claudius zum Gott erhoben wurde,
machte Nero den Witz, Pilze seien die wahre Götterspeise!

»Der erste Mord unter der neuen Regierung« – so Tacitus (Annales 13, 1) in einer offenbaren Reminiszenz an seine Einführung der Herrschaft des Tiberius (ebd. 1, 6) – war die Ermordung des Marcus Iunius Silanus, bekannt als »das goldene Schaf«. Er war faul, aber in der Blüte seiner Jahre, ohne Tadel – und ebenso wie Nero Augustus' Ururenkel (Sohn des gleichnamigen Vaters und der Aemilia Lepida; s. Abb. 4). Auch Narcissus wurde beseitigt – beide Morde waren das Werk der Agrippina Minor. Doch begegneten bald Burrus und Lucius Annaeus Seneca (d. J.) ihrem Einfluß:

Beide waren die Führer des jungen Kaisers und außerdem, was bei gemeinschaftlicher Machtstellung selten ist, untereinander einträchtig. Durch entgegengesetzte Mittel vermochten sie das gleiche, Burrus durch seine militärische Tüchtigkeit und Sittenstrenge, Seneca durch den Unterricht in Beredsamkeit und durch seine ehrenhafte Umgänglichkeit. Sie unterstützten sich gegenseitig, um desto leichter den Fürsten auf der schlüpfrigen Bahn seiner Jugend wenigstens bei erlaubten Genüssen festzuhalten, wenn er schon von der Tugend nichts wissen wollte. Beide führten einen und denselben Kampf gegen den wilden Übermut der Agrippina Minor, die von allen schlechten Herrschgelüsten entbrannt war. (Tacitus, Annales 13, 2)

So begann das berühmte *quinquennium Neronis*, das erste Jahrfünft von Neros Herrschaft, das Trajan später als goldenes Zeitalter guter Herrschaft herausgehoben haben soll (Aurelius Victor, Epitome 5). Nero sagte auf Senecas Rat hin dem Senat all das, was der gerne hörte. Pallas wurde aus seinem Amt entfernt, Britannicus vergiftet, Agrippina aus dem Palast vertrieben – hatte sie je gehofft, nunmehr statt durch Claudius durch ihren Sohn herrschen zu können, so hatte sie sich getäuscht. Nero war an Musik interessiert, an glamourösen Darbietungen und an nächtlichen Abenteuern; die tatsächliche Macht lag offenbar bei Seneca und Burrus. Der neue Hafen, den Claudius begonnen hatte, wurde vollendet und auf Münzen gefeiert (s. Abb. 8). Es gab einen neuen, guten und ehrlichen *praefectus annonae*, den späteren Prätorianerpräfekten Faenius Rufus. Einige Provinzverwalter wurden wegen Korruption angeklagt. Die Zentralisierung der Verwaltung schritt weiter voran, nunmehr wurden die Quästoren, die den Staatsschatz verwalteten, von kai-

Abb. 8: Münze des Nero, 64 n. Chr.
Vorderseite: Bekränztes Haupt des Nero mit seiner vollen Titulatur
NERO CLAUD(IUS) CAESAR AUG(USTUS) GER(MANICUS)
P(ONTIFEX) M(AXIMUS) TR(IBUNICIA) P(OTESTATE) IMP(E-
RATOR) P(ATER) P(ATRIAE).
Rückseite: Der neue Hafen AUGUSTI POR(TUS) OST(IENSIS); die
Prägung war durch Senatsbeschluß, S(ENATUS) C(ONSULTO), au-
torisiert.

serlichen Präfekten prätorischen Rangs abgelöst. Insgesamt gab
es freilich wenige Neuerungen. Wenn das System nun gut arbei-
tete, so ist dafür Claudius zu loben.

Neros Herrschaft

So weit, so gut. Das Jahr 58 n. Chr. sah jedoch »den Beginn
großer Übel für den Staat« (Tacitus, Annales 13, 45). Erstens
verliebte sich Nero in Poppaea Sabina, die liederliche und ehrgeizige Gattin eines seiner Trinkkumpane. Ihr Mann, Marcus
Salvius Otho (der spätere Kaiser) wurde beiseite geschafft und
nach Lusitanien (Portugal) versetzt. Poppaea wollte, daß Nero
sich von Octavia trennte und sie heiratete, wogegen sich Agrippina Minor aussprach, bis Nero, von Poppaea angestachelt, sie
im folgenden Jahr töten ließ. Offiziell hieß es, Agrippina Minor
habe die Ermordung Neros geplant, doch keiner glaubte die
offizielle Version.

Ein weiteres ominöses Zeichen war, daß Nero in jenem Jahr
58 plötzlich ein Interesse für die Staatsfinanzen zeigte. Es bedurfte einiger Überredung, ihn von seinem Plan abzubringen,
alle indirekten Steuern abzuschaffen. Jedenfalls zeigte sich, daß

er sich nicht ewig damit zufrieden geben würde, die öffentlichen Belange in anderer Männer Hände zu belassen.

Außerdem fiel in dasselbe Jahr ein verbaler Angriff gegen Seneca im Senat: »Durch welche Weisheit, durch welche philosophischen Grundsätze habe Seneca denn während der vier Jahre seiner kaiserlichen Freundschaft 300 Millionen Sesterzen zusammengerafft?« (Tacitus, Annales 13, 42) – eine begründete, verdammende und nicht zu beantwortende Frage, die nahelegte, daß Seneca an Gunst verloren hatte.

Das folgende Jahr, 59 n. Chr., war nicht nur durch die Ermordung der Agrippina Minor gekennzeichnet, sondern auch dadurch, daß Nero in seinen eigenen Gärten die *Ludi Iuvenales* durchführte, öffentliche Sport- und Kunstwettbewerbe, an denen auch Senatoren und Ritter teilnehmen sollten. Konservative Gemüter waren davon ebenso schockiert wie vom Muttermord. Im folgenden Jahr gab es sogar noch mehr solcher Wettspiele, bei denen Nero sowohl als Musiker als auch als Wagenlenker auftrat. 62 starb Burrus und wurde durch zwei Männer ersetzt, deren einer, Ofonius Tigellinus, Nero zu jedwedem Verbrechen anreizte. Seneca wurde in den Ruhestand gezwungen, Octavia verstoßen und dann ermordet. Wieder kam es zu Prozessen und Exekutionen für erschwindelte Vergehen. Schlicht jeder, der mit dem Kaiserhaus verwandt war, schwebte in der Gefahr, hingerichtet zu werden. Zur selben Zeit brachen in Britannien und Armenien größere Aufstände aus, die freilich Nero kaum interessierten. Während seines ganzen Lebens hatte er nie eine Reichsgrenze oder ein Heerlager besucht.

Der Brand Roms und der Wiederaufbau

Der Senat war nunmehr alarmiert. Ein großer Brand Roms im Juli 64 n. Chr. machte Nero auch bei den einfachen Leuten der Stadt unbeliebt. Das Feuer zerstörte drei der vierzehn Viertel, in die Rom eingeteilt war, völlig und verschonte nur vier gänzlich. Plünderer trugen zu seiner Ausbreitung bei und verhinderten Bemühungen, es zu bekämpfen. Nero ergriff danach sogleich großzügige und wirksame Hilfsmaßnahmen, die ihm freilich keine Dankbarkeit einbrachten, »denn es war das Gerücht durchgedrungen, er sei gerade zur Zeit des Brandes der Stadt auf seiner Hausbühne aufgetreten und habe die Zerstörung Trojas besungen, wobei er das gegenwärtige Unglück mit den Vernichtungsszenen der grauen Vorzeit verglich« (Tacitus, Annales 15, 39). Man sagte Nero auch nach, er habe eine neue, nach ihm benannte Stadt gründen wollen. Er versuchte, den Verdacht auf die Christen zu lenken, von denen viele verurteilt und den wilden Tieren vorgeworfen oder lebendig verbrannt wurden (s. Kap. 10), doch brachte ihn seine Grausamkeit dabei noch mehr in Verruf, ja die Leute empfanden Mitleid mit den Christen, »auch wenn sie die härtesten Strafen verdient hatten« (Tacitus, Annales 15, 44).

Für den Wiederaufbau ergriff man sehr geeignete Maßnahmen; neu eingeführte Regeln bestimmten die Straßenbreite und die Höhe der Gebäude, die nun zumindest teilweise aus feuersicherem Material errichtet werden mußten. Doch war Neros Handeln nicht völlig selbstlos:

Nero machte sich den Untergang seiner Vaterstadt zunutze und erbaute sich einen Palast, der nicht so sehr durch Edelsteine und Gold, die ja längst etwas Gewöhnliches und durch Verschwendung Gemeines waren, ein Wunderwerk sein sollte als durch Wiesen und Teiche, durch den Wechsel von einsamen Wäldern, freien Plätzen und Ausblicken . . .
(Tacitus, Annales 15, 42)

Sueton (Nero 31) berichtet über dieses »Goldene Haus« *(domus aurea)*, daß das Vestibül für eine über 35 Meter hohe Kolossalstatue Neros Platz bot, daß es eine Halle mit drei anderthalb Kilometer langen Säulenreihen gab, daß die Speisezimmer Decken aus beweglichen Elfenbeinplatten hatten, der Hauptspeisesaal eine sich ständig »wie das Weltall« drehende Decke usw. Zeitgenossen waren von der ausgeklügelten Technik und Konstruktionsweise beeindruckt. Die weiterreichende Bedeutung dieses Baus – und ebenso der von Nero kurz vor dem Brand Roms auf dem Marsfeld fertiggestellten Bäder (»Was gibt's Schlimmeres als Nero, was Besseres als Neros Bäder?« fragt Martial 7, 34) – lag in der Verwendung neuer Bautechniken, insbesondere von Beton (s. Kap. 8). Tatsächlich ist Neros dauerhaftester Beitrag zur römischen Kultur seine Tätigkeit als Bauherr gewesen – eine Tätigkeit, die wie viele seiner anderen Unternehmungen extrem teuer war. Hierin liegt übrigens vielleicht der Grund dafür, daß die Gold- und Silberwährung in jener Zeit entwertet wurde. Viel Edelmetall wurde auch für den Import von Luxusgütern aus Indien und dem fernen Osten ausgegeben (s. Kap. 8), und Nero stillte seinen Geldhunger u. a.

dadurch, daß er sechs reiche Männer, die angeblich die halbe Provinz Afrika besaßen, töten ließ und ihre Ländereien beschlagnahmte.

Neros letzte Jahre

Das Jahr nach dem Brand Roms sah eine Verschwörung, deren Ziel es war, Nero durch Gaius Calpurnius Piso abzulösen, einen Adligen, der nicht mit der kaiserlichen Familie verwandt war (s. Kap. 3). Drei Jahre schon schwelte dieser verwegene und kaum realistische Plan, wurde dann aber verraten. Unter denen, die daraufhin exekutiert oder zum Selbstmord gezwungen wurden, waren Piso selbst, Seneca d. J., der Dichter Lucan und Faenius Rufus, der Kollege des Tigellinus im Amt des Prätorianerpräfekten. Letzterer wurde ermächtigt, noch weitere »Schuldige« zur Strecke zu bringen. Zu den Opfern des Jahres 66 gehörten der Romanautor Petron (s. u.) und der Konsul des Jahres 56, der einflußreiche stoische Philosoph Publius Clodius Thrasea Paetus, der seine Unabhängigkeit im Senat zur Schau getragen hatte, von Zeremonien für Nero ferngeblieben war und während der letzten drei Jahre gar nicht mehr an Senatssitzungen teilgenommen hatte. Tacitus' Darstellung seines Prozesses ist das letzte erhaltene der rhetorischen Schaustücke in den Annales (16, 21–35; mitten im Satz bricht der überlieferte Text ab). Thrasea und seine Freunde waren aus gut stoischen Prinzipien gegen die Tyrannei Neros gewesen, sie hielten die Caesarmörder Brutus und Cassius in Ehren. Ihr Verhalten zeigt uns ein hervorragendes Beispiel von sittlichem Ernst und Zivilcourage, doch hatten sie kaum Einfluß auf Politik und Regierung.

Wenige Monate später wurden drei Provinzstatthalter zurückberufen und hingerichtet, darunter der große Feldherr Corbulo (s. Kap. 6). Neros Kampf gegen den Senat hatte nunmehr die alte Nobilität und die kaiserliche Familie fast ganz ausgelöscht. Er vertraute auch dem Heer nicht mehr. Als in Judäa ein Aufstand losbrach, übertrug er das Kommando einem Mann, der sich vor allem dadurch auszeichnete, daß seine niedere Abstammung ihn als möglichen Nachfolger Neros auszuschließen schien: Vespasian (s. Kap. 7). Neros Größenwahn nahm zu. Poppaea, die einen gewissen Einfluß auf ihn gehabt hatte, war tot – er hatte sie im Jähzorn getreten, als sie schwanger war. Auf einer Reise durch Griechenland gewann er insgesamt 1808 erste Preise in verschiedenen Wettspielen, die alle eigens in diesem Jahr veranstaltet wurden, damit er teilnehmen konnte. Er war selbst dann Sieger, wenn er gar nicht angetreten oder, was geschah, bei einem Wagenrennen aus dem Wagen gefallen war! Der Freigelassene Helius, den Nero als Regenten in Rom zurückgelassen hatte, bat den Kaiser dringend, er möge nach Rom zurückkehren, was dieser widerwillig tat; gleich darauf zog er freilich in das griechischsprachige Neapolis (Neapel) weiter. Im März 68 erfuhr er dort, daß der Statthalter von Gallia Lugdunensis, Vindex, einen Aufstand führte. Der letzte Akt hatte begonnen – bald würde das »Geheimnis, daß Kaiser auch anderswo als in Rom gemacht werden können« (Tacitus, Historiae 1, 4), offenbar werden (s. Kap. 7).

Die Kultur der neronischen Zeit

Nero war der letzte Kaiser der iulisch-claudischen Familie und der erste, der nach Augustus' Tod geboren war. Seine »Leistungen« waren von dreierlei Art: Erstens hatte er – freilich ungewollt – das iulisch-claudische Monopol auf die Kaiserherrschaft beendet, zweitens einen – freilich unguten – unauslöschlichen Eindruck hinterlassen, und drittens war er – und dies durchaus bewußt – ein Förderer der Künste gewesen. Auf seine Bautätigkeit haben wir schon hingewiesen; die Literatur erlebte nach den dürren Jahren seit dem Tod des Livius und des Ovid nun unter Nero eine kleine Renaissance: Neros Lehrer Seneca d. J. war berühmt, der Kaiser selbst schriftstellerisch tätig, und am Hof wirkten zwei weitere große Autoren, Petron und Lucan, und der Spanier Martial (s. Kap. 2) war von der Hoffnung angezogen worden, daß ihn seine Landsleute Seneca und Lucan protegierten. In derselben Zeit schrieben außerdem der Satiriker Persius, der Pastoralendichter Titus Calpurnius Siculus, der Universalgelehrte Plinius d. Ä., der Agrarschriftsteller Columella und der Lyriker Caesius Bassus, dessen Werk verloren ist, den aber Quintilian (10, 1, 96) als einzigen neben Horaz für lesenswert hielt. Auch Silius Italicus, der sein (langweiliges) Epos über den Zweiten Punischen Krieg erst im Ruhestand unter den Flaviern schrieb, gehörte zu jenem Kreis unter Nero; seine Gedichte zeugten laut Plinius d. J. (Epistulae 3, 7) »mehr von Fleiß als von Talent«. Auch andere Literaten der flavischen Zeit waren in den Jahren von Neros Herrschaft geprägt worden: Statius, Valerius Flaccus und der einflußreiche Quintilian. Wie für die Architektur, so muß man auch für die Literatur anerkennen, daß Nero ein Klima schuf, in dem solche Entwicklungen möglich waren.

Kaiser und Senat

Wir wollen zusammenfassen. Wie unter Augustus war die tatsächliche Macht noch immer soweit wie möglich durch republikanische Formen verschleiert geblieben; der Senat debattierte und seine Beamten agierten. Doch Tiberius' Rückzug, Caligulas Autokratie, Claudius' Instinkt für Effizienz durch Zentralisierung, die fünfjährige Verwaltung durch Seneca und Burrus und der Terror von Neros letzten Jahren hatten die Macht zunehmend und allgemein ersichtlich in die Hände des Kaisers und seiner Berater gelegt. Einzelne Senatoren mochten kompetent und ehrgeizig sein, doch je mehr sie das waren, umso weniger konnten sie einander vertrauen. Der Senat war nicht mehr zu konzertierten Aktionen fähig, es sei denn, seine Sicherheit, sein Nutzen und seine Neigung wiesen einmal alle in dieselbe Richtung (etwa beim Sturz des Sejan oder beim Tod des Tiberius). Die wohl besten und besonnensten Kaiser, etwa Tiberius und Claudius zu Beginn ihrer Herrschaft, zeigten sich immer wieder verzweifelt darüber, daß der Senat unfähig war, kollektiv Verantwortung zu übernehmen, und sahen sich zunehmend gezwungen, dem Senat Verantwortungsbereiche dadurch zu entziehen, daß sie manche Befugnisse an Männer außerhalb des Senats übertrugen. Das freilich verschärfte das Problem nur weiter, und auch die flavische Zeit vermochte es nicht zu lösen – ja, es fragt sich, ob es überhaupt je gelöst wurde oder zu lösen war.

6. Das Heer und die Provinzen im ersten Jahrhundert n. Chr.

Der Friede und die Stabilität des Reiches hingen letzten Endes vom Heer ab, ebenso die Sicherheit des Kaisers selbst. Augustus war sich dessen bewußt, Nero scheint es vergessen zu haben. Das Heer war nicht nur für die Grenzen zuständig, sondern auch für die innere Sicherheit, für die zu sorgen in manchen Provinzen sogar wichtiger war. Für ein Eingreifen in Italien standen hierzu die zwei Legionen in Dalmatien zur Verfügung (Tacitus, Annales 4, 5); für Ägypten waren während des 1. Jahrhunderts n. Chr. zwei Legionen erforderlich, die die Ordnung vor allem in Alexandria aufrechterhalten sollten – einer Stadt, die damals die zweitgrößte im ganzen Reich war und häufig Ausbrüche von Gewalttätigkeiten durch den Haß zwischen ihren griechischen und jüdischen Bevölkerungsteilen erlebte. Das Heer spielte ferner eine wichtige gesellschaftliche und wirtschaftliche Rolle. Es ermöglichte seinen Rekruten und Offizieren sozialen Aufstieg, war für die Romanisierung der Provinzen von entscheidender Bedeutung und regte die Wirtschaft in den Gebieten an, in denen es stationiert war.

Die Heeresstärke

Das Heer war nach Actium verkleinert und neu organisiert worden (s. Kap. 3). Augustus hatte von seinen eigenen und von Marc Antons Legionen 28 als stehendes Heer behalten (Tacitus, Annales 4, 5, belegt, daß es 23 n. Chr. 25 Legionen gab; drei waren 9 n. Chr. bei der Niederlage des Varus vernichtet und nicht ersetzt worden; selbst ihre Nummern – die XVIII., XIX. und XX. Legion – wurden für immer gestrichen). Jede Legion hatte eine Sollstärke von 5400 Mann, das Heer bestand also aus gut 150000 Soldaten. Zwei weitere Legionen wurden von Caligula oder Claudius zur Vorbereitung der Invasion Britanniens ausgehoben, nach einiger Fluktuation unter Nero und den Flaviern brachte eine erneute Aushebung durch Trajan die Gesamtzahl von 30 Legionen. Nach Hadrians Herrschaft – mit der wir eigentlich den Rahmen dieses Kapitels verlassen – hören wir von zwei Legionen nichts mehr, Mark Aurel hob aber wieder zwei aus, und Septimius Severus erhöhte die Gesamtzahl auf 33. Für mehr als anderthalb Jahrhunderte reichten also zwischen 27 und 30 Legionen zur Erfüllung ihrer Aufgaben im ganzen römischen Reich aus.

Die Legionen hielten jeweils ihre eigenen Traditionen und so ihre Identität über Jahrhunderte hinweg aufrecht. Neunzehn von Augustus' ursprünglichen Legionen bestanden noch zur Zeit des Cassius Dio (55, 23), sechzehn noch im späten vierten Jahrhundert, wo sie die sogenannte *Notitia Dignitatum*, ein Militärhandbuch, bezeugt.

Augustus schuf außerdem eine neun Kohorten (1½ Legionen) starke ständige Prätorianergarde, eine Art Leibgarde (wie sie die republikanischen Kommandeure im Feld bei sich hatten) mit besonderen Privilegien und Soldbedingungen. Ebenfalls nach republikanischem Vorbild richtete er Hilfstruppen zu Fuß und zu Pferd durch Rekrutierungen bei den untergebenen Völkern ein, die zum Teil unter Anführern aus ihren eigenen Gebieten (wie etwa Arminius, s. Kap. 3) in römischen Diensten standen.

Die Stationierung der Legionen

Tacitus (Annales 4, 5) gibt an, wo die 25 Legionen des Jahres 23 n. Chr. stationiert waren: acht standen am Rhein, sechs im Balkangebiet und an der Donau (nämlich je zwei in Mösien, Pannonien und Dalmatien), drei in Spanien, je zwei in Afrika und Ägypten, vier in Syrien zur Sicherung der Grenzen im Osten. Außerdem gab es, so Tacitus, neun prätorische und drei städtische Kohorten, Flotten in Misenum und Ravenna sowie in Forum Iulium (Fréjus) in Südgallien. Klientelkönigtümer standen in Mauretanien an der Ostgrenze und in Thrakien zu Diensten, weitere Flotten von Bundesgenossen in verschiedenen Provinzen, dazu Hilfstruppen in der Stärke der Legionen. Tacitus entschuldigt sein Übergehen einer detaillierten Aufzeichnung der Position von Hilfstruppen damit, daß sie oft verlegt wurden und in ihrer Zahl schwankten.

Auch die Legionen wurden immer wieder verlegt. So war von den zwei bei Tacitus für Afrika notierten Legionen eine wegen des gerade im entscheidenden Stadium stehenden Krieges mit

Tacfarinas aus Pannonien abkommandiert worden, wohin sie im folgenden Jahr zurückkehrte (Tacitus, Annales 4, 23). Afrika hatte hinfort nurmehr eine Legion, die III. Legion *Augusta,* die in Ammaedara (Haidra), dann Theveste (Tebessa) und schließlich Lambaesis (Lambèse) stand, wo sie Hadrian visitierte (s. Kap. 9) und wo sie noch Jahrhunderte bleiben sollte. Unter Augustus hatten die Legionen ihre Basen immer dann geändert, wenn die Strategie es erforderte, und die Ausgrabungen von Legionslagern am Rhein haben gezeigt, wie häufig die Lager auf einen Wechsel in der Größe ihrer Belegung eingerichtet werden mußten. Und doch waren sie bereits dauerhafter gebaut als etwa die Winterquartiere der Soldaten Caesars in Gallien. Unter Claudius aber wurden einige von den Lagern an Rhein und Donau statt aus Holz neu in Stein errichtet (s. Kap. 2) – und damit zugestanden, daß Augustus' vorwärts gerichtete Politik aufgegeben war und die Legionen bleiben würden, wo sie standen.

Unter Augustus hatte es vor der Katastrophe des Varus keine festen Grenzen (außer der mit Parthien) gegeben, und auch die permanenten Grenzen, die sich später entwickelten, hatten eher verwaltungstechnische als militärische Bedeutung. Sie ermöglichten es den Behörden, den Handel zu überwachen und Schmuggel und Viehdiebstähle zu verhindern. (Ein Schlaglicht auf diesen Aspekt wirft eine Geschichte des Philostratos, Leben des Apollonios 20: Der Philosoph Apollonios wird bei seiner Ankunft an der Ostgrenze des römischen Reichs in Zeugma gefragt, was er zu verzollen habe. »Weisheit, Gerechtigkeit, Mäßigung, Tapferkeit und Ausdauer« – alles feminine Nomina. Die Zöllner glauben, es handle sich um Sklavinnen, und verlangen nun Zoll!) Der germanische Limes oder der britische Hadrianswall sollten den Verkehr über die Grenze nicht verhindern, sondern nur kanalisieren.

Die Soldaten

Mit der Zeit wurde also die Verlegung von Legionen seltener, immer häufiger wurden auch Rekruten an den Standplätzen geworben und Veteranen dort angesiedelt, wo sie gedient und oft eine Familie gegründet hatten. Im ersten Jahrhundert n. Chr. stammten noch die meisten Legionäre – römische Bür-

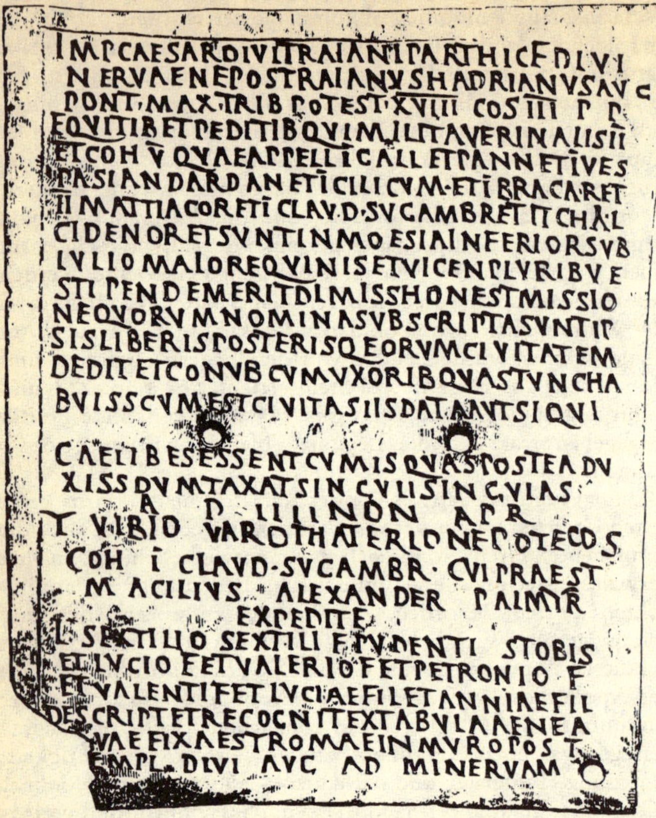

IMP·CAESAR·DIVI·TRAIANI·PARTHIC·F·DIVI
NERVAE·NEPOS·TRAIANVS·HADRIANVS·AVG
PONT·MAX·TRIB·POTEST·XVIII·COS·III·P·P
EQVITIB·ET·PEDITIB·QVI·MILITAVERIN·ALISII
ET·COH·V·QVAE·APPELL·I·C·ALL·ET·PANN·ET·IVES
...SIAN·DARD·AN·ET·I·CILI·CVM·ET·I·BRACARET
II·MATTIACOR·ET·CLAV·D·SVGAMBR·ET·I·CHAL
CIDEN·ORET·SVNT·IN·MOESIA·INFERIOR·SVB
LVLIO·MAIORE·QVINIS·ET·VICEN·PLVRIBV·E
STI·PEND·EMERIT·DIMISS·HONEST·MISSIO
NE·QVORVM·NOMIN·A·SVBSCRIPTA·SVNT·IP
SIS·LIBERIS·POSTERIS·QVE·ORVM·CIVITATEM
DEDIT·ET·CONVB·CVM·VXORIB·QVAS·TVNC·HA
BVISSC·VM·EST·CIVITAS·IIS·DAT·AVT·SI·QVI

CAELIB·ESSENT·CVM·IS·QVAS·POSTEA·DV
XISS·DVM·TAXAT·SINGVLIS·INGVLAS
A·D·IIII·NON·APR
T·VIBIO·VARO·T·HATERIO·NEPOTE·COS
COH·I·CLAVD·SVGAMBR·CVI·PRAEST
M·ACILIVS·ALEXANDER·PALMYR
EXPEDITE
L·SEXTILIO·SEXTILI·FIL·PRVDENTI·STOBIS
ET·LVCIO·F·ET·VALERIO·F·ET·PETRONIO·F
ET·VALENTI·F·ET·LVCIAE·FIL·ET·ANNIAE·FIL
DESCRIPT·ET·RECOGNIT·EX·TABVLA·AENEA
QVAE·FIXA·EST·ROMAE·IN·MVRO·POST
TEMPL·DIVI·AVG·AD·MINERVAM

Abb. 9: Ein römisches Militärdiplom vom 2. April 134 n. Chr. (CIL XVI 78; Bukarest).

ger – im Westen aus Italien, dann auch aus den am weitesten romanisierten Provinzen wie Südgallien und Spanien, im Osten aus Kleinasien, vor allem Galatien. Viele Rekruten im Osten wie im Westen waren jedoch Söhne aus Legionärs- bzw. Veteranenfamilien und geben als Geburtsort »das Lager« oder eine Veteranenkolonie an. Die Hilfstruppen bestanden hingegen seit jeher aus Nicht-Bürgern von den verschiedensten Regionen; viele solcher Kontingente zeugen von der Gegend ihrer ursprünglichen Aushebung durch ihren Titel (etwa die I. Kohorte

Thraker), auch wenn – mit der Ausnahme von Spezialeinheiten, die auf besondere Fähigkeiten gewisser Stämme angewiesen waren (z. B. syrische Bogenschützen) – ihre Mitglieder später nicht mehr von dort stammten.

Auf die Neuerungen im Bereich des Heeres, die Augustus 13 v. Chr. eingeführt hat, ist bereits S. 86 f. hingewiesen worden. Zu ihnen gehörte zweifellos auch die Regelung, daß ein Soldat, dessen Vater noch am Leben war und der daher nach römischem Recht unter der Gewalt seines Vaters stand, dennoch nach eigenem Ermessen über seinen Sold und seinen Beuteanteil entscheiden durfte, und daß das Testament eines Soldaten auch bei kleineren formalen Fehlern Rechtsgültigkeit hatte, solange die Absicht deutlich war. Wichtiger aber war die Regelung, daß Soldaten nicht rechtsgültig heiraten durften, Kinder aus ihren Verbindungen – die sie natürlich dennoch eingingen – also nach römischem Recht als illegitim galten (vgl. Kap. 9).

Voraussetzung für den Dienst war das römische Bürgerrecht, das dem künftigen Legionär bei der Rekrutierung zugewiesen werden konnte (was zumindest später recht häufig geschah); Soldaten in Hilfstruppen erhielten das Bürgerrecht bei der Entlassung (was erst unter Tiberius sicher belegt ist und seit Claudius die Regel war). Bis etwa 140 n. Chr. bestimmte dies die übliche Formel auf einem Entlassungsdiplom (s. Abb. 9), nunmehr lautete die entsprechende Bestimmung, die Veteranen erhielten »das Bürgerrecht für sich selbst, ihre Kinder und Nachkommen und das Recht zur gültigen Ehe mit den Frauen, die sie zum Zeitpunkt der Vergabe des Bürgerrechts schon haben bzw. für die, die sie später heiraten würden, sofern es nicht mehr als eine Frau pro Mann gebe«. In den späteren Militärdiplomen werden die bereits geborenen Kinder nicht mehr erwähnt (mußten also ihrerseits Soldaten werden, wenn sie in den Genuß der Bürgerrechte kommen wollten); nur nach der Gewährung des Rechts zur gültigen Ehe (conubium) geborene Kinder waren dann ohne weiteres römische Bürger.

Karrieren im Heer

Eine allgemeine Wehrpflicht hatte es zur Zeit der Bürgerkriege gegeben; sie war natürlich sehr unbeliebt. Augustus wollte sie offenbar nur in Notfällen (wie 6 und 9 n. Chr.) erzwingen,

Tiberius hat sie für Italien, nicht aber für die Provinzen, ganz abgeschafft. Das Heer bestand also überwiegend aus Freiwilligen, und trotz mancher Nachrichten über rauhe Disziplin, verspätete Entlassung und Versorgung der Veteranen, denen »Sumpf- und Bergland« als Ackerland zugewiesen werde (Tacitus, Annales 1, 17), muß der Dienst als Soldat für viele verlockend gewesen sein, insbesondere für den, der es zum Zenturio brachte.

Die Zenturionen hatten sich zumeist in diese Stellung emporgearbeitet (auch wenn manche Zivilisten direkt als Zenturio eingestellt wurden) und bildeten den Offiziersstab des Heeres. Unter-Zenturionen befehligten 80 Mann, Ober-Zenturionen, *primus pilus* genannt, eine Legion von etwa 5400 Mann und waren dem zivilen Legaten für die Legion direkt verantwortlich. (Durch einen Grabstein, ILS 2641 = MW 357, wissen wir, daß man bereits mit 49 Jahren diese Stellung erreicht haben konnte.) Ein Unter-Zenturio verdiente 15000 Sesterzen im Jahr, ein *primus pilus* 60000, das ist fast das siebzigfache des Soldes eines gewöhnlichen Soldaten; auch die Abfindungen bei der Entlassung waren entsprechend größer. Eine Karriere im Heer war also durchaus attraktiv, und wir haben bereits (S. 109) von manchem *primus pilus* gehört, der im Ruhestand ein Honoratior in seiner Heimatgemeinde war.

Das Heer bot also große Chancen für den sozialen Aufstieg. Auch in Provinzen, hier zumeist über den Dienst in den Hilfstruppen, finden sich Beispiele dafür: Zwei Männer namens Gaius Iulius sind aus Mediolanum Santonum (Saintes) bekannt. Einer von ihnen diente 32 Jahre in einem Kavallerieregiment, brachte es zum *duplicarius* (erhielt also doppelten Sold), wurde zu einer Einheit in den Alpen versetzt, zeichnete sich aus und wurde wohl von seinen Kameraden für seinen Heldenmut geehrt. Wahrscheinlich unter Tiberius erhielt er das Bürgerrecht, und sein Grabstein (ILS 2531) nennt ihn mit einem durchweg römischen Namen Gaius Iulius Macer – daß er Sohn eines keltischen Nicht-Bürgers war, wissen wir, weil der gut keltische Name seines Vaters, Agedillus, angegeben ist. Der andere Mann, ebenfalls ein Kelte – sein Vater hieß Congonnetodubnus, sein Großvater Acedomopas – nannte sich nach dem Zeugnis seines von seinem Sohn gesetzten großartigen Grabsteins (CIL XIII 1042–5) ebenfalls gut römisch Gaius Iulius Victor. Er stammte aus einer weit höheren Schicht als Macer, seine Familie gehörte zweifellos in vorrömischer Zeit zum Stammesadel. Victor erreichte die höchste gesellschaftliche Auszeichnung, die ein romanisierter Gallier in der frühen Kaiserzeit anstreben konnte: Er wurde Priester des Augustus in Lugdunum (Lyon). Besonders interessant für uns ist hier aber der Beginn seiner Karriere als *praefectus fabrum*, worunter man zu dieser Zeit eine Art Adjutant zu verstehen hat; er wurde dann Kommandant einer Hilfstruppe, vermutlich der I. Kohorte *Belgae*: Wir fühlen uns an Parallelen aus der britischen Geschichte erinnert, etwa an die Karriere des indischen Prinzen und späteren Oberst Shri Sir Ranjitsinjhi Vibhaji, Maharadscha Jam Sahib von Nowangar (allen Cricket-Freunden als »der unsterbliche Ranji« ein Begriff), der zunächst Ehrenadjutant des Vizekönigs Lord Elgin war, 1914 aber Adjutant des Feldmarschalls Sir John French wurde[1].

Nicht wenige Mitglieder der gallischen Oberschicht hatten von der römischen Herrschaft profitiert. Wir können die Geschichte einer weiteren Familie aus der Gegend von Saintes rekonstruieren. Eine fragmentarische Inschrift in Lyon (AE 1959, 81) bezeugt die Stiftung (aus eigenen Mitteln) eines Amphitheaters nahe dem Augustustempel durch einen anderen Priester dort (der erste Priester war laut Livius, Epitome 139, ein Haeduer namens Gaius Iulius Vercondaridubnus gewesen), einen Mann namens Gaius Iulius Rufus; es werden auch Söhne und ein Enkel genannt. Derselbe Mann stiftete 19 n. Chr. in Mediolanum Santonum (Saintes) einen (Triumph-)Bogen, dessen Inschrift (CIL XIII 1036) besagt, daß auch er Adjutant gewesen war (von einem militärischen Kommando ist allerdings hier nicht die Rede), und die den Namen seines Vaters als Gaius Iulius Otuaneunus, den seines Großvaters als Gaius Iulius Gedomo angibt, und erst der seines Urgroßvaters lautet ganz unrömisch schlicht Epotsorovidus.

All diese Männer namens Gaius Iulius oder ihre Vorfahren hatten das Bürgerrecht unter Gaius Iulius Caesar oder unter (Gaius Iulius Octavianus) Augustus erhalten. Wenn Gaius Iulius Rufus 19 n. Chr. bereits so alt war, daß er einen Enkel hatte, führt uns eine Rückrechnung mit 25 bis 30 Jahren für eine Generation zur Annahme, daß der erste Gaius Iulius in jener Familie, Rufus' Großvater Gedomo, diesen Namen – und mit ihm das römische Bürgerrecht – zur Zeit von Caesars Feldzügen in Gallien bekommen haben muß, wahrscheinlich als Be-

[1] Vgl. A. Ross, *Ranji. Prince of Cricketers*. London, Glasgow 1983, S. 162.

lohnung für Taten im römischen Interesse, und aus Caesars eigener Darstellung in seinem Buch *De bello Gallico* wissen wir, wie sehr er den Gegensatz zwischen pro- und antirömischen Parteiungen innerhalb der gallischen Stämme ausnutzen konnte. Für die Römer lag der Vorteil in der Vergabe des Bürgerrechts an Gallier wohl vor allem darin, daß nach römischem Recht das Land, das nach keltischem Stammesrecht vermutlich dem Stamm bzw. dessen Häuptling gehörte, nun auf alle Zeit Eigentum dieser Rom wohlgesonnenen Gaii Iulii war.

Die Sicherung der Grenzen: Legionen und Klientelkönige

Seit der Katastrophe des Varus 9 n. Chr. bis zum Beginn der flavischen Zeit war die am meisten gesicherte Grenze der Rhein, von der darauffolgenden Generation an die Donau. Die wichtigsten Änderungen waren in der Zwischenzeit der Abzug von zwei Legionen aus Spanien gewesen, das nur eine behielt, außerdem die Verlegung von vier Legionen nach Britannien und – für einige Zeit nach dem Ausbruch des jüdischen Aufstands 66 n. Chr. – die Präsenz von drei Legionen in Judäa, in dem auf Dauer eine blieb. Zum Ende von Trajans Herrschaft standen nurmehr vier Legionen am Rhein, während im Balkangebiet und an der Donau (einschließlich der neuen Provinz Dakien) zwölf oder dreizehn Legionen stationiert waren. An der Ostgrenze des Reiches in Syrien, Judäa und Kappadokien waren die vier unter Augustus dort liegenden Legionen um zwei vermehrt worden.

Für die folgende Zeit, das dritte Jahrhundert, änderte sich dieses Verteilungsmuster kaum noch: Rom, nunmehr in der Defensive, hatte keine Gelegenheit mehr zu solchen Manövern, und die geographischen und strategischen Bedingungen waren beständig. So war zum Beispiel das römische Reichsgebiet im Osten südlich durch die undurchdringliche Wüste und nördlich durch die ebenso unwegsamen Gebirge Armeniens abgeschirmt, so daß sich die Sicherung der Grenze auf die einzige große Einmarschroute von Nordmesopotamien nach Syrien und Anatolien zu konzentrieren hatte. Augustus hatte sich zur Sicherung dieser Grenze vor allem auf Klientelkönige verlassen und die Legionen lediglich zentral in Antiochia stationiert;

spätere Kaiser hingegen unterstellten die Grenze einer direkteren Kontrolle durch eine dezentralisierte Aufstellung römischer Soldaten; an der Notwendigkeit der Sicherung änderte sich jedoch nichts.

Klientelkönige[2] erwähnt Tacitus in seiner – zu Beginn dieses Kapitels genannten – Aufzählung der Streitmacht des römischen Reiches 23 n. Chr. (Annales 4, 5); Sueton (Augustus 48) gibt an, Augustus habe sie wie »Glieder und Teile des Reiches« behandelt. In der Großstrategie der iulisch-claudischen Zeit bildeten diese Königtümer ein bemerkenswertes Element, und die allmähliche Vereinnahmung ihres Gebiets als gewöhnliche Provinzen markiert einen deutlichen Wandel in der Strategie Roms. Klientelkönigen oblag nämlich die Aufrechterhaltung der Ordnung in ihren Ländern und die Sicherung ihrer Grenzen. Wenn die Römer in einem Ernstfall eingriffen, so konnte sich ihre Hilfe auf den Schutz römischer Einrichtungen und die Stützung der Herrschaft des jeweiligen Königs beschränken – eine Provinz zu sichern war also erheblich aufwendiger, das römische Prestige stand viel mehr auf dem Spiel.

Großen Bedrohungen von außen waren solche Klientelkönigtümer allerdings nicht ausgesetzt, Armenien ausgenommen. Dies war – sein rechtlicher Status ist unklar – offenbar ein echter Pufferstaat, und es übernahm die Rolle des »Niemandslands« zwischen Römern und Parthern. Ansonsten aber war das der römischen Strategie zugrundeliegende Modell zunächst das eines inneren Bereichs unter direkter Kontrolle, der von einer Zone von Klientelkönigtümern unter diplomatischer Kontrolle (und gegebenenfalls römischem Aufmarschgebiet) umgeben war, um die sich wiederum eine Zone von weniger formalem Einfluß lagerte. Abgelöst wurde dieses Modell nach Einverleibung der Klientelkönigtümer als Provinzen durch eines, das die direkte römische Kontrolle, also Stationierung römischer Soldaten, am gesamten Grenzverlauf des inneren Bereichs erforderte; ein möglicher feindlicher Einfall war also nicht mehr im Gebiet des Klientelkönigs von im wesentlichen dessen Truppen, sondern auf dem Boden des römischen Reichs von römischen Soldaten abzuwehren.

[2] Der Begriff »Klientelkönig« ist modern in Anlehnung an das für die römische Gesellschaft so grundlegende Verhältnis von Patron und Klient gebildet. Die Römer selbst sprachen gewöhnlich von solchen Königen als »Freunden« und »Bundesgenossen«.

Die Grenzprovinzen, in denen der Großteil der Legionen stationiert war, unterstanden fast alle direkt dem Kaiser. Die Unterscheidung von »kaiserlichen« und »senatorischen« Provinzen geht auf die Ereignisse des Jahres 27 v. Chr. zurück (s.
S. 61), als Augustus gewisse Provinzen zugewiesen wurden, die
er durch einen nur von ihm bestimmten und nur ihm verantwortlichen Legaten *(legatus Augusti pro praetore)* auf eine von
ihm festgesetzte Zeit (Tiberius ließ Mösien 20 Jahre in einer
Hand!) verwalten ließ. Legaten in den wichtigeren Provinzen
waren in der Regel zuvor Konsul gewesen, doch handelte nicht
der Legat, sondern der Kaiser selbst *pro consule*, während sich
der diesem untergebene Rang des Legaten in dessen Stellung *pro
praetore* ausdrückt. Senatorische Provinzen hingegen wurden
wie in republikanischer Zeit auch weiterhin von jährlich neu
durch das Los bestimmten Statthaltern verwaltet, die dem Senat, nicht dem Kaiser, verantwortlich waren – letztlich war er
dank seines *imperium maius* (s. S. 63) freilich auch diesen Statthaltern übergeordnet.

Die Unterscheidung der beiden Arten von Provinzen lag besonders im Interesse der Senatoren, für die das Prokonsulat in
Afrika oder Asien die Krönung einer Karriere darstellte, und
die Art, wie Plinius den Arrius Antoninus (Epistulae 4, 3) und
den Silius Italicus (Epistulae 3, 7) für ihr Verhalten als Prokonsuln Asiens preist, weist auf die Bedeutung hin, die dieser Posten in der senatorischen Tradition hatte. Der Prokonsul Afrikas hatte bis zu Caligulas Zeit eine Legion zu befehligen – das
war einmalig für eine senatorische Provinz –, erst dann wurde
ein unabhängiger Legionslegat berufen (was zu Konflikten führen konnte, vgl. Kap. 7 zur Situation nach Neros Tod), dessen
Amt schließlich um die Statthalterschaft in der neu geschaffenen
Provinz Numidien erweitert wurde. Daß ansonsten keine Legionen in senatorischen Provinzen standen, wird im allgemeinen mit der Gefahr begründet, daß die Statthalter sonst über-
heblich werden könnten; ein rein praktischer Grund wird aber
doch gewesen sein, daß sich andernfalls mit der Person des
Statthalters auch die des Legionskommandanten alljährlich geändert hätte.

Jedenfalls hatte der Kaiser auch in den senatorischen Provinzen ausreichend Machtbefugnisse, wie das eine Inschrift aus
Kyrene (SEG IX 8 = EJ 311; HIRK 28) bezeugt; sie überliefert

vier Edikte des Augustus aus dem Jahr 7/6 v. Chr. und ein weiteres von 4 v. Chr., das einen Senatsbeschluß veröffentlicht. Die ersten vier Edikte beziehen sich auf Spannungen zwischen Griechen und Römern in der Provinz: Zwei regeln die Zusammensetzung von Richterkollegien, eines behandelt eine Klage, die innergemeindliche Rivalitäten voraussetzt, eines legt fest, daß auch die Griechen, die das römische Bürgerrecht erhalten haben, die für Griechen festgelegten öffentlichen Abgaben leisten müssen[3]. Der Senatsbeschluß gilt der Prozeßordnung bei bestimmten Anklagen wegen Wuchers.

Interessant ist, wie sehr Rom an der Lösung offenbar vorhandener gesellschaftlicher Spannungen in Kyrene gelegen war. Die Stadt hatte in ihrer Geschichte bereits oft darunter gelitten und sollte in trajanischer Zeit 115 bis 117 n. Chr. bei bürgerkriegsähnlichen Ausbrüchen dieser Spannungen so viel Schaden erleiden, daß sie sich nie mehr davon erholte. Besonders aufschlußreich aber ist, daß Augustus in der eigentlich senatorischen Provinz von Kreta und Kyrene per Dekret eingreift; das erste Dekret beinhaltet sogar ausdrückliche Anweisungen an den Statthalter der Provinz und dessen Nachfolger – das beste Beispiel dafür, wie sehr der Kaiser von seinem *imperium maius* Gebrauch machte und wie groß seine Macht auch in den senatorischen Provinzen war.

praefectus Aegypti

Während die kaiserlichen ebenso wie die senatorischen Provinzen also alle durch Statthalter von prätorischem oder konsularem Rang verwaltet wurden, bildete die Provinz Ägypten hierin eine wesentliche Ausnahme: Hier vertrat den Kaiser ein Präfekt aus dem Ritterstand; Senatoren durften das Land überhaupt nur mit einer eigenen Genehmigung durch den Kaiser besuchen. Daß dieser Posten die Krönung der Karriere eines Ritters war, ist verständlich (Sejans Vater Seius Strabo erhielt ihn erst nach seinem Amt als Befehlshaber der Prätorier; später verlief die Karrierenreihe umgekehrt). Ägypten war von großer strategi-

---

[3] Der griechische Text spricht hier von *leitourgiai* (das entspricht lateinisch *munera*), worunter man die in den griechischen Städten seit je übliche Art von »Besteuerung« durch Verpflichtung wohlhabender Bürger zu Abgaben verstand.

scher und wirtschaftlicher Bedeutung, sein Getreide (und das Afrikas) war Roms Hauptnahrung, sein Papyrus war der einzig erhältliche, seine Lage machte es zum Ausgangspunkt für den Handel mit Indien, der nach Strabon (2 p. 118) in der Kaiserzeit mit 120 Schiffen durchgeführt wurde[4].

Ausgrabungen des Hafens Quseir al-Qadim am Roten Meer, der bis ins 2. Jahrhundert n. Chr. in Gebrauch war, haben chinesisches Porzellan, indische Batik, Gewürze, Teakhölzer und tamilisch beschriebene Gefäßscherben ans Licht gebracht[5]; eine Höhle an der Route vom Nil zum Roten Meer enthält Kritzeleien von Männern, die dort übernachtet haben: »Gaius Numidius Eros war hier auf seinem Rückweg von Indien im 28. Jahr der Herrschaft des Caesar (Augustus) im Monat Phamenoth (Februar/März 2 v. Chr.)« (AE 1956, 55 = EJ 360a), acht Jahre später fand dort »Lysa, Sklave des Publius Annius Plocamus« Unterschlupf (AE 1954, 121 = EJ 360b).

Angesichts solcher wirtschaftlichen Chancen und auch der Gefahr, daß Alexandria, die zweitgrößte Stadt des Reiches zu jener Zeit, durch interne Streitigkeiten gefährdet war, ist es kein Wunder, daß Augustus – er galt als Nachfolger der ägyptischen Gottkönige und hatte von den Ptolemäern ein hochentwickeltes Besteuerungssystem und lukrative Monopole geerbt – Ägypten fest unter Kontrolle haben wollte.

Weitere ritterliche Statthalter

Auch einige kleinere kaiserliche Provinzen wurden später durch Präfekten aus dem Ritterstand verwaltet. Ein senatorischer Statthalter war immer dann nötig, wenn in einer Provinz eine Legion stationiert war, die eben nur ein Senator befehligen durfte. So unterstand etwa Raetien sogleich nach seiner Eroberung 15 v. Chr. einem Senator. Nach Abzug der dort zunächst stationierten Legion übernahm jedoch ein Ritter die Statthalterschaft als *praefectus*, offenbar der *primus pilus* (s. S. 150) der nunmehr abgezogenen Legion, der nur eine Garnison von

---

[4] Daß diese Zahl in ptolemäischer Zeit viel kleiner war, mag mit der Entdeckung der Monsunwinde durch einen gewissen Hippalos wohl um die Zeitenwende zu erklären sein (Plinius, Naturalis historia 6, 100–106).

[5] Die Ausgrabung ist noch unveröffentlicht; vgl. vorerst Zeitungsberichte, etwa in *Globe and Mail* (Toronto) vom 17. Sept. 1982.

Hilfstruppen zurückhielt. Kleine solcher Präfekturen sind auch im Alpengebiet belegt, wo der ritterliche Statthalter z. B. für eine Provinz mit wichtigen Verbindungsrouten verantwortlich war: Für das Gebiet, durch das die Straße über die Cols d'Izoard, de Vars und de la Cayolle führte, bezeugt eine Inschrift (CIL XII 80) einen solchen Präfekten; eine weitere Inschrift (CIL V 7231) vom (Triumph-)Bogen an der Gabelung der Straße von Turin (dem römischen Augusta Taurinorum) durch die Westalpen via Mont Cénis bzw. Mont Genèvre gibt an, daß der lokale Stammeshäuptling Cottius das römische Bürgerrecht und den Status eines Ritters erhalten habe und zum Präfekten der Provinz gemacht worden sei, die diese Straßen umfaßt.

Judäa war zunächst ein Klientelkönigtum gewesen, wurde aber nach dem Tod des Königs Herodes – wegen der für Rom nicht tragbaren Haltung von dessen Sohn – ebenfalls eine von einem Ritter verwaltete Provinz. Infolgedessen war keine Legion in der Provinz stationiert, und wenn der Präfekt Verstärkung brauchte – was in dieser turbulenten Provinz nicht selten war –, mußte er sich an den Statthalter von Syrien wenden, so etwa, als 66 n. Chr. ein größerer Aufstand ausbrach. Als die Niederwerfung gelungen war, beschloß man, eine Legion in der Provinz zu belassen, und löste konsequenterweise den ritterlichen Präfekten durch einen senatorischen Legaten ab.

Lateinisch und Griechisch

Die Unterschiede zwischen den Provinzen im Westen und denen im Osten bestanden nicht nur in der Praxis der Rekrutierung von Legionären (s. o.), sondern reichten viel tiefer. Sprachlich und kulturell waren die beiden Hälften des Reichs deutlich getrennt.

Im Westen war die Sprache der Verwaltung, des Handels und schlicht aller Gebildeten das Lateinische, auch wenn manche lokalen Sprachen auf dem Land weiter gesprochen wurden. So findet man Graffiti in der alten oskischen Sprache an den Wänden Pompejis; die Sprachen der Punier und der Berber überlebten in Afrika bis in die Zeit des Hl. Augustinus – das frühe 5. Jahrhundert n. Chr. –, und das Keltische wird heute noch in Wales und der Bretagne gesprochen. Als Hauptsprache aber war das Lateinische im Westen ohne Konkurrenz.

Im Osten jedoch war die Hauptsprache das Griechische, das hier selbst in Gegenden, in denen es nicht seit je gesprochen wurde, bereits seit dem Hellenismus – also seit drei Jahrhunderten – die »Weltsprache« war. Auch im Osten blieben freilich lokale Sprachen wie das Koptische oder Aramäische erhalten, doch die Hauptsprache war Griechisch und die römische Verwaltung infolgedessen zweisprachig. Wichtige Dokumente wurden sowohl auf Lateinisch als auch auf Griechisch bekanntgegeben. Im allgemeinen griffen die Römer hier nicht mehr ein, als zur Aufrechterhaltung der Ordnung nötig war; sie begünstigten die Oligarchen in den Stadtregierungen, reiche Landbesitzer, die allerdings im Vergleich mit ihren Ranggenossen aus dem Westen nur langsam in der römischen Hierarchie aufstiegen (s. Kap. 10). Die erste nennenswerte Anzahl griechischer Senatoren ist unter den Flaviern belegt, und erst im 2. Jahrhundert n. Chr. erlangen solche Männer das Konsulat.

Die Verwaltung der Provinzen: Der Fall Bassus

In der Kaiserzeit waren die Provinzen im allgemeinen besser verwaltet und ihre Bewohner besser gegen den Machtmißbrauch römischer Amtsinhaber geschützt als zur Zeit der Republik, was selbst Tacitus (Annales 1, 2) einräumt. Allerdings war die Situation nicht immer ideal: Für den Zeitraum von der Herrschaft des Augustus bis zu der Trajans sind 40 Prozesse wegen Mißverwaltung und Ausbeutung einer Provinz bekannt, und zwar fast alle aus Tacitus oder Plinius, so daß wir, weil diese beiden Quellen nicht die gesamte Zeit erfassen, noch mit weit mehr Fällen rechnen müssen. Der Senat neigte dazu, sich vor Senatoren zu stellen, denen diesbezügliche Vorwürfe gemacht wurden. Voller Eigenlob beschreibt der Senator Plinius d. J. in seinen Briefen, wie er für zwei von den Provinzialen wegen Amtsvergehen angeklagte senatorische Statthalter Bithyniens, Iulius Bassus und dessen Nachfolger Varenus Rufus, als Entlastungszeuge auftrat (übrigens mußten die Bewohner einer Provinz mit einer solchen Anklage bis nach der Ablösung des jeweiligen Statthalters durch seinen Nachfolger warten). Bassus betreffend mußte Plinius einräumen, daß er Geschenke angenommen hatte, was gegen ein immer noch gültiges Gesetz aus dem Jahre 59 v. Chr. verstieß:

Gegen ihn wurde vorgebracht, daß er – ein gerader, argloser Mann – von den Provinzialen als guter Freund etwas angenommen hatte; er war nämlich in derselben Provinz Quästor gewesen. Seine Ankläger nun nannten dies Diebstahl und Raub, er selbst Geschenke.

(Plinius, Epistulae 4, 9, 6)

Plinius plädierte fünf Stunden, sein Kollege weitere vier, dann ein weiterer Senator, und dann wieder der Hauptankläger Theophanes:

Dies wie alles tat jener mit unglaublicher Unverschämtheit: nach zwei Plädoyers, und zwar von Konsularen und wortgewandten Rednern, nahm er einfach Zeit – ziemlich viel Zeit! – für seine Rede in Anspruch!

(ebd. 14)

Ob es wirklich Unverschämtheit war, wenn die Anklage nach neun Stunden Verteidigungsreden zu Wort kam? Tags darauf gab es jedenfalls zwei weitere Reden der Verteidigung, es folgte ein Tag mit Zeugenvernehmung. Der designierte Konsul sprach sich schließlich für eine strenge Anwendung des Gesetzes aus, ein anderer Senator, Caepio Hispo, für eine Geldstrafe, aber für das Verbleiben des Bassus im Senat:

Caepio, der die Meinung vertrat, der Senat dürfe – was ja zutrifft – Gesetze mildern oder verschärfen, billigte der zwar verbotenen, aber doch nicht ungewöhnlichen Handlungsweise (des Bassus) Nachsicht zu. Seine Meinung setzte sich durch; ja schon als er sich erhob, um seinen Antrag (in diesem Sinne) zu formulieren, erhielt er Applaus, was gewöhnlich erst geschieht, wenn der Antragsteller sich wieder setzt. Danach kannst Du Dir vorstellen, mit welcher Einmütigkeit der Antrag angenommen wurde . . .
Valerius Paulinus stellte dann noch einen Zusatzantrag, ein Verfahren gegen (den Hauptankläger) Theophanes einzuleiten. . . . Er wurde beschuldigt, als Ankläger vieles getan zu haben, was gerade gegen das Gesetz verstoße, auf Grund dessen er Bassus angeklagt habe. Doch die Konsuln ließen diesen Antrag nicht zu, obwohl er beim größten Teil des Senats sehr gutgeheißen wurde . . .

(ebd. 20–21)

Es wird deutlich geworden sein, wie die eingangs angesprochene »Neigung« des Senats, sich vor seine Mitglieder zu stellen, aussah! Verdiente Bassus wirklich solche Milde, oder wurde hier nicht vielmehr Recht gebeugt? Plinius selbst gibt an, daß auch außerhalb des Senats manch einer Caepios Antrag für »schlapp und widersinnig« gehalten habe und meine, »es sei doch unlogisch, jemanden im Senat zu belassen, der zu einer Strafe verurteilt werde« (ebd. 19). Und was war Valerius Paulinus' Antrag gegen Theophanes anderes als der Versuch, diesem Senator aus der (griechischen) Provinz eine Lektion zu erteilen?

Zufällig gibt uns gerade Plinius in einem anderen Brief schlagende Beweise gegen Bassus. In einem Brief bittet Plinius – nunmehr selbst Statthalter von Bithynien – Kaiser Trajan um Rat:

Auch Fälle folgender Art sind mir zur Untersuchung vorgelegt worden: Zu mir wurde etwa ein Mann gebracht, der vom Prokonsul Iulius Bassus auf Lebenszeit verbannt worden war. Ich wußte nun, daß alle Amtshandlungen des Bassus für ungültig erklärt worden sind und der Senat allen, über die jener etwas verfügt hatte, das Recht zugestanden hat, binnen zwei Jahren ihren Fall von neuem zur Verhandlung zu bringen. (Plinius, Epistulae 10, 56, 4)

Der Kaiser und seine Statthalter

Der eben zitierte Brief ist auch noch in anderer Hinsicht interessant. Der Mann war nämlich nicht in die Verbannung gegangen, hatte aber auch nicht innerhalb von zwei Jahren eine neue Verhandlung beantragt. Was war zu tun? Trajans Antwort ist erhalten (Plinius, Epistulae 10, 57): Der Kaiser ordnet an, daß der Mann wegen des Ignorierens der Verbannung bestraft werden müsse und daher in Ketten nach Rom zum Prozeß zu bringen sei, selbst wenn er möglicherweise zu Unrecht verurteilt worden war.

Im selben Brief bittet Plinius in einem weiteren Fall einer Verbannung durch einen seiner Vorgänger um Entscheidung:

Zu mir kam ein Mann mit der Meldung, daß seine Feinde, die von dem sehr ehrenwerten (Statthalter) Servilius Calvus für drei Jahre verbannt worden wären, immer noch in der Provinz seien. Diese hingegen versicherten, sie seien von eben demselben begnadigt worden, und lasen mir das entsprechende Edikt vor. Ich hielt es daher für angezeigt, die Sache unentschieden an Dich weiterzuleiten: Zwar ist in Deinen Instruktionen *(mandata)* vorgesehen, daß ich niemanden, der von einem anderen oder von mir verbannt worden ist, begnadigen darf, aber über die, die ein anderer verbannt und dann begnadigt hat, enthalten sie nichts. (Plinius, Epistulae 10, 56, 2f.)

Trajan antwortet, er werde Calvus nach dem Grund für die Aufhebung der Verbannung fragen und später seine Entscheidung mitteilen.

Die sehr persönliche Art des ganzen Vorgangs fällt auf. Da kommt ein Mann zum römischen Statthalter und informiert ihn über den Aufenthaltsort gewisser persönlicher Feinde ... Es entsteht der Eindruck, daß die römische Rechtsprechung zum Austragen privater Fehden eingesetzt wird, und es wird verständlich, wie leicht ein großzügiger Statthalter »Geschenke« vorfinden konnte.

Besonders aufschlußreich ist jedoch die Bezugnahme auf Plinius' *mandata*. Jeder Statthalter erhielt bei seinem Amtsantritt eine Reihe offizieller Instruktionen, so daß er sich nur in den Fällen direkt an den Kaiser wenden mußte, die in den *mandata* nicht erfaßt waren. Der Eindruck, Plinius belästige den Kaiser nur mit Trivialitäten, ist falsch. Wo die Instruktionen eindeutig waren, konnte er ja ohne Rückfragen entscheiden, und Plinius fragte weit seltener in Rom nach als ein britischer Provinzialverwalter in London im Zeitalter der Telegraphie!

Nachrichtenübermittlung auf dem Landweg

Rückfragen in Rom waren eine langwierige Sache; das Reich war groß, die Nachrichtenübermittlung langsam – trotz aller Anstrengungen, das Nachrichtenwesen zu beschleunigen und somit politische wie auch militärische Operationen rascher durchführen zu können. Schon Augustus hatte ein System von Poststationen für dringende Nachrichten eingerichtet:

Damit ihm schneller und leichter über die Vorgänge in jeder Provinz gemeldet und rapportiert werden könne, verteilte er anfänglich junge Männer, später Wagen in Abständen längs der Heerstraßen. Das zweite System erwies sich als günstiger, weil so derselbe Mann die Nachricht von Ort und Stelle bringen und nötigenfalls auch noch persönlich befragt werden konnte. (Sueton, Augustus 49)

Solche Kuriere schafften wohl 80 km am Tag, in einem Ernstfall konnten sie noch etwas schneller sein (der Bote befestigte in einem solchen Fall eine Feder an seinen Speer, als wolle er anzeigen, er brauche Flügel); wie schnell, können wir anhand der Nachrichtenübermittlung bei den Ereignissen von 68/69 n. Chr. etwa abschätzen: Die Botschaft, daß die Legionen in Obergermanien den Eid auf Galba am 1. Januar 69 vermutlich während der morgendlichen Parade verweigert hatten, erreichte Vitellius in Köln – gut 100 römische Meilen (über 150 km) entfernt – beim Abendessen und gelangte über den Prokurator von Gallia Belgica in Reims wohl am 9. Januar nach Rom. Die Gesamtentfernung über die kürzeste Route (den Kleinen St.-Bernhard-Paß) beträgt 1280 römische Meilen, doch da dieser Paß im Januar wohl geschlossen war und der Weg über den Mont Genèvre geführt haben wird, sind weitere 100 Meilen hinzuzurechnen. Die Botschaft wird also die 1380 römischen Meilen (weit über 2000 km) in gut acht Tagen zurückgelegt haben, schaffte also etwa 160 Meilen (240 km) pro Tag.

Wenn diese Rechnung zutrifft, gibt sie uns die allerhöchste Geschwindigkeit für Nachrichtenübermittlung über Land. Die weiteste Entfernung, die an einem einzigen Tag je zurückgelegt wurde, betrug 200 Meilen (Plinius, Naturalis historia 7, 84: Tiberius eilt zu seines Bruders Totenbett), und die Tatsache, daß Caesar einmal acht Tage hintereinander 100 Meilen täglich in einem gemieteten Wagen zurücklegte, wird eigens überliefert (Sueton, Caesar 57; Plutarch, Caesar 17). Natürlich waren die Risiken, daß die Nachricht bei ihrer Übermittlung litt, umso größer, je weiter die Entfernung war. Antiochia, der wichtigste Ort an der Ostgrenze des Reichs, war von Rom etwa 3000 Meilen entfernt, und der dort residierende Statthalter Syriens konnte wohl kaum hoffen, daß er, schrieb er nach Rom, eher als nach zwei Monaten mit einer Antwort rechnen konnte, egal wie dringend die Botschaft war; Routinenachrichten werden doppelt so lange gebraucht haben. Fielen die Parther ein, geschah ein Aufstand in Antiochia oder Jerusalem – der Statthalter war auf sich selbst gestellt.

War gar der Kaiser selbst nicht in Rom (man denke an die Extremfälle Trajan in Mesopotamien oder ein Jahrhundert danach Septimius Severus in Britannien), war die Lage noch schwieriger. Und wenn ein Kurier schon so lange brauchte, wie viel langsamer war da ein Heer. Verstärkungen vom Rhein an die Ostgrenze zu verlegen bedeutete fünf bis sechs Monate hartes Marschieren.

Der Seeweg

Erheblich schneller, aber auch viel weniger zuverlässig, war die Nachrichtenübermittlung über Schiffe. Plinius (Naturalis historia 19, 3–4) führt einige Rekordzeiten auf: Von Ostia nach Afrika (wahrscheinlich Karthago oder Utica) zwei Tage, nach Gallia Narbonensis drei, nach Spanien (wahrscheinlich Tarraco) vier und nach Gades (Cadiz) sieben; von Puteoli (Pozzuoli) nach Alexandria neun. Es war zweifellos auf dem Seeweg, daß 68 n. Chr. Galba die Nachricht vom Tode Neros aus Rom nach Clunia in Spanien übermittelt wurde. Sein Freigelassener Icelus benötigte für den Weg nur sieben Tage (wahrscheinlich vier für den Seeweg von Ostia nach Tarraco und drei für die knapp 500 km von dort bis nach Clunia) und war somit zwei Tage schneller als der offizielle Bote. Freilich war der für die Schifffahrt nötige Wind nicht immer günstig, und im Winter verbot sich die Seefahrt gänzlich. Dieser Weg der Nachrichtenübermittlung war jedenfalls stets wenig zuverlässig. Als Caligula dem Statthalter in Syrien Publius Petronius die Exekution per Boten androhen ließ, wurde die Übermittlung dieser Botschaft auf See drei Monate lang aufgehalten – und kam erst 27 Tage nach Caligulas Tod an!

Selbst Reisende in offizieller Mission mußten sich in der Regel den Unsicherheiten der antiken Verkehrswege aussetzen. Ein Zenturio, der mit einer Gruppe von Gefangenen aus Caesarea in Palästina nach Rom mußte, legte die erste Etappe in einem Küstenboot nach Sidon in einem Tag zurück, gelangte von dort trotz ungünstiger Winde nach Lykien (Südwestkleinasien), wo man ein Schiff der Getreideflotte von Alexandria in Ägypten vorfand, das – offenbar vom Kurs abgekommen – nach Italien unterwegs war. Auf dieses stieg man um, doch wegen der weiterhin ungünstigen Winde kam man nur langsam voran und machte nach einigen Tagen in einem kretischen Hafen Halt. Zwar war nun deutlich, daß die Fahrt nur mit großem Risiko fortzusetzen war, doch eignete sich der Hafen nicht zum Überwintern. Kapitän und Schiffseigner ließen das Schiff also wieder in See stechen. Bald überraschte sie ein Nordoststurm, gegen den sie nicht ankommen konnten. Man ließ das Schiff treiben, gab die Ladung auf und warf sie ins Meer, lief beinahe auf Land auf und konnte erst vierzehn Tage nach Beginn des Sturms Anker werfen, diesmal in Malta. Das Schiff zerbrach, und nach drei Monaten Überwintern in Malta fuhr man mit einem anderen alexandrinischen Getreideschiff[6], das ebenfalls

[6] Im 2. Jahrhundert n. Chr. kam ein solches Schiff vom Kurs ab und lief nach 70 Tagen Irrfahrt im Piräus ein, der sechshundert Jahre zuvor der wichtigste Handelshafen der Mittelmeerwelt gewesen war. Jetzt aber war ganz Athen auf den Beinen, das Schiff zu bestaunen (Lukian, Das Schiff 73, 5)!

dort überwintert hatte, weiter ... Dieses so anschauliche Beispiel des Risikos der antiken Seefahrt ist uns überliefert, weil einer der Gefangenen in jener Gruppe der Apostel Paulus war (Apostelgeschichte 27).

Die Aufgaben des Statthalters: Rechtsprechung

Solchermaßen weit von seinen Vorgesetzten in Rom und auch von seinen Ranggenossen in anderen Provinzen entfernt und mit weitestgehender Entscheidungsbefugnis und der Macht ausgestattet, seine Entscheidungen auch durchzusetzen und die Provinzialen zum Gehorsam zu zwingen (*coercitio;* s. Kap. 10), war der Statthalter der eigentliche Herr einer Provinz; deren Ergehen hing somit durchaus mehr von seiner Person als von der des Kaisers ab. Wir haben auf die Unterschiede zwischen kaiserlichen und senatorischen Provinzen hingewiesen, zwischen Präfekten und Legaten, doch war diese Unterscheidung eher in Rom als in den Provinzen von Bedeutung. Aus der Sicht der Provinzialen war der Hauptunterschied wohl der, daß die kaiserlichen Legaten länger in der Provinz blieben und bisweilen schwer erreichbar waren, wenn sie (was ja die Präfekten in senatorischen Provinzen nicht durften) als Heerführer an einer Front standen (wie zum Beispiel Agricola in Britannien); persönlicher Zugang zum Statthalter war dabei in Rechtssachen nicht selten wichtig. Allerdings waren militärische Aktionen eher die Ausnahme für einen Statthalter, der den Großteil seiner Zeit damit verbrachte, die verschiedenen Gemeinden seiner Provinz zu besuchen und dort Recht zu sprechen, Streitfälle zwischen den weitgehend unabhängigen Gemeinden zu entscheiden und außerdem die Finanz- und Steuerverwaltung zu beaufsichtigen.

Wie das römische Verwaltungssystem aus der Sicht der Nichtrömer aussah, können wir sehr gut einer viel zu wenig beachteten Quelle entnehmen: dem Neuen Testament. Wir hören von den Agenten der Steuereintreiber (den »Zöllnern«), und wir erleben den Statthalter in seiner Funktion als Richter in kritischen Situationen: Jesus vor Pontius Pilatus, dem Präfekten Judäas, Paulus vor Gallio, dem Prokonsul für Achäa (und Bruder Senecas d. J.), Paulus dann vor Felix, dem Präfekten Judäas sowie Festus, dessen Nachfolger. Auf seinen Reisen im ganzen

Ostteil des Reichs hat sich Paulus hingegen nur mit den städtischen Magistraten und Räten auseinanderzusetzen, etwa in
Philippi und Ephesos (Apostelgeschichte 16 bzw. 19). Die Episode in Philippi ist hierbei besonders aufschlußreich. Paulus
und sein Gefährte Silas werden angezeigt, die Stadtmagistraten
ordnen ihre Auspeitschung an. Tags darauf offenbart Paulus,
daß beide römische Bürger sind und verlangt vor seiner Abreise
eine offizielle Entschuldigung.

Als der römische Bürger Paulus nach seinen vielen Reisen
nach Jerusalem zurückkehrt, verursachen die Juden aus Kleinasien einen Aufruhr gegen ihn; er wird beinahe gelyncht.

Da erreichte den kommandierenden Offizier der (römischen) Kohorte
die Meldung, ganz Jerusalem sei in Aufruhr. Der eilte sofort mit einigen Soldaten und Offizieren zu ihnen, und als sie des Kommandanten
und der Soldaten ansichtig wurden, ließen sie davon ab, auf Paulus
einzuschlagen. Der Kommandant trat heran, verhaftete ihn und befahl,
ihn mit zwei Ketten zu fesseln.　　　(Apostelgeschichte 21, 31–33)

Die Ordnung muß eben wieder hergestellt werden! Paulus steht
im Zentrum des Aufruhrs, also heißt es erst einmal ihn verhaf-
ten und dann weitersehen. Der Kommandant befiehlt sodann,
Paulus unter Folter (Peitschenhieben) zu verhören, wenngleich
keine Anklage vorliegt – das war offenbar ein ganz normaler
Vorgang.

Als man ihn schon zur Auspeitschung ausstreckte, sagte Paulus zu dem
dabeistehenden Offizier: »Habt ihr eigentlich das Recht, einen römischen Bürger – noch dazu ohne Urteilsspruch – zu geißeln?« Kaum
hatte der Offizier dies gehört, ging er zum Kommandanten und erstat-
tete ihm Meldung. »Was wirst du jetzt tun? Dieser Mensch ist ein
Römer!« Der Kommandant ging (zu Paulus) und sagte zu ihm: »Bist
Du wirklich ein Römer?« Er antwortete: »Ja!« Da erwiderte der Kommandant: »Ich habe mir um einen hohen Betrag dieses Bürgerrecht
erworben.« Paulus aber sagte: »Ich bin sogar damit auf die Welt gekommen.« Daraufhin ließen die Männer, die ihn hatten foltern sollen,
sofort von ihm ab; denn der Kommandant hatte einen Schrecken bekommen, als ihm klar wurde, daß Paulus ein Römer war und daß er ihn
(trotzdem) hatte fesseln lassen.　　　(Apostelgeschichte 22, 25–29)

Wiederum sehen wir die Bedeutung, die dem Status des römischen Bürgers zugemessen wird. Da nunmehr die Gefahr besteht, daß Paulus aus dem Gefängnis entführt und doch noch
gelyncht wird, läßt ihn der Kommandant unter Geleitschutz in
den Palast des Statthalters nach Caesarea bringen. Einige Tage

später, nach der Ankunft des Hohenpriesters aus Jerusalem, findet dort eine Anhörung statt; der Statthalter vertagt seine Entscheidung, bis weitere Zeugnisse vorliegen, stellt Paulus unter einen offenen Arrest und ordnet an, niemand von seinen Freunden solle daran gehindert werden, »sich ihm nützlich zu erweisen.« Einige Tage später lassen der Statthalter und seine Frau (übrigens eine Jüdin) den Paulus kommen und befragen ihn nach seiner Lehre; als Paulus aber von »Gerechtigkeit, von Selbstbeherrschung und vom kommenden Gericht« spricht, erschrickt der Statthalter und entläßt ihn. »Er hoffte auch, von Paulus Geld zu erhalten; darum ließ er ihn öfters kommen und unterhielt sich mit ihm« (Apostelgeschichte 24, 26) – wir denken an Iulius Bassus: Offenbar ist es nur natürlich, daß der Statthalter ein »Geschenk« erwartet . . .

Steuerverwaltung

Neben der Rechtsprechung gehörte zu den Aufgaben des Statthalters auch die Aufsicht über die Steuerverwaltung. Nicht im ganzen Reich war die Besteuerung einheitlich. Pro-Kopf- und Vermögenssteuern wurden überall von Bürgern und Nichtbürgern erhoben außer in Italien, den Kolonien und bestimmten privilegierten Gemeinden außerhalb Italiens; wahrscheinlich waren auch Senatoren ausgenommen. Zölle *(portoria)* waren im Binnen- wie im Außenhandel zu zahlen, in ersterem betrugen sie zwischen zwei und fünf Prozent, im Außenhandel bis zu 25 Prozent für Luxusgüter aus Indien an den Häfen am Roten Meer. Römische Bürger wurden darüber hinaus für Erbschaften und Sklavenfreilassungen besteuert – nach Cassius Dio (78, 9) der Grund, weshalb Caracalla fast alle Einwohner des Reiches zu Bürgern machte (s. Kap. 11).

In den Provinzen oblag die Eintreibung und Weiterleitung der Steuern an die römischen Beauftragten gewöhnlich den Städten. Nur für das Land, das außerhalb der Gerichtsbarkeit einer Stadt lag, wurden weiterhin Steuerpächter *(publicani)* eingesetzt, die die Steuern direkt eintreiben konnten. Die Bedeutung der *publicani* nahm immer mehr ab, da ihre Aufgaben zunächst in den kaiserlichen, dann auch in den senatorischen Provinzen von Beamten übernommen wurden. Seit Augustus wurden in allen schon bestehenden Provinzen regelmäßig

Volkszählungen *(census)* durchgeführt, um die Steuerregister stets auf neuestem Stand zu halten; Territorien, die nun erstmals als Provinz organisiert wurden, wurden sogleich auf dieselbe Weise erfaßt. Belegt ist diese Prozedur für Judäa unter Augustus, Kappadokien unter Tiberius, Dakien unter Trajan und wohl auch Germanien durch Varus, der offenbar damit die reguläre Besteuerung der Provinz vorbereiten wollte (vgl. Kap. 3). Unsere Kenntnis des fiskalischen Systems und seiner tatsächlichen Bedeutung für die Provinzen ist allerdings sehr lückenhaft, und es ist zu vermuten, daß die Unterschiede zwischen den einzelnen Provinzen weit größer waren, als uns unsere wenigen Quellen andeuten.

Für eine Provinz jedoch liegen uns mehr Zeugnisse vor als für jede andere – Ägypten, das allerdings seine besonderen Verwaltungseigenheiten hatte, so daß die Verhältnisse dort nicht unbedingt auf die Situation anderswo schließen lassen. Das berühmteste Dokument zur Steuergeschichte Ägyptens – es datiert aus der Mitte des 2. Jahrhunderts n. Chr. – ist eine auf Papyrus erhaltene Liste von Bestimmungen der Beamten, die das »Sonderkonto« *(idios logos)* verwalteten, auf das die Gelder an den Kaiser außerhalb der regulären Besteuerung – etwa Bußgelder, beschlagnahmte Wertsachen oder herrenloser Besitz – eingezahlt wurden (Sel. Pap. 206). Es offenbart die detaillierte Erfassung von Erbfällen, die genaue Registrierung von Dokumenten und die Regulierung der verschiedenen Handelstransaktionen durch die Beamten; andere Papyri zeugen von dem Interesse, Leute aufzuspüren, die einfach verschwunden waren und deshalb nicht mehr zur Steuer veranlagt werden konnten. Mißbrauch dieser Stellung hatte es in Ägypten schon seit Jahrhunderten gegeben, ebenso lange auch Versuche, dagegen vorzugehen. Ein auf einer griechischen Inschrift erhaltenes Edikt aus Galbas kurzer Herrschaft 68 n. Chr., das der Präfekt Tiberius Iulius Alexander veröffentlichte (er sollte im Jahr darauf bei der Sicherung der Herrschaft für Vespasian eine wichtige Rolle spielen, s. Kap. 7), werden »die Mißbräuche der jüngsten Vergangenheit« (also von Neros Beamten) bedauert, und es wird bestimmt:

Niemand darf gegen seinen Willen entgegen der üblichen Praxis in den Provinzen zur Steuer- oder einer anderen Pacht für den Kaiser gezwungen werden . . .
Niemand soll aus angeblich öffentlicher Verpflichtung zur Übernahme von Anleihen anderer, die nicht ursprünglich er selbst gewährt hat,

gezwungen werden, und kein Freier soll je in ein Straf- oder Schuldge-
fängnis eingesperrt werden, es sei denn, er ist dem *fiscus* verschuldet . . .
Geborene Alexandriner, die sich geschäftlich auf dem Land aufhalten,
dürfen nicht zu öffentlichen Zwangsdiensten verpflichtet werden . . .
Wenn ein Präfekt bereits entschieden hat, einen vor ihn gebrachten Fall
nicht weiter zu verfolgen, soll der Fall nicht wieder aufgegriffen werden, und wenn zwei Präfekte in ihrer Entscheidung übereingestimmt
haben, soll der Staatsdiener, der denselben Fall erneut aufgreift, seinerseits bestraft werden, da er offenbar nur für sich und seine Amtsgenos-
sen einen Vorwand zur Bereicherung (durch Bestechungsgelder) sucht.
Viele haben nämlich tatsächlich ihren Privatbesitz aufgegeben, da sie
schon mehr haben ausgeben müssen, als der Besitz wert war, weil ihr
Fall immer wieder aufgebracht wurde . . .
Ich werde dieselbe Regelung auch für Fälle im Zusammenhang mit dem
Sonderkonto *(idios logos)* einführen, . . . denn es wird kein Ende der
üblen Denunziationen geben, wenn einmal fallengelassene Fälle immer
wieder vorgebracht werden, bis schließlich ein negatives Urteil fällt . . .

(OGIS 669 = Sm. I 391 = MW 328; HIRK 39)

Man hat dieses Dokument als Zeugnis für den wirtschaftlichen
Niedergang und die Auspressung der Provinzen durch Rom
insgesamt verstanden – sicher zu Unrecht. Ägypten war ein
Sonderfall. Man konnte es ohne Paß nicht einmal verlassen, was
Strabon aus eigener leidvoller Erfahrung berichtet (2 p. 101)
und was zahlreiche Papyrusbelege bestätigen. Die Macht der
lokalen Bürokraten ist ebenso deutlich wie die Versuche des
Kaisers, sie zu kontrollieren. Der genannte öffentliche Zwangs-
dienst hingegen war in seinen verschiedenen Formen auch in
anderen Provinzen, vor allen denen im Osten des Reichs, verbreitet. Allein die Versorgung und der Transport römischer Beauftragten auf ihren Reisen konnte so teuer kommen wie eine
Steuer – und bot für Amtsmißbrauch jede Voraussetzung. Zahlreiche Regelungen dieser Dienstpflicht sind uns inschriftlich
erhalten, deren älteste aus Pisidien zu Tiberius' Zeit stammt
(AE 1976, 653 = SEG XXVI 1392; HIRK 30). Hier wird bestimmt, daß die Leute von Sagalassos zehn Wagen und zehn
Maultiere für Reisende in offizieller Mission bereithalten müssen; zugleich wird definiert, welchem Dienstgrad welche Art
von Transport zusteht, vom Prokurator und Senator, der alle
zehn Wagen verwenden darf, bis zum Zenturio, dem nur ein
Wagen zusteht, und es wird angeführt, was für die Nutzung
dieses Dienstes zu zahlen ist.

Abgesehen von Ägypten verblieb im Osten des Reiches, der traditionsreiche Städte und somit bestehende Verwaltungszentren hatte, soviel Selbstverwaltung in den Städten, wie Rom und seine Statthalter für gut hielten; den Stadtbeamten und -räten wurde die Verantwortung in fiskalischen und anderen Dingen auferlegt, im Sinne und als Agenten Roms zu handeln. Manche waren dabei so eifrig und so sehr bemüht, andere Städte auszustechen, daß sie ihre eigene Stadt an den Rand des finanziellen Ruins brachten. Als Statthalter Bithyniens unter Trajan hatte Plinius d.J. viel mit den Finanzen der Städte zu tun (wie wir aus Buch 10 seiner Briefe wissen); so schreibt er etwa an Trajan, man möge doch den Neubau der öffentlichen Bäder in Prusa genehmigen, worauf dieser zustimmt, »sofern dafür keine neuen Abgaben erhoben werden und es nicht künftig deshalb an notwendigen Aufwendungen fehlt« (Plinius, Epistulae 10, 24).

Auch im Westen hatten manche Regionen eine Tradition von städtischem Leben, die auf vorrömische Zeit zurückging. Wo sie fehlte, waren die römischen Autoritäten bewußt darum bemüht, die städtische Entwicklung zu fördern – zum Beispiel Agricola, der als Statthalter von Britannien »die Errichtung von Tempeln, Foren und Häusern als Privatmann anregt und als Amtsträger unterstützt«, bis die Eingeborenen von sich aus »die Verlockungen von Lastern, Säulenhallen, Bädern und Gelagen« kultivierten (Tacitus, Agricola 21). In Gallien, dem Rheinland und Britannien läßt sich dieser Prozeß auch archäologisch für das ganze 1. Jahrhundert n. Chr. beobachten, während die Zeugnisse für die Donauprovinzen weniger umfangreich sind; der Effekt war schließlich doch der gleiche.

Groß war der Unterschied zwischen diesen Gegenden und den anderen Teilen des Reicheswestens, in denen Jahrhunderte zuvor Griechen und Phönizier Kolonien gegründet hatten – an der Mittelmeerküste Galliens, Spaniens, Baeticas (Südspaniens) und Afrikas. Hier blühte das städtische Leben ebenso wie im Osten, und der Prozeß der Romanisierung, der sich eben auf Städte gründete, vollzog sich entsprechend schneller als in den anderen Gegenden. Daß zugleich hier – im Gegensatz zum Osten – das Lateinische den Vorrang vor den früheren Sprachen erhielt, haben wir bereits gesehen. Ein wesentlicher Faktor der Romanisierung war eben dieser Übergang zum Lateinischen, zu dem auch die Übernahme römischer Institutionen sowie die Annäherung an römische Denk-, Fühl- und Verhaltensweisen gehören.

Spanien

Baetica war sogar schon vor Augustus auf dem Weg zur Romanisierung weit fortgeschritten. Von dort stammte der erste Konsul aus einer Provinz, Cornelius Balbus aus Gades (Cadiz), Konsul 40 v. Chr., und eine Generation später war es so reich, daß es 500 römische Ritter zu seinen Bürgern zählte und damit nach Rom selbst und Patavium den dritten Rang in dieser Hinsicht einnahm (Strabon 3 p. 169). Der Beitrag Baeticas zur lateinischen Literatur des 1. Jahrhunderts n. Chr. läßt keinen Zweifel an der lateinischen Kultur seiner Städte: Seneca d. Ä. und d. J. stammten aus Corduba (Cordoba), ebenso ihr Verwandter Lucan; Columella kam ursprünglich aus Gades (und hielt den italischen Landbesitzern vor, sie kümmerten sich zu wenig um ihre Güter), Quintilian und Martial waren aus Tarraco (Tarragona). Unter Vespasian erhielt ganz Spanien das latinische Bürgerrecht, ein Zwischenstadium auf dem Weg zum vollen römischen Bürgerrecht, und uns liegen viele Zeugnisse für das städtische Leben in Spanien vor, etwa Briefe des Vespasian und Titus an Sabora (ILS 6092 = MW 461) bzw. Munigua (Castillo de Mulva; AE 1962, 288; HIRK 57) oder das Stadtrecht von Salpensa (ILS 6088 = MW 453; HIRK 59) und Malaca (Malaga; ILS 6089 = MW 454; HIRK 60). Spanien scheint auch den Kaiserkult rascher und enthusiastischer eingeführt zu haben als die übrigen Provinzen des Westens. Die noch bestehenden Monumente – auch außerhalb Baeticas und Tarracos, etwa in Merida, Segovia und Salamanca – sind höchst beeindruckend.

Narbonensis

(Gallia) Narbonensis hatte besonders in der Gunst des Augustus gestanden. Voraugusteische Kolonien wie Narbo (Narbonne) und Arelate (Arles) wurden – wahrscheinlich während des Triumvirats (s. Kap. 1) – durch neue ergänzt: Forum Iulii, Baeterrae und Arausio (Fréjus, Béziers und Orange). Nemausus (Nîmes) und Vienna (Vienne) erhielten das latinische Bürgerrecht. Überall wurde gebaut, Theater, Tempel und Aquädukte entstanden. Der Pont du Gard, auf dem eine Wasserleitung für Nemausus verlief, ist mit seiner Länge von 275 m und seiner Höhe von fast 50 m einer der eindrucksvollsten und schönsten römischen Bauten überhaupt. Männer aus jenen Städten nahmen bald ihren Platz im römischen öffentlichen Leben ein: Domitius Afer aus Nemausus war 25 n. Chr. Prätor und 39 Konsul, Valerius Asiaticus aus Vienna sogar zweimal, 35 und 46, Konsul. Narbo und Arelate wurden wichtige Handelszentren, Arelate löste Massilia (Marseilles) als Haupthafen für den Handelsverkehr rhôneaufwärts ab, und Narbo wurde zu dem Hafen, von dem aus die Terra-Sigillata-Keramik (s. Kap. 2) aus den gallischen Produktionszentren verschifft wurde. Plinius (Naturalis historia 3, 32) kann Narbonensis »Italien ähnlicher als einer Provinz« nennen, und, wie schon gesagt, gehörte Narbonensis zusammen mit den spanischen Provinzen zu den ersten Gegenden, aus denen nach dem Rückgang der Rekrutierung in Italien selbst seit der zweiten Hälfte des Jahrhunderts zahlreiche Legionäre stammten. Auch die alten griechischen Gründungen an der Küste und im küstennahen Binnenland hatten am allgemeinen Wohlstand teil, Glanum etwa (St. Rémy de Provence) hat bemerkenswerte Monumente. Massilia hingegen, einst der führende Ort der ganzen Region, blühte nicht wieder auf, sondern war bekannt für »griechischen Charme und provinzielle Einfachheit« (Tacitus, Agricola 4).

Afrika

Afrika hatte in der ausgehenden Republik einen Zustrom von italischen Siedlern und Händlern erlebt, doch die punischen Städte blühten weiterhin, punische Kulte und die punische Sprache blieben erhalten, selbst in höheren Gesellschaftsschichten in den Städten. Größere Häfen wie Utica und Hadrumetum (Sousse) behielten die wirtschaftliche Bedeutung, die sie bereits vor der römischen Eroberung erreicht hatten, insbesondere in der Spätzeit der Republik nach der Zerstörung Karthagos 146 v. Chr. (und vor seinem erneuten Aufblühen nach seiner Wiederbegründung durch Caesar und Augustus). Karthago, das

schließlich selbst Alexandria an Bevölkerungszahl übertraf, und
Lepcis Magna (am Beginn der Karawanenrouten in den Fezzan
und somit ein wichtiger Ausgangspunkt für den transsahari-
schen Handel) erreichten den größten Wohlstand. Afrika war –
neben Ägypten – die Kornkammer Roms und hatte außerdem
riesige Olivenhaine; noch heute fährt man von Sousse südwärts
durch weite Felder und ein Meer von Olivenbäumen, bis man
am Horizont das Amphitheater von Thysdrus (El Djem) ausmacht wie die Kathedrale von Chartres über den Weizenfeldern
Nordfrankreichs, und man versteht, worauf sich der Reichtum
gründete, der es ermöglichte, in einem so entlegenen Gebiet der
Welt ein Amphitheater für 30 000 Besucher zu bauen!

Die römischen Städte Afrikas weisen im 1. Jahrhundert
n. Chr. eine verwirrende Vielfalt gemeindlicher Organisation
(und eine interessante Mischung aus römischer Stadtplanung
und gewucherten Eingeborenensiedlungen) auf. Noch immer
gab es Beamte, die mit dem punischen Wort *sufetes* bezeichnet
wurden, die Priester hießen weiterhin *kohanim*, etwa in Macta-
ris (Maktar), wo eine Inschrift der Jungmännerorganisation aus
dem Jahre 88 n. Chr. eine Mischung punischer und lateinischer
Namen aufweist, einen Rogatus, Sohn des Addun, einen Muft-
hum, Sohn des Samon oder einen Faustus, Sohn des Sextus (AE
1959, 172). In Thugga (Dougga) sind noch in der Mitte des
1. Jahrhunderts n. Chr. Magistrate mit punischen Namen belegt; hier zeigt sich eine Mischung von lateinischen, punischen
und numidischen Einflüssen. Auch sonst finden sich fast überall
weiterhin punische Gottheiten, die – wie für die Römer typisch
– mit Gottheiten des griechisch-römischen Pantheons identifiziert werden, Baal Hammon mit Saturn, Tanit mit Juno,
Eschmun mit Äskulap usw.

Neben dem alten Afrika, in dem die römische Verwaltung
und Kultur auf die alte punische aufgepfropft wurde, gab es ein
neues Afrika, in dem das römische Heer größten Einfluß hatte.
Wir haben (Kap. 3) schon auf die nicht unbedeutenden Kämpfe
in Afrika bis 19 v. Chr. hingewiesen; anschließend ging das römische Heer dazu über, seine Verbindungslinien und seinen
Einfluß nach Süden und Westen auszuweiten. Ein römischer
Meilenstein von 14 n. Chr. (CIL VIII 10018) bezeugt, daß die
III. Legion *Augusta* eine Straße vom Hafen Takape (Gabés)
über Capsa (Gafsa) zu ihrem Lager baute. Drei Jahre später
brach der Aufstand des Tacfarinas aus, der erst 24 n. Chr. niedergeworfen war. Tacfarinas hatte – ähnlich wie Arminius in

Germanien (s. Kap. 3) – zuvor in einer römischen Hilfstruppe gedient und konnte nun sein Training gegen seine früheren Herren anwenden. Anlaß für den Aufstand war die Furcht der nomadischen und halbnomadischen Stämme am Rande der zuvor punisch besiedelten und bebauten Gebiete, daß das römische Heer sich ihrer traditionellen Grasländer bemächtigen und ihre ererbte Lebensform bedrohen würde. Freilich wäre es falsch, anzunehmen, daß die Römer tatsächlich die Nomaden seßhaft machen wollten oder gegen den Nomadismus als solchen voreingenommen waren; als Arbeitskräfte waren die Nomaden vielmehr hier für die Bauern ebenso wichtig wie in Italien die verarmten Landleute, die in den großen Gütern zur Erntezeit eingestellt wurden (s. Kap. 8). Doch die Ausweitung der Landwirtschaft, die mit der Ausweitung effektiver militärischer Kontrolle einherging, beeinträchtigte zweifellos die tägliche Routine der Nomaden spürbar, insbesondere die Aufteilung von Land in *centuriae* (Güter von je 200 *iugera* – etwa 700 auf 700 m – Größe), wie sie noch heute in West- und Südtunesien zu sehen ist. Insgesamt ist die enorme Ausweitung des dem Olivenanbau gewidmeten Landes und die Gründung neuer römischer Städte im Binnenland kennzeichnend für das ganze erste nachchristliche Jahrhundert Afrikas geblieben.

Gallien, Germanien, Britannien

Die Romanisierung in Gallien, Germanien und Britannien verlief anders; besonders in den beiden letztgenannten Provinzen spielte das Heer eine weit größere Rolle. Friede mußte geschaffen werden – ein massiver Eingriff in das keltische und germanische Wertesystem, in dem der Kampf von größter Bedeutung war; der Widerstand gegen die Befriedung war gewissermaßen ein Kampf der ansässigen Bevölkerung für ihr Recht, weiterhin kämpfen zu können. Mit dem Frieden aber kam der Handel, mit dem Handel die »Verlockungen des Lasters« (s. S. 169). Das Heer selbst brauchte Nachschub, der entweder in das Stationierungsgebiet gebracht oder direkt am Ort erworben werden mußte – was den Handel bzw. die lokale Produktion anregte. Die Soldaten gaben ihren Sold größtenteils am Ort ihrer Stationierung aus – mit demselben Effekt. Immerhin waren zum Beispiel die acht Legionen, die in der iulisch-claudischen Zeit am

Rhein standen, mitsamt ihren etwa ebenso großen Hilfstruppen und der in Köln beheimateten Rheinflotte insgesamt ca. 85 000 bis 90 000 Mann, hinzu kamen die Angehörigen (Frauen und Kinder, Sklaven) sowie die Veteranen mit ihren Familien, die sich am Ort ihres Dienstes niederließen. Es leuchtet ein, daß hier ein wichtiger wirtschaftlicher Faktor für die Entwicklung und Romanisierung der Region vorlag – auch heute läßt sich nicht selten beobachten, wie die Präsenz von Militärbasen die Wirtschaft einer Gegend völlig verändert.

Städte, in denen die Dienstleistungen für das Heer konzentriert waren, entstanden und blieben oft auch dann bestehen, wenn das Heer abzog. Wo eine Legion ihr Lager gehabt hatte, konnte eine Veteranenkolonie begründet werden, was bereits 25 v. Chr. in Aosta in Norditalien geschehen war; Ammaedara (Haidra) in Afrika ist ein Beispiel dafür, ebenso die englischen Städte Lindum (Lincoln) und Glevum (Gloucester). Und wenn die Legion nicht abgezogen wurde, konnte dann eben in der Nähe des Lagers eine Kolonie gegründet werden: Colonia Claudia Ara Agrippinensium (Köln) oder die Siedlung beim Legionslager Vetera (Xanten) sind hierfür Beispiele. Viele Städte am Rhein können ihren Ursprung auf das Lager einer Legion oder einer Hilfstruppe zurückführen.

Die Legionen konnten auch beim Bau eingesetzt werden. Wenn Agricola die Errichtung von Tempeln und Foren unterstützen wollte, so konnte er dazu Architekten und Handwerker aus seinen Legionen zur Verfügung stellen. Heeresingenieure planten Straßen, Brücken und Aquädukte. Der bereits genannte Pont du Gard ist zwar der eindrucksvollste, nicht aber der am besten ausgeklügelte Aquädukt in Gallien – dieses Lob gebührt eher dem Aquädukt, das Lugdunum (Lyon) versorgte. Unter Hadrian gebaut hatte es auf seinen 75 km Länge vier »umgekehrte« Siphone (s. Abb. 10), deren einer (bei Beaunant) 123 m, also zweimal die Höhe des Pont du Gard, überbrückte. Das Straßennetz Galliens und Britanniens war zusätzlich zu seiner primär militärischen Planung auch für den Handel von großer Bedeutung.

Man hat angenommen, daß die römischen Autoritäten die ansässigen Gallier zum Verlassen ihrer *oppida* (befestigte Hügelsiedlungen) und zur Umsiedlung in die neuen römischen Städte in den Ebenen gezwungen haben – tatsächlich wird dazu kein Zwang nötig gewesen sein. Herrschte erst einmal Friede (was eine Hügelfestung als sicheren Rückzug unnötig machte),

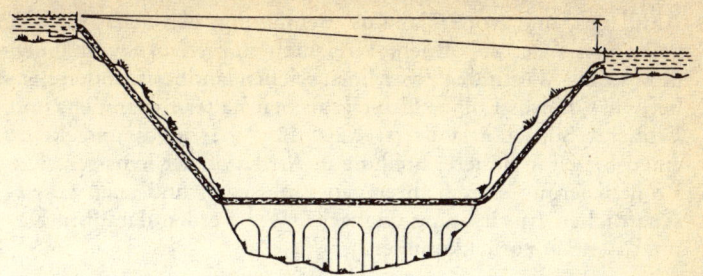

Abb. 10: Schema eines »umgekehrten Siphons« beim Aquädukt für Nîmes. Das von links kommende Wasser fließt nach dem Prinzip der kommunizierenden Röhren durch das Tal über den Aquädukt nach rechts.

und gab es erst einmal Handelswege (entlang der Straßen und, besonders in Gallien, der Flüsse) und damit Wohlstand, so war die Umsiedlung in die Stadt in der Ebene von selbst verlockend. Dasselbe geschah in Britannien, wo das *oppidum* Bagendon auf dem Hügel zugunsten der römischen Siedlung Corinium (Cirencester) im Tal aufgegeben wurde.

In Germanien hat man riesige Weinfässer in den römischen Lagern im Lippetal gefunden; man kann sich kaum vorstellen, daß ein Import in diesem Umfang ohne das Heer als Verbraucher hätte stattfinden können. Das Heer brauchte überdies Keramik und bezog daher Terra-Sigillata-Geschirr; und war erst einmal ein Verteilungsnetz für Keramik geschaffen, konnten hiermit auch Zivilisten versorgt werden. Selbst dort, wo sich keine direkten Zeugnisse für den Einfluß des Heeres finden, läßt die Größenordnung mancher Bauten dies doch vermuten. So ist es zum Beispiel plausibel, die riesige Lände in London, die etwa 80 n. Chr. aus Balken gebaut worden ist[7], mit Agricolas Feldzug in Verbindung zu bringen; zweifellos aber diente sie auch zivilen Handelszwecken.

Während Spanien, Narbonensis und Afrika so weitgehend romanisiert wurden und die Oberschicht dort so erfolgreich war, daß alle drei Provinzen nacheinander einen römischen Kaiser stellten, schafften das übrige Gallien und Britannien nichts

[7] N. Bateman, G. Milne, *A Roman Harbour in London. Excavations and Observations near Pudding Lane, City of London 1979–82.* Britannia 14 (1983) 207–226.

Ähnliches, und trotz Claudius' Bemühung, den Senat für den gallischen Adel zu öffnen, erreichten nur wenige von ihnen dieses Ziel. Wir finden zwar einen reichen landbesitzenden Berber wie Quintus Lollius Urbicus als Statthalter Britanniens und Eroberer Südschottlands (s. Kap. 10), aber nicht umgekehrt einen Briten in höherer Stellung in Afrika oder Kleinasien. Die Romanisierung war in ihrer geographischen und auch gesellschaftlichen Ausdehnung ungleich. (Wir werden darauf in Kapitel 10 noch zurückkommen.)

7. »Kaiser, die anderswo als in Rom gemacht wurden«: Von Galba bis Trajan

Als Nero eine Prätorianerabteilung zur Ermordung seiner Mutter aussandte, weigerte sich deren Präfekt Burrus, für den Gehorsam seiner Leute zu bürgen. Ihre Loyalität, so sagte er, gelte »dem ganzen Kaiserhaus«, nicht Nero allein (Tacitus, Annales 14,7). Neunzig Jahre nach Actium hatte die iulisch-claudische Familie eine anscheinend unangreifbare dynastische Stellung inne. Auch wenn Nero seines Ururgroßvaters Augustus alles andere als würdig war, konnte eine Verschwörung nie auf Erfolg hoffen, solange das Heer der kaiserlichen Familie gegenüber loyal blieb. Jede Verschwörung gegen Nero war also gefährlich, und wer entdeckt wurde oder auch nur mangelnde Loyalität zeigte, hatte nicht mehr lange zu leben (s. Kap. 5). Die wenigen, die trotz alledem darauf hofften, Nero zu beseitigen, meinten, der künftige Kaiser müsse aus einer Familie stammen, die seit jeher in Konkurrenz zum iulisch-claudischen Haus stand. Galba, der später tatsächlich Neros Nachfolger wurde, »stammte aus einer alten aristokratischen Familie ... Im Empfangsraum seines Hauses stellte er einen Stammbaum aus, in dem er die väterliche Linie auf Jupiter, die seiner Mutter auf Pasiphaë, die Gattin des Minos, zurückführte.« (Sueton, Galba 2) Nero teilte die Ansicht, daß nur ein Mitglied des alten Adels ihm gefährlich werden konnte; er hatte Vespasian (der nach den Bürgerkriegen sogar eine neue Dynastie begründete) mit einem Kommando in Judäa betraut, »dessen Tüchtigkeit bereits erprobt war und den er wegen seiner niedrigen Abstammung und unbekannten Herkunft nicht zu fürchten hatte« (Sueton, Vespasian 4). Die Ereignisse von 68–69 n. Chr. offenbarten also nicht nur das Geheimnis, daß »Kaiser auch anderswo als in Rom gemacht« werden konnten (Tacitus, Historiae 1,4), sondern zeigten auch, daß ein Senator von unbedeutender italischer Abstammung den allerhöchsten Posten überhaupt erlangen konnte.

Die erste offene Bewegung gegen Nero ging von Gaius Iulius
Vindex aus, einem aquitanischen Häuptling, der Statthalter von
Gallia Lugdunensis war. Vindex ist ein gutes Beispiel für einen
Angehörigen der Schicht, die von der römischen Herrschaft in
Gallien profitiert hatte (s. Kap. 6). Seine Familie hatte von Caesar das römische Bürgerrecht erhalten, sein Vater war Senator
gewesen, er selbst war nun Statthalter. Die Motive für seinen
Aufstand sind umstritten. Nach außen hin verkündete er, er
wolle Nero durch einen würdigeren Kaiser ersetzen; sein Motto
war »Freiheit vom Tyrannen«. Vindex' Kandidat war Servius
Sulpicius Galba, seit acht Jahren Statthalter von Hispania Tarra-
conensis. Vindex flehte ihn an, »die Menschheit zu retten« (Sueton, Galba 9), ein Ausdruck, der in Galbas Münzprägung wie-
derkehrt: *Salus generis humani* (Die Rettung der Menschheit),
daneben findet man *libertas restituta* (Wiederherstellung der
Freiheit), *Roma renascens* (Wiedergeburt Roms) u. ä. Galba
setzte eine Veranstaltung in Szene, während der er sich als *imperator* akklamieren ließ und erklärte, er werde künftig im Namen
von Senat und Volk herrschen. Mit nur einer Legion unter seiner Führung, der VI. Legion *Victrix*, konnte er nicht viel ausrichten, er hob also weitere Soldaten aus, darunter eine neue
Legion, die VII. Legion *Galbiana* (später *Gemina*), und forderte die Provinzbewohner auf, »mit ihm im Großen wie im Kleinen zusammenzuarbeiten und die gemeinsame Sache, jeder
nach seinen Kräften, zu unterstützen« (Sueton, Galba 10). Er
gewann auch den Statthalter von Lusitania, Marcus Salvius
Otho (ehemaliger Gatte der Poppaea) und den Quaestor von
Baetica, Aulus Caecina Alienus für sich, den er zum Kommandanten der VI. Legion *Victrix* machte, während der vorige
Kommandant dieser Legion zur Wahrung von Galbas Interessen nach Rom geschickt wurde.

Die Geschichte jener Zeit ist von den Überlebenden geschrieben worden. Wir können kaum abschätzen, was von dem Überlieferten wahr ist und was erfunden, um Intrigen, Verrat und
andere für Rebellionen und Bürgerkriege typische Verhaltensweisen zu rechtfertigen. Sueton präsentiert uns Galba als zögernd, ob er die Aufforderung durch Vindex annehmen soll –
daß Vindex aber wirklich den Galba gekürt hat, ohne sich zuvor
mit ihm zu verständigen, ist recht unwahrscheinlich. Galba, so
heißt es, hat den Befehl Neros zu seiner Ermordung gerade

noch rechtzeitig abgefangen – stimmt das, oder brauchte er nur eine Entschuldigung dafür, daß er seinen Loyalitätseid auf Nero brach?

Der unmittelbare Erfolg von Vindex' Aufstand hing freilich weniger von Galba als vielmehr von der Reaktion des nächstgelegenen Heeres in Obergermanien und seines Kommandanten Verginius Rufus ab. Die erste Aktion des Vindex war der Versuch, Lugdunum (Lyon) zu erobern, das seine Tore vor ihm verschlossen hatte. Während er damit beschäftigt war, erfuhr er, daß Verginius Rufus in seiner Provinz eingefallen war. Vindex machte sich also auf, gegen Rufus' Truppen bei Vesontio (Besançon) anzutreten. Angeblich verständigten sich die beiden schließlich, doch Rufus' Soldaten bestanden auf einem Kampf und rieben Vindex' unerfahrene Soldaten völlig auf. Vindex selbst beging Selbstmord, während Verginius Rufus später in hohem Alter starb, nachdem er dreimal Konsul gewesen war. Plinius d. J. preist ihn mehrfach (Epistulae 6, 10; 9,10) – doch war es, nachdem Galba sich durchgesetzt hatte, nicht ein Gebot der politischen Klugheit, anzugeben, daß das Massaker an Vindex' Soldaten – die ja immerhin für Galba eingetreten waren – nicht auf Rufus' Befehl stattgefunden hatte?

Vindex war tot, niemand schrieb seine Geschichte. Was waren seine Motive gewesen? Manche Gelehrte haben ihn als gallischen Nationalisten verstanden, der eine mehr oder weniger vollständige Autonomie für Gallien anstrebte[1]. Das ist sicher falsch, nicht nur, weil es keinerlei Hinweis darauf in unseren Quellen gibt, sondern auch, weil »Gallien« noch nie eine politische Einheit gewesen war. Daß ganz Gallien einem aquitanischen Häuptling gefolgt wäre, ist kaum wahrscheinlich. Vindex verhielt sich wohl eher so, wie es für einen römischen Senator angemessen war: Widerstand gegen Tyrannis war in der senatorischen Tradition verankert, und sicher bemühte sich ein gerade in den Senatorenstand Aufgenommener in einer Überkompensation erst recht, solchen Traditionen zu entsprechen.

---

[1] Vgl. G. H. Stevenson, *The Year of the Four Emperors*. Cambridge Ancient History X (1934) Kap. 24, spez. S. 810.

Galbas Emissäre verhandelten offenbar bereits mit dem Senat.
Nero, der sich im März 68 n. Chr. in Neapel befand, als man
ihm die Nachricht vom Aufstand des Vindex am neunten Jahrestag des Mordes an seiner Mutter überbrachte, reagierte mit
einem Wechsel von Unbekümmertheit und Ankündigung starker Maßnahmen, die freilich nie ausgeführt wurden. Rufus
stellte sich nach Vindex' Tod ganz in den Dienst des Senats; als
ihm seine Soldaten die Kaiserwürde anboten, lehnte er sie ab.
Als Grabinschrift soll er sich gewünscht haben, er habe *non sibi,
sed patriae* (nicht für sich, sondern fürs Vaterland) gehandelt
(Plinius, Epistulae 6,10). Galba, der auf die Nachricht von
Vindex' Niederlage hin verzweifelt war, erholte sich bald, als er
erfuhr, daß der Senat und die Prätorianer ihn als Kaiser anerkennen würden, wenn Nero tot sei. Der Prätorianerpräfekt
Nymphidius Sabinus war mit dem Senat in Verhandlungen getreten und hatte auch die Garde für sich gewonnen, als er in
Galbas Namen 30 000 Sesterzen pro Mann versprach. Nero
wurde zum Staatsfeind erklärt und gab sich auf der Flucht am
9. Juni 68 n. Chr. selbst den Tod. Galbas Freigelassener Icelus
brachte die Nachricht nach Spanien (s. Kap. 6) und genehmigte
eine Bestattung Neros; die beiden alten Ammen und die treue
Konkubine Acte, Neros Freigelassene, erreichten, daß er im
Familiengrab der Domitii beigesetzt wurde.

So sehr Nero bei der Oberschicht verhaßt gewesen war, und
so groß die Freude über seinen Tod in Rom angeblich gewesen
ist, so sicher ist auch, daß er Freunde hatte, die sein Grab stets
mit frischen Blumen schmückten. Es ist bezeichnend, daß es
Galbas Nachfolger Otho und Vitellius für angezeigt hielten,
Neros Andenken zu ehren; es gab mindestens drei Prätendenten, die nach dem Tod des Kaisers von sich behaupteten, Nero
zu sein, einer mit Unterstützung der Parther, und es heißt, der
spätere Kaiser Nerva habe einige Unterstützung auch dadurch
gefunden, daß er dreißig Jahre zuvor mit Nero befreundet gewesen war. Handelten all diese Leute aus Loyalität gegenüber
dem letzten Vertreter der iulisch-claudischen Dynastie? Oder
hatte Nero vielleicht Qualitäten, die die senatorische Tradition,
wie sie in unseren Quellen vorliegt, verschwieg?

Galba nutzte die Gunst der Stunde nicht. Er begab sich nicht gleich nach Rom, sondern vertat Zeit damit, auf seinem Weg durch Gallien die Stämme zu belohnen, die Vindex unterstützt hatten, und die zu bestrafen, die sich den rheinischen Legionen angeschlossen hatten und so an der Niederwerfung des Vindex beteiligt waren. Die Legionen boten auf Neros Tod hin dem Verginius Rufus ein zweites Mal die Kaiserwürde an, wieder ohne Erfolg. Sie schworen dem Galba nur widerwillig und nur auf Rufus' Zureden hin die Treue. Galba aber behandelte Rufus schlecht und löste ihn im Kommando durch den alten, lahmen und inkompetenten Hordeonius Flaccus ab, sehr zum Unmut der Legionen. Der Statthalter Niedergermaniens, Fonteius Capito, wurde der Verschwörung gegen Galba verdächtigt und von zweien seiner Offiziere umgebracht. Galba befahl auch die Tötung des Legaten der III. Legion *Augusta* in Afrika, Lucius Clodius Macer, der Galba nicht anerkannte, eine weitere Legion ausgehoben hatte und damit drohte, die Getreidezufuhr für Rom zu unterbrechen.

Galba besetzte auch andere Posten mit ungeeigneten Männern, insbesondere den des Prätorianerpräfekten, auf dem er den Nymphidius Sabinus durch Cornelius Laco ablösen ließ. Laco, nach Sueton (Galba 14) von »unerträglicher Anmaßung und Dummheit«, war zuvor in der Finanzverwaltung tätig gewesen und zeigte sich seiner neuen Stellung überhaupt nicht gewachsen. Nymphidius, der sich dafür, daß er die Prätorianer auf Galbas Seite gebracht hatte, mehr erwartet hatte als seine Entlassung, versuchte einen Aufstand, blieb aber ohne Erfolg und wurde von seinen eigenen Männern getötet. Dennoch weigerte sich Galba, den Prätorianern das Geld auszuzahlen, das ihnen Nymphidius in seinem Namen versprochen hatte. Hinzu kamen Exekutionen von Männern, denen Unterstützung des Nymphidius oder Nähe zu Nero nachgesagt wurde, und die Entlassung der germanischen Leibwache des Kaisers. Marinesoldaten von der Flotte in Misenum, denen Nero die Zugehörigkeit zu einer Legion in Aussicht gestellt hatte, wandten sich nun an Galba, daß er dieses Versprechen einlöse. Der aber antwortete mit einem Eingriff der Kavallerie und ließ viele Überlebende hinrichten. Die Mißstimmung in der Garde und im Heer wuchs, und auch die römischen Massen, die Neros Extravaganzen zumindest unterhaltsam gefunden hatten, waren durch die harten Sparmaßnahmen verärgert. Gegen Ende des Jahres 68 n. Chr. hatte Galba kaum noch Anhänger.

Otho und Vitellius

Am 1. Januar 69 übernahm Galba zum zweiten Mal das Konsulat; am selben Tag weigerte sich das Heer in Obergermanien, den Treueid auf den Kaiser zu erneuern und schloß sich zwei Tage später den niedergermanischen Legionen an, die Aulus Vitellius, den neu eingesetzten Statthalter jener Provinz, als Kaiser ausriefen. Als die Nachricht in Rom ankam (s. Kap. 6), erklärte Galba den 33jährigen Lucius Calpurnius Piso Frugi Licinianus, einen Nachkommen des Pompeius und des Crassus aus bester Familie und daher dem Senat – nicht aber dem Heer – genehm, zum Kollegen und designierten Nachfolger. Damit verprellte er den Marcus Salvius Otho, der sich seinerzeit als erster Provinzstatthalter für Galba eingesetzt und für sich die Nachfolge erwartet hatte. Otho nun wandte sich an die Prätorianer, und wie abgemacht begab er sich am 15. Januar in ihr Lager, wo er sogleich zum Kaiser ausgerufen wurde. Die Prätorianer lynchten Galba auf dem Forum; auch Piso wurde getötet, und der Senat beeilte sich, Otho anzuerkennen. Es gab jetzt also zwei neue Kaiser, einen in Rom und einen am Rhein.

Wie Tacitus (Historiae 1,49) schreibt, machte Galba »den Eindruck, zur Herrschaft fähig zu sein – wenn er nicht Herrscher geworden wäre«. Otho hingegen fing ohne Vorschußlorbeeren an, er war als Saufkumpan Neros bekannt und tief verschuldet. Ebenfalls im Unterschied zu Galba war sein Herrschaftsbeginn erfolgreich, er gewann den Senat für sich und fand weithin Unterstützung in Rom und auch Italien, den Donauprovinzen, Afrika und im Osten des Reichs. Das germanische Heer hingegen stand weiter hinter Vitellius, der bald auch von den spanischen und gallischen Provinzen, Britannien und Raetien unterstützt wurde. Seine Generale überquerten die Alpen trotz des Schnees und fielen in Italien ein, wo sie in der sogenannten Ersten Schlacht von Bedriacum bei Cremona Mitte April 69 n. Chr. dem Otho eine Niederlage beibrachten, noch bevor ihm all seine Soldaten aus dem Donauraum zu Hilfe gekommen waren. Otho beging Selbstmord, offenbar um weiteres Blutvergießen zu vermeiden, und beeindruckte durch seinen unerwarteten Mut noch im Tod. Seine Soldaten ergaben sich, der Senat erwies nunmehr Vitellius die üblichen Ehren.

Unsere Quellen beschreiben Vitellius als grausam, gefräßig und korrupt. Sein siegreiches Heer habe, so heißt es, Italien wie eine gerade eroberte Provinz behandelt, seine Befehlshaber und Günstlinge hätten sich Vermögen verschafft, während Vitellius seines allein für Völlereien vertan habe. Es ist klar, daß solche Angaben auf seine später siegreichen Gegner zurückgehen.

Othos Prätorianerkohorten wurden entlassen, neue aus dem Heer in Germanien rekrutiert; Vitellius konnte ihnen aber den versprochenen Bonus nicht auszahlen. Die Soldaten vom Donauheer, die zu spät für Otho gekommen waren, wurden zurückgeschickt, ihre führenden Zenturionen hingerichtet – alles Dinge, die Vitellius' Beliebtheit bei den Überlebenden nicht gerade steigerten.

Marsch auf Rom

Es gab sechs Legionen in den Donauprovinzen, die aus verschiedenen Gründen enge Beziehungen zum Osten des Reiches unterhielten. Zugleich gab es drei Legionen in Syrien, weitere drei in Judäa (seit dem Ausbruch des jüdischen Aufstands 66 n. Chr.) und zwei in Ägypten. Obwohl die Soldaten im Osten zunächst ihren Treueid auf Vitellius abgelegt hatten, führte intensive Aktivität hinter den Kulissen bald dazu, daß der in Judäa stationierte Befehlshaber Vespasian als Herausforderer auftauchte. Sueton (Vespasian 6) gibt an, die erste Initiative sei vom Donauheer ausgegangen – das schmeckt nach der offiziellen Version einer spontanen Akklamation »von unten«, die wohl in Wirklichkeit durchaus von oben vorbereitet war. Die erste offene Aktion fand am 1. Juli 69 n. Chr. statt: Tiberius Iulius Alexander, ein Jude aus Alexandria, der Präfekt von Ägypten war, proklamierte Vespasian zum Kaiser. Von diesem Datum an rechnete Vespasian später seine Herrschaft. Seine eigenen Legionen in Judäa schlossen sich sogleich an, dann auch die in Syrien und im Donauraum, ebenso die übrigen Provinzen im Reichsosten und die wichtigsten Klientelkönige. Man wählte den Statthalter Syriens, Gaius Licinius Mucianus, als Anführer für die geplante Invasion Italiens. Die Statthalter an der Donau waren von diesem Plan nicht begeistert, einer von ihnen (der

von Mösien) warnte Vitellius, und die Statthalter von Dalmatien und Pannonien waren »reiche alte Männer« (Tacitus, Historiae 2,86), die sich aus den Unruhen heraushalten wollten.

Die Invasoren Italiens warteten nicht auf Mucianus. Die Donaulegionen marschierten unter dem Kommando des Legaten
der seinerzeit von Galba in Spanien ausgehobenen VII. Legion
Gemina, Antonius Primus, eines Galliers aus Toulouse, und
brachten den Soldaten des Vitellius in der sogenannten Zweiten
Schlacht von Bedriacum Ende Oktober oder Anfang November
69 n. Chr. eine Niederlage bei. Das nahegelegene Cremona
wurde von den Siegern geplündert, es kam zu Schreckenssze-
nen, die Tacitus in einer seiner blutrünstigsten Passagen ausmalt
(Historiae 3,32–34). Der Weg nach Rom stand nun offen, immer mehr von Vitellius' Anhängern fielen von ihm ab. Doch die
aus den Soldaten vom Rhein durch ihn neu geschaffenen Prätorianerkohorten bestanden darauf, den Konflikt durch Kampf zu
lösen. Vespasians Anhänger in Rom wurden auf dem Kapitol eingeschlossen, und die Männer des Vitellius nahmen es schließlich
im Sturm, brannten den Jupitertempel ab und töteten Vespasians Bruder Flavius Sabinus, der seit Othos Herrschaftsantritt
Stadtpräfekt gewesen und auch von Vitellius nicht abgesetzt
worden war.

Am 20. Dezember gelangten die Soldaten des Antonius Primus nach Rom. Die Prätorianer kämpften bis zuletzt, Vitellius
fand einen ruhmlosen Tod. Rom befürchtete einige Tage lang,
es werde nun Cremonas Schicksal teilen, doch als Mucianus
kam, waren Ordnung und Disziplin wiederhergestellt. Der Senat erkannte Vespasian – der noch in Ägypten weilte – als Kaiser an und machte ihn zusammen mit seinem älteren Sohn Titus, der jetzt das Heer in Judäa befehligte, zum Konsul des
Jahres 70 n. Chr. Domitian, sein jüngerer Sohn, der dem Sturm
des Kapitols entkommen war, wurde zum Prätor mit konsularischen Vollmachten – ein Posten, den er bald mißbrauchte, indem er »Kaisers Sohnemann« spielte (Tacitus, Historiae 4,2).
Die effektive Macht übte Mucianus aus. Er neutralisierte jede
potentielle Opposition und nahm dem Heißsporn Antonius
Primus so geschickt alle Macht, daß dieser nach Alexandria
fuhr, um sich bei Vespasian zu beklagen (Tacitus, Historiae
4,80). Der freilich hatte keine Eile, nach Rom zu kommen, er
besuchte auf dem Weg noch Kleinasien und Griechenland und
kam erst am Ende des Sommers 70 n. Chr. in Rom an, wo er
Friede und Ordnung vorfand.

Die Rechtsstellung und Autorität Vespasians wurden in einem Senatsbeschluß definiert, der sogenannten *lex de imperio Vespasiani*, die inschriftlich erhalten ist (s. Kap. 2):

... Er soll – ebenso wie der vergöttlichte Augustus und *Tiberius* Iulius Caesar Augustus und Tiberius *Claudius* Caesar Augustus Germanicus – das Recht haben, mit jedem Verträge zu schließen, mit dem er will.
Er soll – ebenso wie der vergöttlichte Augustus (usw.) – das Recht haben, den Senat einzuberufen, ihm Vorschläge zu unterbreiten oder weiterzuleiten und Senatsbeschlüsse durch Vorlage und Abstimmung zu veranlassen. ...
Welchen Bewerber er für ein Amt, eine Machtstellung, *imperium* oder sonst einen Posten dem Senat und Volk von Rom empfiehlt, oder welchem er seine Stimme gegeben oder versprochen hat, dem soll bei allen Wahlen besondere Berücksichtigung zuteil werden. ...
Er soll – ebenso wie der vergöttlichte Augustus (usw.) – das Recht und die Macht haben, alles, was er für das Wohl und die Würde des Staates an Götter oder Menschen, öffentliche oder private Angelegenheiten betreffenden Maßnahmen für nötig erachtet, zu bewirken und zu tun.
Er soll an die Gesetze und Plebiszite, die für den vergöttlichten Augustus (usw.) nicht als bindend erklärt waren, nicht gebunden sein. ...
Was immer vor diesem Gesetz beantragt, durchgeführt, beschlossen oder angeordnet worden ist von dem *imperator* Caesar *Vespasianus* Augustus oder von einem anderen in seinem Befehl oder Auftrag, soll künftig ebenso bindendes Recht sein, als wenn es auf Veranlassung von Volk oder Plebs getan worden wäre ...

(ILS 244 = EJ 364 = MW 1; HIRK 49)

Tacitus (Historiae 4,3) faßt dies in einem Satz zusammen: »In Rom beschloß der Senat alles für einen Kaiser Übliche.« Wenn Vespasian all die Befugnisse ausnutzte, die ihm hier übertragen wurden, dann war er tatsächlich ein absoluter Monarch. Man sollte dabei die *lex* nicht als etwas völlig Neues sehen, auch nicht als Absicherung des Senats, der seine eigene *auctoritas* feststellt. Vespasian hatte die Herrschaft durch Waffengewalt gewonnen. Der Senat überträgt hier keine Machtbefugnisse, sondern legitimiert bestehende Machtverhältnisse. Er hat dasselbe binnen anderthalb Jahren für vier Kaiser getan – an eigener *auctoritas* findet sich da kaum mehr etwas! Der Senat war ebenso wie die Stadt Rom eines der Beutestücke des Kriegs geworden.

Während also in Italien die Ordnung wiederhergestellt war, ging in anderen Teilen des Reichs das Kämpfen weiter. In Judäa nahm nach einer Ruhepause (in der das Schicksal des Reichs in Rom bestimmt worden war) Titus die Operationen im Frühjahr 70 n. Chr. wieder auf, belagerte Jerusalem, erstürmte die äußeren Mauern im Mai, nahm im August den Tempel ein, zerstörte ihn und beseitigte den letzten Widerstand in der Oberstadt im September. Zu Titus' Leuten gehörten zwei prorömische Juden, der schon genannte Tiberius Iulius Alexander, dessen Einsatz für Vespasian mit der Beförderung zum Prätorianerpräfekten belohnt worden war, und der Historiker Josephus, dessen Augenzeugenbericht trotz aller Einseitigkeit uns eine lebendige Vorstellung vom römischen Heer in Aktion vermittelt. Josephus (Jüdischer Krieg 6, 236–266) will seine Leser glauben machen, daß die Zerstörung des Tempels ein ungewolltes Unglück und ganz gegen Titus' Intentionen war – der nämlich habe die Flammen zu löschen versucht, leider vergebens. Andere Quellen legen weit plausibler nahe, daß die Zerstörung des Tempels der politischen Absicht der Römer entsprach. Der Tempelschatz wurde im Triumphzug, den Titus und Vespasian 71 n. Chr. feierten, gezeigt (ebd. 7,122–156) und nach Titus' Tod auf einem Relief des ihm zu Ehren errichteten Bogens dargestellt; die Eroberung Judäas wurde auf Münzen gefeiert (Abb. 11). Eine solche Zurschaustellung militärischen Erfolgs war genau das, was die neue Dynastie für ihre Propaganda brauchte; nicht erwähnt wird freilich die Tatsache, daß die letzten Rebellen nicht vor 74 besiegt waren[2], als es Titus' Nachfolger endlich gelang, die Festung Masada nach einer sieben Monate dauernden Belagerung einzunehmen (ebd. 7, 399–401).

Auch in anderen Provinzen waren kleinere Aktionen zur Wiederherstellung der Ordnung nötig: in Pontus, in Mösien (wo Daker und Sarmater die Unruhen des Bürgerkriegs zur Überschreitung der Donaugrenze ausgenutzt hatten) und in Afrika, wo sowohl Vitellius als auch Vespasian Prokonsul gewesen waren und beide ihre Anhänger gewonnen hatten. Die Loyalitäten waren also geteilt, und die Rivalität zwischen dem

[2] Die Datierung des Falls von Masada auf frühestens 74 (nicht 73) n. Chr. hat W. Eck, *Senatoren von Vespasian bis Hadrian.* (Vestigia 13) München 1970, S. 99–101 aus AE 1961, 140 erschlossen.

Abb. 11: Münze des Vespasian, 71 n. Chr.
Vorderseite: Bekränztes Haupt des Vespasian.
Rückseite: Die Personifizierung Judäas sitzt trauernd unter einer Palme.

amtierenden Prokonsul und dem Legionslegaten tat ein übriges. Valerius Festus, der Kommandant der III. Legion *Augusta*, ließ schließlich in Vespasians Interesse den Prokonsul Lucius Calpurnius Piso umbringen. Wenig später sah er sich genötigt, einen Privatkrieg zwischen zwei Städten der Provinz, Oea (Tripoli) und Lepcis Magna, zu schlichten. Oea hatte den Berberstamm der Garamantes aus der Wüste zu Hilfe gerufen, der nun vom römischen Heer zurückgetrieben wurde (Tacitus, Historiae 4,50). Dabei entdeckte dieses eine neue, nur vier Tage erfordernde Route in das zuvor als unzugänglich geltende Gebiet der Garamantes (Plinius, Naturalis historia 5,38) – wahrscheinlich ein wichtiger Faktor für die anschließende römische Durchdringung der Sahara.

Germanien und Britannien

Auch im Nordwesten des Reichs gab es Unruhen. In Britannien und Germanien unternahm Vespasian in den nun folgenden Jahren Vorstöße, die die Bereiche unter römischer Kontrolle erweitern sollten. 67 n. Chr., unter Nero, war eine (die XIV.) von den vier in Britannien stationierten Legionen abgezogen worden. Vitellius hatte noch einmal 8000 Mann von dort für seinen Marsch auf Rom abgeordnet, nach der Ersten Schlacht von Bedriacum aber die XIV. Legion wieder nach Britannien geschickt, von wo sie allerdings ein Jahr später, 70 n. Chr., auf Dauer nach Germanien versetzt wurde, um den Aufstand des Civilis (s. u.) zu unterdrücken. Militärisch waren die Römer in Britannien also geschwächt, und weder dem früheren Statthalter noch dessen von Vitellius eingesetztem Nachfolger gelang

es, die Disziplin der Soldaten in jenen unruhigen Zeiten auf-
rechtzuerhalten. Die antirömischen Kräfte des britischen
Stamms der Brigantes ergriffen die Gelegenheit, sie vertrieben
ihre prorömische Königin Cartimandua und ersetzten sie durch
ihren früheren Gatten Venutius. Den Römern gelang es, die
Königin zu retten, mehr nicht. So hatten sie nun im Norden
kein Klientelkönigtum mehr, sondern einen aktiven Feind.

Noch war Britannien nicht an der Reihe. Nach der Konsolidierung seiner Position in Italien widmete sich Vespasian nunmehr erst dem Rheinland. Zum Heer des Vitellius hatten acht
batavische Kohorten gehört, deren Mangel an Disziplin berüchtigt war. Nach der Ersten Schlacht bei Bedriacum waren sie
zurück an den Rhein geschickt worden. Als die Donaulegionen
für Vespasian gegen Italien marschierten, versuchten Emissäre,
in Germanien Unruhe zu stiften, damit nicht von dort Hilfe für
Vitellius käme – und sie waren erfolgreich. Ein batavischer
Stammeshäuptling, der in den römischen Hilfstruppen gedient
und das Bürgerrecht erworben hatte, Iulius Civilis, machte sich
geradezu enthusiastisch daran (vorgeblich im Interesse Vespasians), für Unruhe zu sorgen, wozu er die acht Bataverkohorten
und weitere Soldaten aus seinem und benachbarten Stämmen
beiderseits des Niederrheins einsetzte. Nach Vespasians Sieg in
der Zweiten Schlacht von Bedriacum leisteten die in Germanien
gebliebenen Legionäre widerwillig ihren Treueid; sie hatten ja
keine andere Wahl. Civilis jedoch setzte den Kampf fort, nunmehr ohne die Angabe, Vespasian helfen zu wollen, sondern in
offener Revolte gegen Rom. Weitere Stämme schlossen sich ihm
an, darunter die Treveri und die Lingones. Die Soldaten in den
römischen Hilfstruppen liefen scharenweise zu ihm über. Selbst
der Rest der Legionäre leistete seinen Treueid jetzt auf das *imperium Galliarum* (Tacitus, Historiae 4,59). Das Römerlager in
Vetera (bei Xanten) ergab sich nach langer Belagerung. Bald war
das ganze Rheintal von Mainz bis zum Meer in den Händen der
Aufständischen.

Doch weiter breitete sich die Rebellion nicht aus; die Sequani
griffen erfolgreich ihre Nachbarn an, die Lingones; auch die
Mediomatrici (beim heutigen Metz), Nachbarn der Treveri,
blieben auf Roms Seite und klagten bei einem Treffen der gallischen Stämme auf dem Gebiet der Remi (beim heutigen Reims)
die Rebellen an. Die Rivalitäten und traditionellen Feindschaf-
ten zwischen den Stämmen bestanden eben immer noch – Gallien war keine Nation.

Inzwischen hatte Vespasians Erfolg in Italien dazu geführt, daß Mucianus einige Soldaten »übrig« hatte. Die Römer kehrten also mit überwältigender militärischer Macht an den Rhein zurück: Fünf starke Legionen aus Italien, die XIV. aus Britannien und zwei Legionen aus Spanien kamen zusammen. Petillius Cerialis, der das Kommando in Niedergermanien übernommen hatte, machte dem Aufstand ein rasches Ende. Unsere Hauptquelle für diese Ereignisse, Tacitus' *Historiae*, gibt noch an, wie Civilis um Frieden bittet und alle Regionen bis auf das eigentliche Batavien (die *insula Batavorum*) wieder fest in römischer Hand sind, bricht dann aber mitten im Satz ab. Wir wissen daher nicht, was aus Civilis wurde. Andere Rädelsführer wurden offenbar hingerichtet, einer von ihnen – Iulius Sabinus von den Lingones – nach neun Jahren, die er sich verborgen hatte. Selbst die Bataver blieben von Vergeltungsmaßnahmen verschont, mußten freilich Soldaten für die Hilfstruppen stellen (Tacitus, Germania 29). Manche Gelehrte haben allerdings gemeint, daß die Römer nunmehr solche Auxiliarsoldaten nicht mehr in den Gebieten einsetzten, aus denen sie rekrutiert wurden. Es trifft zu, daß manche Verbände, die am Aufstand beteiligt gewesen waren, nun entlassen oder verlegt wurden, und daß als ihre Nachfolger Einheiten postiert wurden, die den zur Niederwerfung des Aufstands eingesetzten neuen Legionen angehört hatten. Doch belegen zeitgenössische Zeugnisse wie Grabsteine und Entlassungsurkunden (s. Abb. 9), daß Aushebung und Einsatz am selben Ort weiterhin die Regel war, hochspezialisierte Einheiten natürlich ausgenommen. Eine Kohorte von syrischen Bogenschützen, die *cohors I milliaria Hemesenorum*, die noch den Großteil des 3. Jahrhunderts n. Chr. an der mittleren Donau bei Intercisa (Dunapentele) stationiert war, holte sich ihre Rekruten weiterhin aus dem syrischen (H)Emesa (Homs) – wahrscheinlich verstanden sich die Rekruten von Intercisa nicht aufs Bogenschießen. Wenn eine Hilfstruppe einen Stamm oder eine Region im Namen führt, so weist das darauf hin, wo diese Einheit erstmals ausgehoben worden ist; kaum je wurde versucht, die ethnische Zusammensetzung zu bewahren. Was jedoch unüblich wurde, ist die Praxis, Hilfstruppen von einem Anführer aus demselben Stamm wie die Soldaten befehligen zu lassen, wie das auf Civilis oder seinerzeit auf Arminius zugetroffen hatte. Das Kommando von Auxiliareinheiten wurde nunmehr eingebunden in die reguläre militärische Laufbahn.

Petillius Cerialis wurde nach der Niederwerfung des Aufstands am Rhein nach Britannien versetzt, wo er die seit der Boudicca-Revolte (s. Kap. 5) ausgesetzte Vorwärtspolitik wieder einführte. Damals hatte er die IX. Legion befehligt, die er jetzt in einer im Gebiet der Brigantes neugewonnenen Basis rekonstituierte – in Eburacum (York), einer für ganz Nordengland strategisch wichtigen Stelle; vielleicht richtete er eine weitere Basis beim heutigen Carlisle ein. Jedenfalls hatte er die Macht der Brigantes gebrochen, ein zweites Konsulat 74 n. Chr. war seine Belohnung. Sein Nachfolger Sextus Iulius Frontinus richtete sein Augenmerk auf Wales, eroberte den Süden und bereitete einen Einfall im Norden durch die Schaffung eines Legionslagers bei Chester vor. Sein Werk vollendete sein Nachfolger, Tacitus' Schwiegervater Gnaeus Iulius Agricola. Das Auftreten des Petillius Cerialis ist also tatsächlich nur der Beginn einer ganzen Reihe von Feldzügen mit dem Ziel der Eroberung ganz Britanniens gewesen, die sich bis in Domitians Zeit fortsetzten.

Vespasian hatte mittlerweile beschlossen, auch das römische Gebiet in Germanien weiter auszudehnen. Feldzüge in den Jahren 73 und 74 n. Chr. brachten das Schwarzwaldgebiet unter römische Kontrolle und sicherten so das Einfallgebiet zwischen Rhein und Oberlauf der Donau. Neue Lager und Straßen wurden gebaut und bildeten den Grundstock für das von Vespasians Nachfolgern entwickelte *limes*-System in Germanien (s. Kap. 9). Die späteren Regierungsjahre Vespasians sahen Kämpfe im Lippegebiet östlich des Niederrheins.

An der Donau stärkte der Kaiser die römische Position durch den Ausbau von Straßen und Vermehrung der militärischen Präsenz. Die Gebiete an der östlichen Reichsgrenze reorganisierte er, ein kleinerer Krieg mit den Parthern ermöglichte es dabei dem späteren Kaiser Trajan, einigen Ruhm zu erwerben (Plinius, Panegyricus 14). In Afrika wurde die Basis der III. Legion *Augusta* nach Theveste (Tebessa) vorverlegt, was übrigens ein Zeugnis für die Ausdehnung des landwirtschaftlich genutzten Siedlungsgebiets ist. Unter Hadrian wurde das Lager noch einmal vorverlegt und befand sich dann bei Lambaesis.

Bei all diesen Aktionen hatte Vespasian große Besonnenheit und – für Kaiser nicht selbstverständlich – gesunden Menschenverstand gezeigt. »Von Anfang bis Ende seiner Herrschaft erwies er sich als bürgerlich schlicht und milde, verbarg nie seine frühere einfache Stellung, ja stellte sie sogar oft heraus.« (Sueton, Vespasian 12) »Man wird kaum einen finden, der unschuldig verurteilt wurde, außer wenn der Kaiser abwesend war oder nichts davon wußte – oder aber es geschah gegen seinen Willen und infolge eines Irrtums.« (ebd. 15) »Der einzige Fehler, den man ihm zu Recht vorhalten konnte, war seine Habsucht. . . . Manche meinten, diese sei in seinem Charakter begründet gewesen, . . . andere, er sei durch die schwierige Lage des Staatsschatzes *(aerarium)* und der kaiserlichen Kasse *(fiscus)* notgedrungen zu ungesetzlichem Gewinn und Raub gezwungen worden. . . . Diese zweite Ansicht ist wahrscheinlicher, zumal wenn man bedenkt, daß er auch das nicht rechtmäßig Erworbene nur für die besten Zwecke verwendete.« (ebd. 16)

In zweierlei Hinsicht hat Vespasian die etablierte Praxis verlassen. Er ist fast in jedem Jahr seiner Herrschaft (mit Ausnahme von zweien) Konsul gewesen und hat 73 n. Chr. gemeinsam mit seinem Sohn Titus auch das Amt der Zensoren übernommen – beides zeigt, wie sehr er sich dem Senat übergeordnet wußte und dies auch zum Ausdruck brachte, was seine Vorgänger ja vermieden hatten. »Die beiden oberen Stände, die durch zahlreiche Ermordungen starke Einbußen erlitten und durch langjährige Nachlässigkeit ihr Ansehen verloren hatten, säuberte und ergänzte er, indem er Senat und Ritterschaft musterte, die Unwürdigsten ausschloß und durch ehrenhafte Männer aus Italien und den Provinzen ersetzte.« (ebd. 9) Den Senat behandelte er mit Respekt, ging aber so weit, einen oppositionellen Stoiker, Helvidius Priscus (den Schwiegersohn des Thrasea Paetus) hinrichten zu lassen. Dem Ritterstand gab er eine wichtigere Rolle in der Verwaltung des Reichs und verminderte den Einfluß der kaiserlichen Freigelassenen entsprechend. Die Disziplin im Heer stellte er wieder her und versuchte offenbar auch, die Organisation des Heeres zu zentralisieren und zu standardisieren.

Während die Prätorianerkohorten weiterhin aus italischen Soldaten bestanden, wurden Legionäre zunehmend, ja fast ausschließlich in den Provinzen rekrutiert; Grund dafür war wohl nicht eine politische Absicht, sondern eher die Tatsache, daß die wirtschaftlichen und sozialen Verhältnisse in Italien (s. Kap. 8) den Legionärsdienst nicht mehr attraktiv erscheinen ließen. Vespasian richtete sein besonderes Augenmerk auf die Provinzen. Er hat offenbar die Ausweitung des römischen Bürger.-rechts befürwortet und war bei der Vergabe von Geldern und Privilegien (wie dem Kolonie-Status) an Städte freigebig. Kein Kaiser seit Tiberius hatte so weite Reisen unternommen oder die Provinzen so gut gekannt – und insgesamt so viel Gutes erreicht.

Vespasian war ein scharfsinniger, bisweilen zynischer Mann, der die traditionellen Tugenden des italischen Landes verkörperte, aus dem seine Familie stammte. Sein Tod 79 n. Chr. war unerwartet, er hat ihn vielleicht auch selbst verschuldet, als er ein hohes Fieber nicht ernst nahm und nicht behandeln ließ. Als ihn ein plötzlicher Anfall überkam, meinte er nur, ein Kaiser müsse im Stehen sterben, richtete sich auf und verschied (Sueton, Vespasian 24). Derselbe handfeste Humor zeigt sich auch in einem anderen Spruch, den er beim Beginn seiner Krankheit getan haben soll (ebd. 23): »O weh, ich glaube, ich werde ein Gott!«

Titus

Vespasian behielt recht, denn er wurde aus echter Dankbarkeit zum *divus* (Vergöttlichten) erklärt. Sein Sohn Titus, bereits Mitregent und seit 71 n. Chr. mit der *tribunicia potestas* ausgezeichnet, wurde ohne Probleme zum Nachfolger erklärt. Er datierte weiterhin nach den Jahren seiner tribunizischen Gewalt, seiner Konsulate und seiner Begrüßungen als *imperator* – die ihm wegen Agricolas Siegen in Britannien zuteil wurden –, also nicht nach dem eigentlichen Regierungsantritt. Alles erinnerte an Tiberius' Nachfolge des Augustus.

Nach Übernahme der Alleinherrschaft zeigte sich Titus, dem man zuvor Rücksichtslosigkeit und Lasterhaftigkeit nachgesagt hatte, als aufgeschlossener Mann, er wurde allgemein beliebt, »das Entzücken des Menschengeschlechts« (Sueton, Titus 1); aus »Staatsräson« schickte er sogar seine Geliebte, die jüdische Prinzessin Berenike, fort (ebd. 7). Doch nach zwei Jahren Herrschaft, in denen er das Werk seines Vaters fortgesetzt hat, starb er. Seine Regierungszeit erlebte drei große Katastrophen: den Ausbruch des Vesuvs 79 n. Chr. (s. Kap. 8), einen großen Brand Roms im Jahr darauf und eine gefährliche Seuche. Titus' Freigebigkeit, mit der er die Auswirkungen dieser Katastrophen zu mildern suchte, trug erheblich zu seiner Popularität bei. Sein Tod wurde auch deswegen bedauert, weil man allgemein die Arroganz seines Bruders und Nachfolgers Domitian fürchtete, der erst dreißig war, aber schon lange nach der Macht gedürstet hatte.

Domitian

Am 13. September 81 n. Chr. wurde Domitian Nachfolger seines Bruders. Von vornherein machte er kein Hehl aus der Absolutheit seiner Alleinherrschaft und seiner Verachtung des Senats. Senatoren wurden verbannt oder hingerichtet. Ritter wurden als Richter über Senatoren eingesetzt und erhielten Posten, die zuvor Angehörigen des Senats vorbehalten waren. Domitian, der sich – dafür gab es kein Vorbild – zum Zensor auf alle Zeit erklärt hatte, ließ sich als »Herrgott« anreden. Seine Herrschaft ist denn auch von Verschwörungen gegen ihn gekennzeichnet, deren ihm gefährlichste der Aufstand des Statthalters von Obergermanien, Lucius Antonius Saturninus war. Ständig auf der Hut bezahlte Domitian Informanten und Spitzel. Seine letzten drei Jahre waren ein wahres Terrorregime, und als Domitian ermordet wurde, zeigte der Senat seine Erleichterung dadurch, daß er die Tilgung des Andenkens an Domitian verfügte. Die literarischen Quellen, insbesondere Tacitus und Plinius d. J., sind nach dem Tod des Kaisers alle feindlich gegen ihn. Wir sollten allerdings nicht vergessen, daß die späteren Kaiser ihre eigene Stellung durch Betonung von Domitians Schlechtigkeit hervorhoben, und daß gerade die, die unter Domitian gedient hatten (darunter Tacitus und Plinius), es besonders eilig hatten, ihn zu verdammen. Auch die christliche Tradition ist aus Gründen, die wir behandeln werden, gegen Domitian eingestellt.

In anderer Hinsicht nämlich war Domitian in der Reichsverwaltung und beim militärischen Kommando erfolgreich gewesen. Er führte in Rom ein beachtliches Bauprogramm durch (s. Kap. 8) und war, wie sein Vater, ein hervorragender Finanzverwalter. Er kümmerte sich um die Getreideversorgung, verbot weitere Anpflanzung von Wein in Italien und ordnete an, daß die Hälfte der Weinbaufläche in den Provinzen zur Getreideproduktion zu verwenden sei (was sich allerdings nicht durchsetzte). Seine Rechtsverwaltung war korrekt, seine Maßnahmen gegen die Korruption nützlich. »Die Behörden in Rom und die Statthalter in den Provinzen hielt er so fest im Zaum, daß es zu keiner Zeit ehrlichere und gerechtere Beamte gab, während wir es erlebten, daß nach Domitian viele Magistrate aller möglichen Verbrechen angeklagt wurden.« (Sueton, Domitian 8) Er machte sich für die öffentliche Ordnung und Moral stark, ließ im Jahr 83 drei der Unkeuschheit überführte Vestalinnen hinrichten und führte für die ebenfalls schuldige Obervestalin Cornelia im Jahr 91 die archaische Strafe der Bestattung bei lebendigem Leib wieder ein. Über seine Arbeit in den Provinzen liegen uns weniger Quellen vor, doch verdankten ihm auch dort die Leute viel. Der Senat jedoch fürchtete und haßte ihn.

Die Soldaten hingegen waren ihm treu ergeben – sie hätten seine Ermordung sicher gerächt, wenn sie einen Anführer gehabt hätten –, einmal, weil er ihren Sold erhöht hatte (die erste Erhöhung seit der Festsetzung des Solds durch Augustus), aber auch, weil er vielen von ihnen persönlich bekannt war. Sein erster Feldzug hatte ihn 83 n. Chr. nach Germanien geführt, wo er erfolgreich gegen die Chatti vorgegangen war, deren Macht gebrochen und den Taunus auf Dauer besetzt hatte. Sueton kritisiert den Feldzug als »militärisch unnötig« (Domitian 6), doch erhielten die Römer damit eine bessere Sicherung ihrer Grenze am mittleren Rhein, was es nach der Niederwerfung des Saturninus-Aufstands möglich machte, die Zahl der in Germanien stationierten Soldaten gefahrlos zu reduzieren.

In Britannien handelte der noch von Vespasian eingesetzte Iulius Agricola für ihn; nach der Eroberung von Wales und der Aussendung von Hilfstruppen zur Eroberung von Anglesey (die die Strecke zwischen dem britischen Festland und der Insel Anglesey neben ihren Pferden schwimmend überwanden!) wandte sich Agricola nach Norden, unterwarf die Brigantes endgültig, eroberte die schottischen Lowlands, überquerte den Forth und ging gegen Strathmore vor, wo er am Mons Graupius[3] einen großen Sieg errang (Tacitus, Agricola 29–37; dort

[3] Zur Lokalisierung, die durch Luftbilder ermöglicht wurde, vgl. J. K. St. Joseph, *The camp at Durno, Aberdeenshire, and the site of Mons Graupius*. Britannia 9 (1978) 271–287.

auch die Beschreibung des römischen Imperialismus durch den Briten Calgacus: »Sie machen eine Wüste und nennen's Friede«). »Britannien wurde gänzlich bezwungen und sofort wieder aufgegeben«, sagt Tacitus (Historiae 1,2), womit er in beiden Teilen seines Satzes übertreibt. Doch Schottland ließ sich tatsächlich nicht halten – die römischen Soldaten wurden dringend anderweitig benötigt. Ein Legionslager bei Inchtuthil nahe Perth wurde noch vor seiner Fertigstellung vermutlich 87 n. Chr. aufgegeben, als die Legion, für die es gedacht war, abgezogen wurde und alles Territorium jenseits des Forth geräumt wurde. Noch vor 92 n. Chr. wurde die II. Legion *Adiutrix* an die Donaufront verlegt. Künftig lagen nur noch drei Legionen in Britannien.

An der Donaugrenze nämlich waren die Daker, unter dem neuen starken Anführer Decebalus vereint, 85 n. Chr. gewaltsam ins römische Gebiet eingedrungen. Der Statthalter von Mösien wurde getötet, und als Domitian im Jahr darauf eine Strafexpedition nach Dakien schickte, führte das zu einer Katastrophe; ihr Kommandant, der Prätorianerpräfekt, kam ums Leben. Eine zweite römische Expedition 88 n. Chr. rächte die Niederlage, doch Unruhen in den dortigen, Rom untergebenen Stämmen hinderte die Römer, ihren Vorteil auszunützen. Im Jahr 89 schloß man Frieden, Decebalus wurde nominell römischer Klientelkönig. Obwohl sich die Daker ruhig verhielten, kam es drei Jahre später wieder zu Kämpfen; eine Legion wurde völlig vernichtet. Die Donaugrenze war nun wichtiger als die am Rhein und mußte besser geschützt werden: Neun Legionen waren am Donauufer stationiert.

Domitian wurde von Angehörigen seines eigenen Hauses am 18. September 96 n. Chr. ermordet. Seine Frau Domitia war nicht unbeteiligt, ebenso zumindest einer der beiden Prätorianerpräfekten, der frühere Statthalter Ägyptens, Titus Petronius Secundus, der mit einem gewissen Norbanus als Kollegen von Domitian als Nachfolger der hingerichteten Prätorianerpräfekten eingesetzt worden war. Domitia und andere waren besonders dadurch alarmiert worden, daß Domitian seinen Vetter Flavius Clemens – einen Mann »von berüchtigter Interesselosigkeit« (Sueton, Domitian 15) – hatte hinrichten lassen. Wenn Clemens umgebracht wurde, wer war dann noch sicher? Die Anklage gegen Clemens lautete auf »Atheismus, dessentwegen bereits eine ganze Reihe anderer, die sich jüdischen Bräuchen genähert hatten, verurteilt worden waren, manche zum Tod, die anderen zur Enteignung« (Cassius Dio 67,14). Verschiedene Quellen (Sulpicius Severus, Chronik 2,31, der wohl auf das verlorene 5. Buch von Tacitus' Historien zurückgeht; vgl. Sueton, Claudius 25) legen nahe, daß die Römer zu jener Zeit das Christentum für eine jüdische Sekte hielten; Sueton bezieht sich möglicherweise auf Christen, wenn er angibt, daß Domitian eine besondere Steuer von denen erhob, »die als Juden lebten, ohne sich zur jüdischen Religion zu bekennen« (Domitian 12). Ein frühchristlicher Friedhof in Rom hieß »Friedhof der Domitilla« nach der Gattin des Clemens, der auch der Grund gehörte. Ein weiteres Opfer Domitians war Acilius Glabrio, der Konsul des Jahres 91, der ebenfalls des »Atheismus« beschuldigt wurde; die Acilii hatten im 1. Jahrhundert eine Grabstelle im christlichen Friedhof der Priscilla. »Atheismus« war überhaupt eine nicht seltene Klage gegen Christen, die ja nicht an die üblichen Götter glaubten. Es ist möglich, freilich nicht sicher, daß Clemens und Domitilla und auch Glabrio Christen waren. Jedenfalls führen spätere christliche Quellen (die das Ausmaß der Verfolgungen zweifellos übertreiben) Nero und Domitian als die ersten großen Verfolger der Kirche an.

Die Nachricht vom Tod Domitians zeitigte unterschiedliche Reaktionen. Die Öffentlichkeit war eher unentschieden, die Soldaten zornig, der Senat aber überglücklich – er ließ Domitians Statuen zerschlagen, »auf allen Inschriften seinen Namen tilgen und jede Erinnerung an ihn auslöschen« (Sueton, Domitian 23).

Nerva

Da die Prätorianer keinen Anführer hatten, oblag es tatsächlich dem Senat, einen Nachfolger zu benennen: Marcus Cocceius Nerva. Wie weit der respektierte alte Herr in die Verschwörung gegen Domitian verwickelt war, ist unbekannt – unsere Quellen für die kurze Regierungszeit des Kaisers (er starb am 25. Januar 98 n. Chr.) sind spärlich, Suetons Biographien enden mit der Domitians. Nerva ging es offenbar zunächst darum, Unterstützung zu gewinnen. Er machte sich mit den üblichen Geschenken bei Heer und Volk beliebt und milderte die auf Italien ruhende Belastung, indem er Staatsland verteilte, Ausnahmen für die beim Erbfall erhobenen Steuern einführte und den Gemeinden die Finanzierung der Staatspost (*cursus publicus*; s. Kap. 6) erließ. Den früheren Statthalter in Britannien, Sextus Iulius Frontinus, betraute er mit der Neuorganisation der Wasserversorgung Roms – Frontins Werk *Über Aquädukte* ist erhalten. Vielleicht geht auch das durch Trajan entwickelte System der Alimentarstiftungen (s. Kap. 8) auf Nerva zurück. Daß er ein Fünferkollegium berief, das ermitteln sollte, wie sich die öffentlichen Ausgaben reduzieren ließen, ist nicht notwendig ein Beleg für eine größere Finanzkrise. Nervas Politik führte zu geringeren Einnahmen und höheren Ausgaben der Staatskasse, so daß Sparmaßnahmen wünschenswert waren, und Nerva und seine Berater, die wie er schon lange im öffentlichen Leben gestanden hatten, hielten es wohl für angezeigt, eine Kommission über die unpopulären Schritte entscheiden zu lassen; Galba hatte ja seinerzeit mit seinem Sparprogramm viel Popularität verloren.

In der Euphorie nach Domitians Tod war im Senat »die Sitte, für die öffentlichen Interessen einzutreten, in Vergessenheit geraten« (Plinius, Epistulae 9,13) – jeder hatte seine persönlichen Feinde per Anklage zu Fall zu bringen versucht. Nerva versuchte, diesen Rachedurst zu mildern, ging dabei aber nach Ansicht mancher zu weit, so daß manche Schandtat unbestraft blieb. Einer von Domitians berüchtigten Informanten, der nicht zu Fall gekommen war, speiste einmal mit Nerva; das Gespräch kam auf einen anderen, nun toten Spitzel. Nerva fragte, was aus jenem wohl geworden wäre, lebte er noch. Worauf einer der anderen Gäste sagte: »Er würde mit uns speisen.« (Plinius, Epistulae 4,22) Nerva versuchte auch, die Prätorianer zufriedenzustellen und setzte als ihren Präfekten den Casperius Aelianus wieder ein, der unter Domitian diesen Posten bereits einmal innegehabt hatte. Als 97 n. Chr. Casperius die Prätorianer in der Forderung anführte, Domitians Mörder nachträglich zu bestrafen, ließ sich Nerva darauf ein, und Titus Petronius Secundus wurde neben anderen hingerichtet. Daraufhin stellte Casperius seine Macht dadurch zur Schau, daß er Nerva öffentlich zum Dank für die Exekution seiner einstigen Anhänger aufforderte. In einer Situation, die gefährlich nach der von 69 n. Chr. aussah, adoptierte Nerva geschickterweise einen erfahrenen, bei den Legionen beliebten Militär als Sohn und prospektiven Nachfolger, Marcus Ulpius Traianus. Trajan war in Spanien geboren, sein Vater hatte es jedoch zum römischen Konsul, Statthalter Syriens und Prokonsul für Asien gebracht; er selbst war dem Senat als gerechter und maßvoller Charakter bekannt. Nicht zuletzt war er auch Statthalter Obergermaniens und konnte seine Soldaten rasch in Rom haben, wenn die Prätorianer weiterhin auf Konfrontationskurs blieben. Trajan wurde sogleich (im Oktober 97 n. Chr.) Mitherrscher und folgte Nerva, als dieser drei Monate später starb, so problemlos als Kaiser, daß er es nicht einmal für nötig hielt, binnen des folgenden Jahres nach Rom zu kommen, sondern erst noch die Verhältnisse an Rhein und Donau in seinem Sinne regelte. Casperius freilich wurde rasch seines Postens als Prätorianerpräfekt enthoben und getötet. Trajans Machtübernahme wurde vom Senat ratifiziert, das Heer war zufrieden – kurz, die Wahl seines Nachfolgers war nicht der geringste Dienst, den Nerva dem römischen Reich erwiesen hatte.

Trajan

Die Romanisierung der westlichen Provinzen des Reichs (s. Kap. 6) war also so weit fortgeschritten, daß der neue Kaiser aus Spanien stammen konnte. Man hat nachgewiesen, daß unter Trajan und Hadrian nur etwa 30 Senatoren noch aus alten republikanischen Familien stammten und selbst von diesen nur wenige zu den führenden Persönlichkeiten ihrer Zeit gehörten. In Trajans Zeit gab es römische Konsuln aus Kleinasien, außerdem hatten das hohe Amt inne: der Maurenscheich Lusius Quietus, ferner der letzte bekannte Nachfahre Herodes' d. Gr., Gaius Iulius Alexander Berenicianus, und der Enkel des letzten Königs von Kommagene (Antiochus V.), Gaius Iulius Epiphanes Philopappus, dessen Grab noch heute auf dem nach ihm benannten Hügel in Athen zu sehen ist. Die Provinzen stellten auch viele der ritterlichen Beamten und den Großteil der Legionäre. Trajan hielt es sogar für nötig, anzuordnen, »daß Senatoren ein Drittel ihres Vermögens in Grund und Boden (Italiens) anlegen, denn es sei beschämend, wenn Leute, die sich um Ehrenstellen bewerben, die Stadt Rom und Italien nicht als ihre Heimat, sondern wie Reisende als Herberge oder Stall betrachten« (Plinius, Epistulae 6,19). Eine Folge waren Preissteigerungen für Land, insbesondere in der Umgebung Roms. Manche der neuen Senatoren aus den Provinzen – zum Beispiel Tacitus – wurden italischer als die Italiener selbst und waren ganz durchdrungen von Respekt für die römische, speziell natürlich die senatorische Tradition.

Trajan behandelte den Senat mit ausgesuchter Freundlichkeit. Als Gremium hatte der Senat wenig Macht, doch einzelne Senatoren spielten bei der Verwaltung des Reichs eine wichtige Rolle. Trajan vermied eine Anhäufung von Konsulaten (nach 101 war er nur noch zweimal Konsul). Seine Mäßigung stand im willkommenen Gegensatz zu Domitians Arroganz. Hatte Domitian sich als »Herrgott« anreden lassen, bevorzugte Trajan *optimus princeps*. Er zeigte persönliches Interesse an der Reichsverwaltung, griff in väterlicher Güte bei manchen Gemeinden ein und dehnte die Befugnisse der kaiserlichen Bürokratie aus. Insbesondere war ihm an Italien gelegen, wo er Alimentarstiftungen für arme Kinder entwickelte (s. Kap. 8), die zugleich der italischen Landwirtschaft zu Kapital verhalfen, und wo er ein teures Bauprogramm verwirklichte.

Ein Teil der Mittel, die Trajans enorme Ausgaben verlangten, kam aus der Beute der beiden Kriege, in denen es ihm gelang, Dakien zu einer römischen Provinz zu machen. Wir haben gesehen, daß Trajan seine Herrschaft mit einer Inspektion der Rhein- und Donaugrenze des Reichs begann. Daß Domitians Friede mit Decebalus nicht von Dauer sein würde, hatte man erwartet; und tatsächlich hatte jener seine Nachbarn zu Bündnissen gegen Rom bewegt, ja sogar südlich der Donau intrigiert. Während des Winters 98/99 n. Chr., den Trajan an der Donau verbrachte, bereitete der Kaiser einen römischen Vorstoß über den Strom vor. Lager wurden gebaut, Verbindungswege ausgebessert, da das »Eiserne Tor« einen einfachen Vormarsch entlang der Donau verbot; schon 33/34 n. Chr. hatten römische Heeresingenieure hier eine spektakuläre Straße gebaut (ILS 2281 = EJ 267), und 101 ließ Trajan einen Kanal graben, »leitete den wegen der Strudel gefährlichen Strom um und machte die Befahrung der Donau somit sicher« (AE 1973, 475). Nach einem notwendigen Besuch in Rom begab sich Trajan am 25. März 101 wieder an die Donaugrenze, wo er einen Vorstoß gegen Dakien begann. Die Einzelheiten des Feldzugs sind uns unbekannt, weil kaum schriftliche Quellen vorliegen. Die zur Erinnerung an die Aktion später errichtete Trajanssäule trägt zwar ein ganzes Band von Reliefdarstellungen aus dem Krieg (Abb. 12), doch sollten diese natürlich keine topographischen oder chronologischen Details festhalten (nützlich sind sie als Quelle für die Ausrüstung des römischen Heers zu jener Zeit).

Abb. 12: Relief von der Trajanssäule in Rom. Dargestellt ist eine Ansprache des Kaisers an seine Soldaten und der Abtransport des Dakerschatzes nach Rom.

Wir müssen dankbar sein für solche Bruchstücke von Information, wie sie ein Halbsatz aus Trajans eigener Darstellung enthält, den der spätantike Grammatiker Priscian (6,13) zitiert: *»inde Berzobim, inde Aizi processimus«* (Von dort zogen wir nach Berzobis und weiter nach Aizi), was eine Überschreitung der Donau nahe der Legionsbasis Viminacum impliziert. Der Erste Dakische Krieg endete jedenfalls im Herbst 102 n. Chr. Decebalus durfte seinen Thron behalten, mußte aber eine römische Besatzung in seiner Hauptstadt Sarmizegethusa und an anderen strategisch wichtigen Orten hinnehmen. Eine feste Brücke über die Donau mit zwanzig Steinpfeilern und einem Überbau aus Holz wurde errichtet; sie war das Werk von Trajans Architekt Apollodoros von Damaskos. Noch Cassius Dio, der nurmehr die Pfeilerreste sah, war tief beeindruckt (63,13).

Decebalus bereitete einen weiteren Krieg vor. Trajan beschloß nunmehr, ihn zu erledigen. Am 4. Juni 105 verließ er wieder einmal Rom, verbrachte den Winter mit militärischen und diplomatischen Vorbereitungen und marschierte im Frühsommer 106 erneut in Dakien ein. Diesmal gab es weniger Kämpfe, Sarmizegethusa fiel rasch und Decebalus beging Selbstmord; sein Haupt wurde nach Rom gebracht. Im Herbst dieses Jahres war der Krieg vorüber, Dakien war eine Provinz geworden, in der zunächst zwei oder drei römische Legionen standen, bald nur noch eine, die in Apulum stationiert war. Eine Kolonie wurde in Sarmizegethusa gegründet, die dakischen Goldminen ausgebeutet, und der Prozeß der Romanisierung nahm seinen Lauf.

Die Beute war riesig. Ein spätantiker Autor, der sich auf Trajans Arzt Titus Statilius Crito (der den Kaiser auf dem Feldzug begleitet hatte) beruft, gibt an, daß Trajan 5 Millionen Pfund Gold und doppelt soviel Silber zurückbrachte, außerdem andere Beute und eine halbe Million Gefangene (Johannes Lydos, Die Ämter 2,28). Man hat – m. E. vergeblich – versucht, die Glaubwürdigkeit dieser offenbar übertrieben hohen Zahlen dadurch zu retten, daß man sie durch 10 teilt; jedenfalls deuten sie auf immensen Gewinn. Man wird annehmen dürfen, daß die Beute für Trajans vielfältige Ausgaben ausreichte – nicht zufällig betonte Trajan auf Münzen seine Freigebigkeit: *Liberalitas*.

Gleichzeitig mit dem Zweiten Dakischen Krieg waren kleinere Feldzüge unternommen worden. Der Statthalter Syriens hatte einen Einfall im Gebiet jenseits des Jordan gemacht, wodurch das alte nabatäische Königreich jetzt als neue Provinz Arabia an die Römer fiel. Auf Münzen wurde die Annexion Arabiens, *Arabia adquisita*, gefeiert. Neue Hilfstruppen wurden dort ausgehoben, und Meilensteine (AE 1969/70, 613–623) belegen den Bau einer großen Militärstraße von Gerasa nach Adraa und Bostra, dem Hauptquartier der zur Stationierung in der neuen Provinz abgestellten Legion. Daß diese Maßnahmen mit der Vorbereitung eines Kriegs gegen die Parther in Verbindung standen, ist nicht bezeugt; doch als 113 der Krieg ausbrach, waren sie zweifellos nützlich, und es ist durchaus möglich, daß Trajan bei seinem Marsch auf Dakien 105 n. Chr., der sich ja gegen den unklugerweise drei Jahre zuvor nicht beseitigten Klientelkönig richtete, bereits plante, den Klientelkönigreichen und anderen Kompromißlösungen an der Ostgrenze des Reichs ein Ende zu bereiten. Allerdings gibt es keine Belege für Truppenbewegungen an den östlichen Grenzen, bis ca. 110 n. Chr. ein Herrscherwechsel in Parthien und die darauffolgenden Übergriffe gegen römische Interessen in Armenien Trajan allen Grund dazu gaben, dort einzugreifen.

Chronologie und Topographie von Trajans Partherkrieg liegen ebenso im dunkeln wie die der Dakerkriege. Armenien jedenfalls wurde zur römischen Provinz gemacht, und im Sommer 116 n. Chr. hatte Trajan den persischen Golf erreicht, wo er aus dem Partherreich zwei neue römische Provinzen herausschnitt, Assyria und Mesopotamia. Damit war der Höhepunkt der römischen Expansion erreicht. Ein Aufstand in den eroberten Regionen und ein Einfall der Parther aus dem ihnen verbliebenen Gebiet erzwang römische Zugeständnisse: Eroberte Territorien wurden an Klientelkönige gegeben, zu denen auch ein parthischer Prinz gehörte, der von Trajan Südmesopotamien und die benachbarten Gebiete einschließlich Dura am Euphrat erhielt. Münzen feierten dennoch großsprecherisch und nicht ganz zutreffend, daß Trajan den Parthern einen König gegeben habe: *rex Parthis datus* – die Parther erkannten ihn aber nie an. Während die Eroberung Dakiens an der Donaugrenze für einen langdauernden Frieden sorgte, sollte die Erniedrigung Parthiens nicht von Dauer sein (s. Kap. 9).

Trajans Gesundheit wurde immer schlechter. Er kehrte nach Antiochia zurück, übergab seinem Vertrauten Hadrian das Kommando und machte sich nach Rom auf. Auf der Reise starb er am 9. August 117 n. Chr., nachdem er angeblich auf dem Sterbebett noch Hadrian adoptiert hatte. Welches Angedenken man Trajan bewahrte, zeigt sich am besten im Gebet des Senats im 4. Jahrhundert: Der neue Kaiser möge »glückvoller als Augustus und besser als Trajan« sein (Eutrop 8,5)[4]. Das Mittelalter gedachte Trajans in den Legenden als des Typus eines gerechten Königs; Dante sah ihn, den Heiden, durch das Gebet Papst Gregors d. Gr. erlöst[5] – nicht einmal Augustus hatte einen längerdauernden oder besseren Nachruhm.

[4] Vgl. die Parodie, die in der Historia Augusta (Commodus 19) zitiert wird: Commodus war »schlimmer als Domitian und wüster als Nero«.
[5] Dante Alighieri, *Die Göttliche Komödie (1472)*. Läuterungsberg X, vgl. Paradies XX; in der Übersetzung von W. G. Hertz. (dtv 2107) München 1978, S. 201 bzw. 399.

8. Italien und Rom von Petron bis Plinius

Als Nero Kaiser wurde, hatte Italien bereits fast ein ganzes Jahrhundert im Frieden gelebt. Die Politik des Augustus hatte ihre Wirkung auf Gesellschaft und Wirtschaft nicht verfehlt; Italien ging es insgesamt besser denn je zuvor. Die Kluft zwischen Arm und Reich war zwar noch immer unüberwindbar, doch waren die wahrhaft Reichen in ganz Italien jetzt in die römische Gesellschaft integriert. Die großen aristokratischen Familien der Zeit Ciceros hatten ihr politisches Übergewicht, ihre gesellschaftliche Exklusivität und ihre – von Cicero so bitter beklagte – Arroganz verloren. Selbst ehemalige Sklaven konnten riesigen Reichtum erwerben, nicht nur Freigelassene des Kaisers wie Pallas und Narcissus (s. Kap. 5), sondern auch erfolgreiche Handelsleute.

Trimalchio

Der bekannteste Vertreter der letztgenannten Gruppe ist eine literarische Figur: Trimalchio, der »Held« im Roman des Titus Petronius. Petron war 61 n. Chr. Konsul und wirkte unter Nero als *arbiter elegantiae* (Schiedsrichter des feinen Geschmacks). Tacitus schreibt über ihn:

Er war ein Mann, der den Tag mit Schlafen, die Nacht mit Geschäften und Vergnügungen hinzubringen pflegte. Wie andere durch rege Tätigkeit, so hatte er sich durch Nichtstun einen Namen gemacht. Dabei galt er aber nicht für einen gewöhnlichen Schlemmer und Verschwender wie die meisten, die ihr Vermögen vergeudeten, sondern für einen Meister des verfeinerten Wohllebens. . . . Als Statthalter von Bithynien und dann als Konsul zeigte er sich jedoch als rege und kompetent. Später aber wandte er sich, tatsächlich oder nur zum Schein, wieder seinem Genußleben zu und wurde in den engen Kreis der Vertrauten Neros aufgenommen, wo er als *arbiter elegantiae* galt, indem Nero nur das für geschmackvoll und höchst genußreich anerkannte, was Petronius ihm anempfohlen hatte.   (Tacitus, Annales 16, 18)

Von seinem Rivalen Tigellinus zu Unrecht angeklagt, wurde Petron von Nero zum Selbstmord aufgefordert; er öffnete seine Adern, ließ sie sich wieder abbinden, dann wieder öffnen – und plauderte dabei wie immer mit seinen Freunden, lauschte frivolen Versen, belohnte oder bestrafte seine Sklaven, und als er sich zum Essen begab, schlief er ein, so daß sein Tod wie natürlich wirkte. Zuvor hatte er noch etwas getan:

Er schrieb die Ausschweifungen des Kaisers unter namentlicher Angabe seiner Buhlknaben und Dirnen sowie alle einzelnen von Nero erfundenen Unzuchtsakte genau auf und schickte dieses Spottschreiben versiegelt an Nero. Dann zerbrach er seinen Siegelring, damit dieser nicht später dazu mißbraucht werde, andere in Gefahr zu bringen.

(Tacitus, Annales 16, 19)

Petron war ein geistreicher Mann; seine Lyrik reicht in ihrer Spontaneität an die Catulls heran, und sein Roman, unter dem Titel *Satyrikon* bekannt, darf als der erste große Roman der europäischen Literatur gelten. Trimalchio ist vermutlich nicht die Hauptfigur des ganzen Romans, wohl aber die des erhaltenen Fragments, das aus den Büchern 14–16 des einst wohl über 20 Bücher umfassenden Werks stammt. Hier wird von einem Gastmahl erzählt, das Trimalchio veranstaltet und an dem Encolpius (der Erzähler), Ascyltus und Giton teilnehmen; deren sexuelle und andere Abenteuer in den Hafenstädten Kampaniens und Süditaliens machen den Hauptteil der Erzählung aus. Was will Petron mit seinem Werk? Daß er satirische Absichten verfolgt, ist offenbar; ob er dabei das Idealbild einer Gesellschaft ansteuert (und wenn ja, welcher?), läßt sich nicht mehr sicher erkennen. Petrons Werk und Stil setzen viel voraus, Parodien und literarische Anspielungen herrschen vor – bis hin zum Thema des Gastmahls, das in einer literarischen Tradition steht, der zum Beispiel auch Platons *Symposion* angehört. Und doch können wir Petrons *Satyrikon* als (Zerr-)Spiegel der zeitgenössischen Gesellschaft Italiens einschätzen, denn ohne erkennbare Bezüge zur Wirklichkeit hätte seine Satire ja keinen Sinn.

In welcher Stadt findet das Gastmahl des Trimalchio statt? Am ehesten bietet sich wohl Puteoli an, vielleicht auch Cumae. Jedenfalls kannten Petron und seine Leser, die wir unter den Höflingen Neros suchen dürfen, die Bucht am Golf von Neapel sehr gut, in der eine Villa zu besitzen das Ziel jedes Vornehmen sein mußte. Sowohl Nero als auch seine Mutter besaßen dort Villen, Petron selbst erhielt die Aufforderung zum Selbstmord in seiner Villa in Cumae. Thema des *Satyrikon* ist freilich das Leben von Leuten in dieser Gegend, die weit unter der senatorischen Schicht standen. Petron amüsiert sich und seine Leser durch die übertriebene Schilderung Angehöriger gesellschaftlich niederer stehender Schichten – eine recht billige Form von Humor. Doch vielleicht waren Nero und seine Höflinge in Petrons Sicht diesen vulgären Typen viel näher als sie selbst glaubten ...

Trimalchio wird als unglaublich reich, ungebildet und wahrhaft vulgär geschildert: Am Ende des Gelages besteht er – betrunken und rührselig – darauf, daß sein Testament vollständig verlesen werde und beschreibt dann das Grabmal, das er sich wünscht, mitsamt der Darstellung seiner Lieblingshündin, einiger Kränze, seiner Lieblingsgladiatoren im Kampf, Schiffen in voller Fahrt und seiner selbst, »wie ich mit der *toga praetexta* bekleidet auf dem Podium sitze, mit fünf goldenen Ringen, und aus einem Beutel Geld unter das Volk werfe« (Petron, Satyrikon 71). Es folgt noch mehr Derartiges, sodann seine Grabinschrift:

Hier ruht Gaius Pompeius Trimalchio Maecenatianus. Er erhielt das Ehrenamt des Sevir, ohne zu kandidieren. In Rom hätte er jeden Beamtenposten haben können, doch schlug er dies ab. Pflichtbewußt, energisch, zuverlässig, fing er mit wenig an und hinterließ 30 Millionen – und hat nie eine Vorlesung gehört.   (Petron, Satyrikon 71)

Seiner eigenen Darstellung zufolge hatte Trimalchio als Sklavenjunge aus Kleinasien angefangen, wobei er den sexuellen Ansprüchen sowohl seines Herrn als auch seiner Herrin genügte. Deren Miterbe sei er schließlich geworden – zusammen mit dem Kaiser[1] –, wodurch er soviel Geld geerbt habe, wie ein Senator besitzen müsse, also wohl mehrere Millionen Sesterzen. Er sei dann Geschäftsmann geworden, habe fünf Schiffe bauen lassen und sie voll Weins nach Rom geschickt, als Wein dort knapp war. Doch sei ihm dies alles auf See verloren gegangen (vielleicht war es im Winter gewesen, was höhere Profite, aber auch höheres Risiko bedeutete: s. Kap. 6). Seinen Verlust beziffert Trimalchio auf 30 Millionen Sesterzen – wohl eine Übertreibung. Jedenfalls habe er es ein zweites Mal versucht, die Ladung habe dabei aus Wein, Schinken, Bohnen, Parfüm und Sklaven bestanden. Diesmal habe er 10 Millionen Sesterzen gewonnen, die er sogleich in Land investiert habe. Seine Länderei-

---

[1] Es war üblich, auch den Kaiser im Testament zu bedenken; die unterschiedlichen Haltungen der Kaiser zu solchen Erbschaften werden in unseren senatorischen Quellen häufig erwähnt.

en und Bauerngüter seien immer mehr erblüht, so daß er sich bald aus der aktiven Rolle des Händlers habe zurückziehen und Freigelassene zur Abwicklung seiner Geschäfte anstellen können. Nun wohne er wie in einem Palast, seine Ländereien seien so groß, daß als Ereignisse eines einzigen Tages vermeldet werden:

26. Juli
Geboren auf dem Gut bei Cumae: 30 Knaben, 40 Mädchen.
Von der Tenne in den Speicher überführt: 500 000 Scheffel Weizen. 500 Ochsen eingefahren. . . .
Mangels Anlagemöglichkeit auf Reservekonto überbucht: 10 Millionen Sesterzen. (Petron, Satyrikon 53)

Hinter all der Verhöhnung des Typus des Neureichen durch Petron läßt sich ein wenig Lebenswirklichkeit entdecken. Es war wahrscheinlich wirklich für einen Freien ohne Geld oder Ausbildung schwieriger als für einen Sklaven, ein Vermögen zu machen. Ein reicher Mann hatte eher Interesse, seinen Sklaven – und späteren Freigelassenen – so zu trainieren, daß er ihm bei der Verwaltung seines Vermögens etwa durch Geldverleih nützlich war; dabei konnte er ihn am Gewinn beteiligen. Die sicherste Investition war Landbesitz – Trimalchios Verhalten ist typisch: Kaum hat er Geld gewonnen, kauft er sich Land.

Der neue Reichtum

Trimalchios Besitz ist zweifellos weit übertrieben (70 Sklavenkinder kommen an einem einzigen Tag auf einem einzigen Gut zur Welt!), doch war sicher die Kluft zwischen Arm und Reich tatsächlich sehr groß. Die reichen Senatoren lebten in einem Stil, der selbst von den wohlhabendsten Großen des 18. Jahrhunderts kaum erreicht wurde. Unsere Quellen nennen als selbstverständlich Häuser in Rom, Villen an der Küste in Baiae oder anderen Orten am Golf von Neapel, weitere Güter im übrigen Italien – besonders dort, wo die Familie herstammte, wo man seine politischen und dynastischen Allianzen geschlossen hatte, und wo man seinen Status durch »Wohltaten« für die Gemeinde offenbaren konnte. Ja, selbst außerhalb Italiens hatten sie Besitz: Während es in republikanischer Zeit den Senatoren verboten gewesen war, in den Provinzen Land zu besitzen, lagen spätestens unter Nero riesige Güter dort in den Händen italischer Senatoren; zumal es nun auch Senatoren aus den Provinzen gab. Plinius (Naturalis historia 18,35) gibt an, sechs Männer – wer, wissen wir nicht – besäßen die halbe Provinz Afrika; Nero jedenfalls beschlagnahmte ihren Besitz ebenso wie den des Rubellius Claudius in der Provinz Asia (Tacitus, Annales 14,22); schon Tiberius hatte Besitztümer in einer Provinz konfisziert, nämlich die Bergwerke des Sextus Marius in Spanien (ebd. 6,19; vgl. Cassius Dio 58,22).

Obwohl es einen lebhaften Markt für Landbesitz – vor allem in den vornehmeren Gegenden – gab, bezeugen Cicero für seine Zeit ebenso wie Plinius d. J. ein halbes Jahrhundert später, wie sehr man an seinem ererbten Besitz hing. Plinius stammte aus der Gegend am Comer See in Norditalien und unterhielt enge Verbindungen dorthin. Als eine Freundin von ihm ein Gut am See erwerben wollte, bot er ihr aus seinem eigenen Besitz Land zu einem ihr genehmen Preis an, das von seinen Eltern ererbte ausgenommen, »das ich nicht einmal für sie aufgeben könnte« (Plinius, Epistulae 7,11). Dabei war es durchaus nicht ganz einfach, den Besitz in der Familie zu halten, denn es gab weder das Erbrecht des Erstgeborenen noch feste Regeln über die Unveräußerlichkeit des Erbes.

Die Villen

Neben der Möglichkeit, Gewinne aus der Landwirtschaft bei den Villen abzuschöpfen, mag ein weiterer Grund für das Interesse der Reichen daran, in ganz Italien Villen zu besitzen, das Fehlen von vornehmen Hotels gewesen sein. Was es an Gasthäusern gab, waren allenfalls schmutzige Absteigen. Wer also am »Netzwerk« der Villenbesitzer teilhaben konnte, indem er seinen eigenen Besitz anderen Reichen zur Verfügung stellte und seinerseits von deren Villen Gebrauch machte, vermochte auch weite Reisen komfortabel durchzuführen. Und eine Villa in Baiae wird schon wegen ihres »Erholungswerts« interessant gewesen sein.

Doch war sonst eben der mögliche landwirtschaftliche Gewinn der wohl wichtigste Grund für das Bemühen um Villenbesitz. Plinius klagt über sein schweres Leben als Landbesitzer. Er verpachtete seine Güter und ließ sie nicht von einem seiner

Sklaven als Gutsverwalter *(vilicus)* betreuen (was nach Columella in Neros Zeit die Regel war). Das Problem mit Pächtern
bestand nun darin, sie zur Zahlung der Pacht auch in schlechten
Jahren zu bewegen. Der Landbesitzer konnte sich zwar am
Hab und Gut seines Pächters schadlos halten, doch bedeutete
dies nur, daß es künftig noch weniger wahrscheinlich war, daß
die Pacht gezahlt wurde – wie Plinius in einem Brief (3,19)
richtig feststellt[2]. In einem guten Jahr hingegen gab es ein Über-
angebot; entsprechend niedrig war der zu erzielende Gewinn.
Freilich ging es Plinius nicht gerade schlecht; allein seine Güter
in Umbrien brachten jährlich über 400000 Sesterzen ein (Epistulae 10,8). Das Los der Pächter hingegen konnte hart sein,
denn die Gesetze begünstigten die Landbesitzer. Die Pachtver-
träge wurden auf fünf Jahre abgeschlossen, der Pächter hatte für
die Zeit nach ihrem Ablauf keinerlei Sicherheiten. Allerdings
war es, wie Columella und auch Plinius erkannten, im Interesse
des Landbesitzers, gute Pächter zu behalten.

Cisalpina

Gallia Cisalpina, die Gegend, in der Plinius' meiste Güter lagen,
war sehr fruchtbar. Strabon (4 p.206) nennt als Produkte von
dort Wein, Hirse, Wolle, Schweinefleisch für den stadtrömischen Markt, Pech (die ausgedehnten Wälder jener Gegend sind
heute verschwunden), Flachs, Weizen und Gerste. In der Wei-
zenproduktion hielt Cisalpina den zweiten Platz nach Kampanien; der raetische Wein aus der Region um Verona war nach
Strabons Ansicht erstklassig (vgl. auch Plinius, Naturalis historia 14,16; Martial 14,100). Livia, die Gattin des Augustus, trank
nichts anderes – ihr Rezept für ein langes Leben (Plinius, ebd.
14,60). Auch Augustus schätzte diesen Wein, wenn auch nicht
als den besten (Sueton, Augustus 77), und Vergil (Georgica
2,95f.) ordnet ihn gleich nach dem gefeierten Falernerwein ein.

[2] In diesem Brief fragt er einen Freund, ob er wohl die für drei Millionen
Sesterzen zum Verkauf angebotenen, seinem Gut benachbarten Ländereien kau-
fen solle. Dieser Betrag ist das dreifache des für einen Senator erforderlichen
Besitzes, und obwohl Plinius für seine Zeit kein besonders reicher Mann war und
sogar angibt, er habe gerade nicht genügend flüssige Mittel – »fast mein ganzes
Vermögen liegt in Grundbesitz fest« –, läßt er keinen Zweifel daran, daß er das
Geld ohne weiteres aufbringen könnte.

Nicht alle landwirtschaftlichen Produkte wurden exportiert – der Transport über Land war nicht einfach (s. Kap. 6) –, sondern oft direkt in der Region verbraucht. Wein hingegen wurde in großem Stil ausgeführt, vor allem in die Gebiete nördlich der Alpen.

Südetrurien

Nicht alle Bereiche des antiken Italiens kennen wir gleich gut. Am besten erforscht ist Südetrurien, das im ersten nachchristlichen Jahrhundert eine große Anzahl Bauern ernährt haben muß. Die archäologische Auswertung von Oberflächenfunden hat Bauten von schlichten, aber nicht unkomfortablen Bauernhäusern (die man anhand von Tuffsteinbrocken, bemaltem Putz, schwarzen und weißen Mosaiksteinchen usw. in tief gepflügten Feldern nachweisen kann) bis hin zu luxuriösen Villen aufgezeigt (die sich aufgrund von Säulentrommeln, Reliefstücken, Resten von Marmorverkleidungen und Teilen feinerer Mosaike vermuten lassen). Für die Gegend um Veii nimmt man jeweils eine solche reiche Villa alle 2 km² an; weiter südlich, auf Rom zu, war die Dichte noch größer.

Eine derartige Villa wurde bei Settefinestre nahe Cosa ausgegraben. Ihr Zentralgebäude bedeckte 2000 m², das Gut insgesamt, mit seinen Gärten, Säulenhallen und landwirtschaftlichen Bauten, war gut 25 000 m² groß. Die Anlage wird in der späteren Republik entstanden sein; gegen Ende des 2. Jahrhunderts n. Chr. wurde sie jedoch aufgegeben, vielleicht weil benachbarte Güter zusammengeschlossen wurden und die Villa nicht mehr gebraucht wurde[3]. – Eine nicht weniger große Villa lag im Tibertal bei Lucus Feroniae; sie gehörte der Familie der Volusii, was dort gefundene Weihungen des Quintus Volusius Saturninus (Konsul 56 n. Chr.) und seines Sohnes Lucius (Konsul 87) belegen. Auch diese Villa entstand zur Zeit der ausgehenden Republik. Sie zeichnet sich aus durch große, elegante Räumlichkeiten um einen von Säulen umstandenen Innenhof, durch großartige, zum Teil mehrfarbige Mosaiken, durch Gärten mit

---

[3] Vgl. vorerst den Zwischenbericht über die Ausgrabung von A. Carandini und T. Tatton-Brown in: K. S. Painter (Hg.), Roman Villas in Italy. Recent Excavations and Research. (British Museum Occasional Papers 24) London 1980.

Säulenhallen usw. Nach ihrer Vergrößerung im 1. Jahrhundert n. Chr. umfaßte die Anlage eine Terrasse von 180 auf 120 m Fläche, hinter ihr lag ein mit Basalt gepflasterter Hof. Diese Villa war bis ins 3. Jahrhundert, wenn nicht länger, in Gebrauch.

Am anderen Ende der Skala liegt etwa das Bauernhaus am Monte Furco im Ager Capenas, das wahrscheinlich in augusteischer Zeit entstand, nur 11 auf 5 m überdeckte und Mensch und Tier unter demselben Dach beherbergte. Im 2. Jahrhundert wurde es zu einer Scheune umgewidmet; wahrscheinlich war hier, wie in Settefinestre, das Gut mit anderen zusammengelegt worden. – Ein ähnliches Anwesen hat man bei Crocicchie an der Via Clodia etwa 14 km nordwestlich Roms ausgegraben; dieses blieb bis ins 3. Jahrhundert in Gebrauch, ja es scheint sogar so erfolgreich gewesen zu sein, daß sich sein Besitzer dann ein kleines Badehaus anbauen ließ[4].

Insgesamt muß Südetrurien am Ende des ersten Jahrhunderts n. Chr. intensiver landwirtschaftlich genutzt worden sein als je zuvor. Weiter im Norden wurden neue Güter erschlossen, weniger gut erreichbares Land wurde dort schließlich im 2. Jahrhundert ebenfalls kultiviert. Überall wurde eine gemischte Landwirtschaft praktiziert, wenn auch ein besonderes Interesse an Wein- und Olivenanbau nachweisbar ist, – beides übrigens Produkte, die ein nicht geringes »Startkapital« erfordern und erst nach einiger Zeit Frucht tragen. Einige Villen hatten ausgeklügelte Methoden für das Auspressen und Aufbewahren von Wein und Öl. So finden wir etwa ein Gehöft in Posto bei Capua, das dreiseitig um einen rechtwinkeligen Innenhof angelegt war: Auf der einen Seite befand sich die Wohnung des Gutsverwalters und seiner Familie, die beiden anderen Seiten waren der landwirtschaftlichen Nutzung gewidmet. Hier fand man mit Zement abgedichtete Bottiche für Olivenöl und große Lagergefäße *(dolia)* für Wein. Die Villa des eigentlichen Gutsbesitzers lag außerhalb des Gutes, aber in seiner Nähe.

[4] Vgl. T. W. Potter, K. M. D. Dunbabin, *A Roman Villa at Crocicchie, Via Clodia*. Papers of the British School at Rome 34 (1979) 19–26.

Kampanien

Eine der fruchtbarsten Gegenden Italiens war schon in Augustus' Zeit Kampanien gewesen, wo auch das zuletzt erwähnte
Gehöft lag. Autoren aller Epochen beschreiben die Region in
Superlativen. Strabon spricht von »Kampanien, von allen die
am meisten gesegnete Ebene« (5 p. 242), Plinius d. Ä. von »jener
glücklichen und gesegneten Schönheit, die an einem Ort das
Werk der jubelnden Natur vereint« (Naturalis historia 3,40),
und bei Florus heißt es (1,11,3–6): »Von allen Gegenden, nicht
nur innerhalb Italiens, sondern auf der ganzen Welt, ist die
schönste Kampanien. Kein Klima ist milder als das ihre – ja, der
Frühling kommt alljährlich zweimal mit all seinen Blumen.
Kein Boden ist fruchtbarer, ja man sagt, er sei ein Streitpunkt
zwischen Liber (dem Gott des Weinbaus) und Ceres (der Göttin des Getreideanbaus) ... Die Berge sind mit Weinstöcken
gekleidet, darunter deren schönster – Vesuv ... An der Küste
liegen die Städte Formiae, Cumae, Puteoli, Neapolis, Herculaneum, Pompeji und die Königin der Städte selbst, Capua.«

Der Vesuv galt als erloschen (Strabon 5 p. 247); Vergil erwähnt die Weinberge an seinen Abhängen, die Olivenkulturen,
das fette Grasland und den guten Ackerboden (Georgica 2,
221–224); ein Wandgemälde aus Pompeji zeigt ihn tatsächlich
»mit Weinstöcken gekleidet«. Doch war der Vulkan nicht erloschen. Der Ausbruch des Jahres 79 n. Chr. verschüttete nicht
nur Pompeji und Herculaneum, sondern auch viele Bauerngüter und Villen. Bei Boscoreale wurde zum Beispiel eine besonders luxuriöse Villa mit herrlichem Blick auf die Bucht begraben, die einst Agrippa Postumus gehört hatte, dann in kaiserlichen Besitz gelangt war und zum Zeitpunkt des Ausbruchs
einem kaiserlichen Freigelassenen, Tiberius Claudius Eutychus,
unterstand. Auch andere Villen sind erforscht, ihre Besitzer
identifiziert. Man hat eine Vielfalt von Bauten gefunden, von
Luxusvillen über Gehöfte mit bloß gestampftem Lehmfußbo-
den und einfachen Lagern für die Sklaven bis hin zu rein landwirtschaftlich genutzten Gebäuden ohne Wohntrakt, ferner
Gasthäuser, einen zur Straße hin offenen Weinladen, eine Bäk-
kerei. Und die vielen Fässer und Vorratsgefäße legen es nahe,
daß Wein und Öl die beiden Hauptanbauprodukte gewesen
sind; in den großen Gütern stellten sie oft die einzige Einnahmequelle dar. Kleinere Gehöfte hingegen, auf denen der Landwirt selbst wohnte, waren meist weniger spezialisiert.

Die Zeugnisse aus den Regionen, die wir betrachtet haben,
sprechen für eine Zunahme der Landbevölkerung, für Investitionen in der Landwirtschaft und für die Urbarmachung von
neuem Land. Dabei sind diese Vorgänge nicht allein auf Cisalpina, Südetrurien und Kampanien beschränkt. Selbst für einige
weniger günstig gelegene Gebiete hat man eine Dichte von weit
mehr als einem Gehöft pro Quadratkilometer zur selben Zeit
festgestellt. Für die von manchen modernen Gelehrten postu-
lierte »Krise« der Landwirtschaft in der zweiten Hälfte des ersten nachchristlichen Jahrhunderts sprechen die Zeugnisse also
ganz und gar nicht. Freilich wird es nicht jedem Landwirt gut
gegangen sein, vor allem Pächter und Kleinbauern werden nicht
nur gute Jahre erlebt haben und vielleicht auch unter einer Tendenz der Konzentration von Landbesitz zu großen Gütern gelitten haben. Doch für einen Niedergang der landwirtschaftlichen Produktion oder gar eine Erschöpfung des Bodens gibt es
ebensowenig Zeugnisse wie für einen Mangel an Investitionen –
im Gegenteil.

Inwieweit unabhängige Kleinbauern unter Druck kamen, ist
umstritten; zweifellos war das Schicksal dieser Gruppe nicht
überall gleich. Großgüter *(latifundia)*, die von Sklaven bewirt-
schaftet wurden, sind vor allem in Mittel- und Süditalien bezeugt. Plinius d. Ä. hielt sie für Italiens Untergang (Naturalis
historia 18,35), doch für Norditalien wird in den Quellen Skla-
venarbeit kaum genannt. Ja, Vergil erwähnt sie in seinen *Geor-*
gica überhaupt nicht, sondern setzt vielmehr kleine Bauerngüter als üblich voraus. Wo große Landstriche als Schaf- und
Großviehweide genutzt wurden, bot sich – wie schon Cato im
2. Jahrhundert v. Chr. erkannte – der Einsatz von Sklaven als
Viehhirten an; Güter hingegen, die auf Wein- und Olivenpro-
duktion ausgerichtet waren, bedurften nur zur Erntezeit besonders vieler Landarbeiter, was ihre Bewirtschaftung durch Sklaven, die außerhalb der Erntezeit kaum alle beschäftigt werden
konnten, unrentabel machen mußte; vielmehr warb man für
diese Spitzenzeiten Arbeiter aus der Umgebung an. Es war also
nur im Interesse der Gutsbesitzer, daß solche Arbeitskräfte
dann zur Verfügung standen, wenn sie gebraucht wurden – was
gewährleistet war, wenn es genug Kleinbauern mit ihren Familien gab, die sich während des übrigen Jahres von der eigenen
Scholle ernährten. Diese Kleinbauern werden die Arbeitskraft

gestellt haben, die in den *latifundia* Nordafrikas die Nomaden und Halbnomaden stellten (s. Kap. 6), und die noch heute tunesische Arbeiter bei der Weinlese in Süditalien stellen.

Alimentarstiftungen

Eine weitere Quelle für den Stand der Landwirtschaft in Italien ist das *alimenta*-Programm des Trajan, durch das landbesitzenden Bauern gegen eine Hypothek auf einen Teil ihres Landes Geld aus der kaiserlichen Kasse geliehen wurde; die Zinsen (Tilgung war nicht verlangt) wurden an die nächstliegende Gemeinde oder an kaiserliche Kommissäre abgeführt, die das Geld zur Unterstützung bedürftiger Kinder ausgaben. Details dieses Stiftungsprogramms sind uns aus zwei erhaltenen Inschriften bekannt, deren eine aus Veleia in Norditalien stammt (ILS 6675 = Sm. II 436; HIRK 70), die andere aus dem Gebiet der Ligurer im Süden, aus der Gegend von Beneventum (ILS 6509 = Sm. II 435). Das Land, auf das die Hypothek genommen wurde, mußte 12½mal soviel wert sein wie die gewährte Summe, der Zinssatz war fünf Prozent. In Veleia kamen auf diese Weise jährlich 55 800 Sesterzen auf, die auf 263 Knaben (sechzehn Sesterzen jeweils monatlich), 35 Mädchen (zwölf Sesterzen) und zwei uneheliche Kinder (zwölf für den Knaben, zehn für das Mädchen) verteilt wurden. Der Plan, den kaiserlichen Besitz für ein solches Programm aufzuwenden, mag auf Nerva zurückgehen, doch hatten zuvor bereits private Stifter ähnliche Einrichtungen eingeführt. Wir wissen von einer solchen Stiftung aus der Zeit Neros, und Plinius d. J. beschreibt ein solches von ihm in Comum (Como) eingerichtetes Programm (Epistulae 7,18). Erst Trajan aber führte die Alimentarstiftung in großem Stil ein, worauf er durchaus stolz war. Er verewigte sein Vorgehen auf dem (Triumph-)Bogen von Beneventum (s. o.) und feierte auf Münzen *alimenta Italiae* und *restitutio Italiae* (die Alimentarstiftung für Italien und die »Wiederherstellung« Italiens).

Ziel des Programms war vor allem, es armen Ehepaaren zu ermöglichen, mehrere Kinder zu haben (die Landbesitzer hätten sich auch auf andere Weise Geld beschaffen können). Das ergibt sich aus mehreren Beobachtungen: Plinius d. J. betont in seiner Preisrede auf Trajan, daß durch eine parallele Maßnahme, nämlich die Ausdehnung der Getreideverteilung auf 5000 zuvor nicht bedachte Kinder durch den Kaiser, »das Heerlager gefüllt, die Tribus (Wahleinheiten) vervollständigt« werden würden (Panegyricus 28,6). Gerade die Tatsache, daß für Knaben mehr Geld ausgesetzt wurde als für Mädchen, zeigt das Interesse an der Steigerung der Zahl potentieller Rekruten, worauf auch das Relief am Trajansbogen in Beneventum deutet. Man hat sogar angenommen, daß die Landbesitzer an dem ihnen angebotenen Geld so wenig interessiert waren, daß sie zu seiner Annahme gezwungen werden mußten, aber das geht wohl doch zu weit. Die Inschriften legen nahe, daß die prominenten Familien am Ort schon aus Bürgersinn und Prestigegründen an dem Programm teilnahmen. Und Trajan, der den Zwang zur Annahme eines Darlehens in den Provinzen als »nicht dem Rechtsgefühl unserer Zeit entsprechend« ablehnte (Plinius, Epistulae 10,55), wird ihn doch nicht in Italien gutgeheißen haben.

Im übrigen waren die Zahlungen, die ein Landbesitzer im Alimentarprogramm Trajans leisten mußte, geringer als die, die Plinius nach seiner eigenen Angabe von sich aus auf sich nahm, wenn er sich dazu verpflichtete, für ein Landgut im Wert von 500000 Sesterzen jährlich 30000 Sesterzen zu zahlen (die der Stiftung zuflossen), ohne dafür ein Darlehen zu erhalten. Ein Landbesitzer in Veleia hingegen konnte mit einem gleichwertigen Landgut für jährlich 2000 Sesterzen (an die Stiftung) ein Darlehen von 40000 Sesterzen bekommen und dieses dann auch tatsächlich für Investitionen und Verbesserungen ausgeben, die den Wert seines Besitzes so weit steigern konnten, daß sie die jährliche Abgabe mehr als ausglichen. Das Alimentarprogramm nützte also den Landbesitzern ebenso wie den Kindern. Es blühte und gedieh im ganzen zweiten Jahrhundert n. Chr. unter einem senatorischen Beamten, dem *praefectus alimentorum*, und ist durch Inschriften aus fast 50 italischen Städten bezeugt – ein Programm, das für das Genie und die Weitsicht seiner Erfinder spricht.

Arm und Reich

Zugleich aber führen uns die Alimentarstiftungen die Kluft zwischen Arm und Reich deutlich vor Augen. Die ersten drei Landbesitzer, die in der Inschrift von Veleia genannt werden –

und weder waren diese offenbar besonders reich und bedeutend, noch kann man das von Veleia sagen –, nahmen mit Gütern im Wert von 108 000, 310 545 bzw. 843 879 Sesterzen teil (genannt ist jeweils der Schätzwert ihres Besitzes abzüglich der jährlichen Abgabe). Wir haben bereits erwähnt, daß Plinius d. J. kein Problem darin sah, drei Millionen Sesterzen aufzubringen. Das gesetzliche Minimum, das ein Senator besitzen mußte, war eine Million Sesterzen, doch dürfte ein Betrag von acht Millionen der Realität näher kommen. Plinius d. J. spendete im Laufe seines Lebens an die fünf Millionen. Seine Stiftungen sind gut bezeugt, er hielt nämlich nichts vom »unbekannt bleiben wollenden Wohltäter«. Der Luxus seiner eleganten Villen wird in seinen Briefen lebendig (2,17 zur Villa an der Küste nahe Roms; 5,6 zu der in Tuscien am Fuß des Appenins; seine Hauptvilla lag bei Como) – und doch beschreibt sich Plinius als einen Mann »von insgesamt bescheidenen Mitteln« (Epistulae 2,6), ja er war wohl wirklich nicht reich im Vergleich zum wahren Geldadel, der sein Vermögen in Hunderten von Millionen zählen konnte. Die beiden größten bezeugten Vermögen, das des Gnaeus Cornelius Lentulus (Konsul 14 v. Chr.) und das von Claudius' Freigelassenem Narcissus, werden auf 400 Millionen geschätzt.

Eine Alimentarzahlung von 120 Sesterzen für ein ganzes Jahr war demgegenüber zwar wohl nicht genug, ein Kind zu ernähren, aber sicher auch kein zu vernachlässigender Betrag. Ein Legionär verdiente in jener Zeit 1200 Sesterzen im Jahr (Domitian hatte den Sold von 900 Sesterzen angehoben), wovon er Lebensmittel, Kleidung, Ausrüstung usw. zahlen mußte; freilich bekam er mitunter zusätzliche Zahlungen und bei seiner Entlassung noch einmal eine nicht geringe Summe. Im Zivilleben verdiente ein ungelernter Arbeiter höchstens vier Sesterzen am Tag – so die Arbeiter im Weinberg im Gleichnis Jesu (Matthäus 20); nach einem weiteren Beleg für Judäa, einer Angabe im Talmud (Joma 35 b), verdiente Rabbi Hillel der Alte in der Zeit Herodes' des Großen nur zwei Sesterzen (1 Tropaik), als er sich als Tagelöhner verdingte[5]. In Rom war in Ciceros Zeit ein Tageslohn von drei Sesterzen die Regel (Cicero, Pro Q. Roscio 28) – ein Jahrhundert zuvor sind zwei Sesterzen üblich gewesen (Cicero, Cato Maior 22,3). Übrigens meint Cicero in derselben

[5] Reinhold Mayer, *Der Babylonische Talmud.* (GGT 7902) München 1963, S. 420 f.; G. Stemberger, *Der Talmud.* München 1982, S. 172 f.

Rede (Pro Q. Roscio 22), daß ein Betrag von 50000 Sesterzen für einen *gentleman* nicht der Rede wert sei. Und aus dem Jahr 164 n. Chr. haben wir ein Zeugnis auf einer in Dakien gefundenen Wachstafel, daß ein – offenbar freigeborener – Bergmann sich für 178 Tage (vom 20. Mai bis zum 13. November wohl ohne Unterbrechung) Arbeit um 280 Sesterzen, also kaum mehr als 1½ Sesterzen pro Tag, bei freier Verpflegung verdingt (CIL III p. 948: Tabulae Ceratae Dacicae Nr. X). Insgesamt werden wir also eher die Obergrenze eines Tageslohns im 1. Jahrhundert n. Chr. nennen, wenn wir von vier Sesterzen sprechen.

Die besten Quellen für die Lebenshaltungskosten sind die Wandanschriften aus Pompeji. Wir erfahren so, daß ein *modius* (13 Pfund) Weizen drei Sesterzen kostete, ein Pfundlaib Brot weniger als ¼ Sesterz, ein As. Für denselben Betrag konnte man einen Teller, ein Lämpchen oder einen »Schoppen« Wein bekommen; eine Inschrift aus einem anderen antiken Bergwerksgebiet, Vipasca beim heutigen Aljustrel in Portugal, nennt ein As als Eintrittsgeld für die Thermen (ILS 6891 = Sm. II 440; HIRK 84). Vier Sesterzen pro Tag waren also ausreichend, zumindest außerhalb Roms, wo die Mieten viel höher waren als überall sonst.

Der Ausbruch des Vesuv 79 n. Chr.

Überhaupt ist Pompeji (wie auch Herculaneum) eine unvergleichlich ergiebige Quelle für unser Wissen vom antiken Alltagsleben in einer Kleinstadt. Dem gewaltigen Vesuvausbruch des Jahres 79 n. Chr. war bereits 62 ein Erdbeben vorausgegangen, das in Pompeji und Herculaneum ebenso wie in Neapel Schaden angerichtet hatte und offenbar auch auf dem Vesuv selbst seine Auswirkungen hatte. Seneca (Quaestiones naturales 6,27) gibt an, auf dem Berg sei damals eine Herde von 600 Schafen an giftigen Dämpfen eingegangen; siebzehn Jahre später waren noch nicht alle Reparaturen abgeschlossen, als plötzlich wieder Erdstöße wahrzunehmen waren, die den Ausbruch vom 24. August 79 n. Chr. einleiteten. Für diesen haben wir einen Augenzeugenbericht: Plinius d. Ä. war gerade Kommandant des Marinestützpunkts bei Misenum; sein Schicksal hat sein Neffe in einem Brief an Tacitus geschildert:

Am 24. August, etwa um die siebte Stunde (am frühen Nachmittag), ließ meine Mutter meinem Onkel sagen, am Himmel stehe eine Wolke von ungewöhnlicher Gestalt und Größe ..., deren Form am ehesten einer Pinie ähnelte, denn sie stieg wie ein Riesenstamm in die Höhe und verzweigte sich dann in eine Reihe von Ästen. Ich glaube, das war so, weil ein kräftiger Luftzug sie emporwirbelte und dann nachließ, so daß sie den Auftrieb verlor oder auch wegen ihres Eigengewichts sich in die Breite verflüchtigte; sie sah manchmal weiß aus, dann wieder schmutzig und fleckig, je nachdem, ob sie Asche oder Erde mit sich emporgerissen hatte.
(Plinius d. Ä. ließ nunmehr Schiffe auslaufen, die zur Rettung der Leute an der Küste eingesetzt werden konnten.) Schon fiel Asche auf die Schiffe, immer heißer und dichter, je näher sie herankamen, bald auch Bimsstein und schwarze, halbverkohlte, vom Feuer geborstene Steine; schon trat das Meer plötzlich zurück, und das Ufer wurde durch Steine vom Berge her unpassierbar. (Man ging bei der Villa eines Freundes in Stabiae an Land, konnte aber wegen hoher Wellen und widriger Winde nicht wieder fortfahren. Plinius d. Ä. legt sich zur Ruhe.) Der Boden des Vorplatzes, von dem aus man das Zimmer betreten konnte, hatte sich bald von einem Gemisch aus Asche und Bimsstein schon so weit gehoben, daß er das Gemach nicht mehr hätte verlassen können, hätte er noch länger geschlafen; man weckte ihn also. ... Infolge häufiger starker Erdstöße wankten die Gebäude und schienen, gleichsam aus ihren Fundamenten gelöst, hin- und herzuschwanken. ... Schon wurde es anderswo Tag (d. h. die Morgendämmerung des 25. August), dort aber war es Nacht, schwärzer und dichter als alle Nächte sonst. ... Man beschloß, an den Strand zu gehen und sich aus der Nähe zu überzeugen, ob das Meer schon gestatte, etwas zu unternehmen; aber es blieb immer noch rauh und feindlich. ... Dort legte sich mein Onkel auf eine hingebreitete Decke. ... Auf zwei Sklaven gestützt, erhob sich mein Onkel schließlich, brach aber gleich zusammen und war tot, vermutlich, weil ihm der dichte Qualm den Atem raubte. (Am folgenden Tag) fand man seinen Leichnam unberührt und unverletzt, eher einem Schlafenden als einem Toten ähnlich ...

(Plinius d. J., Epistulae 6,16)

Jedes Detail, so versichert Plinius d. J., beruht auf Augenzeugenberichten. Seine Schilderung ergänzt die archäologischen Belege. Ein Nordwind hatte beim Ausbruch des Vulkans die Aschen über Pompeji und Stabiae im Süden des Bergs verteilt. Die Straßen und Höfe wurden verschüttet, die Menschen eingesperrt. Wer sich durch Flucht durch hoch gelegene Fenster auf die Straßen retten wollte, erstickte dort. Man hat geschätzt, daß etwa 2000 Menschen ums Leben kamen. Der Hagel von Bims und Asche bedeckte Pompeji mit einer etwa 6 m starken Schicht; Ausgrabungen haben ¾ der Stadt freigelegt und interessante Ergebnisse gezeitigt. Man hat etwa festgestellt, daß das Stadtgebiet nicht sehr dicht bebaut war, sondern viele Häuser große Gärten hatten und nicht wenig Raum landwirtschaftlich genutzt wurde – in der Gegend des sogenannten *Foro Boario* läßt sich Weinbau in kommerziellem Ausmaß (samt Gerätschaften für die Verarbeitung der Trauben) nachweisen, und ein kleinerer Weingarten lag – ebenfalls innerhalb der Stadt – nahe einer Weinhandlung beim Amphitheater, ebenso Gärten, in denen Gemüse, Obst und Nüsse angebaut wurden.

Herculaneum, im Westen des Vesuv gelegen, wurde nicht so stark vom Auswurf betroffen, dafür aber von den Stein- und Erdlawinen begraben, die sich aufs Meer hin bewegten. Wohl weil man in Herculaneum die anrollende Lawine kommen sah, sind hier mehr Menschen rechtzeitig geflohen; doch hat man am Strand Skelette von Leuten gefunden, die offenbar auf einem Boot fliehen wollten und dabei ums Leben kamen. Die besondere Art der Zerstörung hat manches, etwa Holzmöbel und sogar Papyri, in Herculaneum bewahrt, was in Pompeji zerstört wurde. Doch haben die Lava- bzw. Erdmassen, die zu Stein erstarrten, Herculaneum unter einer 25 m starken Schicht begraben, auf der das moderne Städtchen Resina steht; die Ausgrabungen sind entsprechend schwierig.

Die Stadt Pompeji

Die ausgegrabenen Bauten, Funde und Inschriften Pompejis machen die Stadt zu einer hervorragenden Illustration des Lebens in einer kleinstädtischen Gemeinde, das in der zeitgenössischen Literatur – Petrons *Satyrikon* ausgenommen – kaum je geschildert wird. Wir sehen, wie in augusteischer Zeit die lokalen landbesitzenden Familien die Gesellschaft der Stadt und ihre Verwaltung beherrschen, und wir beobachten, wie in den darauffolgenden fünfzig Jahren neue Händlerfamilien aufsteigen, die nicht selten von einem Freigelassenen abstammen. Ja, wir erkennen immer wieder die Welt, die Petron verspottet, etwa wenn wir dem Bankier, Auktionator und Steuereintreiber Lucius Caecilius Secundus begegnen, dessen Geschäftsunterlagen in einer Kiste beim Erdbeben des Jahres 62 begraben wurden und erst im letzten Jahrhundert wieder ans Licht kamen (CIL IV 3340; s. S. 52).

Bei demselben Erdbeben wurde auch der Tempel der Isis zerstört, dessen Wiederaufbau ein gewisser Numerius Popidius Celsinus finanzierte (ILS 6423). Die Popidii waren eine der bedeutendsten Familien Pompejis, und man ist versucht, Celsinus zu den ihren zu rechnen. Tatsächlich aber war sein Vater, Numerius Popidius Ampliatus, nur ein – später freigelassener – Sklave dieser Familie gewesen. Ja, Celsinus selbst war erst sechs Jahre alt, als er – eigentlich also sein Vater – den Wiederaufbau des Tempels bezahlte. Ampliatus selbst war als Freigelassener nicht in den »Stadtrat«, den *ordo decurionum,* wählbar, versuchte aber offenbar alles, um seinem Sohn den Weg in dieses Gremium zu ebnen und somit die Familie in einer Generation von Sklaven zu »Honoratioren« zu machen. Wer Mitglied sein wollte, mußte nämlich nicht nur frei geboren sein und einen hohen Besitz nachweisen, man erwartete überdies, daß er sein Geld auch für öffentliche »Wohltaten« aufwendete.

Erst recht traf dies übrigens für die Stadtbeamten zu. In augusteischer Zeit wurde die Restaurierung des großen Theaters von Pompeji durch einen Marcus Holconius Rufus und dessen Bruder Celer finanziert (ILS 5638); Rufus war zuvor fünfmal einer der beiden »Bürgermeister« *(duovir)* gewesen – davon zweimal *quinquennalis,* also in einem »fünften« Jahr, in dem die *duoviri* einen Zensus durchführten und so die Liste der Angehörigen des *ordo decurionum* revidierten. Die großen und reichen landbesitzenden Familien, die zunächst das Ruder in der Hand gehabt hatten, verloren immer mehr an Einfluß. Spätestens in neronischer Zeit gehen die Ämter nicht mehr ohne weiteres an die »Honoratioren«; vielmehr gibt es einen wirklichen Wahlkampf. Und wenn wir auf einer Wandkritzelei lesen: »Wählt Marcus Holconius Priscus zum *duovir* – Helvius Vestalis und alle Obsthändler sind für ihn!« (ILS 6411 a), so wissen wir nicht einmal, ob nicht auch dieser Holconius nicht nur von einem Sklaven der alten Familie abstammt.

Andere Anschriften bezeugen das Interesse an Gladiatorenauftritten:

20 Paar Gladiatoren, die dem Decimus Lucretius Satrius Valens gehören, einem Priester *(flamen)* des Nero Sohn des Caesar Augustus auf Lebenszeit, und zehn Paar Gladiatoren, die seinem Sohn Decimus Lucretius Valens gehören, werden in Pompeji vom 8. bis 12. April kämpfen. Volles Programm mit Kämpfen gegen wilde Tiere. Sonnensegel (für die Zuschauer). Aemilius Celer (hat das geschrieben), ganz allein beim Mondenschein. (ILS 5145)

Pompeji hatte ein großes, aber altmodisches Amphitheater, in dem es 59 n. Chr. zu häßlichen Ausschreitungen zwischen den Einheimischen und Zuschauern aus dem benachbarten Nuceria gekommen war (Tacitus, Annales 14,17; auch ein Wandgemälde bezeugt die Vorgänge). Pompeji hatte seine eigenen Gladiatorenkasernen, die beim Ausbruch des Vesuv ebenfalls verschüttet wurden; man hat dort mehrere Skelette gefunden, darunter das einer Frau, die mit goldenem Geschmeide und einem Smaragdhalsband geschmückt war und sicher keinen ehrenwerten Grund für ihren Aufenthalt dort hatte . . .

Pompeji hatte Bars und Bordelle – ein Wandgemälde stellt Männer beim Würfelspiel in einer Taverne dar; sie streiten sich, der Wirt wirft sie hinaus: »Raus hier, kämpft das draußen aus!« Das Latein ist die auf der Straße gesprochene Sprache, die – Petron ausgenommen – keinen Eingang in die Literatur gefunden hat. Pompeji hatte mehrere Thermen, manche öffentlich, manche als Privatunternehmen geführt: »Bäder des Marcus Crassus Frugi. Baden im Meerwasser und in frischem Wasser. Januarius, Freigelassener« (ILS 5724) – offenbar führte hier ein Freigelassener ein Unternehmen, in das sein Herr investiert hatte, wie das auch bei Petron bezeugt ist. Marcus Crassus Frugi (Konsul 64 n. Chr.) besaß auch in Baiae Thermen (Plinius, Naturalis historia 31,5). Insbesondere Senatoren führten nicht persönlich Unternehmen, sondern investierten nur ihr Geld in sie. Handel zu treiben galt als gesellschaftlich degradierend, Geld mit Gewinn an Händler zu leihen – zumal wenn es die eigenen Freigelassenen waren – war hingegen akzeptabel und wurde häufig praktiziert.

Eine Wirtschaftskrise?

Italiens Handel blühte – auch wenn manche Gelehrte dies abstreiten. Einer von Trimalchios Gästen, ein Einwanderer aus Kleinasien namens Ganymed, beklagt sich über die Inflation und die Habgier der Gemeinden, doch sollten wir seine Worte nicht als ernstzunehmende politische Analyse mißverstehen:

Du redest über Sachen, die nicht mit dem Himmel oder der Erde zu schaffen haben, und inzwischen macht sich keiner Gedanken darüber, wie die Lebenshaltungskosten steigen. Bei Gott, ich konnte heute keinen Bissen Brot auftreiben. Und wie die Dürre anhält! Schon ein Jahr lang ist Hungersnot. Verdammter Magistrat, die stecken doch mit den Bäckern unter einer Decke – hilf du mir, so helf ich dir. So ist der kleine Mann in Not. (Ganymed erinnert sich dann an einen Beamten in seiner Jugend:) Wie höflich er zurückgrüßte, jeden mit Namen anredete, ganz wie einer von uns! Drum kostete Getreide damals 'nen feuchten Kehricht: Ein Brot, das man um ein As kaufte, konnte man nicht zu zweien auffressen. . . . Täglich wird's schlimmer! Mit der Stadt geht's zurück wie einem Kalb der Schwanz nach hinten wächst. . . . So wahr meine Kinder gesund sein sollen, glaube ich, daß hinter all dem die Götter stecken: Niemand glaubt mehr an den Himmel, niemand hält die Fast-tage ein, niemand kümmert sich um Jupiter, sondern alle machen die Augen zu und zählen nur ihren Zaster. Früher, da kletterten die feinen Damen barfuß den Hügel hinauf, mit aufgelöstem Haar und reinem Herzen, und beteten zu Jupiter um Wasser – und schon goß es gleich mit Kannen . . .   (Petron, Satyrikon 44)

Sicher kam nicht jeder mit seinem Geld zurecht, es wird auch eine geringe Inflation gegeben haben, aber als Beleg für eine Krise mit allgemeiner Verarmung, sinkendem Lebensstandard und Mangel an für Verbesserungen notwendigem Kapital reicht Ganymeds Rede zweifellos nicht aus!

Dasselbe gilt auch für eine andere Quelle, die in diesem Zu-sammenhang immer wieder angeführt wird: die Keramikindu-strie. Auf die Bedeutung der *terra sigillata*-Keramik haben wir bereits (Kap. 2) hingewiesen. Das wichtigste Zentrum für deren Herstellung in Italien war seit augusteischer Zeit Arretium (Arezzo) gewesen, wenngleich es auch bedeutende Werkstätten in Kampanien, etwa in der Gegend von Puteoli (Puzzuoli) gab. Die Unternehmen in Arretium hatten in der zweiten Hälfte von Augustus' Herrschaft Filialen in Südgallien eingerichtet, die um die Mitte des 1. Jahrhunderts n. Chr. die Produkte aus Arretium selbst immer mehr vom gallischen Markt verdrängten; zugleich nahm die Qualität der *terra sigillata* ab. Man hat gemeint, daß die südgallischen Produkte sogar den italischen Markt erober-ten. In Pompeji wurde nämlich ein Hort von Keramik gefun-den, wahrscheinlich die Lieferung eines Großhändlers, zu der Lämpchen aus Norditalien und 90 *terra sigillata*-Gefäße aus Südgallien gehörten[6]. Zeigt das nicht, daß die Keramikindu-strien von Arezzo und Puteoli selbst ihren Markt daheim verlo-ren hatten?

[6] Vgl. D. Atkinson, *A hoard of Samian ware from Pompeii*. Journal of Roman Studies 4 (1914) 26–64.

Nein, denn die archäologischen Tatsachen müssen durchaus nicht so interpretiert werden. Es stimmt, daß die Keramikherstellung in Arretium selbst zurückging und die Qualität der *terra sigillata* abnahm. Doch wird es dafür Gründe geben, die für Arretium spezifisch sind – vielleicht waren die Tonlagerstätten erschöpft, vielleicht fehlte Brennstoff. Arretium war ohnehin nie zu einem Zentrum des Keramikexports prädestiniert gewesen, lag es doch 150 km von der Küste entfernt an einem kaum schiffbaren Fluß. Wenn es dennoch *terra sigillata* bis nach Britannien und Südindien[7] exportierte, dann lag das an dem bei Arretium anstehenden besonders geeigneten Ton; außerdem wird es bereits eine Tradition in Keramikherstellung gegeben haben, bevor man zur *terra sigillata*-Herstellung überging. Ich vermute, daß letztere vor allem durch einen großen Landbesitzer am Ort vorangetrieben wurde, Gnaeus Ateius – Stempel auf der Keramik nennen ihn, seine Sklaven und Freigelassenen. Er wird zur senatorischen Familie der Ateii gehört haben und, obwohl er als Senator nicht selbst wirtschaftlich tätig sein konnte, den Ton auf seinen Ländereien genutzt haben, wie das die senatorischen Landbesitzer in der Umgebung Roms mit ihren Gütern bei der Ziegelherstellung taten. Tonverarbeitung galt als eine Unterart von Landwirtschaft, und war daher auch einem Senator möglich. Später wird Ateius dann manche seiner Freigelassenen finanziert haben, die in Südgallien Werkstätten führten (etwa so, wie Marcus Crassus Frugi seine Thermen führen ließ). Auch wenn man meiner Vermutung nicht folgen möchte, so bleibt jedenfalls festzuhalten, daß der Niedergang der Keramikindustrie von Arretium nicht als Zeugnis für einen wirtschaftlichen Niedergang ganz Italiens ausreicht.

Natürlich überwog der Import nach Italien den Export. Luxusgüter für die reichen senatorischen Familien kamen aus dem ganzen Reich und von noch weiter entfernten Gegenden: Bernstein von der Ostsee, Seide aus China, Gewürze aus Indien. Vor allem aber war die Stadt Rom selbst ein riesiger »Parasit«. Auf die Problematik des notwendigen Getreideimports und dessen Organisation durch Augustus, Claudius und Trajan haben wir bereits hingewiesen; ohne Importe aus Afrika und Ägypten wäre die Stadtbevölkerung verhungert. Doch auch andere Gü-

---

[7] Man hat arretinische *terra sigillata* in Arikamedu bei Madras gefunden! Vgl. zuletzt Vimala Begley, *Arikamedu reconsidered*. American Journal of Archaeology 87 (1983) 461–481.

ter, vom Marmor zur Verschönerung der Bauten bis zu den wilden Tieren für die Amphitheater, wurden von den Kaisern eingeführt. Was Aelius Aristides zur Zeit des Antoninus Pius angibt, muß schon zwei oder drei Generationen zuvor zutreffend gewesen sein:

> Von allen Teilen der Welt fließt ein endloser Strom von Gütern zu euch. . . . Was immer ein Volk anbaut oder herstellt, findet sich stets auch in Rom im Überfluß. So viele Händler mit Ladungen aus aller Welt kommen hier zu jeder Zeit an, daß die Stadt das gemeinsame Lagerhaus der Welt wird. . . . Nie hören Schiffe auf, anzukommen oder fortzufahren, ja es ist erstaunlich, daß das Meer – vom Hafen ganz zu schweigen – genügend Platz für all die Händler bietet.
>
> (Aelius Aristides, Auf Rom 11–13)

Die Rede ist hier natürlich von Portus, dem künstlichen Hafen, der schrittweise Ostia als Haupthafen Roms ablöste. Das äußere Hafenbecken, das unter Claudius begonnen und unter Nero vollendet wurde (s. Abb. 8), war 80 Hektar groß, das innere, das Trajan hinzufügte, knapp 33. Von Portus aus brauchten Treidelschiffe noch einmal drei Tage tiberaufwärts bis Rom; der dichte Schiffsverkehr führte nicht selten zu Stauungen!

Die Stadt Rom

Rom war eine Millionenstadt, die nicht ihresgleichen kannte: Pompeji hatte zum Beispiel nicht einmal 20 000 Einwohner, und keine andere antike Stadt hatte mehr als 300 000, die geschätzte Bevölkerungzahl von Alexandria in Ägypten und von Karthago. Für den Ehrgeizigen war Rom die Welt. Cicero hatte einmal einem jungen Freund geschrieben: »Die Stadt, mein lieber Rufus, die Stadt! Bleib dort und leb in ihrem Sonnenschein . . . Jede Reise ist eine feige Ausrede, wenn man in Rom glänzen könnte!« (Epistulae ad familiares 2,12,2) – und wir dürfen sicher sein, daß Petron und Plinius diese Meinung teilten. Juvenal klagt den Schmutz, die Scheußlichkeit und die Korruption der Großstadt an, doch kam er offenbar nie auf den Gedanken, aus Rom fortzuziehen. Martial kam aus seiner heimatlichen Kleinstadt Bilbilis in Spanien nach Rom und kehrte im Alter als berühmter und geehrter »großer Sohn« wieder heim; er schreibt an Juvenal, wie sehr er ihn bedauert, daß er immer noch »die Schwellen der Großen abwetzt und sich mit seiner verschwitzten Toga Luft zufächelt« (12,18), doch hat er über das Leben in der Kleinstadt auch nichts Gutes zu sagen: Immer noch besser die Erniedrigung in Rom als die komfortable, aber langweilige Bedeutungslosigkeit in der Provinz – und das, obwohl die antike Literatur gerne den Frieden des Landlebens den Gefahren der Stadt gegenüberstellte.

Wir haben bereits (Kap. 5) Neros Rolle als Patron der Künste herausgestellt. Rom blieb auch unter den Flaviern der kulturelle Magnet der lateinischsprachigen Welt. Vespasian, der selbst keine literarischen Ambitionen hegte, war ein großzügiger Förderer von Kunst und Wissenschaft: »Als erster setzte er aus der kaiserlichen Kasse den lateinischen und griechischen Rhetoren eine jährliche Pension von 100 000 Sesterzen aus. Begabte Dichter und Künstler erhielten von ihm fürstliche Geschenke und hohen Lohn.« (Sueton, Vespasian 18) Er war auch Schauspielern und Musikern gegenüber freigebig. Sueton (ebd. 23) hebt seine Fähigkeit hervor, »griechische Verse recht passend anzubringen« – offenbar hatte er in der wenigen Freizeit, die sein Leben ihm bot, gerne Dichtung gelesen, etwa wie ein Feldmarschall unseres Jahrhunderts, Lord Wavell, der in den Kriegsjahren eine poetische Anthologie zusammenstellte[8]. Vespasian war ferner ein geübter Redner im Lateinischen ebenso wie im Griechischen und verfaßte seine Memoiren selbst. Von seinen beiden Söhnen konnte der eine, Titus, »leicht Reden und Verse auf Griechisch und Lateinisch abfassen« (Sueton, Titus 3), während der andere, Domitian, in seiner Jugend sogar »plötzlich ein Interesse für Poesie zeigte ...und seine Verse öffentlich vortrug« (Sueton, Domitian 2) und als Kaiser »dafür sorgte, daß die durch Brände zerstörten Bibliotheken wiederhergestellt wurden« – und das, obwohl er selbst nunmehr »außer den Notizen und Akten des Kaisers Tiberius nichts las« (ebd. 20).

Die Attraktivität Roms führte zu einer immensen Wohnraumknappheit. Wer nicht sehr reich war, für den bedeutete ein Leben in Rom bestenfalls Wohnen in einem Mietsblock *(insula)*. Martial etwa hatte eine Wohnung im dritten Stock mit gutem Ausblick, die man aber nur über eine enge Treppe erreichte und die zugig und laut und ohne Wasserversorgung war. Vielen ging es schlechter; eine ganze Familie lebte oft in einem einzigen Raum, Leute schliefen in den Treppenhäusern und auf den

[8] A. P. Wavell, *Other Men's Flowers. An Anthology of Poetry (1944).* Harmondsworth 1960 (s. Einleitung S. 22).

Abb. 13: Ostia. Rekonstruktion einer *insula* mit einer Garküche im Erdgeschoß.

Straßen. Die gut gebauten Wohnblocks in Ostia (Abb. 13) vermitteln einen Eindruck von besseren *insulae*, die Gebäude in Rom waren unseren literarischen Quellen nach durchaus nicht so schön. Juvenal (3, 190–196) beklagt die Baufälligkeit mancher Wohnblocks, und Gellius (15,1) erzählt, wie von einer Gruppe, die beim Spaziergang ein mehrstöckiges Wohnhaus und die Nachbargebäude in Brand sieht, einer meint: »Eigentum in der Stadt ist zwar profitabel, doch die Risiken sind zu hoch: Wenn man irgendwie erreichen könnte, daß die Häuser in Rom nicht mehr ständig abbrennen, dann würde ich bestimmt all mein Eigentum auf dem Land verkaufen und in der Stadt investieren.« In der Stadt Mietswohnungen zu besitzen war für Angehörige der Oberschicht dennoch üblich; sie ließen ihre *insulae* durch *insularii* genannte Sklaven verwalten. Daneben gab es auch bessere Wohnungen, die manchmal sogar von Senatoren – sei es für sich selbst in einer Krise (Sueton, Vitellius

7), sei es für den Sohn, der seine Unabhängigkeit wollte – oder von reichen Freigelassenen angemietet wurden; auch Augustus mietete sich manchmal eine solche Wohnung (Sueton, Augustus 45).

Wie schlimm das Leben in Rom sein konnte, hat Juvenal lebhaft in seiner dritten Satire geschildert – freilich dürfen wir seine Übertreibungen nicht für die Regel halten. Er klagt, daß man dauernd den Reichen Aufwartungen machen müßte, daß diese sich aber nur umeinander und nicht um die Armen kümmerten, daß die Reichen ihre eigenen Sänften hätten (und die »riesigen ligurischen Sänftenträger«, die er erwähnt, waren sicher ein Statussymbol wie heute der Rolls-Royce), in denen sie auf dem Weg lesen, schreiben oder schlafen konnten, während der kleine Mann »von den Leuten hinter ihm nur noch fester in das Menschenknäuel vor ihm gepreßt wird«. Hören wir nicht die Klage eines heutigen Pendlers, der sein Leid nach einem schlechten Tag in der Kneipe klagt? Tatsächlich brauchen wir durchaus nicht anzunehmen, daß die Mehrzahl der Menschen in Rom im 1. Jahrhundert n. Chr. schlechter lebte als etwa die im London des 18. Jahrhunderts, auf das Samuel Johnson die Juvenalsatire umgemünzt hat[9].

Rom war sicherlich ein teures Pflaster, trotz subventionierter Nahrungsmittel und möglicher Spenden seitens des Patrons oder des Kaisers. Wieder können wir die literarischen Belege durch Inschriften ergänzen; wir begegnen so auch Menschen weit unterhalb von Juvenals Schicht (sofern sie sich etwa einen Grabstein leisten konnten; die ganz Armen konnten freilich nicht einmal das). Die Berufe, die hier genannt werden, sind äußerst vielfältig und zeugen von dem Grad an Spezialisierung, den nur eine so große und komplexe Stadt wie Rom ermöglichte. In manchen Bereichen arbeiteten Frauen ebenso wie Männer, und nicht selten beobachten wir Heiratsverbindungen zwischen Angehörigen desselben Berufszweigs, wobei die Beziehungen manchmal in die Zeit zurückreichen, als beide Partner noch Sklaven waren. Viele Handwerker hatten nämlich ihren Beruf als Sklaven eines großen Haushalts oder eines etablierten Geschäftsmanns gelernt und übten ihn nun nach ihrer Freilassung aus.

[9] S. Johnson, *London. A Poem (1738)* in: Ders., *The Complete English Poems.* Hg. v. J. D. Fleeman. Harmondsworth 1971, S. 61–68.

In den großen Haushalten gab es eine Vielzahl von Aufgaben – an die 80 sind bezeugt –, die am besten durch Inschriften aus den *columbaria* genannten Gemeinschaftsgräbern bekannt sind, in denen die Leichname oder Aschen von Sklaven und Freigelassenen prominenter Familien oder Personen beigesetzt wurden, zum Beispiel die der Volusii Saturnini, die der Augustuswitwe Livia (beide an der Via Appia) oder die der Statilii (auf dem Esquilin; von Augustus bis Nero in Gebrauch). Wir können nicht angeben, wie viele Bediente ein Haushalt hatte; Livias *columbarium*, das etwa 30 Jahre (auch nach ihrem Tod noch) in Gebrauch war, bot Platz für über 1000 Beisetzungen, doch war dies nicht die einzige Grabstätte für Livias Haus. Von dem Senator Pedanius Secundus heißt es, er hätte 400 Bediente in seinem Stadthaus gehabt (Tacitus, Annales 14,43, in einem höchst rhetorischen Kontext). Zweifellos war die Zahl der Bedienten auch ein Statussymbol.

Der Haushalt unterstand einem *dispensator*, oft ein Sklave, der seinerseits Sklaven besaß. Es gab spezialisierte Bediente, die Besucher einlassen oder fernhalten sollten, die dabei die dem jeweiligen Rang zukommende Behandlung beherrschten und sich um das Wohlergehen zugelassener Gäste kümmerten. Es gab Diener für die privaten Gemächer, die so zahlreich waren, daß sie eigens überwacht werden mußten; an der Spitze dieser Überwacher stand der *cubicularius*, der seinen Einfluß durch die Nähe zu seinem Herrn gewann. Die Damen hatten ihre Zofen, die oft auch Vertraute ihrer Herrin waren – ihr hoher Status zeigt sich daran, wie oft Freilassungen von Zofen bezeugt sind. Livia beschäftigte einige Bediente, die sich allein um ihre Garderobe zu kümmern hatten. Es gab Friseure, Masseure (für Herren) und Masseusen (für Damen), Laufburschen und Boten, Sekretäre und Buchhalter. Es gab viele Handwerker wie Schreiner, Steinmetze, Installateure, Glaser, und die kaiserliche Familie beschäftigte überdies eigene Gold- und Silberschmiede, Juweliere und ähnlich ausgebildete Sklaven. Auch höhere Berufe wurden von Sklaven ausgeübt, wir finden hier etwa Bibliothekare, Architekten und Ärzte.

Sklaven vermehrten sich. Sie konnten keine rechtsgültige Ehe eingehen, doch wurden Verbindungen zwischen Sklaven, die gerne gesehen wurden, nach der Freilassung beider Partner als Ehe anerkannt. Im Haus geborene Sklaven galten als günstigerer Besitz als gekaufte, wohl weil man annahm, sie seien ihren Herrn gegenüber eher loyal. Sklaven und Freigelassene verwiesen oft stolz auf die Familien, denen sie gehörten, ja die Arroganz von Sklaven großer Häuser einfachen Bürgern gegenüber war berüchtigt. Als Hebammen ausgebildete Sklavinnen und Ammen halfen ihren Standesgenossinnen bei der Geburt, Lehrer aus ihrem Stand bei der Ausbildung ihrer Kinder. Aus juristischen Quellen läßt sich entnehmen, daß die Fruchtbarkeit einer Sklavin für wichtig gehalten wurde. In den genannten großen Häusern sind jeweils – nach unseren Zeugnissen – mehr erwachsene männliche als weibliche Bediente beschäftigt gewesen. Vielleicht wurden schwangere Sklavinnen auf ein Landgut des Herrn versetzt, wo die Kinder in besserer Umgebung aufwachsen konnten. Wahrscheinlich erklärt sich aber das Zahlenverhältnis nicht zuletzt dadurch, daß neugeborene Mädchen ausgesetzt wurden und so umkamen oder daß sie verkauft wurden – oft endeten sie als Magd in einem armen Haushalt oder in einem Bordell. Am anderen Ende der Skala finden wir Sklavinnen wie Acte und Caenis, die freigelassen wurden und Nebenfrauen der Kaiser Nero bzw. Vespasian waren, ein eigenes Haus führten und einen Status innehatten, von dem eine freigeborene Frau nur träumen konnte.

Nicht gesprochen haben wir noch von den beiden Extremen – den höchst einflußreichen Sklaven und Freigelassenen in der Staatsverwaltung einerseits, den auf den Feldern schuftenden Sklaven und den (selbst in den *columbaria*-Inschriften nicht erwähnten) niederen Bedienten in den Städten andererseits. Wie komplex die Institution der antiken Sklaverei also war, haben wir gesehen. Wir sollten nicht vergessen, wie sehr sie sich von der Sklaverei der Neuzeit in den amerikanischen Südstaaten unterscheidet. Im allgemeinen unterschieden sich die römischen Sklaven körperlich nicht von ihren Herren, was es Freigelassenen und ihren Nachkommen ermöglichte, sich in einer Weise in die Gesellschaft zu integrieren, die den Schwarzen in Amerika nie möglich war. Wir müssen uns davor hüten, Analysen (und emotionelle Einstellungen) neuzeitlicher Sklaverei auf die Antike zu übertragen. Übrigens scheinen die Römer auch von Vorurteilen Farbigen gegenüber weitgehend frei gewesen zu sein; wenn sie etwas Vergleichbares kannten, dann die Ablehnung der großen blonden Barbaren, der Kelten und vor allem Germanen aus dem Norden.

Die Stadt Rom erlebte nach ihrer Verwandlung zur »Marmor-
stadt« durch Augustus weitere bemerkenswerte Änderungen.
Auf den Einfluß Neros auf die Architektur haben wir bereits
(Kap. 5) hingewiesen. Der Brand des Jahres 64 n. Chr. und die
bürgerkriegsähnlichen Auseinandersetzungen erforderten umfangreiche Neubauten. Vespasian stellte sogar jedermann frei,
aufgegebene Ruinen und leere Bauplätze zu übernehmen und
zu bebauen. Er selbst stellte das Kapitol wieder her, errichtete
ein neues Forum neben dem des Augustus (s. Abb. 7) und gab
die 120 Hektar, die Nero für sein Goldenes Haus samt dem
Park konfisziert hatte, zurück; auf dem Platz des künstlichen
Sees in jenem Park begann er mit dem Bau des (als Colosseum
bekannten) Flavischen Amphitheaters, das unter Domitian vollendet wurde. Auch dieser war ein großer Bauherr; er erweiterte
das Gebiet der Kaiserforen durch sein *Forum Transitorium,* das
Nerva vollenden sollte, errichtete den Titusbogen zwischen Forum und Colosseum zu Ehren seines Bruders und war für einen
neuen *circus* verantwortlich, dessen Umrisse noch heute in der
Piazza Navona zu erkennen sind. Sein größtes Monument aber
war der neue Kaiserpalast auf dem Palatin, dessen Architektur
den neuesten Entwicklungen entsprach. Von außen in konven-
tionellen Rechtecken gehalten, bot er im Inneren alle nur denk-
baren Kurvengestalten und dramatischen Raumeffekte.

Die Flavische Zeit sah auch die Umwandlung der Wohn- und
Handelsviertel. Privathäuser, Wohnblocks, Läden und Lagerhäuser wurden in Rom wie in Ostia neu aus Beton und Ziegeln
errichtet. Beton wurde zu dem römischen Baumaterial schlechthin, und die Architekten erkannten immer mehr, welche Ge-
staltungsmöglichkeiten sich nunmehr boten. Den Triumph der
neuen Architektur stellt das von Hadrian errichtete Pantheon
dar (s. Kap. 9). Die Wasserversorgung wurde durchgehend
überholt, was Frontin bezeugt, und Trajan ließ am Tiberufer
neue Läden und Lagerhäuser errichten, die die Stauungen auf
dem Fluß verringerten.

Trajan errichtete auch das letzte Kaiserforum (Abb. 7), eine
der großen Touristenattraktionen der Spätantike. Damit eine
ebene Baufläche entstand, mußte der Quirinal fast 40 m weit
abgetragen werden – so weit wie die Trajanssäule hoch war. Die
Säule, auf der Reliefs die Eroberung Dakiens wiedergaben
(Abb. 12), stellte den Mittelpunkt der Anlage dar, flankiert war

sie von zwei Bibliotheken. Eine Seite des Forums wurde von der großen Basilica Ulpia abgeschlossen, einem konservativen, aber reich verzierten Bau, der zum Vorbild für ähnliche Bauten in den Provinzen (z. B. in Karthago) wurde. An den Quirinal wurde hingegen ein dem neuen Architekturstil (ziegelverblendete Betonkonstruktion) entsprechendes Einkaufszentrum gebaut, in das man auf drei Ebenen gelangte und das über 150 Läden und einer Markthalle Platz bot.

Wenn die Armen in beengten und oft schmutzigen Verhältnissen lebten, so hatten sie doch ihre öffentlichen Vergnügungen, etwa durch die Darbietungen im Amphitheater (s. Kap. 10), deren Funktion wir mit der des Fußballs heute vergleichen können. Sie hatten die Thermen (Bäder), für die es keine moderne Entsprechung gibt. Und die Häufigkeit von Schenken in Pompeji und Ostia, die sicher auch in Rom ähnlich war, legt nahe, daß hier einem Bedürfnis nachgekommen wurde, das etwa in den Arbeitervierteln des viktorianischen London die *pubs* erfüllten. Das Leben spielte sich – wie noch heute in der Mittelmeerwelt – viel auf den Straßen und Plätzen ab, die eben durch die neuen Bauten wahrhaft glanzvoll waren. Die öffentlichen Plätze und Gebäude Roms spiegelten in würdiger Weise die Stabilität der römischen Welt und den Wohlstand Italiens. .

Wir haben bereits (Kap. 7) darauf hingewiesen, wie unbefriedigend unsere Quellen für die Gesetzgebung und Verwaltung unter den Kaisern von Hadrian an sind. Wir begegnen immer wieder nur einem Prokurator hier, einer Heereseinheit dort, dann wieder einem Gesetzesbruchstück, einem Detail aus der Reichsverwaltung usw.; ein zusammenhängendes Bild läßt sich so nicht gewinnen. Wir wollen im folgenden dennoch versuchen, einen Überblick über die Ereignisse unter Hadrian, Antoninus Pius und Mark Aurel zu geben und wollen im nächsten Kapitel einige der wichtigeren Themen jener Zeit behandeln.

Hadrian

Publius Aelius Hadrianus stammte aus einer seit alters in Spanien ansässigen Familie, die jedoch ihren Ursprung auf Ahnen aus Picenum zurückführte. Seit seinem zehnten Lebensjahr (mit dem Tod seines Vaters, eines Vetters des Trajan) war Hadrian Trajans Schützling gewesen; er heiratete Trajans Großnichte. Seine Laufbahn hatte ihm zwar keine besonderen Ehrenstellungen und Gefälligkeitserweise durch den Kaiser eingebracht, die ihn als alleinigen Thronerben ausgezeichnet hätten, doch war seine Stellung beim Tod des Kaisers kaum angreifbar. 108 n. Chr. war er Konsul – wenn auch nur *suffectus* – gewesen, jetzt war er für eine zweite Amtsperiode (die des Jahres 118) designiert, war Legat von Syrien und damit Befehlshaber der für die Operationen im Reichsosten bereitgestellten Truppen. Als die Nachricht vom Tod Trajans am 11. August 117 n. Chr. in Antiochia eintraf, riefen die Soldaten jedenfalls Hadrian als neuen Kaiser aus. Dieser schrieb sogleich an den Senat, um die Vergöttlichung des Trajan und die Ratifizierung seiner Nachfolge zu erbitten. Er gab an, von Trajan auf dem Sterbebett adoptiert worden zu sein – ob dies tatsächlich geschehen war oder auf eine von manchen angenommene Fälschung der amtlichen Dokumente durch Trajans Witwe Plotina zurückging, sei dahingestellt. Es gab nunmehr nur zwei Möglichkeiten: Entweder setzte sich Hadrian als neuer Kaiser durch, oder es gab Bürgerkrieg.

Hadrians Familie erhob den – wohl übertriebenen – Anspruch, seit fünf Generationen Senatoren gestellt zu haben. Seine Beziehungen zum Senat sollten jedoch eines der Probleme Hadrians werden; sie besserten sich eigentlich nie mehr seit der Krise ganz zu Beginn seiner Herrschaft: Vier ehemalige Konsuln, unter ihnen der Maurenscheich Lusius Quietus, der unter Trajan gedient hatte, wurden in Abwesenheit (auch in Abwesenheit Hadrians!) in Rom wegen angeblicher Verschwörung gegen Hadrian angeklagt, verurteilt und gejagt; wer gefangen wurde, wurde exekutiert. Die Umstände dieser Vorgänge liegen im dunkeln. Hadrian soll die Verantwortung für sie in seiner (nicht erhaltenen) Autobiographie abgestritten und seinen Prätorianerpräfekten Attianus beschuldigt haben, den er jedenfalls bald entließ. Die vier Männer mögen gegen Hadrians Politik, die von Trajan eroberten Gebiete im Reichsosten aufzugeben, opponiert haben; ob sie wirklich den Tod des neuen Kaisers wollten, ist unbekannt. Hadrian leistete einen Eid, daß er künftig kein Todesurteil gegen einen Senator ohne Stellungnahme des Senats mehr zulassen werde, doch war der Schaden nicht mehr gutzumachen, und das Verhältnis zwischen Kaiser und Senat blieb getrübt.

Tatsächlich zog Hadrian unmittelbar nach seinem Herrschaftsantritt die römischen Besatzungen aus den Provinzen jenseits des Euphrat ab und verlegte sich künftig auf die bewährte Politik der Unterstützung von Klientelkönigen anstelle von direkter römischer Herrschaft in den Randgebieten. Von Trajan übernahm er auch ungelöste Probleme in anderen Reichsteilen, die sich während Trajans Tätigkeit im Osten eingestellt hatten: In Britannien gab es Unruhen, am Donauunterlauf und in Mauretanien ebenso, und ein nicht weniger bedrohlicher Aufstand der jüdischen Gemeinden in der ganzen östlichen Reichshälfte richtete großen Schaden an. Auf einem 118/ 119 n. Chr. aufgestellten Meilenstein an der Straße von Kyrene nach Apollonia lesen wir:

Imperator Caesar Traianus Hadrianus Augustus, Sohn des vergöttlichten Traianus Parthicus, Enkel des vergöttlichten Nerva, *pontifex maximus*, zum zweitenmal Inhaber der *tribunicia potestas*, zum drittenmal Konsul, ließ die Straße, die beim jüdischen Aufstand aufgerissen und zerstört worden ist, wieder herstellen.　　　(AE 1928, 1 = Sm. II 59)

Hadrian schuf rasch wieder Ordnung, erließ noch ausstehende Steuern und betonte die Kontinuität seiner Herrschaft durch das ehrende Angedenken, das er stets Trajan zuteil werden ließ. Seine Propaganda betonte die »Ewigkeit« Roms, Münzen feierten das »goldene Zeitalter« *(saeculum aureum).* Es gab keine neuen Kriege.

Hadrians Reisen

Hadrian machte sich daran, die Verwaltungsmaschinerie des Reiches zu reorganisieren und zu konsolidieren. Er verbrachte zwei oder drei Jahre in Rom, bis er die Zügel dort fest genug in der Hand zu haben glaubte, und widmete dann etwa fünf Jahre einer ausgedehnten Rundreise durch die Provinzen. Er begann mit Gallien, wo er den städtischen Gemeinden viel Aufmerksamkeit (und Geld) schenkte, und zog dann weiter nach Germanien, wo er die Heeresdisziplin straffte, zusammen mit den Soldaten wohnte und trainierte, und Straßen- und andere Baumaßnahmen an den Grenzen initiierte: Die erste durchgehende Barriere – eine Holzpalisade – entlang der Grenze *(limes)* zwischen Rhein und Donau entstand in Hadrians Herrschaftszeit. Wohl Anfang 122 n. Chr. kam er nach Britannien; dort waren die schottischen Lowlands auch südlich des Forth (s. Kap. 7) etwa 105 n. Chr. aufgegeben worden, vielleicht weil Trajan für seine Dakerkriege Verstärkungen aus Britannien angefordert hatte. Hadrian sicherte nun die neue Nordgrenze durch eine Mauer ab. Dieser sogenannte »Hadrianswall« (Abb. 14) trennte die noch immer nicht ruhigen Brigantes von den noch feindlicheren britischen Stämmen im Norden. Der Bau der ca. 130 km langen Grenzanlage, die nicht ihresgleichen an anderen Grenzen des Römischen Reichs hat, dauerte mindestens sechs Jahre. Noch im selben Jahr kehrte Hadrian nach Gallien zurück und zog weiter nach Spanien, wo er den Winter verbrachte.

Hadrians Reisen waren nicht rein »dienstlich«; der Kaiser war an den Sehenswürdigkeiten der Provinzen und »an allem Wissenswerten interessiert« (Tertullian, Apologeticus 5), und er war außerdem ein passionierter Jäger. Sein Lieblingspferd Borysthenes ist beim heutigen Apt in Südfrankreich bestattet, was die vom Kaiser in recht uneleganten Versen abgefaßte Grabinschrift bezeugt (CIL XII 1122 = Sm. II 520). Aus Spanien setzte er nach Mauretanien über, wo er offenbar militärische Aktionen leitete, und segelte noch vor Ende 123 n. Chr. über

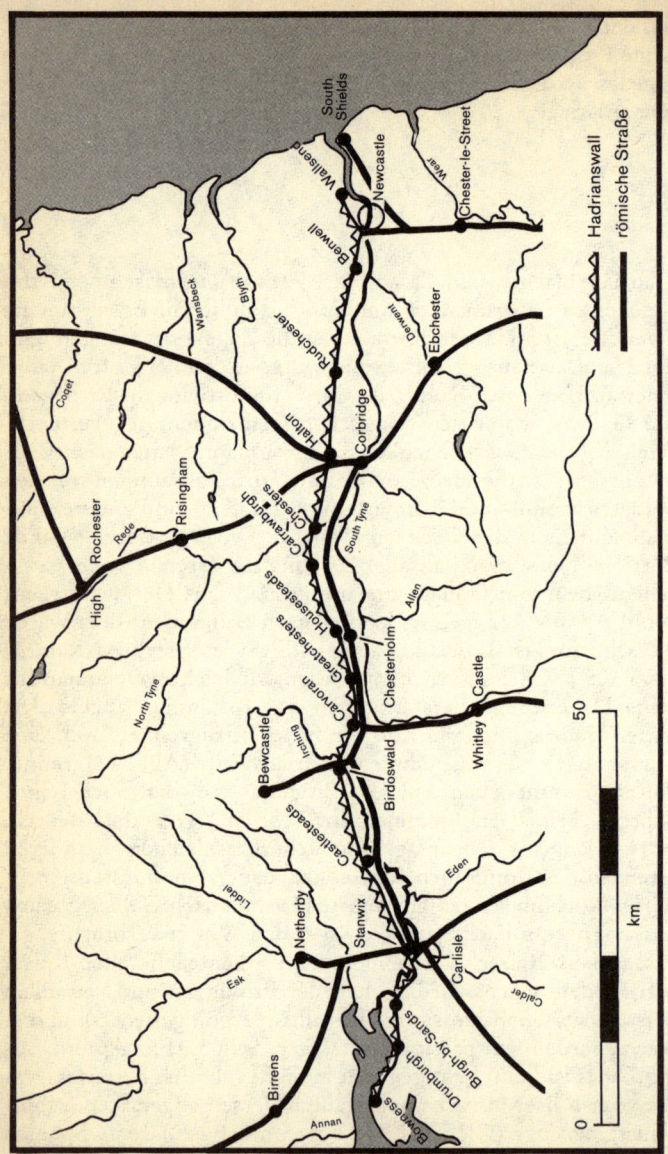

Abb. 14: Der Hadrianswall in Britannien.

das Mittelmeer in den griechischsprachigen Osten des Reichs, um dort ein paar Jahre zu verbringen, was seiner Vorliebe für griechische Kultur und griechische Altertümer entsprach; er kehrte nie mehr in die westlichen Provinzen zurück.

126 n. Chr., vielleicht schon eher, war er wieder in Italien. Im folgenden Jahr feierte man das zehnte Jahr seiner Thronbesteigung. Hadrian nahm den Titel *pater patriae* (Vater des Vaterlands) an; Münzen betonten die Eintracht, *concordia*, im Staat. Bald machte sich Hadrian wieder auf, ging nach Afrika, wo seine Ankunft in Karthago mit dem Ende einer fünfjährigen Dürreperiode zusammenfiel. Vor August 128 hatte er die neue Legionsbasis in Lambaesis besucht, wo eine Inschrift seine Rede an die Soldaten – deren Manöver er beobachtet hatte – bewahrt hat (ILS 2487 + 9133–9135 = Sm. II 328; HIRK 79). Sein Bemühen um Disziplin und Training ist dabei wieder deutlich, denn es wäre nur zu leicht möglich gewesen, daß das Heer angesichts des allgemeinen Friedenszustands verweichlichte. Aus Afrika kehrte er kurz nach Rom zurück, reiste dann gleich nach Athen und blieb bis 134 n. Chr. in Griechenland und den östlichen Provinzen. Inschriften und Münzen bezeugen dankbar seine großzügigen Spenden für die Städte, die er besuchte, lassen aber keine Rekonstruktion des Ablaufs seiner Reisen zu. 129 war er dann in Ägypten, wo sein Liebling, ein bithynischer Knabe namens Antinous, im Nil ertrank – manche vermuteten einen Selbstmord. Hadrian verhehlte seine Trauer nicht; zu den Gedenkstätten für Antinous gehört auch die Gründung einer Stadt zu seinen Ehren, Antinopolis. Wahrscheinlich auf derselben Reise hat Hadrian die Gründung einer Kolonie namens Colonia Aelia Capitolina anstelle Jerusalems beschlossen, wobei der jüdische Tempel, den Titus zerstört hatte (s. Kap. 7), durch einen Jupitertempel ersetzt wurde – der Anlaß für den großen jüdischen Aufstand unter Simon Bar-Kochba 132 bis 135 n. Chr. Cassius Dio (69, 14) mag übertreiben, wenn er angibt, daß in seinem Verlauf 50 Festungen und 985 Siedlungen zerstört und über eine halbe Million Männer im Kampf getötet wurden, doch war der Krieg groß, die Vergeltung gnadenlos. Juden war es künftig »streng verboten, auch nur einen Fuß auf das Land um Jerusalem herum zu setzen« (Eusebios, Kirchengeschichte 4, 6).

Sein ganzes Leben lang war Hadrian ein begeisterter Bauherr
gewesen, sowohl in Rom als auch in den Provinzen. Er gründete neue Städte, bereicherte alte durch Tempel, Thermen, Theater, Amphitheater, im Falle Athens durch eine ganze neue Vorstadt, Ephesos durch neue Hafenanlagen, baute Straßen und
Aquädukte – darunter die 132 bzw. 90 km langen Wasserbau-
ten, die Karthago mit 32 Millionen Liter Wasser täglich versorg-
ten (s. Kap. 10). Das Ausmaß seiner Bauten ist ebenso eindrucksvoll wie deren Ideenreichtum; man denke etwa an das
Pantheon in Rom, das Hadrian als einen Rundbau von 43,2 m
Höhe und Durchmesser errichten ließ, der sein Licht durch eine
etwa 10 m große Öffnung in der Kuppel erhält. Diese Kuppel
überspannt eine größere Fläche als die des Petersdoms und hat
bis in die Neuzeit nicht ihresgleichen gefunden. Den Eintritt
gewährten Bronzetore (die erhalten sind), und der Innenraum
war mit farbigem Marmor geschmückt. Man denke aber auch
an Hadrians Mausoleum, das er sich rechts des Tiber bauen ließ
– es konnte mit dem des Augustus konkurrieren. (Im Mittelalter wurde es zu einer päpstlichen Festung umgebaut und ist
heute als Engelsburg bekannt.) Außerhalb Roms steht Hadrians
Villa in Tibur (Tivoli) auf einem Gelände von über 65 ha, die er
bald nach seinem Herrschaftsantritt begonnen, immer wieder
erweitert und mit zahllosen Kunstwerken ausgestattet hat; im
Alter war sie sein Lieblingssitz.

Kein Kaiser nach Augustus hat einen so großen Einfluß auf
das äußere Erscheinungsbild des Reichs gehabt wie Hadrian.
Marguerite Yourcenar beschreibt dies wunderbar in ihrem Roman *Ich zähmte die Wölfin*, einer fiktiven Autobiographie Hadrians: »In einer Welt, die noch halb von Wald, Steppe und
Heide bedeckt ist, tut es gut, den Plattenbelag einer Straße zu
sehn, einen neuen Tempel, gleichgültig für welchen Gott, Bäder
und Latrinen, den Laden, wo der Barbier mit seinen Kunden
über die letzten Nachrichten aus Rom schwätzt, den Stand des
Bäckers, Schusters, vielleicht des Buchhändlers, das Schild des
Arztes, das Theater, wo hin und wieder ein Stück des Terenz
gespielt wird. Empfindsame Seelen klagen über die Gleichför-
migkeit unserer Städte: überall finde man dasselbe Kaiserstand-
bild, dieselbe Wasserleitung. Mit Unrecht, Arles ist auf andere
Art schön als Nîmes. Übrigens liegt gerade in dieser Gleichför-
migkeit, die wir in drei Erdteilen immer wieder antreffen, für

den Reisenden etwas Beruhigendes, etwa wie bei den Meilen-
steinen an der Heerstraße. Auch die gesichtsloseste unserer
Städte gibt ein Gefühl der Geborgenheit, sie ist Etappe, Poststa-
tion und Zuflucht ...«[1] Übrigens beeinflußte Hadrian auch in
einer anderen Hinsicht das Erscheinungsbild des Reiches: Er
ließ sich – angeblich, um Narben zu überdecken (HA Hadrian
26) – einen Bart stehen, wohl aus Bewunderung für die traditio-
nell bärtigen griechischen Philosophen. Und die Angehörigen
der römischen Oberschicht, die sich seit Jahrhunderten immer
rasiert hatten, folgten seinem Beispiel!

Finanz- und Heeresverwaltung unter Hadrian

In den meisten Bereichen der Reichsverwaltung hat Hadrian
wohl die Politik seiner Vorgänger fortgesetzt und weiterentwickelt. Dem Reich ging es nie besser, und trotz all seiner
Freigebigkeit und seiner teuren Bauprogramme scheint Hadrian
nie unter Geldmangel gelitten zu haben. Dabei mag sein Aufgeben der trajanischen Eroberungen im Osten durchaus auch finanzielle Gründe gehabt haben: Die ständige Besetzung der
neuen Provinzen mit römischen Soldaten hätte erhebliche Ausgaben erfordert, die vielleicht nicht von den zu erwartenden
Einnahmen aus Steuern von dort gedeckt worden wären. Daß
sich Hadrian für die Finanzverwaltung des Reichs interessierte,
ist bekannt; ob allerdings die Entwicklungen und Ämter, die
erstmals zur Zeit seiner Herrschaft bezeugt sind, auch wirklich
auf ihn zurückgehen und wir nicht durch den Mangel an Quellen für die frühere Zeit getäuscht werden, ist unsicher. Wenn
manche Gelehrte ihm eine umfangreiche Ausweitung des Systems ritterlicher Prokuratoren und die Festschreibung einer
ritterlichen Laufbahn zuweisen, so kann dieser Eindruck auch
darauf zurückgehen, daß uns erst seit der Zeit Hadrians zahlreiche Inschriften für Ritter vorliegen. Die Karriereleiter für Ritter
sah mittlerweile – und nicht notwendig erst nach Eingreifen
Hadrians – folgendermaßen aus: An der Spitze standen die
»200 000-Sesterzen-pro-Jahr-Männer« *(ducenarii),* zu denen die
obersten Beamten der kaiserlichen Verwaltung, die Prokurato-

[1] M. Yourcenar, *Ich zähmte die Wölfin. Die Erinnerungen des Kaisers Hadrian.* (dtv 1394) München 1982, S. 105.

ren kleinerer Provinzen und weitere Amtsträger wie der Biblio-
theksdirektor von Rom zählten. Es folgten Posten, die 100000
und 60000 Sesterzen jährlich einbrachten.

Zwei Bereiche, in die Hadrian persönlich eingriff, waren die
Heeres- und die Rechtsverwaltung. Wie sehr ihm an der militärischen Disziplin gelegen war, haben wir bereits gesehen. Ein
Abschnitt in der *Historia Augusta* (HA Hadrian 10) schreibt
ihm die Eigenschaften eines guten Heerführers zu – »er gab den
Soldaten ein Vorbild im Ertragen von Strapazen«, teilte mit
ihnen Unterbringung, Essen und Drill –, was konventionelle
Lobhudelei sein mag; die Tatsache aber, daß dieser Abschnitt
einige nicht übliche Details nennt und außerdem dem einzigen
literarischen Beleg für die Errichtung des Hadrianswalls (also
für eine archäologisch und epigraphisch überreich bezeugte
Maßnahme) vorangeht, macht die Historizität der Angaben
wahrscheinlicher. Die Angabe, daß Hadrian »aus den Lagern
alle Speisesäle, Säulenhallen, überdachten Gänge und Ziergärten
entfernen ließ« (ebd.), paßt gut zu seinem Interesse an Architektur und Disziplin; über sein Interesse an der Finanzverwaltung des Reichs heißt es:

Überdies war es ihm ein Anliegen, die Heeresmagazine genau zu kontrollieren, wobei er auch die Lieferungen aus den Provinzen umsichtig
prüfte, um in der Lage zu sein, etwaige Lücken aufzufüllen. Mehr als
alle anderen war er bestrebt, nichts Unnötiges anzuschaffen oder zu
unterhalten. (HA Hadrian 11)

Archäologisch steht ferner fest, daß die Ausrüstung der römischen Soldaten im 2. Jahrhundert n. Chr. weit mehr standardi-
siert war als im ersten – vielleicht trug Hadrian, wenn er sich
persönlich für derlei Dinge interessierte, zur Zentralisierung
und Standardisierung in diesem Bereich bei.

Hadrian soll auch die Rekrutierung von Männern aus den
Grenzprovinzen und von Soldatensöhnen gefördert haben, womit er freilich nur eine schon bestehende Tendenz verstärkte.
Während des 2. Jahrhunderts n. Chr. stellten die am weitesten
romanisierten Provinzen, allen voran Italien selbst, immer weniger Rekruten. Wenn sich nicht mehr genug Freiwillige meldeten (in der HA Hadrian 12 wird sogar die Idee einer allgemeinen Aushebung angesprochen), so hatte das verschiedene
Gründe: Zumindest theoretisch mußten Legionäre das Bürgerrecht besitzen, da aber Soldaten keine rechtsgültige Ehe eingehen konnten, ihre Söhne also das Bürgerrecht nicht besaßen,

konnten diese eigentlich nicht ihrerseits in den Legionen Dienst tun (s. Kap. 3). Freilich sind seit Augustus' Zeit immer wieder Maßnahmen bezeugt, durch die Soldaten bei Dienstantritt doch das Bürgerrecht erhielten und somit qualifiziert waren (s. Kap. 6); diese Praxis nun wurde im 2. Jahrhundert noch üblicher, vielleicht auf Betreiben Hadrians. Ein Anzeichen, das für diese Annahme spricht, ist die Verbreitung des Namens Aelius unter den inschriftlich bezeugten Veteranen der nächsten Jahrzehnte; dieser Name legt nämlich nahe, daß diese Soldaten oder ihre Väter das Bürgerrecht unter Publius Aelius Hadrianus erhalten hatten.

Andere rechtliche Veränderungen, die den Status der Soldaten verbesserten und zweifellos die Rekrutierung förderten, gehen sicher auf Hadrian zurück. Zunächst hatten Soldaten zum Beispiel keine rechtsgültigen Testamente machen können; spätestens seit flavischer Zeit wurden sie dann (selbst wenn sie nicht in der richtigen Form abgeschlossen waren) anerkannt. Hadrian nun dehnte diese Praxis auf die Testamente von Veteranen aus und bestimmte, daß ein Testament auch durch Hinrichtung des Erblassers nicht ungültig wurde. Ein weiteres Beispiel: Schon seit langem hatte der Soldat die volle Verfügungsgewalt über den Besitz, den er während seines Dienstes angesammelt hatte (stand also diesbezüglich nicht unter der Autorität seines Vaters). Hadrian weitete auch diese Regel aus, indem er in verschiedenen Zweifelsfällen zugunsten des Soldaten entschied. Die wohl wichtigste Reform in diesem Bereich aber war die Regel, daß die Kinder von Soldaten, die ja als illegitim galten, dennoch das Eigentum ihres Vaters rechtsgültig erben konnten. Bezeugt ist diese Bestimmung durch einen Papyrus, der die Abschrift eines Briefes von Hadrian an den Präfekten von Ägypten wiedergibt:

Ich weiß, mein lieber Rammius, daß denjenigen, deren Väter sie während ihres Militärdienstes als Sohn anerkannt haben, bislang der Antritt ihres Erbes des väterlichen Eigentums verwehrt war. ... Ich habe nun das Vergnügen, Verfügungen zu treffen, durch die es mir möglich ist, das von den Kaisern vor mir recht streng Gehandhabte liberaler (»menschenfreundlicher«) zu interpretieren: Zwar sind Söhne, deren Väter sie während ihres Militärdienstes anerkannt hatten, keine rechtsgültigen Erben des väterlichen Eigentums, doch soll ihnen künftig erlaubt sein, das Anrecht auf das Eigentum ihrer Väter anzumelden, entsprechend der Klausel in dem Edikt über die Erbfolge von Blutsverwandten. Das also bestimme ich. (Sel. Pap. 213)

Cassius Dio (69, 9) registriert, daß einige militärische Regelungen Hadrians noch ein Jahrhundert später in Kraft waren; manche von ihnen sind sogar in den Digesten überliefert.

Rechtsverwaltung unter Hadrian

Hadrians Einfluß war keineswegs auf Rechtsreformen im militärischen Bereich beschränkt. Auch auf anderen Gebieten ist er der erste römische Kaiser, dessen Gesetzgebung und Rechtsregelungen in einigem Umfang bezeugt sind. Die *Digesten* enthalten kaum vorhadrianisches Material, und im *Codex* Justinians ist das älteste zitierte Reskript (Schreiben des Kaisers zu einem speziellen Rechtsproblem) eines von Hadrian. Unsere Quellen betonen das persönliche Interesse, das Hadrian an der Rechtsverwaltung zeigte; hierzu gehört auch, daß Hadrian den Juristen Salvius Iulianus damit beauftragte, das früher jährlich neu verkündete Edikt des Prätors (das die Prinzipien der Rechtsverwaltung jeweils für dessen Amtsperiode enthielt) zu redigieren und als *edictum perpetuum* definitiv zu veröffentlichen. Wann das geschah, ist umstritten. Ob Iulianus, der aus der afrikanischen Kleinstadt Pupput (Souk el-Abiod bei Hammamet in Tunesien) stammte, als junger Quästor das auf einer dort gefundenen Inschrift (ILS 8973 = Sm. II 236) bezeugte doppelte Gehalt für seine Arbeit am *edictum* erhielt, läßt sich nicht sicher angeben. Wahrscheinlicher ist es, daß Iulianus, der es 148 zum römischen Konsul gebracht hatte und dann Statthalter verschiedener Provinzen war (schließlich unter Mark Aurel in seiner afrikanischen Heimat), sein Werk erst am Ende der Regierungszeit Hadrians vollendet hat.

Der Umfang von Iulianus' Revision des prätorischen Edikts läßt sich nicht genau erfassen, und wenn sie auch keine eigentliche »Kodifikation« bedeutete, hatte sie doch enormen Einfluß. Sie führte nicht nur zu umfangreichen Exegesen – der Jurist Ulpian verfaßte über 80 Bücher Kommentar zum *edictum perpetuum*, die in Justinians Digesten viel verwendet wurden –, sondern trug auch dazu bei, daß der Kaiser selbst immer mehr als Quelle neuen Rechts verstanden wurde. Dies wird durch die Präambel der Digesten deutlich:

Iulianus selbst, jener scharfsinnige Herausgeber der Gesetze und des *edictum perpetuum*, vertrat in seinen eigenen Schriften, daß was immer man als unvollkommen bemerkte, durch kaiserlichen Entscheid ergänzt werden solle. Nicht nur er allein – auch der vergöttlichte Hadrian legte bei der Festschreibung des *edictum* und in dem Senatsbeschluß, der dem folgte, ganz klar fest, daß wo immer etwas nicht im *edictum* geregelt sei, eine neue Autorität es im Einklang mit den Regeln, Prinzipien und Vorgängern des *edictum* festlegen solle.

(Justinian, Konstitution *Tanta* 18)

Diese »neue Autorität« war immer häufiger der Kaiser selbst, bis schließlich Ulpian feststellen konnte: »Was der Kaiser befiehlt, hat Gesetzeskraft.« (Digesten 1, 4, 1)

Übrigens entnehmen wir der gerade zitierten Konstitution, daß die Revision des *edictum perpetuum* offenbar noch durch einen Senatsbeschluß bestätigt worden war. Wiederum ist nicht sicher, wie groß Hadrians eigener Einfluß hierbei war, aber manche Gelehrte schreiben ihm die Initiative zu, auch Senatsbeschlüssen Gesetzeskraft zu verleihen. Der erste solche Beschluß, der eine direkte Abänderung des Zivilrechts bedeutete, stammt tatsächlich aus hadrianischer Zeit, doch mag es bereits eher solche Beschlüsse gegeben haben. Schon vor dem Ende des 1. Jahrhunderts n. Chr. hatten die Volksversammlungen jedenfalls nicht mehr die Funktion, Gesetze zu verabschieden; das so entstandene »Vakuum« hatten Senatsbeschlüsse ausgefüllt. Spätestens in Hadrians Zeit zweifelte überdies niemand mehr daran, daß die Autorität des Kaisers über alles erhaben war, und er durch seine Edikte und andere Anordnungen Recht setzen konnte. Die verschiedenen Formen, in denen das geschah, wurden bald nicht mehr unterschieden: Vielleicht schon unter Hadrian erhielt das kaiserliche Reskript, also die Äußerung des Kaisers zu einem speziellen Rechtsproblem, die Bedeutung, die ihm später als Rechtsquelle zukam. Überdies waren bestimmte Juristen schon seit augusteischer Zeit autorisiert, im Namen des Kaisers bindende Rechtsauskünfte zu geben – ein Verfahren, das Hadrians Aufmerksamkeit fand und von ihm systematisiert wurde. Er nämlich bestimmte, daß solche Auskünfte, wenn sie einstimmig gegeben worden waren, Gesetzeskraft haben sollten; gab es hingegen unterschiedliche Auffassungen unter den Juristen, mußte ein Richter über sie entscheiden (Gaius, Institutiones 1, 7).

Hadrians Bemühen um eine wirksame Rechtsverwaltung zeigt sich auch darin, daß er in Italien vier Gerichtsbezirke einrichtete, die jeweils einem Richter von konsularischem Rang unterstanden, der – wie ein Provinzstatthalter – in seinem Bezirk von Ort zu Ort reiste und Gerichtstage abhielt. Es war also nicht mehr erforderlich, daß ganz Italien sich stets an Gerichte in Rom wandte. Diese Maßnahme wurde allerdings als Abwertung des hohen Status Italiens aufgefaßt und war deshalb so unpopulär, daß sie aufgegeben werden mußte. Als Mark Aurel sie dann wieder einführte, hatten die Richter sogar nur prätorischen Rang und denselben Titel wie die in den Provinzen, *iuridici* – so hatten sich die Zeiten gewandelt.

Hadrians Humanität ist in zahlreichen Anekdoten und in Rechtsverfügungen bezeugt, die Großzügigkeit im Ehe-, Erb- und Sklavenrecht zeigen. Andererseits hielt er streng an der Unterscheidung der gesellschaftlichen Schichten fest. Es heißt, er habe angeordnet, daß »Senatoren und römische Ritter in der Öffentlichkeit stets die *toga* zu tragen hatten, außer wenn sie von einem Gastmahl heimkehrten« (HA Hadrian 22) – er selbst trug sie in Italien immer. Ob dies aber nicht wieder nur eine Erfindung der *Historia Augusta* ist – in Anlehnung an eine der Anekdoten, die Sueton über Augustus (40) erzählt –, wissen wir freilich nicht. Doch ist die Geschichte wenigstens für das Bild aufschlußreich, das man sich von Hadrian machte. Nicht von jedem Kaiser hätte (und hat) man so etwas erzählt.

Das Problem der Nachfolge

Hadrians letzte Jahre waren von einer schmerzhaften Krankheit des Kaisers und vom Problem der Nachfolge gekennzeichnet. Antiker Klatsch (und moderne Forschung) erweckt mitunter den Eindruck, wir wüßten mehr als wirklich der Fall ist. Cassius Dio (69, 17) erzählt zum Beispiel von einem Gespräch bei einem Gelage, bei dem zehn mögliche Nachfolger genannt wurden, von denen Hadrian den Lucius Iulius Ursus Servianus hervorgehoben haben soll. Ist diese Geschichte wahr? Servianus, ein Schwager Hadrians, war ein über neunzigjähriger Greis, hatte aber einen gerade achtzehnjährigen Enkel, Gnaeus Pedanius Fuscus Salinator, der als Hadrians einziger jüngerer Blutsverwandter für die Nachfolge in Frage kam – was aber offenbar nicht des Kaisers Wunsch war; jedenfalls gibt es keinerlei Zeugnisse für sein Interesse an Salinator, und Servianus war eindeutig zu alt. Im übrigen wurden die beiden – vielleicht wegen einer aufgedeckten Verschwörung – bald beseitigt, wobei die Art und Weise dieser Aktion die Senatoren an die Ereignisse zu Beginn von Hadrians Herrschaft erinnern mußte.

Hadrian adoptierte nunmehr einen der Konsuln des Jahres 136, den Lucius Ceionius Commodus, der den Namen Lucius Aelius Caesar annahm. Was ihn Hadrian empfahl, wissen wir nicht. Er starb jedoch Ende 137 n. Chr., und Hadrians nächste Wahl fiel auf einen gewissen Titus Aurelius Fulvius Boionius Arrius Antoninus, der seinerseits den jungen Sohn des Lucius Aelius Caesar (der künftig Lucius Aurelius Commodus hieß) und den siebzehnjährigen Neffen seiner eigenen Frau (als künftigen Marcus Aurelius Verus) adoptierte, einen jungen Mann, dessen Qualitäten Hadrian auffielen (er ist der spätere Kaiser Mark Aurel). Wahrscheinlich war Hadrians Wahl gerade seinetwegen auf Antoninus gefallen.

Antoninus selbst, der 120 n. Chr. Konsul gewesen war, gehörte zu einer Familie, die aus Nîmes in Südgallien stammte. Er war jetzt 51, reich, kompetent, respektiert, einigermaßen distinguiert, wenn auch in keiner Hinsicht herausragend, und für den Senat durchaus akzeptabel. Als Hadrian am 10. Juli 138 n. Chr. starb, wurde Antoninus ohne weiteres Aufheben Kaiser; er mußte freilich sogleich das Angedenken Hadrians gegen die verspätete Rachsucht des Senats, der Hadrian die göttlichen Ehren abstreiten wollte, verteidigen. Wahrscheinlich wegen dieses Akts von *pietas* (Ehrerbietung gegen den »Vater«) erhielt Antoninus den Beinamen Pius.

Antoninus Pius

Die Herrschaft des Antoninus Pius ist nicht durch so dramatische Ereignisse wie die Hadrians gekennzeichnet. Es gab keine Exekution von Konsularen, keine Reisen, keinen Antinous. Antoninus' Biographie in der *Historia Augusta* ist nicht einmal halb so lang wie die Hadrians. Zwar gibt es zahlreiche Inschriften aus seiner Zeit, doch es ermöglichen diese kaum, die Chronologie von Antoninus' Herrschaft oder die Abfolge seiner politischen Entscheidungen zu rekonstruieren. Der neue Kaiser teilte überdies nicht das Interesse am Bauen, das seinen Vorgänger ausgezeichnet hatte – an bemerkenswerten Bauten des Antoninus ist allein der Tempel für ihn und seine Gemahlin Faustina auf dem Forum Romanum zu erwähnen (heute die Kirche

San Lorenzo in Miranda mit ihrer Barockfassade), während vom Tempel für den vergöttlichten Hadrian noch eine Mauer und elf schlanke Säulen nahe dem Pantheon stehen.

An den Grenzen kam es nur in Nordbritannien zu ernsthaften Auseinandersetzungen, vielleicht sogar nur, damit der Ehrgeiz der Militärs befriedigt werden konnte. Der Statthalter Britanniens von 139 bis 145 n. Chr., Quintus Lollius Urbicus aus Tiddis in Afrika (s. S. 256 f.), eroberte hier die schottischen Lowlands zurück und errichtete eine neue Grenzbarriere vom Forth zum Clyde (den sog. »Antoninuswall«). Nach einer Rebellion wurde diese 154 aufgegeben, dann wieder besetzt und schließlich – wahrscheinlich ein bis zwei Jahre nach Antoninus' Tod – endgültig verlassen. Auch andere Grenzbefestigungen wurden ausgebaut, insbesondere der germanische *Limes*. In Mauretanien gab es Unruhen. Und doch konnte Aelius Aristides (Auf Rom 70) angeben: »An Kriege glaubt man nicht mehr, ja glaubt nicht einmal, daß es sie je gegeben hat, und Erzählungen von ihnen werden von den meisten wie Mythen aufgenommen.«

Die Verwaltung des Reichs im allgemeinen und die Rechtsverwaltung im besonderen folgte unter Antoninus Pius weitgehend der unter Hadrian angenommenen Politik; es gab kaum größere Änderungen. Manche Gelehrte haben zwar behauptet, daß Antoninus erstmals die Unterscheidung der Oberschicht *(honestiores)* vom Rest der Gesellschaft *(humiliores)* rechtlich festgelegt habe, was sich am unterschiedlichen Strafmaß bei gleichen Vergehen zeige. Doch geht diese Differenzierung im wesentlichen auf das 1. Jahrhundert n. Chr. zurück. Man kann nämlich schon da eine Tendenz feststellen, daß Strafen, die in republikanischer Zeit vorwiegend gegen Sklaven verhängt worden waren, nun auch gegen Angehörige der freien unteren Schichten der römischen Gesellschaft (auch römische Bürger!) angewendet wurden; ja manche Kaiser bedachten selbst Ritter und Senatoren mit solchen Strafen, was unweigerlich die Indignation eines Tacitus und anderer Schriftsteller aus der Oberschicht (also unserer Hauptquellen!) nach sich zog. Sicher jedenfalls läßt sich die Differenzierung des Strafmaßes je nach Schichtenzugehörigkeit bereits unter Hadrian nachweisen, der in einem Reskript bezüglich der Verrückung von Grenzsteinen bestimmte, daß überführte »Personen höheren Rangs« des Landes verwiesen werden (ohne daß sie die bürgerlichen Ehrenrechte verloren), alle anderen aber »zu schlagen und zu zwei

Jahren Zwangsarbeit zu verurteilen« sind (Digesten 47, 21, 2). Antoninus Pius wird also dieses System nur weiterentwickelt haben; wir lesen etwa: »Wer Gold oder Silber aus den kaiserlichen Minen stiehlt, soll gemäß eines Edikts des vergöttlichten Antoninus Pius mit Exil oder Zwangsarbeit in den Minen verurteilt werden, je nach seinem Stand.« (Digesten 48, 13, 8)

Auch der hadrianischen Tradition von Milde und Humanität bei der Interpretation des Rechts etwa im Erbfall, bei der Anwendung der Folter oder bezüglich der Lebensbedingungen für Sklaven schloß sich Antoninus Pius an, wenn wir auch von ihm hören: »Die Gewalt der Herren über ihre Sklaven soll zwar unversehrt bleiben, und niemandem soll sein Recht entzogen werden, aber es nützt dem Herren selbst, wenn demjenigen Abhilfe gegen Mißhandlung ... nicht verweigert wird, der sie aus einem rechtmäßigen Grund in Anspruch nimmt.« (Digesten 1, 6, 2) Das römische Recht stand schon immer auf der Seite der Besitzenden.

In seiner Rede *Auf Rom* betont Aelius Aristides (s. S. 266 f.) vor allem die Stabilität jener Zeit: glücklich die, die sich der *pax Romana* (des römischen Friedens) erfreuen, zu bedauern die, denen diese Segnungen versagt sind, weil sie außerhalb des Reiches leben. Die Reichsverwaltung bewege sich so gleichmäßig wie das Universum, Gerechtigkeit herrsche – alles aufgrund der Wachsamkeit des Kaisers, auch wenn dieser gar nicht persönlich anwesend ist: »Er kann beruhigt bleiben, wo er ist, und die Welt mit Briefen regieren, die kaum geschrieben schon an ihrem Bestimmungsort eintreffen« (33) – eine massive Übertreibung (s. S. 161 ff.). Ohne Zweifel drückte Aelius Aristides aus, was sein Publikum von ihm hören wollte; und eine Geisteshaltung, die solche Reden willkommen hieß, zeigt sicher keine Aufgeschlossenheit gegenüber Neuerungen. Nichtsdestoweniger erledigte Antoninus ein umfangreiches Arbeitspensum; Inschriften belegen, wie er sich um die Provinzen kümmerte, Verkehrswege verbesserte, öffentliche Bauten weiterführte, ausbesserte oder verbesserte. Der Kaiser war überdies ein kluger Haushalter, der für seine persönliche Sparsamkeit bekannt war und der Staatskasse einen sehr beträchtlichen Überschuß erwirtschaftete.

Antoninus Pius erntete also gleichsam, was seine Vorgänger, insbesondere Trajan und Hadrian, so sorgfältig gesät hatten. Er hinterließ das Reich auf dem Höhepunkt seiner Sicherheit und seines Wohlstands; »die Lage des Menschengeschlechts war die beste und glücklichste«, wie Edward Gibbon[2] gesagt hat (s. das Zitat S. 253 f.). Wie glücklich die Lage – wohlgemerkt vor allem für die *honestiores*! – war, sollte sich unter seinem Nachfolger zeigen, als die Schwächen und Probleme des Reichs deutlich machten, wie sehr diese glückliche Lage vom Bestand des Friedens abhing. Am 7. März 161 starb Antoninus Pius ruhig, sein Nachfolger wurde nach einem in der (sich als Modell einer guten Familie sehenden) Dynastie lang festgelegten Plan sein Schwieger- und Adoptivsohn Marcus Aurelius Verus.

Mark Aurel

Daß Marcus die Herrschaft mit seinem Adoptivbruder Lucius Commodus teilte, hatte Antoninus wohl nicht veranlaßt, unsere Quellen sehen jedenfalls hierin eine bewußte Entscheidung Mark Aurels, die für einige Überraschung sorgte. Was genau wann vor sich gegangen war, wissen wir allerdings nicht. Cassius Dio (71, 1) zufolge sah Mark Aurel, daß Lucius die körperliche Robustheit besaß, die ihm selbst abging, und hoffte wohl, daß er die Kriegführung dem Lucius überlassen könnte, während er selbst mehr Zeit fürs Philosophieren gewänne – das freilich sieht eher nach einem verzweifelten Versuch aus, zu erklären, was man nicht verstehen konnte. Marcus Aurelius Verus gab seinen Beinamen auf und überließ ihn seinem Adoptivbruder, der künftig als Lucius Verus bekannt war. Beide nahmen den Beinamen Augustus an und hatten alle Ämter gemeinsam inne – ausgenommen das des *pontifex maximus,* das nur einer allein halten konnte und das folglich Mark Aurel zufiel. Es war überhaupt immer klar, wer der bedeutendere von beiden war. Lucius Verus, ein zugänglicher und ehrlicher Mann, war nicht gerade fleißig und eher liederlich, auch wenn wir nicht alle Schauergeschichten der *Historia Augusta* glauben dürfen.

Mark Aurels Herrschaft begann mit einem größeren Krieg gegen die Parther, durch den der seit Trajan herrschende, aber nie sichere Friede in diesem Bereich ein Ende fand. Parthien war stets dann ein Unsicherheitsfaktor an der Ostgrenze des Römischen Reichs, wenn es durch innere Wirren zum Unruheherd geworden war. Vologaeses III. nun, der seit 148 n. Chr.

[2] Gibbon's *Geschichte des allmäligen Sinkens und endlichen Unterganges des römischen Weltreiches.* Dt. v. J. Sporschil. Bd. 1, Leipzig [4]1862, S. 80.

parthischer König war, hatte seine Macht konsolidiert und die Einheit des Partherreichs gefördert. Er freilich nutzte jetzt den Wechsel an der Spitze des Römischen Reichs dazu, in Armenien und Syrien einzufallen; er besiegte zwei römische Legionen und setzte einen parthischen Prinzen auf den armenischen Thron. Mark Aurel sandte Lucius Verus und eine anscheinend von ihm selbst zusammengestellte Mannschaft aus; dieser freilich zeigte – so die *Historia Augusta* – wenig Ambitionen bei den Kämpfen, die sich bis Anfang 166 n. Chr. hinzogen, aber doch mit einem römischen Sieg und einer Festigung der römischen Position an der Grenze endeten. Im August dieses Jahres erlebte Rom den ersten Triumph seit dem posthumen Zug für Trajan 118 n. Chr. Mark Aurel und Lucius Verus wurden mit Ehrentiteln überhäuft, und im Oktober verlieh Mark Aurel seinen beiden kleinen Söhnen (der eine war fünf, der andere vier Jahre alt) den Titel Caesar – das dynastische Prinzip war durchaus nicht in Vergessenheit geraten.

Der Krieg im Osten hatte trotz seines für Rom erfolgreichen Abschlusses zwei katastrophale Folgen. Einmal brachte das zurückkehrende Heer eine Seuche mit, die sich im ganzen Reich ausbreitete und zu einer schlimmen Not wurde. Zum anderen hatte die Abordnung von so vielen Einheiten in den Osten die Nordgrenze des Reichs geschwächt, was die Markomannen und andere Stämme jenseits der Donau für einen massiven Einbruch in das römische Gebiet ausnutzten. Die Chronologie der Ereignisse ist unklar. Das Jahr 167 verbrachte Mark Aurel wahrscheinlich in Rom mit der Aufsicht über Maßnahmen gegen die Seuche, 168 übernahm er offenbar persönlich das Kommando an der Donau. Lucius Verus begleitete ihn widerwillig. Am Ende des Sommers war die Situation unter Kontrolle, und man begann mit einer Stärkung der Verteidigung Norditaliens. Anfang 169 machten sich Mark Aurel und Lucius Verus auf den Rückweg nach Rom; unterwegs starb Lucius an einem Schlaganfall. Damit war Mark Aurels Rückkehr an die Front für diesen Sommer ausgeschlossen. Die Kämpfe gingen dennoch weiter, römische Verstärkungen wurden angefordert, und im folgenden Jahr unternahm man einen großen Vorstoß ins Gebiet jenseits der Donau. Der jedoch verlief so katastrophal, daß die siegreichen Markomannen nunmehr in Italien einfielen und Aquileia belagerten, während andere auch am Unterlauf der Donau die Grenze durchbrachen und in Griechenland einfielen, wo sie bis nach Eleusis vordrangen.

Im Jahr 172 n. Chr. wandelte sich das Schicksal zugunsten Roms. Die Markomannen akzeptierten einen für sie unvorteilhaften Friedensschluß, was der Kaiser sogleich etwas überoptimistisch auf Münzen als »Unterwerfung Germaniens« *(Germania subacta)* feierte. Die Kämpfe setzten sich noch bis 175 fort, als Mark Aurel rasch einen Frieden schloß, weil er hörte, daß sich der Statthalter von Syrien, Avidius Cassius, zum Kaiser erklärt hatte. Schließlich aber brachten den Prätendenten seine eigenen Leute um, und Mark Aurel, der sicherheitshalber noch den Osten bereist hatte, war bereits 178 wieder an der Donau militärisch erfolgreich. Im Jahr zuvor hatte er seinen einzigen lebenden Sohn, Commodus, zum Mitregenten bestimmt. Als Mark Aurel im Heerlager von Vindobona (Wien) am 17. März 180 n. Chr. starb, war der Krieg an der Donau in vollem und für Rom erfolgreichem Gange; Mark Aurel hatte sogar die Schaffung zweier neuer Provinzen im Gebiet der Markomannen und Quadi geplant. Daraus sollte jedoch nichts werden, denn Commodus' Herrschaftsübernahme bedeutete hierfür (ebenso wie in anderer Hinsicht, s. Kap. 11) das Ende. Er schloß mit allen Stämmen entlang der Front Frieden und zog die Besatzungen, die Mark Aurel jenseits der Donau installiert hatte, zurück. Damit aber blieb die Gefahr, die die Donaugrenze für das Römische Reich darstellte, weiter bestehen.

Der »Niedergang« des Römischen Reichs

Mark Aurel war der erste Kaiser seit Vespasian 101 Jahre vor ihm, der einen Sohn als Nachfolger hinterließ. Jeder andere Kaiser hatte seine Propaganda das Adoptionsprinzip betonen lassen – der beste *(optimus princeps* heißt das bei Trajan) sollte adoptiert und so Kaiser werden. Freilich scheint das eher gute Miene zum bösen Spiel gewesen zu sein; die Eile, in der Mark Aurel das Adoptionsprinzip fallen lassen konnte, legt nahe, daß sich Familienbande schon eher durchgesetzt hätten, wenn Trajan oder Hadrian einen Sohn gehabt hätten. Commodus nun war schwach, bald auch lasterhaft und ausschweifend – das wahre Gegenstück zu seinem philosophisch interessierten Vater, der seine Stärke aus der von den Stoikern vertretenen hohen Einschätzung des Pflichtgefühls empfing. Mark Aurel war –

besonders in seinen eigenen Augen – ein nobler Charakter; allerdings etwas kalt, freudlos und sich selbst genug. Bei der Reichsverwaltung legte er einen rigiden Konservativismus an den Tag, vor allem in der Bewahrung, ja Verstärkung der Unterschiede zwischen den einzelnen Schichten der Gesellschaft. Wir sehen ihn nicht nur aus seiner eigenen Sicht in seinem Werk *An sich selbst* und in der Korrespondenz mit Fronto (s. Kap. 10), sondern auch in den Aussagen seiner Juristen, die ihn wegen seiner detailfreudigen Sorgfalt bei der Ausführung seiner Aufgaben in der Rechtsverwaltung schätzten. Man hat allerdings zu Recht festgestellt, daß Mark Aurel (in seinem Werk *An sich selbst*) in der Liste der Menschen, die ihn am meisten beeinflußt haben, seinen Rechtslehrer Maecianus nicht nennt, und daß die Themen seiner Überlegungen in diesem Werk nicht um mögliche Wege zur Verbesserung der Reichsverwaltung oder des Lebens der Bevölkerung kreisen.

Seine Herrschaft hatte, ohne daß er etwas dafür konnte, die Schwachpunkte des Reichs deutlich gemacht. Die Situation an den Grenzen war zwar stabilisiert, eine weitere Expansion nicht geplant, und die Legionen hatten sich in festen Lagern niedergelassen, wo sie oft in enge Beziehungen zur ansässigen Bevölkerung traten; gab es aber eine massive Bedrängnis an einer der Grenzen, so konnte das eine andere sehr schwächen. Es gab keine effektive strategische Reserve. Entsprechend schwerfällig reagierte das Reich auf Krisen, besonders angesichts der langsamen Nachrichtenübermittlung (s. Kap. 6). Die Kämpfe und mehr noch die Seuche in Mark Aurels Herrschaftszeit hatten wirtschaftlich schlimme Folgen. Die Entwertung des Geldes nahm zu, wenn auch noch nicht mit der ruinösen Geschwindigkeit der Severerzeit. Bevölkerungsmangel führte dazu, daß Leute von außerhalb des Reichs innerhalb der Reichsgrenzen (zum Beispiel in den Donauprovinzen) angesiedelt wurden, offenbar in der Absicht, die Landwirtschaft dort nicht zum Erliegen zu bringen. Das war kein völlig neues Phänomen, aber doch zuvor nicht in demselben Umfang praktiziert worden; es barg große Gefahren für Rom. Weitere wirtschaftliche Schwächen, die die Antike begrifflich noch nicht zu fassen vermochte oder schlicht übersah, die aber dem modernen Beobachter auffallen, lagen in der enormen Kluft zwischen Arm und Reich, in der Stagnation des technischen Fortschritts, dem Mangel an neuen Märkten, in der zunehmenden Besteuerung und wuchernden Bürokratisierung.

Für das Anwachsen der Probleme des Römischen Reichs und für den Grund seines schließlichen Zusammenbruchs gibt es keine einfache Erklärung. Man hat unter anderem Bleivergiftung, Klimaumschwung, Bodenerschöpfung, Bevölkerungsmangel, Rassenmischung oder die Sklavenhaltung verantwortlich gemacht. Daß die Römer sich allmählich durch das Blei, aus dem Wasserrohre und Gefäße gemacht waren, selbst vergifteten, ist wenig wahrscheinlich; schon Vitruv wußte um diese Gefahr und warnte vor ihr (8, 6, 11). Gegen einen Klimawechsel sprechen die naturwissenschaftlichen Fakten, gegen Bodenerschöpfung die Tatsache, daß die Symptome des wirtschaftlichen Niedergangs auch in Ägypten nicht geringer waren, wo sich doch der Boden durch die Nilüberflutung alljährlich erneuerte. Eine »Rassenmischung« wird es zwar gegeben haben, und sicher waren vor allem die Städte – allen voran Rom – ebensolche Schmelztiegel wie die großen nordamerikanischen Städte in unserem Jahrhundert, doch läßt sich kaum sagen, daß die New Yorker weniger lebenstauglich sind als andere Menschen! Ja, man muß beim Versuch der Erklärung des politischen, militärischen und in gewisser Hinsicht auch kulturellen »Niedergangs« der Westhälfte des römischen Reichs stets auch erklären, warum die Osthälfte des Reichs keinen solchen Niedergang erlebte – was etwa die konventionelle marxistische Deutung nicht leistet, die darauf abhebt, daß die Schwäche des ganzen Reichs auf dessen sklavenhalterische Struktur zurückgeht. Im übrigen war die Sklavenhaltung wahrscheinlich in den erfolgreicheren Provinzen wie Gallien und Ägypten nicht so weit verbreitet, ging allgemein sogar während der späteren Antike zurück; sie begründet sicher auch nicht den Konservativismus der Römer in technologischen Fragen, der vielmehr auf die traditionelle Unterscheidung zwischen Reichen und Armen zurückgeht, wobei nur den Armen – gleich ob frei[3] oder nicht – manuelle Arbeit zukam.

Das Römische Reich zerfiel nicht einfach, sondern brach nach inneren Problemen – Bürgerkriegen, in denen jeder nur auf die eigene Macht und den eigenen Vorteil aus war – und durch Angriffe von außen zusammen – Einfälle von Germanen, Par-

[3] Von Vespasian wird erzählt, daß er sich einem technischen Fortschritt (»riesige Säulen für wenig Geld aufs Kapitol zu schaffen«) aus genau dem Grund widersetzt, daß er dieses Projekt lieber durch viele (freie) Arbeitskräfte ausführen lassen wollte, damit »auch die Armen verdienen« können (Sueton, Vespasian 18).

thern und (im 7. Jahrhundert n. Chr.) Arabern, die die Mittelmeerwelt völlig erschütterten. Hinzu kamen die wirtschaftliche Schwäche und die grundlegende Ungerechtigkeit der römischen Gesellschaft, was bei einem allgemeinen Rückgang des Wohlstands bedeutete, daß die Armen sich einfach nicht mehr halten konnten. Bauern verließen ihr Land, weil sie sonst von den Steuern erdrückt worden wären, wohingegen der Reiche wie ein Prinz auf seinen Gütern lebte (s. Kap. 11). Vielleicht waren die Anzeichen für diese Schwächen schon in Mark Aurels Zeit sichtbar, auch wenn sie nicht wahrgenommen wurden. Nach Mark Aurels Tod schrieb Tertullian:

Die Welt wird täglich besser, kultivierter und zivilisierter als zuvor. Überall baut man Straßen, jede Region ist bekannt, jedes Land dem Handel geöffnet. Felder lächeln, wo finstere Wälder standen, Herden haben die wilden Tiere abgelöst, selbst auf Sand kann man säen, Felsen aufbrechen, Moore trockenlegen . . . Wo immer es eine Spur von Leben gibt, gibt es auch Häuser, Ansiedlungen und wohlgeordnete Regierungen. (Tertullian, De anima 30)

Den meisten Reichsbewohnern erschien die Situation gefestigt, *Roma aeterna,* die Ewigkeit Roms, war nicht nur ein Propagandawort auf den Münzen, sondern eine so weit verbreitete und so fest verankerte Vorstellung, daß Augustinus nach der Zerstörung Roms durch die Goten 410 n. Chr. seine Leser vom irdischen Rom auf »die Stadt, in der allein das Leben ewig glücklich ist«, hinlenken mußte (Gottesstaat 3, 17).

Edward Gibbon (s. Kap. 10) hat mit seinem erstmals 1776 bis 1788 erschienenen Werk *The Decline and Fall of the Roman Empire* die Vorstellung vom »Niedergang« in der althistorischen Forschung (und darüber hinaus) fest verankert. Was aber bedeutet »Niedergang«? Peter Brown hat zu Recht festgestellt: »Die Spätantike ist allzuoft als eine Zeit der Desintegration abgewertet worden. . . . Kein Eindruck ist weiter von der Wahrheit entfernt. Selten hat ein Zeitabschnitt der europäischen Geschichte der Nachwelt so viele dauerhafte Institutionen hinterlassen: Man denke nur an das römische Recht, die Hierarchie der katholischen Kirche, die Idee des Heiligen Römischen Reichs, des Klosters . . .«[4] Unsere Forschungstradition läßt uns die Spätantike am Standard der frühen Kaiserzeit messen (die auf französisch nicht umsonst *Haut-Empire* heißt), dem sie

[4] P. Brown, *Religion and Society in the Age of Saint Augustine.* London 1972, S. 13.

nicht entspricht – daher der Begriff des Niedergangs. Zwar gehören die Verse eines Paulinus von Nola zum Schönsten, was die Antike an Lyrik hervorgebracht hat, aber sie sind ebensowenig wie die ersten großen christlichen Hymnen Teil des klassischen Kanons. Und der Niedergang der Städte? Wenn die Tempel verlassen sind, die Thermen nicht mehr benutzt werden, sich keine Kneipen mehr (wie in Pompeji und Ostia) finden, das Forum nicht mehr Mittelpunkt der rechtlichen und wirtschaftlichen Aktivität ist, suchen wir den Grund im wirtschaftlichen Bereich. Doch können viele solcher Veränderungen auch auf ein verändertes Wertesystem zurückzuführen sein: Das Christentum war aus religiösen und moralischen Gründen gegen Amphitheater, Thermen, Theater, Kneipen – die ja oft zugleich Bordelle waren – und heidnische Tempel eingestellt. Die Reichen gaben ihr Geld nicht mehr wie in der Antoninenzeit zur Verschönerung der Städte aus, sondern schenkten es der Kirche. Der gerade genannte Paulinus etwa verkaufte seine Güter »von der Größe eines Königreichs« und wurde Priester in Nola. Andere Reiche lebten immer mehr auf ihren Gütern, ihre verlassenen Stadthäuser wurden bald in zahllose kleine Wohnungen für die Armen aufgeteilt. Der Niedergang der Innenstädte, den wir auch heute erleben, ist nichts Neues und kein Anzeichen für einen allgemeinen wirtschaftlichen Niedergang, sondern nur für ein gewandeltes Verteilungsmuster des Reichtums. 1881 galt zum Beispiel Brixton als ausgesprochen gehobene Vorstadt von London, in der vor allem reiche Händler lebten[5]. Wenn Brixton heute alles andere als »gehoben« ist, liegt das daran, daß die Händler heute anderswo investieren. Es soll dabei nicht abgestritten werden, daß die Spätantike eine wirtschaftliche Krise erlebte, doch erfordert der Begriff »Niedergang« eben eine sorgfältigere Verwendung.

Wenn wir uns in der frühen Kaiserzeit eher »zu Hause« fühlen als in der christianisierten spätrömischen bzw. byzantinischen Epoche mit dem ihr eigenen Werte- und Gesellschaftssystem, so zeigt das die Wirkung, die die »klassische« Epoche mit ihren Werten, ihrer Literatur, ihrer Kunst und Architektur bis heute hat.

[5] Vgl. D. J. Olsen, *The Growth of Victorian London*. London 1976, S. 241.

Plinius d. Ä. spricht einmal von der »unermeßlichen Majestät
des römischen Friedens« (Naturalis historia 27, 3). In den folgenden zwei bis drei Generationen war für die Lobredner Roms
wie Plinius' Neffen (Plinius d. J., Panegyricus auf Trajan) und
Aelius Aristides die Idee des Römischen Reiches als eines Mo-
dells für Frieden und Stabilität geradezu ein Gemeinplatz. Nie
zuvor war die römische Welt so wohlgeordnet und wohlhabend
erschienen, und noch ein weiteres Jahrhundert später bemerkt
Tertullian, wie sie »täglich zivilisierter« wird (De anima 30; s.
S. 251). Edward Gibbon hat das in seinem Werk *The Decline
and Fall of the Roman Empire* in einer Weise zusammengefaßt,
die die Sicht jener Zeit noch auf lange Zeit bestimmen sollte:
»Wenn jemand aufgefordert werden sollte, die Periode in der
Weltgeschichte anzugeben, während welcher die Lage des Men-
schengeschlechtes die beste und glücklichste war, so würde er
ohne Zögern diejenige nennen, welche zwischen dem Tode des
Domitian und der Thronbesteigung des Commodus verfloß.
Der unermeßliche Umfang des Römischen Reiches wurde
durch unbeschränkte Macht unter der Leitung der Tugend und
Weisheit regiert, und das Heer von der festen, aber milden
Hand vier aufeinanderfolgender Kaiser, deren Charakter und
gesetzliche Macht unwillkürliche Achtung gebot, in Schranken
gehalten. Die Formen der Zivilverwaltung wurden von Nerva,
Trajan, Hadrian und den Antoninen, welche an dem Bilde der
Freiheit Gefallen fanden und sich gerne als die verantwortlichen
Diener der Gesetze betrachteten, treu beobachtet. ... Die Be-
strebungen dieser Monarchen wurden durch den von ihrem
Erfolge unzertrennlichen Lohn, den ehrenhaften Stolz der Tugend und die ausgesuchte Wonne, das allgemeine Glück zu
schauen, dessen Schöpfer sie waren, mehr als vergolten. *Ein*
Gedanke, ein nur zu wahrer und schmerzlicher Gedanke aber
verbitterte den edelsten aller menschlichen Genüsse. Die Unste-
tigkeit eines Glückes, welches von dem Charakter eines einzigen Menschen abhing, mußte ihrem Geiste häufig gegenwärtig
sein. ... Die ideellen Schranken des Senates und der Gesetze
mochten wohl gut zur Entfaltung der Tugenden der Kaiser sein,
konnten aber in ihren Lastern nichts bessern. Die militärische
Gewalt war ein blindes und unwiderstehliches Unterdrük-

kungswerkzeug, und die Verderbtheit der römischen Sitten lieferte stets Schmeichler und Sklaven, welche bereit waren, der
Furcht oder dem Geize, der Wollust oder der Grausamkeit ihrer Gebieter Beifall zu jubeln oder hilfreiche Hand zu leisten.«[1]
Wieviel Wahres steckt hinter Gibbons Rhetorik? Wir wollen im
folgenden einige Orte aus dem »unermeßlichen Umfang des
Römischen Reiches« betrachten, um zu sehen, wie das Leben
im Römischen Reich aussehen konnte. Besondere Aufmerksamkeit wollen wir dabei den beiden wohlhabendsten Provinzen widmen, die zugleich die Zentren des lateinischen bzw.
griechischen Geisteslebens waren – Afrika und Kleinasien.

Tiddis

Wir beginnen mit einem Ort, der weder damals noch heute
wichtig oder berühmt war, mit Castellum Tidditanorum, kurz
Tiddis. Er liegt etwa 16 km nordwestlich von Cirta (Constantine; s. Abb. 15) im heutigen Ostalgerien. Besucht man Tiddis
heute, so sieht man von dort aus keinerlei menschliche Behausung; nur nachts scheinen die Lichter von Cirta, das auf einem
Berg oberhalb des Flusses Rhumel liegt, über die Ebene herüber
nach Tiddis, das auf einem felsigen Hügel flußaufwärts gelegen
ist. In der frühen Kaiserzeit war dieses Gebiet in einer ungewöhnlichen, wahrscheinlich auf vorrömische Vorbilder zurückgehenden Weise verwaltet: Die Kleinstädte rings um Cirta, die
einst die der Stadt zur Verteidigung vorgelagerten Forts *(castella)* gewesen waren, bildeten eine von Cirta aus verwaltete Föderation. Tiddis allerdings hatte bis zur Mitte des 2. Jahrhunderts
n. Chr. einen gewissen Grad von städtischer Unabhängigkeit
gewonnen.

Der Hügel, auf dem Tiddis liegt, war seit der Jungsteinzeit als
Fluchtburg oder Befestigung verwendet worden. Die römische
Stadt lag an der recht steilen Ostseite des Hügels; Häuser und
sonstige Bauten sind in den Fels hineingebaut, die Sträßchen
winden sich entlang der Höhenlinien, senkrecht zum Abhang
bestehen sie manchmal aus in den Fels gehauenen Stufen. Alles
ist so rot wie der anstehende Stein. Es entsteht der Eindruck

---

[1] Gibbon's *Geschichte des allmäligen Sinkens und endlichen Unterganges des
römischen Weltreiches.* Dt. v. J. Sporschil. Bd. 1, Leipzig ⁴1862, S. 80f.

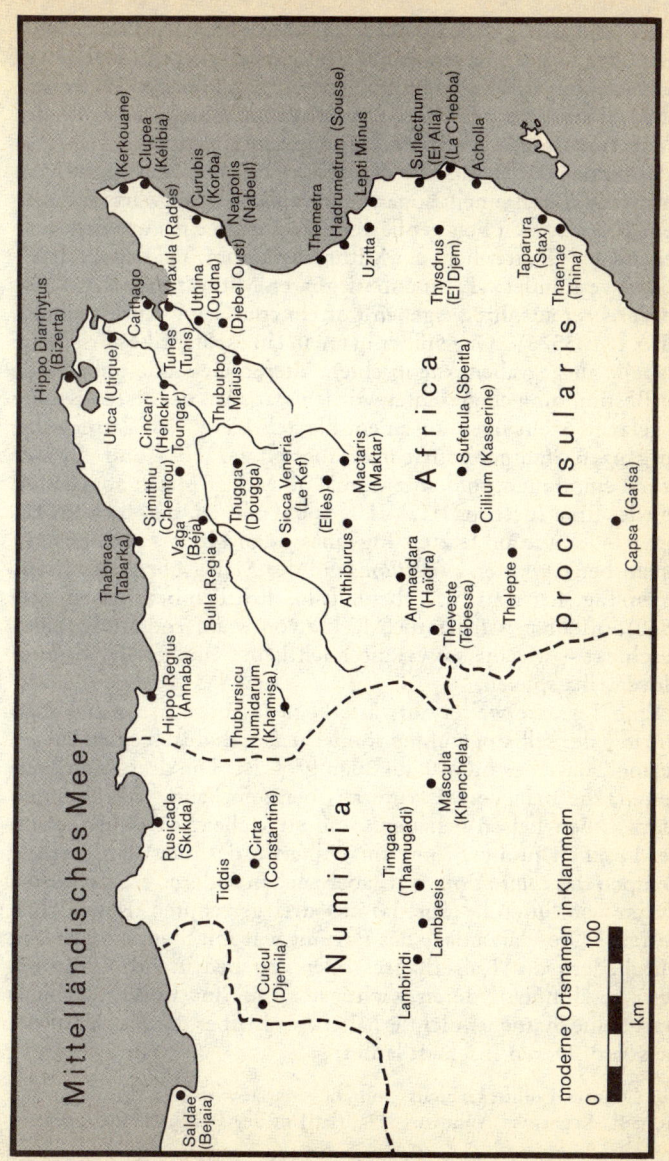

Abb. 15: Das römische Afrika.

255

einer für das Mittelmeergebiet typischen einfachen Hügelstadt; ihre Lage – und zweifellos auch das Leben ihrer Bewohner in der Antike – unterscheidet sich kaum etwa von der des minoischen Städtchens bei Gurnia auf Kreta, am anderen Ende des Mittelmeers, das anderthalb Jahrtausende älter ist.

Und doch hat Tiddis alle Zierden einer römischen Stadt. Man betritt sie durch einen Bogen, die Straße bergaufwärts ist über dem gewachsenen Fels gepflastert. Rechts, in einer aus dem Fels gehauenen Grotte, liegt ein Mithrasheiligtum, bei dem eine Inschrift verkündet: »Dem unbesiegbaren Mithras haben dies seine Verehrer aus ihren eigenen Mitteln von Grund auf errichtet« (ILA II 1, 3576)[2]. Gegenüber hat man eine spätantike christliche Kapelle ausgegraben, die in einem älteren Gebäude unbekannter Bestimmung eingerichtet worden war. Auf der ersten Kuppe angelangt, steht man auf einem kleinen Platz, den Zisternen – im ganzen Stadtgebiet hat man über 50 gezählt – und ein Gebäude einrahmen, in dem zweimal im Monat Markt abgehalten wurde. Eine Inschrift (ILA II 1, 3604) gibt an, daß dies am 12. bzw. 14. sowie am letzten Tag eines jeden Monats stattfand. In einem benachbarten *castellum* fand der Markt übrigens jeweils einen Tag eher statt, was ebenfalls inschriftlich bezeugt ist (ILS 6868); offenbar wurden die Märkte von wandernden Händlern beschickt – wie die *souks*, die noch heute eine große Rolle in Nordafrika spielen.

Eine Terrasse weiter aufwärts liegt das Forum, auf das man wie in jeder selbstbewußten römischen Stadt durch einen Bogen gelangt, das aber nur 10 auf 30 m groß ist. Die drei Räumlichkeiten, die man vom Forum aus betreten kann, sind mangels Platz in den Felsen gehauen. Sind sie vielleicht das Heiligtum der Dreiheit Jupiter, Juno und Minerva, das meist ein einziger Tempel, das *capitolium*, war, aber auch in anderen afrikanischen Orten wie Sufetula (Sbeitla) aus drei getrennten Tempelchen besteht? Die Platzanlage des Forums war mit Standbildern von Mitgliedern des Kaiserhauses oder von bedeutenden Mitbürgern geschmückt, deren wichtigster Quintus Lollius Urbicus war. Seine Statue ist nicht erhalten, wohl aber die Basis, auf der sie stand. Deren Inschrift lautet:

Für Quintus Lollius Urbicus, Sohn des Marcus, aus der *tribus* Quirina, Konsul, Legat des Augustus (Hadrian) in der Provinz Niedergerma-

---

[2] S. Gsell, H.-G. Pflaum (Hg.), *Inscriptions Latines de l'Algérie*. Bd. 2, 1. Paris 1957, Nrr. 3576 und 3604.

nien, *fetialis* (Priester), Legat des Kaisers Hadrian beim Unternehmen in Judäa, für das ihm die Ehrenlanze und ein goldener Kranz verliehen wurde, Legat der X. Legion *Gemina,* Prätor als des Caesar Kandidat, Volkstribun als des Caesar Kandidat, Legat des Prokonsul von Asien, Stadtquästor, Tribun mit (Toga mit) breitem Saum (d. h. potentieller Senator) der XXII. Legion *Primigenia,* Mitglied der Viererkommission für Straßenaufsicht, Patron (von Tiddis), ist (dieses Standbild) auf Beschluß der *decuriones* (Stadträte) aus öffentlichen Mitteln errichtet worden.   (ILS 1065 = Sm. II 220)

Die Laufbahn des Quintus Lollius Urbicus wird hierin rückwärts angeführt; später wurde er noch Statthalter von Britannien (s. S. 244) und vollendete seine Karriere als Präfekt der Stadt Rom *(praefectus urbi)*. Wahrlich, ein großer Sohn von Tiddis! Das Familienmausoleum, das er errichtete, steht noch heute auf einem Hügel nördlich des Ortes inmitten von Weizenfeldern (zweifellos wäre sein kometenhafter Aufstieg ohne Landbesitz und Reichtum in seiner Familie nicht möglich gewesen); es ist ein für römische Grabanlagen typischer umfriedeter Turm, an dem eine Inschrift an den *praefectus urbi,* seine Eltern, seine beiden Brüder und an einen Onkel erinnert (CIL VIII 6705). Keiner von ihnen tritt sonst je historisch in Erscheinung; die Familie wird mit dem Leben als »Landjunker« zufrieden gewesen sein, allein unser Quintus Lollius Urbicus hatte weiterreichende Ambitionen.

In wohl keiner anderen Geschichtsepoche hätte der zweite oder dritte Sohn eines landbesitzenden Berbers aus einem Nest im Landesinneren Nordafrikas eine Laufbahn ergreifen können, die ihn in hohen Positionen nach Kleinasien, Judäa, das Donaugebiet (wo die X. Legion *Gemina* stationiert war), den Niederrhein und Britannien führte, und die in einer macht- und ehrenvollen Stellung in der Hauptstadt des Reiches gipfelte, zu dem all diese Gebiete gehörten! Und auch die anderen Menschen in Tiddis werden tatsächlich die »beste und glücklichste« Zeit damals erlebt haben. Ja, der Wohlstand von Tiddis nahm sogar noch zu: Im 3. Jahrhundert n. Chr. wurden oberhalb des Forums Thermen erbaut, was umfangreiche Grabungsarbeiten und ein kompliziertes Pumpsystem erforderte. Natürlich war das Leben nicht für alle gleich rosig, waren nicht alle Menschen im Reich gleich zufrieden – doch wir dürfen uns Gibbons Urteil recht weitgehend anschließen.

Der Wohlstand Nordafrikas beruhte vor allem auf der Landwirtschaft. Auf die Bedeutung von Getreide- und Weinbau haben wir bereits (Kap. 6) hingewiesen. Bewässerungssysteme dehnten das bebaubare Land weit aus – im Westen des heutigen Libyen hat man 80 km südlich der heutigen Grenze der Olivenkultur römische Ölpressen gefunden. Sufetula (Sbeitla), eine vespasianische Gründung im Gebiet vor der tunesischen Wüste, verdankte seine Existenz und seinen späteren Wohlstand (im 2. Jahrhundert konnte es Rekruten für die Legion in Lambaesis stellen) den Ölbaumkulturen. Der Umfang der erhaltenen Baureste und das großartige Forum zeugen von seiner einstigen Größe; Reste von Staumauern im Bett des Oued Sbeitla und römische Ruinen im weiteren Umkreis der Stadt weisen auf den Umfang der Kulturen. Dabei ist Sufetula nur eines von vielen Zentren. Aus Cillium (Kasserine) stammt eine Inschrift, auf der sich der Veteran Flavius Secundus rühmt, als erster in jenem Gebiet Weinbau betrieben zu haben (CIL VIII 212).

Das Gebiet, das einst dem Berberstamm der Musulamii gehört hatte, ist ein Beispiel dafür, wie Land in Nordafrika zum Wohle der Römer enteignet wurde: Von Tiberius' bis in Vespasians Zeit war das Hauptquartier der III. Legion *Augusta* in Ammaedara (Haidra) eingerichtet, das schließlich eine römische Kolonie mit einigen großen römischen Landgütern in der Umgebung wurde. Das kaiserliche Gut *Saltus Massipianus* war so wohlhabend, daß wir von Pächtern wissen, die auf eigene Kosten Bauten errichten konnten; *Saltus Beguensis,* ein anderes Gut, gehörte 138 n. Chr. dem römischen Senator Lucius Africanus, wieder ein anderes einer gewissen Valeria Atticilla. Offenbar hatten die Musulamii nicht nur das Stadtgebiet, sondern auch weite Teile des Umlands an die Römer abgeben müssen. Und Beispiele dieser Art ließen sich noch viele anführen.

Das fruchtbarste Land in der Provinz Afrika war das im Tal des Bagradas (Medjerda). Hier gab es eine wahre Zusammenballung von kaiserlichen Gütern, die möglicherweise auf die Konfiskationen unter Nero zurückgehen (s. Kap. 5). Mehrere Inschriften aus trajanischer Zeit bezeugen, wie diese Güter genutzt wurden. Die erste enthält eine Bestimmung des für die Verwaltung der Güter verantwortlichen Prokurators, eines kaiserlichen Freigelassenen, der sich auf eine – anderweitig nicht belegte – *lex Manciana* (Mancianisches Gesetz) bezieht:

Denjenigen, welche innerhalb des Gutes von Villa Magna Variana, also im Dorf Siga (wohnen), ist es erlaubt, das Land, das nicht vermessen ist, gemäß der *lex Manciana* zu bewirtschaften, wobei jeder, der dies tut, es zum eigenen Nutzen tun darf. Von der Ernte, die auf diesem Land entsteht, müssen sie in Übereinstimmung mit der *lex Manciana* Teile an die jeweiligen Besitzer, Hauptpächter oder Verwalter wie folgt abführen ... – ein Drittel des Weizens aus der Scheuer, ein Drittel der Gerste aus der Scheuer, ein Viertel (oder Fünftel; die Inschrift ist hier zerstört) der Bohnen aus der Scheuer, ein Drittel des Weines aus den Fässern, ein Drittel des Olivenöls und je ein Sechstel des Honigs pro Bienenstock.   (CIL VIII 25902 = Sm. II 463; HIRK 73)

Neu angelegte Feigen- und Weingärten sind fünf, neu gepflanzte Ölbäume zehn Jahre abgabenfrei, die Zeit also, in der sie noch kaum Frucht tragen. Weitere Regeln betreffen Äcker, die zu Weideland umgewidmet werden, die Verantwortung bei Zerstörung der Ernte, die Verwirkung des Eigentums an Land, das zwei Jahre lang unbebaut blieb und schließlich die Bestimmung, daß alle Pachtbauern sechs Tage pro Jahr den Besitzern, Hauptpächtern oder Verwaltern zur Fronarbeit verpflichtet waren; zwei weitere Klauseln hierzu sind auf der Inschrift nicht mehr so lesbar, daß sie eine Deutung zuließen.

Eine andere Inschrift von Prokuratoren, die in Hadrians Namen handeln, stellt fest, es sei des Kaisers Wunsch, daß »alle Teile des Landes, das für Ölbaum- oder Weinbau bzw. für Getreideanbau geeignet ist, kultiviert werden«; hier wird die Möglichkeit, solches Land zu besetzen, auch auf »die Teile der vermessenen und einzeln verpachteten Äcker« ausgedehnt, die »von den Hauptpächtern nicht bebaut werden« (CIL VIII 25943 = Sm. II 464; HIRK 86). Daß die Hauptpächter dennoch die stärkere Stellung innehatten, entnehmen wir einer etwas späteren, zu Beginn von Commodus' Herrschaft aufgestellten Inschrift, die eine Petition enthält, in der man sich über die Brutalität und die gesetzeswidrige Ausbeutung durch die Hauptpächter beklagt; sie fänden, so heißt es, bei den kaiserlichen Prokuratoren Unterstützung, bei denen »der Hauptpächter wegen seiner großartigen Geschenke hoch in der Gunst steht, der als Pächter mit jedem von ihnen bekannt ist, auch wenn sie sich ablösen« (ILS 6870). Die Antwort auf diese Petition legt fest, daß die Pachtbauern dem Hauptpächter nicht zu mehr als sechs Tagen Fronarbeit verpflichtet sind. Das Recht stand zweifellos eher auf der Seite der Besitzenden, doch zeigen eine Regelung wie die zugunsten der Landbesetzer und die Tatsache, daß selbst der Hauptpächter des Kaisers und seine Prokuratoren dem Gesetz unterworfen waren, daß die Armen mehr Rechtsschutz hatten als zu manch anderer Zeit, einige Regionen in der Gegenwart nicht ausgenommen.

Karrieren für Afrikaner

Daß Afrikaner auch am anderen Ende des Getreidemarkts, bei der Getreideversorgung in Rom *(annona)* nicht selten bezeugt sind, überrascht nicht; wir wollen drei Beispiele betrachten. Marcus Vettius Latro aus Thuburbo Maius, Cerespriester in Karthago, wurde nach seinem Dienst im römischen Heer *procurator annonae* in Ostia und Portus, anschließend Prokurator in Sizilien, dem Alpenraum und in der Provinz Mauretania Caesariensis (AE 1939, 81).

Titus Flavius Macer, der in Ammaedara (Haidra) Land besaß und Priester war, wurde kaiserlicher Verwalter *(praefectus gentis)* des Berberstamms der Musulamii, deren Gebiet an das von Ammaedara angrenzte, und erhielt in einer Krisenlage – vielleicht als 99 n. Chr. die ägyptische Getreideernte ausfiel – die Verantwortung, in Afrika zusätzliches Getreide für Rom einzuholen (er wurde *curator frumenti comparandi in annonam urbis*), was ihm offenbar so gut gelang, daß er zum Prokurator der kaiserlichen Güter bei Hippo (Annaba) und Theveste (Tebessa) avancierte[3] und dann zum Prokurator Siziliens, ebenfalls einer wichtigen Kornkammer Roms, befördert wurde (ILS 1435). Sein Name Titus Flavius weist darauf hin, daß er sein Bürgerrecht erst von einem flavischen Kaiser erhalten hatte; vielleicht war er selbst ein Angehöriger der Musulamii gewesen, bevor er als deren Verwalter von Rom eingesetzt wurde.

Sextus Iulius Possessor aus Maktar lebte ein paar Generationen später. Er leistete Dienst im römischen Heer und wurde etwa 167 Assistent des *praefectus annonae* mit der besonderen Aufgabe, »die aus Afrika und Spanien eingeführte Quantität von Olivenöl zu registrieren, den Transport von Nachschub für Krisenfälle zu sichern und die Rechnungen der Importeure zu begleichen«. Anschließend war er Prokurator am Baetis (Gua-

---

[3] Ein weiteres Anzeichen für die Erschließung Nordafrikas zu jener Zeit ist, daß Vespasian Hippo und Theveste 75 n. Chr. durch eine Straße verbinden ließ (CIL VIII 10119 = MW 419).

dalquivir), wo er vielleicht auch mit Schiffstransport und Lager-
häusern zu tun hatte. Es folgte ein Abstecher nach Ägypten als
Prokurator des Bezirks Mercurium von Alexandria, wo die riesigen Getreidesilos standen, in denen das Getreide vor der Ver-
ladung auf Schiffe nach Rom eingelagert war; seine Tochter
heiratete einen Kollegen, der seine Karriere ebenfalls im Bereich
der *annona* gemacht hatte. Von einem Nest in Afrika in gehobe-
ner Stellung nach Ostia, Spanien und schließlich Ägypten gekommen zu sein, war schon etwas! Leute wie er, die wir zur
Mittelschicht rechnen würden, hatten im Römischen Reich große Möglichkeiten; ihre Ranggenossen und Nachkommen werden den Zusammenbruch des Reichs schmerzhafter empfunden
haben als die reichen Landbesitzer der Oberschicht.

Keramik und Marmor aus Afrika

Landwirtschaft war nur eine der Quellen von Afrikas Reichtum. Während des 2. Jahrhunderts n. Chr. erreichte der Export
von *terra sigillata* aus Afrika einen Stand, der Gallien den Rang
als Hauptausfuhrland dieser Keramik streitig machte, so daß in
den folgenden Jahrhunderten der Großteil der Mittelmeerwelt
von Afrika aus versorgt wurde. Noch wissen wir nicht genug
über die afrikanischen Produktionsstätten und die Vertriebswe-
ge, doch scheint Hadrumetum (Sousse) ein wichtiges Zentrum
gewesen zu sein, ebenso wie Karthago ein wichtiger Hafen für
die ganze Provinz war. Karthago selbst (Abb. 16) wuchs im
2. Jahrhundert rapide und wurde mit Bauwerken geschmückt,
die seiner neuen Bedeutung entsprachen. Hadrian ließ ein großes Aquädukt und riesige Zisternen bauen, in denen das an-
kommende Wasser gesammelt wurde. Antoninus Pius errichtete an der nunmehr nach ihm benannten Küste Thermen, die
erhalten und kaum weniger eindrucksvoll sind als die des Caracalla und Diokletian in Rom. Das Amphitheater wurde vergrö-
ßert, ein Theater und ein Odeon gebaut; den Circus übertraf
nur der Circus Maximus in Rom an Größe. Die Bergkuppe der
Byrsa, der Akropolis des punischen Karthago, war schon unter
Augustus eingeebnet und mit Hilfe riesiger Stützmauern in eine
große Platzanlage verwandelt worden; nach einem schlimmen
Brand wurde diese nun – wahrscheinlich zugleich mit den antoninischen Thermen – nach dem Vorbild eines der Kaiserforen in

Abb. 16: Karthago in römischer Zeit.

Rom wiedereingerichtet, wobei eine riesige Basilica offenbar
Trajans Basilica Ulpia am Trajansforum imitierte. Sowohl die
Thermen als auch die Basilica waren mit Marmor verkleidet, der
nicht nur aus Afrika, sondern auch aus Griechenland und dem
Osten stammte – offenbar hatten höhere Stellen der Reichsver-
waltung keine Kosten gescheut. Karthago erschien als die nach
Rom bedeutendste Stadt des lateinischen Westens, der im Osten
nur noch Alexandria und Antiochia entsprachen.

Marmor war übrigens ein anderes Exportgut Afrikas. In Karthago selbst stand kein guter Stein an, man holte ihn vielmehr
aus einiger Entfernung, zumeist aus Steinbrüchen beim heutigen El Haouria am Kap Bon. Doch auch im Binnenland gab es
Marmor und andere wertvolle Bausteine, deren berühmtester
der gelb und rot gemaserte Marmor von Simitthu (Chemtou)
am Oberlauf des Bagradas war. Simitthu selbst hatte sein Forum, das über den Resten numidischer Königsgräber errichtet

262

worden war, hatte sein Theater, sein Amphitheater, sein eindrucksvolles Aquädukt, seine Brücke über den Fluß (aus trajanischer Zeit) und – in gebührender Entfernung – seine Steinbrüche und Werkssiedlungen, in denen der Marmor zu Schalen und anderen kunsthandwerklichen Objekten verarbeitet wurde. Marmor wurde auch im großen Stil exportiert; in Rom kam er in Mode – er wurde zum Beispiel im hadrianischen Pantheon verwendet. Einige riesige Monolithen, über 10 m lange Säulen, wurden von den Steinbrüchen über eine hohe Bergkette zum Hafen von Thabraca (Tabarka) an der Nordküste transportiert, wo sie auf Schiffe verladen wurden[4]. Daß dieser Transport möglich war, ist ebenso eindrucksvoll wie die heute noch sichtbaren Reste der Steinbrüche (in denen römische Inschriften neben solchen neueren Datums liegen, denen zu entnehmen ist, daß ein Stollen im algerischen Unabhängigkeitskrieg als Lazarett für die innerhalb Tunesiens agierenden Soldaten diente). Die Nachfrage nach Marmor war zur Blütezeit der Steinbrüche so groß, daß man den Marmor in großen Blöcken verschiffte, die als ganze aufbewahrt und nach Bedarf zerkleinert wurden, oder aber in Säulen von Standarddimensionen, das Vielfache eines römischen Fuß lang. Ein Lager mit Hunderten noch ungenutzter Blöcke afrikanischen Marmors aus dem 1. und 2. Jahrhundert n. Chr. – sie lassen sich durch Zeichen der Steinmetze oder Lagerverwalter datieren – befand sich in Rom im Viertel Marmorata am Tiber. Und die Geschichte eines Blockes von Simitthu-Marmor in Ostia können wir noch genauer verfolgen: Laut einer Markierung war er in Domitians Zeit unter der Aufsicht des kaiserlichen Sklaven Felix in Simitthu gebrochen worden; eine andere Markierung aus dem Jahr 132 n. Chr. wurde wahrscheinlich bei der Inventur in Rom, wohin der Block verschifft worden war, angebracht. Im Jahr 394 n. Chr. wurde der Stein in Ostia gerade zerteilt, damit der Marmor als Fußboden- und Wandverkleidung eines Gebäudes genutzt werden konnte, als das Gebäude vor Abschluß der Arbeiten zerstört wurde und unser Marmorblock dort liegen blieb, bis er im 20. Jahrhundert ausgegraben wurde! Nicht nur in Rom, wo der meiste Marmor verbaut wurde, sondern auch für das antoninische Bauprogramm in Karthago brauchte man den Stein; selbst eine Kleinstadt wie Sabratha leistete sich im Lauf des 2. Jahrhunderts

---

[4] Das früheste Zeugnis für Straßenbau entlang dieser Route (CIL VIII 22199) datiert von 129 n. Chr., doch Plinius d. Ä. (Naturalis historia 26,49) gibt an, daß schon zu seiner Zeit solcher Marmor in Rom verwendet wurde.

n. Chr. ein neues Forum, eine neue Basilika, neue Thermen, diverse neue Brunnen, ein neues Theater – alle marmorgeschmückt; sechs von den sieben bekannten Tempeln in der Stadt wurden ebenfalls renoviert. Diese wenigen Beispiele zeigen, welchen Umfang die Organisation des Marmorhandels gehabt haben muß.

Technische Hilfe vom Heer

Afrika hatte keinen gefährlichen äußeren Feind; die eine Legion, die in der Provinz stationiert war, hatte vorwiegend für die innere Sicherheit zu sorgen, überwachte die Wanderungen der Nomaden und trug nicht unerheblich zur Entwicklung der Landwirtschaft und der Stadtkultur bei. Die Ausweitung des agrarisch genutzten Gebiets folgte der Ausweitung des Gebiets unter römischer Kontrolle. »Viele weit verstreut gelegene Posten« besetzten die Römer, wie Hadrian in seiner Rede beim Besuch des Hauptlagers Lambaesis 128 n. Chr. feststellte (ILS 2487 + 9133-5 = Sm. II 328; HIRK 79); nach einem Rotationsprinzip tat eine Kohorte immer in Karthago Dienst. Ein Schlaglicht auf den Einsatz von Militärexperten im zivilen Bereich wirft eine Inschrift in holprigem Latein von etwa 153 n. Chr., die ein Landvermesser der III. Legion *Augusta* namens Nonius Datus im Ruhestand aufstellte. Er hatte seinerzeit die erste Vermessung für ein geplantes Aquädukt für die Stadt Saldae (Bougie, Bejaia) an der Nordküste durchgeführt, war aber für die nachfolgenden Arbeiten nicht mehr zuständig gewesen. Nunmehr war etwas Schlimmes passiert, und Varius Clemens, der Prokurator der Provinz Mauretania Caesariensis, in der Saldae lag, schrieb an den Legaten der III. Legion *Augusta* und bat darum, Nonius Datus zu Hilfe zu schicken. Lassen wir letzteren selbst zu Wort kommen:

Ich machte mich auf den Weg, auf dem ich von Banditen angegriffen wurde. Beraubt und verwundet konnte ich mit meinen Leuten entkommen und gelangte nach Saldae. Dort traf ich Varius Clemens; er nahm mich mit in die Berge, wo die Leute über einen Tunnelbau von zweifelhafter handwerklicher Qualität weinten; sie meinten, sie müßten das Projekt aufgeben, weil sie bereits weiter gegraben hatten als der Berg dick war. Ganz offenbar waren sie beim Graben von der geraden Linie abgekommen, und zwar so, daß der obere Tunnel sich nach rechts, also

südlich krümmte, während der untere Teil nördlich, nach links gebo-
gen war; die beiden Teile trafen sich also nicht ... Ich übernahm die
Verteilung der Arbeit, so daß ein jeder wußte, wieviel er zu graben
hatte, und veranstaltete einen Wettbewerb zwischen Marinesoldaten
und Hilfstruppen (wer am ehesten fertig sei). Die beiden Tunnelteile
trafen sich, der Berg war durchstoßen, ... und bald floß Wasser.

(CIL VIII 1812)

Bemerkenswert ist die Bezugnahme auf »Banditen« – selbst in
der Blütezeit der antoninischen Epoche waren Ordnung und
Sicherheit auf dem Land nicht selbstverständlich. Bemerkenswert ist auch die technische Leistung – der Tunnel war 428 m
lang. Bemerkenswert ist schließlich, daß das Heer nicht nur
Nonius Datus mit seinen Spezialkenntnissen ausleiht, sondern
auch Arbeitskräfte stellt, Marinesoldaten und Angehörige der
Hilfstruppen, freilich keine Legionäre. Wir registrieren, daß in
manchem auf die Hilfe des Heeres auch bei zivilen Problemen
nicht verzichtet werden konnte, und sollten uns davor hüten,
das Römische Reich als ein gutgehendes Uhrwerk zu begreifen.
In den kleineren Städten war das Niveau von Bildung und technischer Kompetenz nicht hoch – ein Bild, das uns Plinius d. J. in
seinen Briefen aus Bithynien bestätigt, etwa wenn er von dem
unvollendeten und aufgegebenen Aquädukt bei Nicomedia (10,
37) oder dem nicht fertiggestellten Theater in Nicaea erzählt,
das »sich schon gesenkt und große Risse bekommen hat« (10,
39). Als Plinius sich an dem Gedanken berauscht, einen Kanal
zu bauen (10, 40), rät ihm Trajan, einen Landvermesser aus der
nächstgelegenen Legion einzusetzen, »der mit derartigen Arbeiten Erfahrung hat« (10, 41).

Kleinasien

Wenn wir uns bislang mit Nordafrika beschäftigt haben, so
auch deshalb, weil hierfür besonders reichhaltige Zeugnisse
vorliegen. Wenden wir uns jetzt nach Kleinasien, so zeigen sich
Gemeinsamkeiten und Unterschiede. In Afrika gingen die Städte – mit Ausnahme der alten punischen Siedlungen an der Küste
(Karthago, Utica, Sousse usw.) –, die nicht ohnehin römische
Neugründungen waren, auf vorrömische Stammeszentren zurück, die die römischen Institutionen rasch übernahmen (man
denke an Tiddis). Die meisten Städte Asiens hatten eine von

Rom weitgehend unabhängige Geschichte und Tradition. Der Landtag der Städte Kleinasiens, der schon vor Augustus bestand, vertrat die Interessen der Städte gegenüber Rom und – später – dem Kaiser; zahllose Gesandtschaften sind bezeugt. Einzelne Städte genossen ein großes Maß an innerer Autonomie. Ihre Kultur war griechisch, ihre »großen Söhne« zumeist mit Ehrenstellungen in der Heimatstadt und der Provinz zufrieden. Nicht vor dem 2. Jahrhundert n. Chr. erscheinen die reichen Landbesitzer aus der griechischsprachigen Reichshälfte neben ihren westlichen Ranggenossen in den Konsullisten. Man hielt an der griechischen Kultur fest; ein Junge in Philostratos' *Leben des Apollonios* (42) beklagt sich bitter: »Obwohl ich ein Arkadier aus Messene war, hat mir mein Vater keine griechische Bildung zukommen lassen, sondern mich hierher (nach Rom) zum Jurastudium geschickt!«

Die Zweite Sophistik

Griechische Kultur war im 2. Jahrhundert n. Chr. *en vogue;* man bezeichnet diesen Prozeß gewöhnlich als Zweite Sophistik, was den von Philostratos bevorzugten Begriff »Sophist« (außer dem eben zitierten Werk verfaßte er zu Beginn des 3. Jahrhunderts *Biographien der Sophisten*) für einen Redner und Rhetoriklehrer aufnimmt. Das Wort »Sophist« hat also hier nicht den schlechten Beigeschmack, den ihm die Umgangssprache zuweist; Rhetorik und Philosophie waren die beiden Hauptfächer jeder höheren Bildung und entsprechend gefragt. Was die Sophisten taten, läßt sich am besten daran erkennen, was nach Aelius Aristides (An Platon 672 Lenz/Behr) die Philosophen nicht tun: Reden halten und publizieren, Feste schmücken, Götter ehren, Städte beraten, Verzweifelte trösten, Streit schlichten und die Jugend ausbilden.

Aelius Aristides, dessen Rede auf Rom wir bereits (Kap. 9) angeführt haben, war selbst ein distinguierter Sophist, der auch Reden auf Kyzikos, Korinth, Athen, Rhodos und Smyrna – lauter griechischsprachige Städte – verfaßte. Smyrna (Izmir) wurde seine zweite Heimat, neben Athen und Ephesos war es eines der Zentren der Zweiten Sophistik. Trotz ständiger Gesundheitsprobleme war Aelius Aristides ein weitgereister Mann – wie viele Sophisten. Außerdem war er reich, aber wurde (was er selbst betont) nicht müde, römische Amtsträger mit Bitten zu bombardieren, ihm die den Reichen üblicherweise auferlegten *leitourgiai* (Sonderabgaben[5]) zu erlassen. Nicht nur eigene Angaben, sondern auch Rechtsquellen aus dem 2. Jahrhundert n. Chr. zeigen, wie viele Sophisten und Intellektuelle sich um den Erlaß der *leitourgiai* bemühten – und wie die Kaiser ihnen nur zögernd nachgaben; offenbar gab es so viele reiche Sophisten, daß ein allgemeiner Erlaß der *leitourgiai* die Gemeinden vor ernsthafte Finanzprobleme gestellt hätte. Obwohl Aelius Aristides selbst nur einmal in Rom gewesen war, unterhielt er enge Beziehungen zu den römischen Statthaltern in Kleinasien und hatte in Rom keinen geringen Einfluß. Als 178 n. Chr. Smyrna von einem Erdbeben zerstört wurde, schrieb er, der sich stets geweigert hatte, seiner Wahlheimat offiziell zu Diensten zu sein, an Mark Aurel und Commodus und sicherte so – ohne daß es ihn selbst mehr als den Brief gekostet hatte – deren Hilfe beim Wiederaufbau, noch bevor die offizielle Delegation der Stadt überhaupt in Rom angekommen war.

Dabei war Aelius Aristides zwar ein bekannter, aber bei weitem nicht der berühmteste Sophist jener Zeit. Er reichte zum Beispiel nicht an Antonius Polemo heran, der eine Generation vor ihm in Smyrna ansässig gewesen war und das schönste Haus in der ganzen Stadt besaß. Seine Familie läßt sich bis in die voraugusteische Zeit zurückverfolgen; sie brachte mehrere bedeutende Männer, 148 n. Chr. schließlich sogar einen Konsul hervor, Marcus Antonius Zeno. Antonius Polemo selbst begleitete Hadrian auf seiner Reise durch Kleinasien 123 n. Chr. Seinen Einfluß beim Kaiser hält eine Ehreninschrift aus Smyrna fest (IGRR IV 1431)[6], und es heißt, er habe Hadrian dazu überredet, einen Betrag von 40 Millionen Sesterzen, der eigentlich für Ephesos vorgesehen war, an Smyrna zu übergeben. Was die Epheser dazu dachten, ist nicht überliefert . . .

Der berühmteste und reichste aller Sophisten war jedoch Polemos Zeitgenosse und Konkurrent und Aristides' Lehrer: Lucius Vibullius Hipparchus Tiberius Claudius Atticus Herodes,

---

[5] Seit Jahrhunderten hatten die griechischen Städte öffentliche Aufgaben dadurch finanziert, daß ihre reichsten Bürger kostspielige Unternehmungen aus eigenen Mitteln bestritten. Für Kyrene hatte Augustus bestimmt, daß die Verleihung des römischen Bürgerrechts nicht den Erlaß der *leitourgiai* mit sich brachte (s. Kap. 6).

[6] G. Lafaye (Hg.), *Inscriptiones Graecae ad res Romanas pertinentes*. Bd. 4, Paris 1927, Nr. 1431.

kurz Herodes Atticus, aus Athen. Auch er stammte aus einer alten und bedeutenden Familie. Obwohl sein Großvater enteignet worden war, waren Herodes Atticus' Vater und er selbst unglaublich reich. In Athen baute Herodes Atticus ein Stadion für die panathenäischen Spiele, ein Odeon, ein Theater – das noch heute bespielt wird, auch wenn das Dach aus kostbarem Zedernholz nicht erhalten ist. Korinth verdankte ihm ein Theater, Delphi das Stadion, die Thermopylen Thermen, Olympia einen Aquädukt. Herodes war einer der Griechen, die das Konsulat erreichten und es akzeptierten; 143 n. Chr. war er römischer Konsul. Im Haus von Mark Aurels Großvater mütterlicherseits aufgewachsen, war er mit dem Kaiser befreundet. Fronto, der Erzieher des Kaisers, war sich dieser Verbindung wohl nicht bewußt, als er sich bei einem Prozeß gegen Herodes als Vertreter der Anklage darauf vorbereitete, »von grausamen Züchtigungen und Beraubungen freier Männer, ja von einer Tötung« zu sprechen, die der »seinen Vater nicht ehrende *(im-pius)* Sohn« veranlaßt habe (Briefe an Mark Aurel 3, 3). Auch Philostratos, sicher kein Feind des Herodes Atticus, spricht in seiner Biographie dieses Sophisten von harter Behandlung der Freigelassenen und Sklaven des Herodes. Wieder erleben wir ein Milieu, das die Privilegien der Reichen sehr herausstellte – Aelius Aristides verweigert die *leitourgiai*, Herodes Atticus behandelt die von ihm Abhängigen mit Grobheit. Es ist aber auch ein Milieu, in dem sich der griechisch sprechende Sophist mit dem aus Afrika (genauer Cirta) stammenden Prinzenerzieher auf gleicher Ebene treffen konnte.

Das dritte große Zentrum der Sophistik neben Smyrna und Athen war Ephesos. Was heute an Ruinen dort zu sehen ist, stammt zumeist aus dem 2. Jahrhundert n. Chr. Auch hier finden wir einen freigebigen Sophisten, Titus Flavius Damianus, der großzügig die Armen unterstützt und die Renovierung öffentlicher Gebäude finanziert. Auf ihn geht der Verbindungsbau zwischen Stadt und Heiligtum (das Paulus sah; s. Kap. 6) und ein marmorverkleideter Speisesaal dort zurück; sein Schwiegervater errichtete einen Konzertsaal und ein, vielleicht sogar zwei Gymnasien. Der Reichtum, der hier von Generation zu Generation vererbt und durch kluge Heiratsverbindungen gesichert wird, kann mit dem senatorischer Vermögen in Italien konkurrieren. Kaum ein Vertreter der Zweiten Sophistik war arm. Philostratos nennt ganze drei Sophisten, die aus relativ einfachen Verhältnissen stammten.

Diese reichen Männer waren aber zu allermeist damit zufrieden, in ihrer eigenen Welt zu bleiben, sie waren *domi nobiles* im republikanischen Sinne (s. Kap. 1). Sie wetteiferten untereinander um Ehren, wohl wissend, daß ihre römischen Herren sie stets gegen die unteren Schichten unterstützen, ihren Status bewahren und den Wettbewerb in akzeptablen Grenzen halten würden, ohne daß sie sie als Bedrohung empfanden. Plutarchs Traktat *Wie man Politik treiben muß* (Moralia p. 798 aff.) widmet sich fast ausschließlich diesem Thema. Die römische Oberschicht war seinerzeit durch den Kampf um reale politische Macht zugrundegegangen. Die Sophisten hatten alles, nur keine Macht, und waren damit zufrieden. Sie mögen überdies die Römer als unkultiviert verachtet haben.

Vielleicht war es Hadrians Philhellenismus, der dazu führte, daß sich mehr reiche Griechen für eine politische Karriere in Rom interessierten. (Für die Städte, aus denen sie stammten, bedeutete dies eine fatale Verarmung: Die verbleibende Oberschicht konnte die finanziellen Ansprüche, die eine Stadt zur Aufrechterhaltung ihres Standards stellte, ohne die Hilfe von *leitourgiai* nicht mehr erfüllen.) Jedenfalls läßt sich, wenn man die erhaltenen Belege für die Abstammung der Senatoren untersucht, feststellen, daß die Zahl der aus Italien stammenden Senatoren in der flavischen Zeit (ohne daß es Politik der Flavier gewesen wäre) deutlich abnimmt und unter den Severern nicht einmal mehr die Hälfte der Gesamtzahl ausmacht. Ja, nur eine einzige senatorische Familie konnte ihren Stammbaum noch auf die Zeit der römischen Republik zurückführen: die Acilii Glabriones. Schon in Vespasians Zeit waren die alten patrizischen Clans fast alle erloschen, und von den 26 Familien, die Augustus und Claudius in den Patrizierstand erhoben hatten, bestanden unter Trajan nur noch sechs. Unter Septimius Severus konnten die wenigsten Senatoren Vorfahren aufweisen, die vor mehr als ein oder zwei Generationen dem Senat angehört hatten; vielmehr setzte sich der Senat hauptsächlich aus Rittern aus den Provinzen zusammen. Zunächst kamen solche nichtitalischen Senatoren vor allem aus der westlichen Reichshälfte, Afrikaner traten seit Hadrian hervor. Dann begannen eben auch Griechen in den Listen zu erscheinen – wenn ein Lollius Urbicus aus Castellum Tidditanorum und ein Salvius Iulianus aus Pupput die höchsten Ämter im Staat erreichen konnten, sollte

da der berühmte, mit den Kaisern wohlbekannte Antonius Polemo aus Smyrna zurückstehen?

Obwohl unsere Quellen fragmentarisch sind, kann man ihnen
entnehmen, daß die Familien, die Senatoren stellten, einander
recht schnell ablösten. Reiche Familien werden ihre Kinderzahl
schon deshalb niedrig gehalten haben, um den Familienbesitz
beisammen zu halten. Die augusteischen Ehegesetze versuchten
zwar genau das Gegenteil zu bewirken (s. Kap. 4), hatten aber
offenbar wenig Erfolg. Außerdem traten sicher nicht alle Se-
natorensöhne (mangels Befähigung, Ehrgeiz oder Geld) ihrerseits wieder in den Senat ein. Jedenfalls erforderte der Status
eines Senators einen sehr aufwendigen Lebensstil, den nur ein
sehr großes Vermögen erlaubte. Es überrascht nicht, daß man
sich bemühte, auch von außerhalb der Familie Besitz zu erwerben, sei es durch Heirat einer Alleinerbin, Geschenke durch den
Kaiser oder die Gewinne (legal oder nicht) aus Ämtern wie vor
allem der Provinzstatthalterschaft. Zynisch könnte man sagen:
Der Idealfall zur Bewahrung des Familienbesitzes war, wenn
nur ein einziger Sohn als Erbe den Tod seines Vaters erlebte
(und zwar in einem Alter, in dem er selbst noch eine erfolgreiche Karriere vor sich hatte), besser noch, wenn der Sohn auch
noch das Vermögen der angeheirateten reichen Erbin oder Witwe übernehmen oder durch seine eigene Verheiratung gewinnen
konnte. Es gibt jedenfalls reichlich Zeugnisse dafür, daß die
Geburtenrate niedrig gehalten wurde und daß Erbinnen äußerst
begehrt waren. Freilich brachte die Beschränkung auf nur einen
Sohn bei der allgemein hohen Sterblichkeit auch das Risiko mit
sich, ganz ohne Erben zu sein.

Wir haben gesehen, wie wenig bedeutsam geographische Ein-
teilungen im Vergleich zu gesellschaftlichen waren: Im 2. Jahrhundert n. Chr. teilten die Oberschichten im gesamten Römischen Reich eine gemeinsame Kultur und hatten gemeinsame
Interessen hinsichtlich Wirtschaft und Status, die andere Unterschiede leicht vergessen machten.

Religionen im Römischen Reich

Ebenfalls über das ganze Reichsgebiet, aber sogar über die einzelnen gesellschaftlichen Schichten hinaus erstreckten sich die
Religionen; so fanden östliche Kulte auch im Westen viele An-

hänger. In einem Fall können wir sogar beobachten, wie das
römische Heer eine solche Verbreitung bewirkte: Die Kohorte
syrischer Bogenschützen, die seit etwa 180 n. Chr. bei Intercisa
an der Donau stationiert war (s. S. 189), zog eine ganze Ansiedlung von syrischen Händlern und anderen Leuten an, die orien-
talische Kulte mit sich brachten; sogar eine jüdische Synagoge
hat man gefunden.

Der Kult des Mithras, der zu jener Zeit gerade seine Anfänge
hatte, wurde der am weitesten verbreitete. Wir haben bereits auf
das Mithrasheiligtum in Tiddis hingewiesen; in Britannien läßt
sich der recht große Mithrastempel anführen, den man in der
Londoner City ausgegraben hat, und für jede andere Provinz
ließen sich zahlreiche Beispiele nennen. Der Kult des Mithras
hat persische Ursprünge, während ein ebenfalls weitverbreite-
ter, der der Isis, aus Ägypten stammt. Er war schon seit spätre-
publikanischer Zeit in Rom vertreten, wurde aber zunächst von
der besseren Gesellschaft als nicht respektabel gemieden; später
erfreute sich Isis der Verehrung durch die flavischen Kaiser.
Vespasian hing dem Kult der Isis und der ebenfalls ägyptischen
Göttin Serapis wohl aus persönlichem Antrieb an, denn es lassen sich keinerlei politische Gründe dafür finden.

Isis spielte auch im Leben des Apuleius eine Rolle. Er stammte aus Madauros (wo später der Hl. Augustin zur Schule ging;
heute Mdaourouch) in Afrika, war reich und gebildet, hatte in
Rom und Griechenland gelebt, war aber schließlich nach Afrika
zurückgekehrt. Er hatte eine reiche Witwe geheiratet, deren
enttäuschte Verwandtschaft ihn anklagte, weil er die Zuneigung
der Witwe durch Magie erreicht habe. Vor dem Gericht in Sabratha 158/159 n. Chr. hielt er eine (noch erhaltene) Verteidigungsrede *(Apologia)*, in der er deutlich macht, daß er zwar
nicht schuldig ist, aber sehr wohl an Magie glaubt und dasselbe
auch bei allen anderen voraussetzt. Apuleius verfaßte übrigens
auch den einzigen Roman, der Petrons *Satyrikon* ebenbürtig ist,
die *Metamorphosen* (auch bekannt unter dem Titel *Der goldene
Esel*). Der Held, durch Magie zum Esel verwandelt, wird von
Isis erlöst, die ihn künftig durchs Leben geleitet und vor seinem
sexuellen Appetit bewahrt. Isis verlangte von ihren Anhängern
Reinheit, nicht ausschließlich Verehrung. Ein Anhänger der Isis
konnte gleichzeitig an offiziellen Kulten des Staates oder der
Gemeinde teilnehmen, ebenso auch am Kaiserkult. Darin un-
terscheidet sich der Isiskult von zwei anderen orientalischen
Religionen:

Daß der jüdische Glaube die Verehrung anderer Götter aus-
schließt, ist bekannt und hat nicht zuletzt zum jüdischen Aufstand unter Bar Kochba geführt (s. Kap. 9). Nach dessen Niederwerfung und der Verbannung der Juden aus Jerusalem flie-
ßen unsere antiken Quellen für die jüdische Geschichte spärli-
cher. Sicher werden sich manche mit den römischen Autoritäten arrangiert haben: Daß der Patriarch Jehuda (Jehuda ha-
Nasi, genannt Rabbi), der Redaktor der Mischna, in guten Beziehungen zu Römern stand, zeigt sich wohl in den im Talmud
(z. B. Sanhedrin 91 a) erzählten Legenden über Gespräche zwischen »Rabbi und Antoninus« (wohl Caracalla, der 199 und 215
n. Chr. in Judäa weilte)[7].

Das Christentum

Auch das Christentum verbietet die Verehrung anderer Götter.
Im 2. Jahrhundert n. Chr. war es schon so weit verbreitet wie
der Mithras- oder Isiskult, aber besser organisiert; so gab es
zum Beispiel bereits Bischöfe: Eirenaios (Irenaeus), geboren um
130 n. Chr. und damit Zeitgenosse des Aelius Aristides, stammte aus Kleinasien, wahrscheinlich sogar Smyrna, wo er bei dem
Bischof Polykarp studiert hatte; vielleicht hat er in seiner Jugend auch Polemo gehört. Doch wollte er einen anderen Weg
gehen. Mit etwa 50 Jahren war er Priester in Lugdunum (Lyon),
und als bei der Exekution von 48 (oder mehr) Christen dort –
Eirenaios war gerade auf Missionsreise in Rom – 177 n. Chr.
auch der Bischof Potheinos (Pothinus) umgekommen war, folgte ihm Eirenaios auf dem Bischofsstuhl.

Von den Märtyrern von Lyon und denen vom benachbarten
Vienne wissen wir aus einem in Eusebios' *Kirchengeschichte*
(5,1) überlieferten Brief der beiden Gemeinden an die Kirchen
von Asien und Phrygien[8]. Der Brief ist griechisch geschrieben,

---

[7] Reinhold Mayer, *Der babylonische Talmud*. (GGT 7902) München 1963,
S. 645f.; G. Stemberger, *Der Talmud*. München 1982, S. 205f.
[8] Deutsche Übersetzungen dieser bzw. der im folgenden angeführten christli-
chen Märtyrerakten findet man in folgenden Bänden: *Echte alte Märtyrerakten.*
Dt. v. G. Rauschen, in: *Frühchristliche Apologeten- und Märtyrerakten.* 2.
Bd. (Bibliothek der Kirchenväter 14) Kempten, München 1913 [Polykarp, Scili,
Perpetua]; *Die Märtyrerakten des zweiten Jahrhunderts.* Dt. v. H. Rahner. (Zeu-
gen des Wortes 32) Freiburg ²1954 [Lyon, Polykarp, Scili].

Potheinos und weitere Märtyrer haben griechische Namen, und bei zweien ist sogar angegeben, daß sie aus Kleinasien stammten. Auch Eirenaios war Grieche – anscheinend hatte die christliche Gemeinde von Lyon ihre Wurzeln unter den griechischsprachigen Einwanderern. Die Märtyrer wurden von dem Tribunen der in Lyon stationierten städtischen Kohorte in Zusammenarbeit mit den Stadtbeamten verhaftet. Der Mob wurde gegen sie aufgehetzt, üble Beschuldigungen erhoben, manche wurden von Angehörigen ihres eigenen Haushalts verraten, sie wurden gefoltert und erwarteten im Kerker den Spruch des Statthalters, der die meisten von ihnen zum Tode verurteilte. Die römischen Bürger unter ihnen wurden enthauptet – der Statthalter hatte sich sein Urteil zuvor vom Kaiser bestätigen lassen –, die anderen in der Arena von wilden Tieren zerrissen.

Das war kein Einzelfall. Bischof Polykarp von Smyrna, Eirenaios' Lehrer, war von einem Diener verraten worden, auf Anordnung eines Stadtbeamten verhaftet und vor den Prokonsul für Asien ins Stadion gebracht worden, wo die Zuschauer für die Spiele versammelt waren. Aufgefordert, seinem Glauben abzuschwören, sagte Polykarp: »Ich habe ihm sechsundachtzig Jahre lang gedient und er hat mir kein Leid getan. Wie kann ich meinen König und Heiland verraten?« Die Leute im Stadion forderten seine Hinrichtung, Polykarp aber unternahm eine beredte Verteidigungsrede, die er an den Prokonsul richtete. Der sagte nur: »Überzeug' die Leute.« Polykarp wurde lebendig verbrannt. Sein Martyrium entnehmen wir einem ebenfalls in Eusebios' *Kirchengeschichte* (4,15) zitierten Brief der Gemeinde von Smyrna an die von Philomelion in Pisidien. Polykarp war wegen seines hohen Alters, seiner Persönlichkeit und weil er »Johannes und viele, die den Herrn gesehen hatten, gekannt hatte« (Eirenaios, Gegen die Häretiker 3,3,4) für die Überlieferung der christlichen Lehre von zentraler Bedeutung. Und Smyrna war nicht nur ein Mittelpunkt der Zweiten Sophistik, sondern auch ein kulturelles Zentrum für die frühen Christen, deren Beziehungen – auf der ihnen eigenen Ebene – nicht hinter denen der Sophisten zurückstanden.

Auch in Afrika hatte das Christentum Wurzeln geschlagen, und wie für Lyon haben wir auch für Karthago Anzeichen, daß die Gemeinde dort zumindest teilweise ihre Basis innerhalb des griechischen Bevölkerungsteils hatte. Trotz aller Unterschiede zwischen lateinischem Westen und griechischem Osten gab es nämlich durchaus Verbindungen, und gerade ein Schmelztiegel wie die Großstadt Karthago hatte nicht nur einen großen jüdischen Bevölkerungsteil, sondern auch einige Einwohner, die am Griechischen festhielten. In der Umgebung der Stadt sprach man Lateinisch, wenn nicht gar Neupunisch oder die Sprache der ansässigen Berber. Eine Gruppe von Christen aus einer unbedeutenden Kleinstadt im Umland Karthagos – so unbedeutend, daß wir nicht einmal genau ihren Namen kennen: Scili, Scillis oder Scillium – wurde 180 n. Chr. vom Prokonsul Vigellius Saturninus hingerichtet. Erhalten ist ein Teil der Niederschrift des Prozesses. Wie in den bereits zitierten Fällen bekennen die Angeklagten auch hier ihren Glauben, streiten jedes Vergehen ab – einer will »den Kaiser als Kaiser ehren, aber Gott fürchten«, was an Jesu Wort erinnert »Gebt dem Kaiser, was des Kaisers ist, und Gott, was Gottes ist« (Markus 12,17; Matthäus 22,21; Lukas 20,25); Separatus, der Sprecher der Gruppe, hat in seinem Ranzen »die Bücher und Briefe Paulus' des Gerechten«. Einer Vertagung stimmen sie nicht zu, der Prokonsul fällt also sogleich das Urteil: Die Angeklagten, die »bekannt haben, gemäß der christlichen Religion zu leben, und auch dann daran festhalten, wenn ihnen Gelegenheit gegeben wird, zur römischen Art zurückzukehren«, sollen mit dem Schwert hingerichtet werden. Die Antwort der Märtyrer: »Wir danken Gott.« Zwölf Personen, sieben Männer und fünf Frauen sind genannt; ihre Namen deuten auf niedrige Herkunft; zwei stammen aus Afrika. Daß das Christentum in allen gesellschaftlichen Schichten Anhänger hatte, ist gut bezeugt; die Überlieferung vom Martyrium der Vibia Perpetua und ihrer Kameraden in der Arena von Karthago zur Feier des Geburtstags von Septimius Severus' jüngerem Sohn Geta (wahrscheinlich 203 n. Chr.) betont, daß Perpetua »wohlgeboren, gebildet und gut verheiratet« war. Mit ihr angeklagt waren Mitglieder ihres Haushalts, darunter auch Sklaven.

Wir erkennen allmählich, woher das Christentum seine Kraft hatte. Die Sorgfalt, mit der Martyrien aufgezeichnet und diese Aufzeichnungen verbreitet wurden, zeigt nicht nur die weite Ausdehnung des Glaubens, sondern auch das Zusammengehörigkeitsgefühl der Gläubigen. Die Gemeinde von Lyon schreibt an Gemeinden in Kleinasien, vielleicht wie eine Missionsstation an ihre Mutterkirche. Tertullian, der durch Geburt und Erziehung zu den literarisch gebildeten Kreisen Karthagos gehörte, setzt (Ad martyres 4,4) voraus, daß seine Leser von dem Ex-Christen Peregrinos gehört haben, der sich bei den Olympischen Spielen von 165 n. Chr. selbst verbrannte. In seinem Schreiben an Iulius Scapula (5,2), den Prokonsul für Afrika 212/213 n. Chr., warnt er ihn vor den Konsequenzen, die Christenverfolgungen in Karthago haben könnten: Ein jeder verlöre Freunde und Verwandte, selbst senatorische Familien, ja Leute in der direkten Umgebung des Prokonsuls wären betroffen.

Bis zum Ende des 2. Jahrhunderts n. Chr. hatte sich das Christentum zu einem einzigartigen Phänomen entwickelt. Es gab kein spezielles Gesetz, das es verbot; die rechtliche Situation war seit Anfang des Jahrhunderts unverändert, als sich nämlich Plinius d. J. mit Klagen, daß einige Leute in Bithynien Christen seien, auseinandersetzen mußte und an Trajan schrieb:

Gerichtsverhandlungen gegen Christen habe ich noch nie beigewohnt; deshalb weiß ich nicht, was und wie weit man zu strafen oder zu untersuchen pflegt... Vorerst habe ich bei denen, die bei mir als Christen angezeigt wurden, folgendes Verfahren angewandt: Ich habe sie gefragt, ob sie Christen seien. Wer gestand, den habe ich unter Androhung der Todesstrafe ein zweites und drittes Mal gefragt; blieb er dabei, ließ ich ihn abführen. Denn mochten sie vorbringen, was sie wollten – Eigensinn und unbeugsame Halsstarrigkeit glaubte ich auf jeden Fall bestrafen zu müssen. Andere, die in eben dem gleichen Wahn befangen sind, habe ich, weil sie römische Bürger waren, zur Überführung nach Rom vorgemerkt. (Unter Folter findet Plinius keine spezifischen Verbrechen, sondern) ich fand nichts als einen wüsten, maßlosen Aberglauben. (Nun sucht er Rat beim Kaiser,) denn viele jeden Alters, jeden Standes, auch beiderlei Geschlechts sind jetzt und in Zukunft gefährdet; nicht nur über die Städte, auch über Dörfer und Felder hat sich die Seuche dieses Aberglaubens verbreitet. (Plinius, Epistulae 10,96)

Trajan antwortet, daß man tatsächlich keine feste Regelung anordnen könne. »Nachspionieren soll man ihnen nicht; werden sie aber angezeigt und überführt, sind sie zu bestrafen« (ebd. 10,97) – wozu Tertullian (Apologeticus 2,8) treffend bemerkt: »Oh welche Inkonsequenz!«

Ganz offenbar hofften die römischen Autoritäten, daß das Christentum einfach wieder verschwinden würde. Plinius' Sicht vom »wüsten, maßlosen Aberglauben« war typisch für das Wertesystem der römischen Oberschicht. Andererseits konnte man das Christentum nicht einfach ignorieren; vor allem wo es recht stark vertreten war, konnte es Auswirkungen auf die lokalen Verhältnisse haben. Die Opposition gegen Paulus' Auftreten in Ephesos (s. Kap. 6) wurde von Männern geführt, die ihren Lebensunterhalt durch die Pilger zum Artemistempel –

als Souvenirverkäufer u. ä. – verdienten (Apostelgeschichte 19,24), und Plinius spielt in dem eben zitierten Brief (10,96) darauf an, daß als Ergebnis seiner Abschreckungsaktionen »das Opferfleisch, für das sich bisher nur ganz selten ein Käufer fand, überall wieder Absatz findet« (tatsächlich war das auf dem Markt gehandelte Fleisch zumeist das von Opfertieren; daß dies für Christen ein Problem war, zeigt der 1. Korintherbrief 8–10). Überdies bedrohten die Christen die öffentliche Ordnung. Manche führten ihr Martyrium durch offene Verleugnung der römischen Autorität direkt herbei. Jedenfalls waren die Christen weithin unbeliebt, nicht zuletzt wohl, weil ihre Gemeinden einen solchen Ausschließlichkeitsanspruch erhoben und ihr Kult nicht öffentlich war – man interpretierte das Abendmahl sogar als Kannibalismus. Meist sind es der Mob oder die lokalen Amtsträger, die die Christen loswerden wollen, während der Statthalter ihnen die Chance gibt, sich durch Verleugnung ihres Glaubens zu retten. Erst »Eigensinn und unbeugsame Halsstarrigkeit« zwingen ihn geradezu, im Interesse der öffentlichen Ordnung und seiner eigenen Würde sie für die Mißachtung seiner *coercitio* (s. S. 63) zu bestrafen.

Das Heidentum

Wir dürfen aber auch nicht unterschätzen, wie stark das religiöse Gefühl unter den Heiden war. Cassius Dio (73,21) macht deutlich, wie ernst man die Vorzeichen für den herbeigesehnten Tod des Commodus im Senat nahm. Aelius Aristides, der ständig kränkelte, sah sein Leben als vom Gotte Äskulap gelenkt, in dessen Heiligtum in Pergamon er einige Jahre gelebt hatte. Zeitgenössische Inschriften bezeugen, daß man an die Heilung durch Äskulap glaubte (z. B. Syll.[3] 1173 aus Rom). Auf die Verbreitung orientalischer Kulte haben wir bereits hingewiesen. Die christlichen Autoren nahmen durchaus nicht an, daß das Heidentum im Sterben lag oder gar schon tot war – Minucius Felix in seiner Schrift *Octavius* und Tertullian in seinem *Apologeticus* gehen davon aus, daß die Heiden nur allzu fest in ihrem Glauben stehen. Die Ehrfurcht vor dem Numinosen, die Verbindung gewisser Plätze mit dem Heiligen war sehr stark, so stark, daß später auch die christliche Kirche solche Stätten durch die Verehrung von Heiligen anstelle heidnischer Gottheiten übernahm. Ein anderes Beispiel: Trotz aller kulturellen Unterschiede zwischen – sagen wir – Kelten und Berbern galten Quellen allgemein als heilige Orte. Eine heiße Quelle bei Hammam Sayala nahe Beja in Tunesien gilt noch heute als Ort, an dem durch eine moslemische Heilige, Lella Sayala, Krankheiten geheilt werden können; seit jeher wird sie mit Kerzen und Weihrauch verehrt[9]. Ausgrabungen dort – im antiken Aquae Traianae – haben dabei römische Thermen und eine Weihung eines kaiserlichen Freigelassenen an den *genius* (Schutzgeist) des Ortes ans Licht gebracht – ist es nicht dieser *genius,* der heute in Gestalt der Lella Sayala angerufen wird?

Das Heidentum war aber nicht nur auf der Ebene des Volksglaubens lebendig, sondern auch in den großen Kulten. Opfer und Rituale bildeten einen Teil fast allen Tuns, vom Opfer im Hausheiligtum auch der kleinsten Hütte bis zur großen Zeremonie, die jeder Aktion des Kaisers oder seiner Beamten vorausging. Noch im 4. Jahrhundert n. Chr., als sich das Christentum durchgesetzt hatte, führte die Entfernung des heidnischen Victoria-Altars aus dem Senatsgebäude zu lebhaften Protesten, die auf echtes religiöses Empfinden, nicht reine »Nostalgie« zurückgingen. Ein auf einem Papyrus aus dem 3. Jahrhundert n. Chr. (P. Dura 54) erhaltener Kalender der von der Besatzung von Dura-Europos am Euphrat einzuhaltenden heidnischen Festtage zeigt uns, wie schwierig es für einen Christen oder Juden gewesen sein muß, römischer Soldat zu sein. Auch der Kaiserkult bot nicht nur die Möglichkeit, seine Loyalität auszudrücken (so wie man während der Nationalhymne steht), sondern erweckte beim einfachen Volk sicher auch wahrhaft religiöse Ehrfurcht.

Eric Dodds (s. Literaturhinweise) hat die antoninische Epoche als ein »Zeitalter der ängstlichen Besorgnis« bezeichnet, Besorgnis um das Wohlergehen in dieser Welt ebenso wie im Jenseits. Selbst die Reichen mit ihrer sicheren gesellschaftlichen Position, ihrem Netzwerk von Freunden und Ranggenossen, ihren Möglichkeiten zu Reisen und ihrer Kultiviertheit erscheinen uns oft recht freudlos, ja überaus besorgt – Aelius Aristides mit seiner ständigen Sorge um seine Gesundheit steht da nicht allein. Die Korrespondenz zwischen Mark Aurel und seinem Erzieher Fronto dreht sich immer wieder um kleine und größe-

---

[9] Ammar Mahjouhi [d. i. Mahjoubi], *Les cités romaines de Tunisie.* Tunis o. J. [nach 1965], S. 110.

re Wehwehchen (z. B. Briefe an Mark Aurel 33;34;65). Kein Wunder, daß Galen, der Arzt aus Pergamon, der Leibarzt dreier Kaiser und der gehobenen Gesellschaft in Rom wurde, einer der erfolgreichsten Männer seiner Zeit war! Beobachtung von Vorzeichen, Besorgnis um die – in der Hand des Übernatürlichen liegende – eigene Gesundheit und die der Angehörigen, Ängstlichkeit beherrschen eine Zeit, der wir Aufrichtigkeit in den Anrufungen der heidnischen Götter nicht absprechen dürfen.

Mark Aurels Werk *An sich selbst* zeugt ebenfalls von tiefem Pessimismus. Das Leben wird mit schmutzigem Badewasser verglichen – Salböl, Schweiß und Schaum (8,24). Überhaupt etwas zu tun hat kaum einen Sinn. Es war der Herr über die Welt, der schreibt:

Betrachten wir einmal die Zeit Vespasians. Man wird immer wieder dasselbe sehen: Menschen heiraten, haben Kinder, erkranken, sterben, führen Kriege, feiern, treiben Handel oder Ackerbau, schmeicheln, setzen sich durch, verdächtigen, beten um den Tod anderer, beklagen ihr eigenes Los . . ., trachten nach einem Konsulat, einem Königreich. Gehen wir weiter in Trajans Zeit: Alles ist wieder dasselbe, wieder ist das Leben tot . . .   (Mark Aurel, An sich selbst 4,32)

Der Stil ist elegant, wie es von einem Schüler Frontos und einem Zeitgenossen der großen Sophisten zu erwarten ist. Doch wenn wir in jener Zeit Leute finden wollen, die etwas Neues zu sagen hatten und die ihr Tun als Handeln für die Nachwelt begriffen, dann suchen wir hier vergebens; es sind die großen Juristen und die Christen, an die wir uns wenden müßten.

Stadt und Land

Daß die Gesellschaft des Römischen Reichs in verschiedene, weit voneinander entfernte Schichten untergliedert war, ist bekannt. Nicht weniger klar ist, wie sehr die gesellschaftliche, geistige und auch bauliche Entwicklung der Städte auf der Abschöpfung des landwirtschaftlichen Überschusses, wenn nicht gar der Ausbeutung des Landes beruhte. Wenn es einmal wegen Dürre oder Unruhen oder aus sonst einem Grund für ein oder mehrere Jahre keinen solchen Überschuß gab, nahmen sich die Städter dennoch, was sie brauchten. Der Arzt Galen beschreibt die Folgen, die mehrere schlechte Ernten haben konnten:

Die Städter – ihr übliches Vorgehen ist es, sich gleich am Ende des Sommers mit einem Getreidevorrat fürs ganze Jahr zu versorgen – nahmen nun allen Weizen von den Feldern, dazu die Gerste, Bohnen und Linsen; sie ließen den Landleuten nur die Hülsenfrüchte, und selbst davon nahmen sie einen Großteil mit in die Stadt.
Nachdem die Leute auf dem Land das, was ihnen geblieben war, während des Winters verbraucht hatten, nahmen sie das ganze Frühjahr hindurch ungesunde Nahrungsmittel zu sich: Sie aßen Knospen und Zweige von Bäumen und Sträuchern, Knollen und Wurzeln von ungesunden Pflanzen, machten viel Gebrauch von sogenannten wilden Gemüsen – kurz, ein jeder aß, was er nur bekommen konnte. Ja, sie nahmen auch gekochte grüne Gräser zu sich, die sie zuvor noch nie, nicht einmal zur Probe, verwendet hatten.
Ich selbst habe nun gesehen, wie viele von ihnen am Ende des Frühjahrs und noch zu Beginn des Sommers mit zahlreichen Ausschlägen und Geschwüren gezeichnet waren, manche mit Wundrosen, andere mit entzündeten Tumoren, andere mit Blasen, wieder andere mit einem Ausschlag, der an Flechten, Krätze und Aussatz erinnerte.
(Galen, Über gute und schlechte Säfte in der Nahrung 1, VI p. 749f. Kühn)

Auch Philostratos (Leben des Apollonios 1,15) überliefert, wie die führenden Familien von Aspendos (Balkesu) allen Weizen für den Export einbehielten, während die Armen in der Stadt auf Wicken »und was sie sonst bekommen konnten« angewiesen waren. Libanios beschreibt die Verhältnisse in Worten, die sicher auch auf das 2. Jahrhundert n. Chr. zutreffen, in seiner Rede an Kaiser Theodosios I. über die Zwangsarbeit (50): Er betont nicht nur, wie sehr die Städte bei der Ernährung ihrer Bewohner auf das Land angewiesen sind, sondern führt auch eine ganze Liste der Härten und Ungerechtigkeiten gegenüber der armen Landbevölkerung auf.

Ob man also die antoninische Zeit als »die beste und glücklichste« erlebte, hing nicht zuletzt von der Stellung ab, die man in der Gesellschaft innehatte. Insgesamt war die besitzende Oberschicht in der Unterstützung des herrschenden Systems vereint, und zweifellos dachten und handelten die Juristen und Verwalter als Angehörige dieser Schicht in deren Interesse. Die horizontale Gliederung der Gesellschaft war eben bedeutender als ihre vertikale, also die geographischen Grenzen. Übrigens findet sich auch kaum ein alle Schichten erfassender Nationalismus im modernen Sinne; Rom war die *communis patria*, gemeinsame Heimat der Besitzenden und der im Dienste des Reiches Stehenden, während selbst die Menschen in den Provinzen, die keine besondere Loyalität gegenüber der römischen Herrschaft zeigten, den Kaiser oder seinen Statthalter als ihren Schutzherrn gegen regionale Bedrohungen und direkte Unterdrückung verstehen konnten. Natürlich gab es Opposition gegen die herrschende Ordnung: Nonius Datus fällt samt seinen Begleitern, Soldaten wohlgemerkt, unter die Räuber – wie der Mann, dem in Jesu Gleichnis dann der barmherzige Samariter hilft (Lukas 10,30–35). Solche Räuber, *latrones,* mögen Männer vom einfachen Dieb bis zum Briganten, zum »Robin Hood« umfaßt haben, der gegen die etablierte Ordnung steht – sei es die bestehende wirtschaftliche oder die religiöse Ordnung. Ein solcher Räuberhauptmann, Bulla, auch als Felix bekannt, trieb mit seiner 600 Mann starken Bande zwei Jahre lang sein Unwesen, bevor er gefangengenommen und zum Tod in der Arena verurteilt wurde. Cassius Dio (77,10) überliefert zwei kennzeichnende Aussagen des Bulla: »Melde deinen Herren: Ernährt eure Sklaven, damit sie nicht zu Räubern werden!« und die Antwort auf die Frage des römischen Präfekten beim Verhör, warum er Räuber geworden sei: »Warum bist du Präfekt?«

Die Frauen

Bisher haben wir vorwiegend die Welt der Männer betrachtet. Einzelne Frauen treten zwar immer wieder in Erscheinung – als begehrte Erbinnen, Ehefrauen oder Witwen berühmter Männer, auch selbst als Berühmtheiten wie die Märtyrerin Vibia Perpetua in Karthago; eine der Attraktionen des Christentums war es, daß Frauen ihren eigenen, wenn auch untergeordneten Platz behaupten konnten, während andere Religionen, etwa der Mithraskult, sie gänzlich ausschlossen. Aber das 2. Jahrhundert n. Chr. hatte ansonsten in all seiner bürgerlichen Gesetztheit keinen Platz mehr für eine Messalina oder eine Agrippina. Als Ummidia Quadratilla, eine »ungewöhnlich rüstige und robuste« alte Dame starb, gab Plinius d. J. – er zog ihr ihren pedantischen Enkel Quadratus vor – seiner Entrüstung über ihr bis zuletzt lebenslustiges Treiben in einem Brief Ausdruck:

Quadratus wuchs im Haus seiner mondänen Großmutter auf, überaus streng gehalten und doch fügsam. Sie aber hielt sich Pantomimen, die sie übertriebener verhätschelte, als es sich für eine Dame von Stand schickt; Quadratus aber sah sich deren Darbietungen weder im Theater noch zu Hause je an ... Aus ihrem eigenen Munde hörte ich, daß sie als Frau sich die vielen Mußestunden ihres Geschlechts gewöhnlich mit dem Brettspiel vertrieb oder sich von ihren Pantomimen etwas vorspielen ließ; zuvor schickte sie jeweils ihren Enkel aus dem Haus an seine Bücher ... (Plinius, Epistulae 7,24)

Ihre Frivolität wird durch ihr Vorleben entschuldigt, wie eine Figur bei Juvenal (Satiren 4,137) hatte sie wohl »den alten Luxus des Reichs und die Nächte des Nero« gekannt. Es war erst die severische Zeit, die Rom Kaiserinnen gab, die praktisch die Herrschaft innehatten (s. Kap. 11).

Das Amphitheater

Wir finden es heute oft schwierig, in unser Bild von der Kultur des Römischen Reichs das Gladiatorenwesen, die wilden Tiere in den Arenen, die grausamen Hinrichtungen einzufügen. Und doch ist dies ein wichtiger Aspekt jener Zeit, ja für das Verständnis des gesellschaftlichen Systems von großer Bedeutung. Das Amphitheater gehört einfach zum Römischen Reich. Das Colosseum in Rom faßte 50000 Zuschauer, die Amphitheater in Capua, Verona und Mailand in Italien, Pula in Jugoslawien, Autun in Frankreich, Karthago und El Djem in Tunesien jeweils mehr als 30000. Amphitheater für 20 bis 25000 Zuschauer gab es noch weit mehr (z. B. in Nîmes und Arles). Jede bessere Kleinstadt in der westlichen Reichshälfte hatte ihre Arena (allein im heutigen Tunesien, also in nur einem Teil der römischen Provinz Afrika, hat man über 20 gezählt)[10], und selbst die Militärlager hatten ihre kleine Arena, wo die Waffenübungen und immer wieder einmal eine Gladiatorendarbietung stattfanden.

Es wurde kein geringer Aufwand an Baumaterial, Arbeitskraft und technischer Kompetenz – die, wie uns die Geschichte von Nonius Datus lehrt, nicht leicht zu bekommen war – für die Amphitheater getrieben. Die Bauten aus flavischer und späterer Zeit weisen ausgeklügelte Systeme auf, die einen raschen An- und Abweg der Menschenmassen garantieren, den Abfluß von Grund- und Regenwasser erreichen, Sonnenschutz

[10] Makjoubi (s. Anm. 9) S. 73.

bieten und die Anlieferung und Aufbewahrung von Kulissen und Darbietern, Tieren wie Menschen, erleichtern. Im Amphitheater des Legionslagers von Lambaesis war es zum Beispiel möglich, die wilden Tiere durch Aufzüge in die Arena zu hieven, ohne daß sie dabei mit Menschen in Berührung kamen. In der weniger aufwendigen Anlage von Mactar in Zentraltunesien sind am Rande der Arena Öffnungen erhalten, in die man die Käfige mit den wilden Tieren einstecken konnte, so daß sie, wenn die Käfige von oben geöffnet wurden, direkt in die Arena kamen. In El Djem gibt es wieder Aufzugsanlagen; hier sind die unterirdischen Vorrichtungen am besten erhalten. Zu ihnen gehört ein Tunnel, der von den Lagerräumen unter der Arena an beiden Seiten unter den Sitzreihen hindurch ins Freie führt; die Tore an den äußeren Enden, auf einem anderen Geländeniveau als die Zuschauerzugänge gelegen, waren groß genug, ganze Wagen hindurchzulassen.

Welche Prioritäten eine Gesellschaft wirklich hat, zeigt sich daran, wie sie ihre Mittel investiert. In den meisten römischen Städten war das Amphitheater (neben dem Circus und ggf. den Thermen) das größte Bauwerk, das seine Umgebung ebenso dominierte wie eine gotische Kathedrale, eine mittelalterliche Burg oder heute eine Gruppe von Verwaltungs- und Bankhochhäusern – es ist zum Beispiel bezeichnend, daß der Neubau einer Bank in München bewußt höher errichtet wurde als die Türme der Frauenkirche. Kein römischer Tempel war so beeindruckend wie das Amphitheater. Gemetzel von Mensch und Tier zu betrachten war offenbar für die Römer eine wichtige Institution, ein gesellschaftliches, wenn nicht religiöses Ritual, das seine eigenen Baulichkeiten erforderte, für die man entsprechend große Mittel aufzubringen bereit war. Inwieweit das Element der Religion dabei bewußt deutlich wurde, läßt sich nicht genau erkennen; immerhin wissen wir, daß im Amphitheater Sklaven manchmal als Götter (Merkur, Pluto, Charon) kostümiert wurden; manchmal auch mußten Christen als heidnische Priester und Priesterinnen verkleidet in die Arena treten (Martyrium der Perpetua 18).

Die intellektuelle Rechtfertigung der Gladiatorenauftritte war, daß sie »den Ruhm von Wunden und Todesverachtung vor Augen führen, da man die Ruhmesliebe und die Siegeslust selbst bei den auftretenden Sklaven und Kriminellen sehen kann« (Plinius, Panegyricus 33). Ihren Ursprung sah man in den Wettkämpfen zu Ehren Verstorbener: »Früher glaubte man, daß die

Seelen der Toten durch Menschenblut versöhnt werden würden und opferte deshalb bei Leichenfeiern Kriegsgefangene und sonst nutzlose Sklaven, die man eigens zu diesem Zweck gekauft hatte.« (Tertullian, De spectaculis 12) Tacitus (Dialogus 29) beklagt sich über die Popularität der Gladiatorenauftritte: »Wie oft findet man noch einen, der zu Hause von etwas anderem spricht? Und kommt man in einen Vortragssaal, über was unterhalten sich die jungen Männer?« Wenn Intellektuelle sich gegen die Darbietungen aussprachen, dann nicht aus Mitleid für die Opfer, sondern wegen der schlechten Wirkungen auf die Zuschauer.

Man hat gemeint, die Gladiatorenauftritte seien auf die Westhälfte des Reichs beschränkt gewesen; wenn es im Osten welche gab, so seien sie für die italischen Einwanderer gegeben worden. Einer derart pauschalen These widersprechen aber unsere Zeugnisse. Allerdings gibt es im Reichsosten Amphitheater fast nur in den größeren Städten. Und zu einer Zeit, zu der jede bessere Stadt im Westen bereits ein aus dauerhaftem Stein gebautes Amphitheater hatte, verspricht ein Beamter des 2. Jahrhunderts in Antiochia in Pisidien einen Gladiatorenauftritt und baut dafür »innerhalb von zwei Monaten ein hölzernes Amphitheater« (AE 1926,78). Im allgemeinen reichte den griechischen Städten ihr Theater; Darbietungen von Gladiatoren und wilden Tieren waren offenbar weniger stark institutionalisiert. Daß sie dennoch auf Begeisterung stießen, entnehmen wir der Kritik, die Plutarch und andere an ihnen üben, etwa der Tirade des Dion Chrysostomos (31,121) gegen die »verrückte Vernarrtheit« der Athener, die Gladiatorenauftritte im Dionysostheater erlebt hatten, oder dem Ausspruch des großen Sophisten Polemo, der »einen Gladiator schwitzend und vor dem Kampf auf Leben und Tod schaudernd sah und meinte, er leide wohl noch mehr, als wenn er gleich eine Rede halten müsse« (Philostratos, Biographien der Sophisten p. 541 Kayser). Die beiläufige Erwähnung eines Gladiators legt nahe, daß deren Auftritte auch in der griechischen Welt nichts Außergewöhnliches mehr waren. Selbst der Redner Libanios, jener Inbegriff griechischer Kultur der Spätantike, schwärmt von Gladiatoren, die er in seiner autobiographischen Rede (1) mit den Helden von Thermopylai vergleicht!

Gladiatoren waren zumeist Sklaven oder verurteilte Kriminelle, manchmal aber auch freie Männer, die für einen festen Lohn auftraten. Vor der Darbietung gab es ein letztes Mahl;

eines ist auf dem Umschlag dieses Buches dargestellt[11], wobei jemand ironisch warnt: »Stille! Laßt die Stiere schlafen!« (AE 1955, 84) Wer die Darbietungen finanzierte, rühmte sich nicht selten des Gemetzels: Ein Beamter aus Minturnae betont auf einer Inschrift auf der Basis seiner Statue, daß er »in vier Tagen elf Paare von Gladiatoren auftreten ließ; dabei wurden elf der besten Gladiatoren Kampaniens getötet und zehn Bären grausam hingeschlachtet« (ILS 5062). Von der anderen Seite sah dies anders aus:

Für die Geister der Toten. Glauco, geboren in Mutina, trat in sieben Kämpfen auf, starb im achten. Er lebte 23 Jahre und 5 Tage. Aurelia weiht dies für ihren verdienten Gemahl zusammen mit denen, die ihn liebten. Mein Rat an dich: Finde deinen eigenen Stern. Vertrau nicht auf Nemesis. So nämlich bin ich getäuscht worden. Lebe wohl.

(ILS 5121)

Stiere und Bären waren noch die am wenigsten aufregenden wilden Tiere. Plinius d. Ä. nennt Tiger, Krokodile (riskant – im 4. Jahrhundert n. Chr. erzählt Symmachus, Briefe 6,43, daß seine Krokodile 50 Tage lang die Nahrung verweigerten und kaum bis zu ihrem Auftritt überlebten), Giraffen, Luchse, Nashörner, Straußen und Nilpferde. Löwen gab es ohnehin, bei einer Darbietung im 1. Jahrhundert n. Chr. sollen 600 auf einmal aufgetreten sein (ebd. 8,53; vgl. Cassius Dio 39,38). Elefanten wurden bereits in der ausgehenden Republik gezeigt und hingemetzelt, zu Neros Zeit züchtete man sie bereits in Italien (Columella 3,8). Commodus, der auf seine Schießkunst stolz war, rühmte sich, bei einer einzigen Darbietung fünf Nilpferde erlegt zu haben. Viele Inschriften und Mosaiken zeigen, daß die – stets genau genannte – Zahl der wilden Tiere bei einem Auftritt eine Prestigefrage für den Ausrichter der Darbietung war. Auch wenn manche Tiere mehrfach auftraten – und wie erfolgreiche Gladiatoren dem Publikum namentlich bekannt waren – bedeutete das Einfangen, der Transport, die Ernährung dieser Tiere bis zu ihrem Auftritt in der Arena einen enormen Aufwand. Man kann sich kaum eine weniger produktive Beschäftigung vorstellen, und wieviel man hierfür aufzuwenden bereit war, zeugt noch einmal von der Bedeutung, die der Institution des Amphitheaters beigemessen wurde – und von dem Reichtum

---

[11] Zu diesem Mosaik des frühen 3. Jahrhunderts n. Chr. aus Thysdrus (El Djem) vgl. Katherine Dunbabin, *The Mosaics of Roman North Africa*. Oxford 1978, S. 78 f. (El Djem Nr. 29) und Abb. 69.

der römischen Welt, die solche Beträge so unproduktiv vergeuden konnte.

Die römische Ordnung

Das Amphitheater spielte also eine fundamentale Rolle im römischen Leben. Motive aus der Welt der Gladiatoren finden sich häufig auf alltäglichen Haushaltsgegenständen, und die Wandkritzeleien und Ankündigungen von Auftritten in Pompeji erinnern an die von Fußballspielen heute. Alle Schichten der Bevölkerung kamen ins Amphitheater, wo sie jedoch streng hierarchisch geordnet saßen. Der Beamte, der den Vorsitz bei den Darbietungen (*ludi*, Spiele genannt) innehatte – in Rom zumeist der Kaiser –, besaß die Macht über Leben und Tod. Hier zeigte sich der Kaiser der Masse, hier konnte die Masse aus ihrer sicheren Anonymität heraus ihre Wünsche deutlich machen: Als sie unter Caligula eine Steuersenkung forderte, beorderte der Kaiser das Militär ins Amphitheater; dieser unpopuläre Akt ermutigte die Männer, die sich gegen Caligula verschworen hatten (Josephus, Jüdische Altertümer 19,24–27; vgl. Cassius Dio 69,13). Cassius Dio erzählt eine ganze Reihe von Amphitheatergeschichten aus seinem eigenen Erleben (s. u.).

Überhaupt hatten die Römer ein hochentwickeltes Gefühl für das öffentliche Zeremoniell (s. Kap. 3). Die dramatische Gestaltung der Apotheose eines Kaisers, wie sie Herodian (4,2) beschreibt, stellt jeden Kinofilm, sei es *Caligula, Quo Vadis* oder *Satyricon*, in den Schatten. Josephus' Schilderung des Triumphes von Vespasian und Titus (Jüdischer Krieg 7,132ff.) zeigt, wie das militärische und religiöse Gepränge mit dem auch visualisierten Schrecken des Kriegs gemischt war; einmal bleibt der Zug stehen, und der Gefangene, der an besonders prominenter Stelle geführt worden war, wird »mit einer Schlinge um den Hals unter Geißelhieben seiner Bewacher an den Ort nahe dem Forum geführt, an dem nach dem römischen Recht Kapitalverbrecher exekutiert werden«; die Nachricht von seiner Hinrichtung wird von den Zuschauern des Zugs mit »allgemeinem Applaus und Zurufen« aufgenommen, dann nimmt die Zeremonie wieder ihren Lauf.

Auch das Amphitheater bot eine solche Lektion in Furcht und Schrecken; es führte die Ungewißheit des Lebens, die

Schichtung der Gesellschaft und die Willkür von Macht sichtbar vor. Die Opfer in der Arena starben für die römische Ordnung, nicht nur zur Unterhaltung der Zuschauer – dies freilich auch, wir denken an die Forderung nach »Brot und Spielen« (Juvenal, Satiren 10,81; vgl. Fronto, Historische Prinzipien 17: »Getreideversorgung und Darbietungen«). Das Amphitheater bot die erschreckende Zurschaustellung dessen, was einem passieren konnte, wenn man nicht in die römische Ordnung paßte: »Nutzlose« Sklaven, Verbrecher, auch Christen waren die Opfer, doch nicht nur sie. Als ein Zuschauer einen Witz auf Domitians Kosten machte, wurde er in die Arena geschleppt und den Hunden dort vorgeworfen (Sueton, Domitian 10). Commodus schritt einmal auf die Sitzreihe der Senatoren zu und hielt in seinen Händen nur den Kopf eines Straußes, den er gerade geopfert hatte, und das Opfermesser. Die Drohung war deutlich; Cassius Dio, der die Geschichte überliefert (73, 21), gibt an, daß er ein Blatt aus dem Lorbeerkranz auf seinem Haupt nahm und auf ihm herumkaute, um nicht – wohl aus blanker Angst – zu kichern.

Die römische Ordnung beruhte teils auf allgemeinem Konsens, teils auf Gewöhnung, teils auf institutionalisiertem Terror. Die Logik hinter diesem war brutal: Als Sejan gestürzt worden war (s. Kap. 5), wurden auch all seine Kinder getötet, teils zur Abschreckung, teils um künftige Rächer ihres Vaters nicht aufwachsen zu lassen. Eines von diesen war ein kleines Mädchen; die Tradition verbot jedoch die Tötung von Jungfrauen – da vergewaltigte sie der Scharfrichter, bevor er sie erdrosselte. Die christlichen Märtyrerakten zeigen eine solche Vertrautheit mit Foltern und Grausamkeit, daß sie uns an die Berichte aus Konzentrationslagern erinnern. Folterinstrumente wie »die Klauen«, »der eiserne Stuhl« werden ohne Erläuterung erwähnt, die christliche Leser eben nicht brauchten; als bei Perpetuas Prozeß ihr alter Vater dem Prokonsul zu lange redet, wird er einfach hingeworfen und mit Peitschenhieben wieder aufgerichtet.

Edward Gibbon, mit dem wir dieses Kapitel begonnen haben, schreibt, daß der »Charakter und die gesetzliche Macht« der Kaiser »unwillkürliche Achtung« gebot. Wir haben sie (in Kap. 9) als Männer kennengelernt, die tatsächlich ihre Position für das Allgemeinwohl »als die verantwortlichen Diener der Gesetze« nutzten. Sie traten zugleich für die Aufrechterhaltung der etablierten römischen Ordnung ein. Dafür gebührte (und gebührt) ihnen Lob von jedem, der glaubt, daß es ohne Ordnung keine Sicherheit gibt, keine Entfaltungsmöglichkeit für Kultur und Bildung, keine Freiheit in der Lebensgestaltung – kurz nur »ein tausendfaches Elend; Furcht ermordet zu werden, stündliche Gefahr, ein einsames, kümmerliches, rohes und kurz dauerndes Leben«, wie dies Thomas Hobbes[12] ausgedrückt hat. Den Preis für die römische Ordnung aber zahlte der Ausgestoßene, der Besitzlose oder der, der ein anderes Wertesystem vertrat – wie die Christen.

---

[12] Th. Hobbes, *Leviathan*. Dt. v. J. P. Mayer. (RUB 8348) Stuttgart 1970, S. 115 f.

11. Von Commodus bis Maximinus Thrax – ein Zeitalter des Übergangs

Commodus

Als Mark Aurel 180 n. Chr. starb, hatte sein achtzehnjähriger Sohn Commodus bereits alle kaiserlichen Befugnisse. Die letzten zweieinhalb Jahre hatte er mit seinem Vater an der Donaufront verbracht. Commodus war der siebzehnte römische Kaiser – und der erste, dessen Vater bei seiner Geburt schon Kaiser war. Mark Aurel war beliebt gewesen, hatte sehr gute Beziehungen zum Senat unterhalten und gute Berater gehabt, die sein Sohn nun übernehmen konnte. Tatsächlich bedeutete der Tod Mark Aurels für einige Monate kaum eine Änderung, und alles sah so aus, als würde sein Sohn die Herrschaft in seinem Sinne weiterführen.

Doch innerhalb kurzer Zeit hatte Commodus die Aktionen an der Donau abgeblasen und war ins vergnügungsreiche Rom zurückgekehrt, ohne daß es an der Grenze zu einer Vereinbarung gekommen war, der Dauer hätte beschieden sein können. Commodus übergab enorme Machtbefugnisse an seinen *cubicularius* (»Butler«) Saoterus aus Bithynien, was seine Familienangehörigen ebenso verprellte wie den Senat. Schon zwei Jahre nach seinem Herrschaftsantritt gab es die erste Verschwörung gegen ihn, in der seine Schwester Lucilla (die Witwe des Lucius Verus; s. Kap. 9) eine wichtige Rolle spielte. Ähnlich sollte Commodus' ganze Herrschaft verlaufen. Der Kaiser gab sich Vergnügungen hin, überließ die Macht einer Reihe von Favoriten, Verschwörungen überlebte er – bis ihn am Jahresende 192 n. Chr. eine Palastrevolution das Leben kostete.

Pertinax

Daß Commodus dabei umkam, war – so die Verschwörer – nicht beabsichtigt gewesen; man habe lediglich dem wahnsinnigen Plan des Kaisers vorgreifen wollen, die neuen Konsuln, führende Senatoren und Angehörige seines eigenen Haushalts hinrichten zu lassen. Dieser Version, die Cassius Dio (72,22) und Herodian (1,17) überliefern, steht die der *Historia Augusta* (HA Commodus 17) entgegen, die wohl zu Recht angibt, der Mord an Commodus sei vorsätzlich gewesen. Jedenfalls wurde die Herrschaft dem Stadtpräfekten und Kollegen des Commodus im Konsulatsjahr 192 n. Chr., Publius Helvius Pertinax, angeboten. Die *Historia Augusta* (HA Pertinax 4) gibt an, daß Pertinax an der Palastverschwörung von vornherein beteiligt gewesen war, während er nach der offiziellen Version von dem Angebot der Kaiserwürde überrascht wurde.

Man hatte allerdings auch Commodus' alten Erzieher Claudius Pompeianus vom Tod des Kaisers informiert und eilends nach Rom gebeten. Pompeianus, ein Vertrauter Mark Aurels, hatte sich, von Commodus' Verhalten abgestoßen, seit längerem auf seinen Landsitz zurückgezogen. Als Pompeianus in Rom ankam, war Pertinax gerade im Lager der Prätorianer – eher halbherzig – zum Kaiser ausgerufen worden und wartete nun auf den Beginn einer rasch einberufenen Senatssitzung. Pompeianus kam, und Pertinax bot ihm die Herrschaft an. Der jedoch lehnte ab – und erfüllte so seine Aufgabe für das *Image*, das Pertinax sich gab. Als die Senatssitzung begann, erklärte Pertinax, er sei von den Soldaten zum Kaiser ausgerufen worden, wolle aber das Amt nicht antreten – auch das war Teil seiner *Image*-Bildung. Man nahm das nicht ernst, sondern erklärte ihn einstimmig zum Kaiser und übertrug ihm die üblichen Titel und Vollmachten. Die Prätorianer waren weiterhin nicht begeistert, doch Pertinax führte Maßnahmen zu ihren Gunsten durch; ebenso erwies er dem Senat Gefallen, suchte, in Verwaltung und Finanzen des Reichs wieder Ordnung zu bringen, und designierte dazu neue Beamte für das kommende Jahr, darunter Cassius Dio (73,12). Seine Herrschaft war aber nicht von Dauer. Nach zwei gescheiterten Versuchen gelang den Prätorianern ein Staatsstreich; Pertinax wurde im Palast niedergemacht. Er starb 193 n. Chr. ohne Nachfolger.

Didius Iulianus

Zwei Männer erhoben nun Anspruch auf die Herrschaft: der von Pertinax ernannte Stadtpräfekt (und Schwiegervater des Ermordeten) Flavius Sulpicianus und ein älterer Senator (vielleicht der nach Claudius Pompeianus hausälteste Konsular) namens

Didius Iulianus. Wie in einer Versteigerung suchten beide, die Gunst der Prätorianer zu erkaufen, wobei Didius Iulianus mit einem Angebot von 25 000 Sesterzen pro Mann siegte. Noch am selben Tag wurde er vom Senat bestätigt. Doch fand er sonst kaum Unterstützung – und die Statthalter, Heerführer und Soldaten in den Provinzen waren wohl kaum bereit, einen Kaiser nur deshalb zu akzeptieren, weil er sich die Prätorianer gekauft hatte.

Septimius Severus, Albinus und Pescennius Niger

Der erste, der aufmuckte, war der Provinzstatthalter von Oberpannonien (und Befehlshaber dreier Legionen) Lucius Septimius Severus. Seine bisherige Karriere war eher unbedeutend gewesen; daß er es zu einem so hohen Posten gebracht hatte, lag anscheinend weniger an großen Verdiensten oder am Durchlaufen der für ein solches Amt üblichen Zwischenstationen als vielmehr an seinen guten Verbindungen. Er stammte von einer der führenden Familien in Lepcis Magna in Afrika ab und verdankte seine Beförderung wohl einem anderen Afrikaner, Quintus Aemilius Laetus, dem letzten Prätorianerpräfekten unter Commodus. Afrikaner hatten damals viele wichtige und einflußreiche Posten, die landsmannschaftlichen Verbindungen scheinen dabei für gegenseitige Unterstützung gut gewesen zu sein. Septimius Severus konnte also auf Anhänger in hohen Positionen rechnen. Zwölf Tage nach dem gewaltsamen Tod des Pertinax setzte er eine Zeremonie in Szene, während der er von den in Carnuntum (bei Petronell) stationierten Soldaten zum Kaiser ausgerufen wurde, seine Absicht, Pertinax zu rächen, verkündete und sich dessen Namen als Beinamen zulegte – er nannte sich künftig Imperator Caesar Lucius Septimius Severus Pertinax Augustus.

Der Statthalter, der ihm im Reichswesten am ehesten gefährlich werden konnte, war der von Britannien, Decimus Clodius Albinus – ebenfalls ein Afrikaner. Wie Didius Iulianus' Mutter stammte Albinus aus Hadrumetum (Sousse). Er war zuvor u. a. Statthalter von Niedergermanien gewesen, hätte also vielleicht auch dort Unterstützung gefunden, wenn er aus Britannien übergesetzt wäre. Septimius Severus suchte ihn nun dadurch kaltzustellen, daß er ihm den Titel Caesar anbot, was ihn als seinen potentiellen Nachfolger auswies. Albinus nahm an, blieb in Britannien und harrte der Dinge, die da kommen sollten.

Die Situation erinnert an die des Vierkaiserjahres 69 n. Chr.: Septimius Severus hatte das Heer an Donau und Rhein und (zumindest theoretisch) das in Britannien auf seiner Seite und wurde außerdem von den Legionen in Spanien und Afrika unterstützt. Sein Gegenspieler wurde der Statthalter von Syrien, Gaius Pescennius Niger, der auf die Legionen im Reichsosten zählen konnte und bereits Anhänger in Rom hatte, die sich nach Didius Iulianus' Machtantritt für ihn ausgesprochen hatten. Nichtsdestoweniger marschierte Septimius Severus jetzt auf Rom, Aquileia und Ravenna ergaben sich ihm ohne Widerstand. Der Stern des Didius Iulianus sank, seine Vermittlungsbemühungen scheiterten, und schließlich verurteilte der Senat ihn zum Tod und rief Septimius Severus zum Kaiser aus, noch bevor er in Rom angekommen war. Didius Iulianus hatte noch kürzer als Pertinax regiert: Ganze 66 Tage war er Kaiser gewesen.

Eine Delegation des Senats ging dem neuen Kaiser entgegen, der sie von einer bewaffneten Garde umgeben und selbst bewaffnet empfing – er machte kein Hehl daraus, worauf sich seine Macht gründete. Eine seiner ersten Aktionen war es, die alte Prätorianergarde zu entwaffnen und zu entlassen (er hatte sie außerhalb der Stadt ohne Waffen paradieren, von seinen eigenen Männern umstellen und überwältigen lassen) und durch eigene Leute zu ersetzen; einer der beiden neuen Prätorianerpräfekten war übrigens ein Afrikaner. Während die Legionen sich mittlerweile fast nur aus Provinzialen zusammensetzten, war die Prätorianergarde seit zwei Jahrhunderten eine vorwiegend italische Mannschaft gewesen. Wenn Septimius Severus sie jetzt durch Männer aus seinen eigenen Legionen ersetzte, so zeigt das, wie Italien immer mehr an Einfluß auf das Römische Reich verlor.

Der Einzug des Septimius Severus in Rom war spektakulär (Cassius Dio 74,1). Tags darauf sprach der Kaiser vor dem Senat – wieder waren seine Gardesoldaten sichtbar. Er erklärte sich erneut zum Rächer des Pertinax und erbat einen Beschluß, daß kein Senator ohne Zustimmung des Senats zum Tode verurteilt werden dürfe, was dem Senat entgegenkommen mußte. Er beschenkte die Soldaten und veranstaltete ein feierliches Begräbnis für Pertinax. Münzen wurden in seinem und des Albinus Namen geprägt – beide waren für das Konsulat des Jahres 194 designiert. Nach weniger als einem Monat verließ Septimius Severus Rom und wandte sich nach Osten, wo er (im Frühjahr 194) Pescennius Niger nach harten Kämpfen besiegte und tötete. Dessen Anhänger wurden enteignet, Städte, die sich für ihn ausgesprochen hatten – darunter Antiochia – bestraft und Syrien in zwei neue Provinzen unterteilt. Anfang 195 n. Chr. überschritt Septimius Severus den Euphrat und fiel in Parthien ein – wohl nicht zuletzt in der Absicht, seine eigenen Legionen mit denen des Pescennius Niger im Kampf gegen einen gemeinsamen Feind zu vereinen. Vielleicht führte er damit einen langgehegten Plan aus. Er hatte zu Beginn seiner Karriere als Legat einer der Legionen in Syrien gedient, seine Frau Iulia Domna, die ihn auf dem Feldzug begleitete, stammte aus einem alten Königsgeschlecht von Emesa (Homs). Die Aktion war erfolgreich, Septimius wollte zwar keinen Triumphzug, nahm aber dreimal die Begrüßung als *imperator*, die Titel Arabicus und Adiabenicus und einen Triumphbogen an. Ein Teil des eroberten Gebiets wurde eine neue Provinz – die erste Erweiterung des Reichsgebiets seit Trajan.

Als nächstes suchte sich Septimius Severus seines zeitweiligen Verbündeten und potentiellen Nachfolgers Albinus zu entledigen, indem er seinen eigenen Sohn zum Nachfolger designierte, propagandistisch verlauten ließ, Albinus habe hinter dem Mord an Pertinax gesteckt, und – so wollten Gerüchte wissen – Agenten zu seiner Tötung ansetzte. Albinus aber hatte Anhänger im Senat und entschied sich dafür, die Sache auszukämpfen. Die Chronologie der Ereignisse ist unklar, doch hatte sich Albinus noch vor Ende 195 n. Chr. zum Kaiser erhoben, während ihn der Senat wohl oder übel zum Staatsfeind erklärt hatte. Septimius kehrte mit staunenswerter Eile aus dem Osten zurück, besuchte Rom (wo Münzen seine großzügigen Gaben ans Volk und glanzvolle Spiele feierten) und marschierte dann durch Pannonien, Noricum, Raetien und Obergermanien gegen Albinus' Streitmacht, die in Lugdunum (Lyon) stand; Albinus hatte nicht wenige Soldaten aus Britannien mit sich dorthin geführt. Nach zwei Schlachten stand Septimius Severus als Sieger fest; Albinus beging Selbstmord, sein Leichnam wurde zerstückelt in die Rhône geworfen, seine Frau und seine Söhne umgebracht, seine Anhänger erledigt. Enteignungen brachten der kaiserlichen Kasse beträchtliche Gewinne. Es gibt zum Beispiel Hinweise, daß ein Großteil der Olivenölproduktion Spaniens nunmehr in kaiserlichen Besitz geriet. Septimius Severus kehrte

nach Rom zurück, wo er den Senat durch die Forderung verprellte, seinen »Bruder« Commodus – er selbst nannte sich neu-
erdings Sohn des Mark Aurel – zu vergöttlichen. Mehr noch: Er
ließ 29 Senatoren hinrichten, von denen über ein Drittel durch
Abstammung oder Besitz Verbindungen nach Afrika hatten
(waren das vielleicht Albinus' Anhänger?), und erklärte seinen
Sohn Antoninus – bekannter unter dem Namen Caracalla –
zum künftigen Nachfolger auf dem Thron; die Stadtbevölkerung erhielt wieder großzügige Gaben.

Mehr als die literarischen Quellen gewähren uns die Münzen
Aufschluß über den Konflikt zwischen Albinus und Septimius
Severus. Letzterer hat allein in den ersten drei Jahren seiner
Herrschaft mindestens 342 verschiedene Münzen prägen lassen,
die seine militärischen Erfolge, seine Großzügigkeit, die Loyali-
tät der Legionen (ein Thema, das immer dann auf Münzen auf-
taucht, wenn die Loyalität eher zweifelhaft war) und nach dem
Bruch mit Albinus die dynastischen Absichten der severischen
Familie propagierten; Münzen für Caracalla feiern die »ewige
Sicherheit« und die »ewige Hoffnung«. Septimius Severus
machte also in seiner Propaganda kein Hehl aus der Basis seiner
Macht – der militärischen Stärke und dem erkauften Wohlwollen der Bevölkerung. Albinus andererseits verkündete auf seinen in Lyon geprägten Münzen seine Zuversicht über seinen
Erfolg im bevorstehenden Kampf und propagierte Tugenden
wie »Milde« *(clementia)* und »Fairneß« *(aequitas),* die ihn beim
Senat beliebt machen würden. Den Konflikt freilich entschied
schließlich nicht der Senat, sondern das Heer.

Die Herrschaft des Septimius Severus

Bevor sich Septimius Severus wieder nach Osten aufmachte, um
seine Feldzüge fortzusetzen, hob er noch drei neue Legionen
aus, die er – gegen alle Tradition – nicht senatorischen Legaten,
sondern Präfekten aus dem Ritterstand unterstellte; eine von
ihnen wurde in Italien unweit Roms stationiert. Die Abwertung
des Senats und Italiens Verlust seiner privilegierten Position
waren nunmehr in aller Deutlichkeit zum Ausdruck gebracht.
Septimius Severus zog nun mit der ihm eigenen Geschwindigkeit nach Osten, setzte sich im Spätsommer 197 n. Chr. in Nisi-
bis fest, baute eine Flotte für den Euphrat und begann ein Un-

ternehmen zu Wasser und zu Land euphratabwärts. Er fand Seleukeia und Babylon verlassen vor, marschierte also gleich gegen die parthische Hauptstadt Ktesiphon am Tigris, die er – genau 100 Jahre nach Trajans Herrschaftsantritt – am 28. Januar 198 im Sturm eroberte. Er nahm daraufhin den Titel Parthicus Maximus an, sein älterer Sohn Caracalla wurde Augustus, der jüngere, Geta, erhielt den Beinamen Caesar. Septimius Severus annektierte nicht das ganze eroberte Gebiet. Sein Heer machte sich beutebeladen auf den Rückmarsch, auf dem es noch das zwischen Tigris und Euphrat gelegene Hatra belagerte. Dabei kam es zu schweren Verlusten, das Heer war nicht mehr so zufrieden mit dem Kaiser. Der beseitigte in einer großen Säuberungsaktion alle potentiellen Rivalen, darunter so enge Vertraute wie den Feldherrn Iulius Laetus, dem er seinen militärischen Erfolg zum großen Teil verdankte, der ihm aber wohl beim Heer zu beliebt geworden war; die Soldaten sollen nämlich gesagt haben, sie würden keinen weiteren Feldzug unternehmen, wenn sie nicht unter Laetus' Führung stünden (Cassius Dio 76,10).

Auch ein zweiter Versuch im Herbst jenes Jahres, Hatra einzunehmen, scheiterte; Cassius Dio (76,11–12) weist die Schuld dem Septimius Severus zu. Der nun organisierte das eroberte Gebiet – vielleicht zog sich der Partherkrieg noch eine Weile ohne sein Zutun weiter hin – als römische Provinz Mesopotamien, der wieder ein Präfekt aus dem Ritterstand, kein Senator vorstand, begab sich nach Ägypten und widmete sich dort vor allem den Sehenswürdigkeiten, diversen religiösen Riten und einigen Änderungen in der Verwaltung. Insbesondere erlaubte er es Alexandria und anderen wichtigen Städten, künftig wie die übrigen Städte im Römischen Reich einen eigenen Rat zu haben, und beseitigte eine weitere Anomalie Ägyptens, indem er ihm auch die Stellung von Senatoren gestattete, die ihm zuvor verwehrt war. Ägypten wurde zu einer ganz gewöhnlichen Provinz. Während das in der *Historia Augusta* (HA Severus 17) erwähnte Edikt, das den Übertritt zum Juden- oder Christentum verbot, wohl eine historische Fälschung ist, zeugen zahllose Papyri von Rechtsregelungen, die Septimius Severus in Ägypten tatsächlich vornahm.

Anschließend zog der Kaiser nach Syrien weiter, wo er zusammen mit seinem Sohn Caracalla das römische Konsulat für das Jahr 202 übernahm. Wieder verletzte er damit römische Traditionen: Caracalla war erst dreizehn, nie zuvor hatten der

Kaiser und sein Mitregent das Konsulat gemeinsam angetreten, und auch die Abwesenheit beider Konsuln von Rom war unüblich. Die Amtsübernahme wurde mit allem Pomp in Antiochia gefeiert; überhaupt wurde kaum eine Gelegenheit versäumt, Caracalla hervortreten zu lassen. Daß Septimius Severus auf einen anerkannten Nachfolger verweisen konnte, stärkte seine Position; die Verschwörungen gegen Caligula, Nero, Domitian und Commodus wären sinnlos gewesen, wenn es einen vorgesehenen Nachfolger gegeben hätte, der als Mitregent bereits die notwendige Macht besaß, im Falle der Beseitigung des Kaisers die Alleinherrschaft anzutreten.

Die beiden neuen Konsuln kehrten über Kleinasien und die Donauprovinzen nach Rom zurück. Cassius Dio (76,14 ff.) erzählt Anekdoten von dieser Reise, die die enorme Macht und zunehmende Arroganz des Prätorianerpräfekten Plautian illustrieren. Wie der Kaiser selbst stammte er aus Lepcis Magna, war mit ihm seit der Kindheit befreundet und seit seinem Machtantritt stets an seiner Seite. Nach der Ankunft in Rom wurde Plautians Tochter mit großem Pomp mit Caracalla verheiratet, obwohl dieser sie und seinen neuen Schwiegervater haßte; es gab spektakuläre Darbietungen und großartige Gaben an die Bevölkerung und die Prätorianer. Doch schon bald verließ Septimius Severus Rom wieder, diesmal, um in seine Heimat Afrika zu reisen. Er verbrachte den Winter 202/203 n. Chr. in Lepcis Magna, das er durch ein riesiges Bauprogramm verschönerte. Hier offenbarten sich die ersten Anzeichen einer Entfremdung zwischen ihm und Plautian, offenbar weil letzterer in der gemeinsamen Heimatstadt Bewunderung fand, die der Kaiser als ihm selbst zustehend empfand. Septimius Severus besichtigte andere Teile der Provinz, führte eine Kampagne gegen Wüstenstämme an, gewährte Lepcis Magna, Karthago und Utica die Freistellung von den Provinzsteuern *(ius Italicum)*, besuchte wahrscheinlich die Legionsbasis in Lambaesis (CIL VIII 2702 + 18250; AE 1914,34) und schuf eine neue Provinz: Numidien. Seit Caligula unterstand das Gebiet um Lambaesis de facto dem Legaten der dort stationierten III. Legion *Augusta*; während der letzten fünf Jahre hatte nun der derzeitige Legat die Grenzbauten zur Wüste hin so verstärkt, daß die Umwandlung des bisher nicht ganz fest kontrollierten Gebiets in eine ins Reich eingegliederte Provinz möglich war.

Septimius Severus' Rückkehr nach Rom wurde durch neue Feiern ausgezeichnet, auf dem Forum wurde ihm zwischen Senatsgebäude und Rostra (Rednertribüne) ein großer Bogen errichtet. Außerdem begann man mit der Vorbereitung der Säkularspiele (Jahrhundertfeier), die im folgenden Jahr, 204 n. Chr., zwei *saecula* (zu jeweils 110 Jahren) nach Augustus' gleichnamigem Fest stattfinden sollten. Diese siebte Jahrhundertfeier Roms sollte die letzte sein.

Plautians Stern sank, für 205 n. Chr. waren Caracalla und Geta als Konsuln vorgesehen. Unsere Quellen sind für die Folgezeit noch weniger befriedigend als für die erste Hälfte von Septimius Severus' Herrschaft; allein Cassius Dio berichtet von Szenen, die er selbst erlebt hatte, und die den Sturz des Plautian ankündigten. Caracalla scheint schließlich eine Verschwörung Plautians gegen ihn und seinen Vater erfunden zu haben, und als der angebliche Verschwörer sich verteidigen wollte, ließ ihn Caracalla auf der Stelle umbringen, ohne daß der Kaiser eingriff (Cassius Dio 77,4; Herodian 3,12). Der konfiszierte Besitz Plautians war so groß, daß man einen eigenen Prokurator zu seiner Verwaltung einsetzen mußte.

Zwei neue Prätorianerpräfekten wurden bestimmt, ein Militär, der frühere Präfekt von Ägypten, und ein bedeutender Jurist, Aemilius Papinianus. Letzterer war angeblich mit Septimius Severus durch »seine zweite Frau« verwandt (HA Caracalla 8), was – wenn des Kaisers Frau gemeint ist – darauf hinweisen würde, daß er aus dem Orient stammte. Für zwei andere wichtige Juristen jener Zeit ist dies sogar sicher, für Domitius Ulpianus und für Iulius Paulus. Septimius Severus war sehr an der Rechtsverwaltung interessiert, wie Cassius Dio – selbst Rechtsberater des Kaisers – bezeugt. Ulpian verdanken wir die (in Kap. 9 behandelte) endgültige Formulierung, daß »der Kaiser über dem Gesetz steht« (Digesten 1,3,31). Wenn Septimius Severus und Caracalla ihre Absicht erklärten, sich dem Gesetz zu unterwerfen, so hinderte sie das zum Beispiel nicht daran, Senatoren ohne Prozeß hinrichten zu lassen. Cassius Dio, selbst Senator, gibt uns in vielen Geschichten jener Zeit ein lebhaftes Bild von der Terrorisierung des Senats durch den Kaiser, dessen Stellung nichtsdestoweniger unangreifbar war. Jedoch waren das arrogante Verhalten und die gegenseitige Feindschaft seiner beiden Söhne ein schlechtes Zeichen für die Zukunft.

Als im Laufe des Jahres 207 n. Chr. die Nachricht aus Britannien eintraf, daß »die Barbaren dort rebellieren, das Land überrennen, Beute abschleppen und große Verwüstungen anrichten« (Herodian 3,14), ergriff Septimius Severus die Chance, sich selbst und seine Söhne aus der demoralisierenden Atmosphäre Roms zu entfernen. Der Statthalter Britanniens war damals wieder ein Afrikaner, Lucius Alfenus Senecio aus Cuicul (Djemila); zuvor war er in dem Krisengebiet Syria Coele stationiert gewesen, hatte also wahrscheinlich militärische Erfahrung. Albinus hatte 196 n. Chr. viele römische Soldaten aus Britannien abgezogen, was die nördlichen Stämme für einen Einfall ausgenutzt hatten. Zwar waren sie zurückgeschlagen worden, doch hatten sie tatsächlich große Verwüstungen angerichtet, die auch archäologisch belegt sind. Eine Inschrift (AE 1963, 281) bezeugt, daß man noch 205 n. Chr. mit dem Wiederaufbau nicht fertig war. In jenem Jahr nun hatte Senecio das Kommando übernommen und hatte in der nächsten Zeit einige kleinere Erfolge im Norden erzielen können. Doch war zu einer Klärung der Situation ein größerer Feldzug nötig; Senecio bat daher um Verstärkung »oder einen Besuch des Kaisers« (Herodian 3,14). Beides wurde gewährt, obwohl Septimius Severus schon recht krank war und den Großteil der Strecke in einer Sänfte getragen werden mußte (während ihn seine Münzen natürlich als Reiter darstellen!). Sein Auftreten hatte den gewünschten Erfolg, die Rebellen baten um Frieden, der aber nicht gewährt wurde – der Kaiser wollte eine endgültige Klärung der Verhältnisse und ein abschreckendes Beispiel schaffen.

Während die literarischen Quellen wenig hergeben, läßt sich aus den archäologischen Zeugnissen manches entnehmen. So zeugen der Ausbau des Forts bei South Shields (s. Abb. 14) zu einem riesigen Nachschublager und Bauaktivitäten in Corbridge (s. Abb. 14) von der sorgfältigen logistischen Vorbereitung der Aktion. Luftbilder zeigen einige etwa 67 ha große Marschlager in den Lowlands und verschiedene, entweder 49 oder 26 ha große Marschlager entlang der Ostküste Schottlands – vielleicht wurde das Heer im Norden aufgeteilt. Das Ausmaß der Unternehmung ist jedenfalls enorm, und die Tatsache, daß zu jener Zeit ein festes Lager bei Carpow (am Südufer des Tay) entstand, deutet darauf hin, daß Septimius Severus die Grenze vielleicht wieder an den Antoninuswall (s. Kap. 9) oder gar noch weiter nördlich vorschieben wollte.

Caracalla teilte sich mit seinem Vater das Kommando an der Front, sein Bruder Geta überwachte die Nachschubwege. Caracalla haßte seinen Bruder, und seinen Vater hatte er angeblich sogar einmal vor dem ganzen Heer mit dem Schwert bedroht (Cassius Dio 77,14). Der machte sich keine Illusionen, soll sogar die Tötung des Caracalla erwogen haben – er meinte, Mark Aurel hätte gut daran getan, Commodus rechtzeitig zu beseitigen –, brachte das aber doch nicht übers Herz. Verspätet erhob er nun auch Geta zum Mitregenten; wenn er dies bisher vermieden hatte, so wohl aus dem Grund, daß drei Kaiser gleichzeitig praktische Probleme bedeutet hätten. Nun kam es nicht mehr darauf an, Septimius Severus wußte, daß er nicht mehr lange zu leben hatte. Den Winter 209/210 verbrachte er in York, und als im folgenden Jahr die Rebellion wieder losbrach, zog Caracalla ohne seinen Vater aus. Am 4. Februar 211 n. Chr. starb Septimius Severus in York. Seine letzten Worte, die er seinen Söhnen schrieb und die Cassius Dio (77,15) wörtlich wiederzugeben beansprucht, waren: »Vertragt euch, bereichert die Soldaten und verachtet alle anderen!«

Caracalla

Caracalla jedoch versuchte, das Heer dazu zu bewegen, ihn als alleinigen Kaiser anzuerkennen. Dies gelang nicht, Geta war beliebt, auch weil er seinem Vater sehr ähnlich sah. Caracalla schloß den britannischen Feldzug mit Friedensverträgen ab, gab das eroberte Gebiet (und die noch im Bau befindliche Basis in Carpow) auf und »versöhnte« sich in York auf Drängen der Mutter Iulia Domna mit Geta. Nach Rom zurückgekehrt machten beide Brüder allerdings kein Hehl aus ihrer gegenseitigen Feindschaft. Geta war offenbar der kultiviertere von beiden und war beim Senat beliebter, was ihm freilich wenig nützte. Noch vor Jahresende ließ Caracalla seinen Bruder ermorden, Statuen und Inschriften Getas auslöschen. Er selbst blieb gut fünf Jahre an der Macht, bis ihn im April 217 n. Chr. Opellius Macrinus, ein Prätorianerpräfekt, ebenfalls ermordete.

Weder Cassius Dio, der Caracalla haßte, noch Herodian ermöglichen uns ein Bild seiner Herrschaft. Es ist geradezu eine

Ironie der Geschichte, daß ein so ungeliebter und wenig erfolgreicher Kaiser wie Caracalla einen der in unserer heutigen Sicht
wichtigsten Vorgänge in der römischen Geschichte veranlaßte:
Im Jahr 212 n. Chr. erließ er – wohl auf Zureden seiner Berater
(Papinian war zwar einer Säuberungsaktion gegen Getas vermutete Anhänger zum Opfer gefallen, Ulpian und Iulius Paulus
waren aber noch aktiv) – ein Edikt, das so gut wie *allen freien
Bewohnern des Reiches das römische Bürgerrecht verlieh*. Diese
(wegen Caracallas eigentlichem Namen Antoninus) sogenannte
constitutio Antoniniana ist in der modernen Forschung umstritten; ob die Zeitgenossen die Bedeutung der Regelung ebenso
hoch einschätzten, ist zweifelhaft (sie wird zum Beispiel gar
nicht auf Münzen propagiert); wahrscheinlich waren in der Praxis die Unterschiede zwischen Nichtbürger und Bürger weit
weniger wichtig als die zwischen *honestiores* und *humiliores* (s.
Kap. 10). Umstritten sind der Zweck, die Details und die Folgen der Regelung. Hat Cassius Dio recht, wenn er (78,9) angibt,
die Steuereinnahmen sollten dadurch erhöht werden, daß jeder
als Bürger steuerpflichtig wurde? Wer war alles von der Verleihung des Bürgerrechts ausgeschlossen, wer insbesondere waren
die *dediticii*, die einer Quelle (P. Gießen 40 I) zufolge ausgenommen blieben? Führte die Regelung wirklich zu einer Art
übernationalem Patriotismus, da sich fast jeder jetzt mit Rom
und dem Reich identifizieren konnte?

Macrinus, Elagabal, Severus Alexander, Maximinus Thrax

Opellius Macrinus, der Caracalla ermordet hatte, hielt sich
nicht lange. Er war der erste Kaiser, der nicht aus dem Senatorenstand stammte, und Cassius Dio war – wie zu erwarten
– über diesen und andere Traditionsbrüche entsetzt. Macrinus
war überdies inkompetent und verlor bald auch den Respekt
beim Heer. Iulia Domna war von ihm jeden Einflusses beraubt
worden und hatte Selbstmord begangen, doch ihre Schwester
Iulia Maesa, die in Emesa lebte, gab sich nicht so schnell geschlagen. Ihr ältester Enkel war vierzehn und hatte die erbliche
Stelle des Elagabalpriesters in Emesa inne; sein Äußeres erinnerte an das des Caracalla. Flugs erklärte man ihn zu dessen
illegitimem Sohn und rief ihn als Marcus Aurelius Antoninus
(bekannt ist er als Elagabal) zum Kaiser aus. Macrinus unterlag

bei einer Schlacht gegen ihn am 8. Juni 218 n. Chr. nahe Antiochia, und der Senat akzeptierte nun Elagabal als Kaiser. Der erwies sich als Religionsfanatiker mit seltsamen sexuellen Neigungen; die Geschichten in der *Historia Augusta* über ihn zeigen, was eine blühende Phantasie aus einem so geeigneten Objekt alles machen kann. Elagabal verspielte jede Unterstützung, und schon um ihre eigene Position zu retten ließ ihn seine Großmutter am 12. März 222 umbringen, nicht ohne vorher sicherzustellen, daß er einen anderen ihrer Enkel adoptiert hatte, der als Marcus Aurelius Severus Alexander die Herrschaft antrat.

Severus Alexander blieb dreizehn Jahre an der Macht. Iulia Maesa, seine Großmutter, starb bald, doch seine Mutter Iulia Mammaea wurde sein wichtigster Berater. Einzelheiten seiner Regierungszeit liegen im dunkeln; seine Biographie in der *Historia Augusta* ist eine der tatsachenfernsten des ganzen Buches. Das wohl folgenreichste Ereignis während seiner Herrschaft trat sogar außerhalb des Reiches ein: 226 n. Chr. wurde nach dynastischen Kämpfen Artaxerxes (Ardasher) zum König nicht Parthiens, sondern des Perserreichs erhoben. Cassius Dio (80,3) zeigt, welche Besorgnis die Aussicht hervorrief, daß jenseits des Euphrat sich eine neue expansionistische Macht etablierte. 230 fiel Artaxerxes in der römischen Provinz Mesopotamien ein und bedrohte Syrien. Severus Alexander trat ihm entgegen und erreichte offenbar den *status quo ante*. Doch inzwischen hatten die Germanen für Unruhe gesorgt. Severus Alexander kehrte nach Rom zurück und zog an den Rhein, um dort das Kommando zu übernehmen. Anfang 235 war er kampfbereit, doch versuchte er den Krieg durch Verhandlungen zu vermeiden. Die Soldaten lehnten dies ab, brachten ihn um und proklamierten einen der ihren, Maximinus Thrax, zum Kaiser, einen brutalen und kulturlosen Riesen, der sich aber auch nicht lange hielt. Die nächsten fünfzig Jahre der militärischen Anarchie bedeuteten den Tiefpunkt des Römischen Reichs – die verschiedenen Provinzheere machten und mordeten Kaiser und Prätendenten, wie es ihnen gerade gefiel. Erst die Reformen des Diokletian (Kaiser von 284 bis 305 n. Chr.) fügten verschiedene schrittweise Änderungen zu einer neuen Ordnung zusammen.

Die Leistung der Severer

Die severische Dynastie hatte sich – das kurze Zwischenspiel
der Herrschaft des Macrinus ausgenommen – fast 42 Jahre gehalten. Was hat sie erreicht? Septimius Severus war der größte
Mehrer des Reiches seit einem Jahrhundert, seit Trajan. Vielleicht hatte er insofern Glück, als er sich nicht mit starken
Angriffen an der Ost- und der Nordgrenze des Reichs zugleich
auseinandersetzen mußte, vielleicht kam seine Agressionspoli-
tik solchen Angriffen auch zuvor. Man hat darauf verwiesen,
daß seine Schwächung Parthiens den Aufstieg der neupersi-
schen (sassanidischen) Dynastie (Artaxerxes und Nachfolger)
ermöglichte. Jedenfalls zeigten seine Erfolge, daß Rom noch
nicht militärisch oder wirtschaftlich so geschwächt war, daß es
die Grenzen des Reiches nicht mehr verteidigen konnte. Erst
die militärische Anarchie des halben Jahrhunderts zwischen
dem Tod des Severus Alexander und dem Herrschaftsantritt
Diokletians, in der die Legionen sich statt der Abwehr äußerer
Feinde den Luxus eines Bürgerkriegs leisteten, schwächte die
Verteidigungskraft des Reiches fatal. Die Art, wie Albinus die
Soldaten für seine eigenen Ziele aus Britannien abgezogen hatte,
waren ein Vorgeschmack auf das gewesen, was in weit größerem Umfang und an wichtigeren Grenzen als dem Hadrianswall
kommen sollte.
    Für die Wirtschaft des Reiches bedeutete Septimius Severus’
Politik eine echte Belastung. Seine großzügigen Geschenke, seine Bauprogramme – die Cassius Dio (77,16) als Verschwendung
anprangert –, die Erweiterung des Heeres und Erhöhung des
Soldes konnten nicht folgenlos bleiben. Es ist bezeichnend, daß
Ulpian das Wort *tributum* (Tribut, Steuer) als »an die Soldaten
gezahlt« erklärt (Digesten 55,16,27). Münzen wurden aus immer minderwertigerem Material geprägt, damit den Soldaten ihr
Sold ausgezahlt werden konnte. Trotz allem ging es dem Reich
noch immer wirtschaftlich nicht allzu schlecht. Erst in dem
halben Jahrhundert der Anarchie nach den Severern wurden die
Inflation überdeutlich, die Steuern so hoch, daß mancher Mann
seinen Besitz aufgeben mußte, und die Belastungen reicherer
Provinzialer durch *leitourgiai* u. ä. (s. Kap. 10) untragbar.
    Septimius Severus verachtete den Senat, was sich noch in sei-
nen letzten Worten zeigte; der Senat seinerseits vergalt ihm das
mit Ablehnung. Der Kaiser wird deshalb noch in der heutigen
Forschung abqualifiziert – gehen die Gelehrten vielleicht unbe-

wußt davon aus, daß sie selbst Senatoren gewesen wären, hätten sie damals gelebt? Ob der Senat wirklich Respekt verdient, sei dahingestellt. Immerhin lobt Cassius Dio (77,16), selbst ein führender Senator, Septimius Severus' Intelligenz (wenn er auch schulmeisterlich feststellt, daß der Kaiser nicht gebildet war), Loyalität gegenüber seinen Freunden, Voraussicht, Großzügigkeit und Finanzverstand. Von seinen Nachfolgern läßt sich dies freilich nicht mehr sagen. Caracalla war ein Übel, Elagabal noch schlimmer, und über Severus Alexander wissen wir nicht genug. Das Rückgrat der Dynastie waren nach Septimius Severus' Tod die Frauen (es wäre interessant, was Tacitus aus ihnen gemacht hätte!): Iulia Domna und ihre Schwester Iulia Maesa waren verständnisreiche und kluge Politikerinnen. Domna war gebildet (auch wenn die kulturelle Bedeutung ihres Kreises überschätzt worden ist), sie ermutigte u. a. Philostratos dazu, das *Leben des Apollonios* zu schreiben. Maesas Entschiedenheit, durch einen Enkel zu herrschen, zeigt einen wahrhaft eindrucksvollen politischen Realismus. Wenn wir über Maesas Töchter Soaemias und Mammaea weniger sagen können, so liegt das wieder am Quellenmangel.

Zwei bereits ältere Entwicklungen erreichten unter den Severern neue Höhen: Das römische Recht und die zunehmende Bedeutung der Provinzialen. Nichts illustriert die Bedeutung, die Juristen zugemessen wurde, besser als die Tatsache, daß sie es – angefangen mit Papinian – zu Prätorianerpräfekten brachten. Papinian wird oft der größte römische Jurist überhaupt genannt; über die Hälfte des drei Jahrhunderte später in Justinians *Digesten* gesammelten Materials geht auf ihn und zwei weitere Größen der severischen Zeit, Ulpian und Iulius Paulus zurück. Man kann sagen, daß diese drei Juristen mehr Einfluß auf die Nachwelt hatten als irgendwelche anderen lateinischen Autoren, und seien es Vergil, Cicero oder Ovid. Ihre Sicht des Rechts hat das europäische Recht und die europäische Gesellschaft seit dem Wiederaufleben der juristischen Studien im 12. Jahrhundert geformt und liegt in verschiedenen Ausformungen noch den heutigen Rechtstraditionen zugrunde.

Der zunehmenden Bedeutung der Provinzialen, die einen Rückgang der Privilegien Italiens impliziert, sind wir beispielsweise bei der Behandlung prominenter Afrikaner im Römischen Reich begegnet. Daß mit Septimius Severus ein Afrikaner römischer Kaiser wurde, ist Symptom, nicht Ursache dieser Entwicklung. Von den 106 prominentesten Männern seiner Regierungszeit können wir bei 76 ihre Abstammung mit einiger Wahrscheinlichkeit feststellen – fast die Hälfte (35) von diesen waren Afrikaner. Daneben findet man weiterhin Italiener in hohen Stellungen, ebenso Männer aus anderen westlichen Provinzen. Auch in weniger hohen Ämtern in der öffentlichen Verwaltung – Prokuratoren, Posten im Heer für Männer aus dem Ritterstand, Zenturionen – treten verstärkt Provinziale in Erscheinung. Allerdings kann man Septimius Severus keine bewußte Politik der »Provinzialisierung« unterstellen, vielmehr handelt es sich wohl um die Fortsetzung und vielleicht auch Verstärkung eines längst bestehenden Trends. Jedenfalls kamen nun mehr Zenturionen aus den Randgebieten des Reichs, insbesondere aus den Donauprovinzen, auch wurden nun öfter einmal eigentlich dem Ritterstand vorbehaltene Posten von einfachen, aber verdienten Soldaten besetzt, was dazu führte, daß mit der Zeit die soziale Herkunft der Offiziere insgesamt niedriger und ihre Loyalität gegenüber den besitzenden Schichten geringer war. Ebenso trifft zu, daß Septimius Severus die alte Prätorianergarde entließ, die sich vor allem aus Italienern zusammengesetzt hatte, und durch Provinziale ersetzte. All dies mag zur späteren Bedeutungslosigkeit Italiens und zur Spaltung zwischen Heer und Bürgern beigetragen haben. Insgesamt erscheint uns die Severerzeit unter vielerlei Aspekten als ein Zeitalter des Übergangs, das seit Jahrhunderten bereits vorhandene Tendenzen weiterführt und zugleich die Richtung auf das Reich eines Diokletian und eines Konstantin weist, das selbst nach dem Verlust des Westens von Byzanz aus noch ein gutes Jahrtausend einen Teil der Welt ausmachte.

Das Römische Reich

Das Römische Reich zerbrach im Westen schließlich unter dem Ansturm der Invasoren. Es lebte im Gedächtnis der Menschen fort. Keltische Krieger, die von dem nur sehr kurz römisch beherrschten Edinburgh aus gegen germanische Invasoren in Yorkshire auszogen, als es längst keine römische Autorität in Britannien mehr gab, fühlten sich als Römer und nannten sich so. Otto der Große begründete das »Heilige Römische Reich Deutscher Nation«. Zwei Monarchen nannten sich noch in unserem Jahrhundert nach dem römischen *Caesar* – der deutsche

Kaiser und der russische Zar; keiner von diesen herrschte in einem Land, das zum Römischen Reich gehört hatte. Der Einfluß und der Zauber seines Namens waren selbst außerhalb seiner Grenzen stark genug.

Latein blieb noch lange die gemeinsame Sprache Europas, länger noch die der Kirche, die vom weltlichen Römischen Reich die Idee des »ewigen Rom« übernahm. Helen Waddell hat einmal gesagt[1]: »Die große Zeit der Augusteer ist für uns wie in Bernstein eingeschlossen, eine erloschene und entfernte Kultur wie die Chinas . . . Für den Gelehrten des Mittelalters, der kein Gefühl für historische Perspektive, wohl aber ein starkes Gespür für Kontinuität hatte, waren Vergil und Cicero nichts als der Oberlauf eines Flusses, der noch immer an seiner Tür vorbeiströmte.« Es waren die einst verfolgten Christen, die schließlich das Erbe Roms bewahrten und überlieferten. Obwohl die Kirche eine generelle Furcht vor der heidnischen Literatur hatte, war es »die Kirche, die die Klassiker weiterhin lehrte, ja ohne die Kirche wäre das Wissen um sie aus Europa verschwunden«.

[1] Helen Waddell, *The Wandering Scholars*. London 1927, S. 11 u. 17.

Anhang

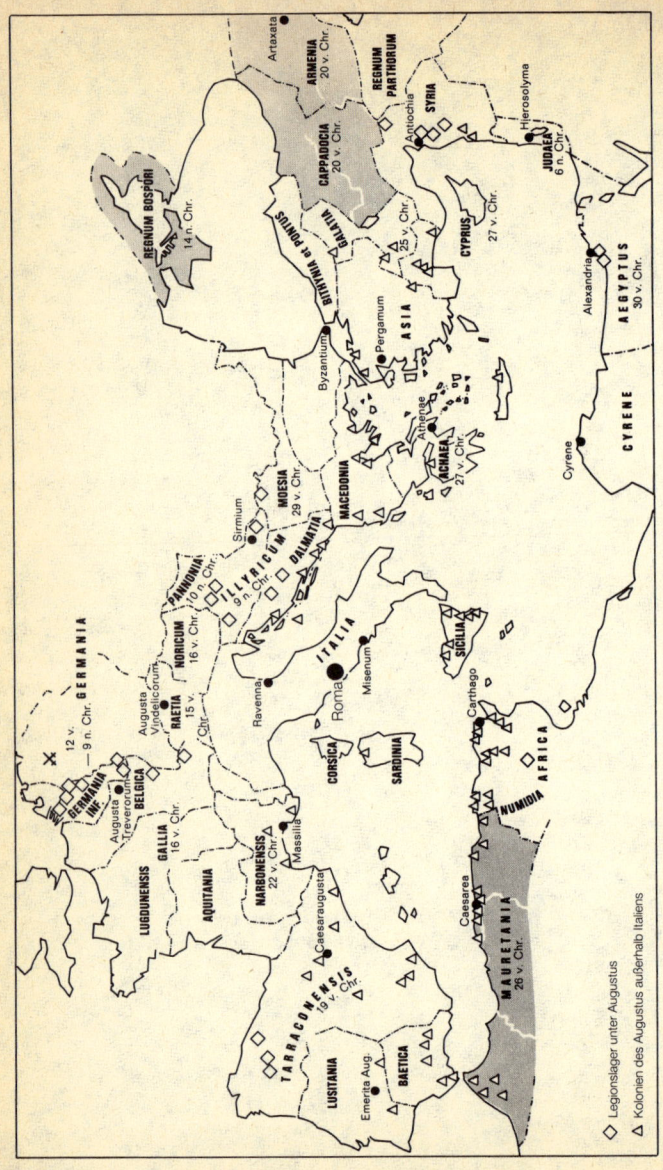

Abb. 17: Das Römische Reich.

306

Zeittafel: Die römischen Kaiser

Die iulisch-claudische Dynastie (Augustus bis Nero)

n. Chr.

(27 v. Chr.)– 14	Augustus
14–37	Tiberius
37–41	Gaius Caligula
41–54	Claudius
54–68	Nero

Das Vierkaiserjahr

68–69	Galba
69	Otho
69	Vitellius
69–	Vespasian

Die Flavier (Vespasian bis Domitian)

–79	Vespasian
79–81	Titus
81–96	Domitian
96–98	Nerva

Die Adoptivkaiser (Trajan bis Mark Aurel): Jeder Kaiser wählt und adoptiert seinen Nachfolger.

98–117	Trajan
117–138	Hadrian
138–161	Antoninus Pius
161–180	Mark Aurel
161–169	Lucius Verus (Mitregent)
178–193	Commodus (178–180 Mitregent)
193	Pertinax
193	Didius Iulianus

Die Severer (Septimius Severus bis Alexander Severus [ohne Macrinus])

193–211	Septimius Severus
198–217	Caracalla (198–211 Mitregent)
209–212	Geta (Mitregent)
217–218	Macrinus
218–222	Elagabal
222–235	Alexander Severus
235–238	Maximinus
238–284	ca. 20 Kaiser
284–305	Diocletian (und Kollegen)

Abbildungsnachweise

Die Karten und Strichzeichnungen der deutschen Ausgabe – Auswahl Kai Brodersen – hat Karl-Friedrich Schäfer nach den im folgenden angegebenen Vorlagen angefertigt:

Abb. 1, S. 37: H. Cohen, *Description historique des monnaies frapées sous l'Empire romain. Deuxième édition.* Bd. 1. Paris 1880, S. 62 (Augustus Nr. 1).

Abb. 2, S. 51: Cohen (wie Abb. 1), S. 95 (Augustus Nr. 236).

Abb. 3, S. 57: S. v. Schnurbein, *Die Römer in Haltern.* (Einführung in die Vor- und Frühgeschichte Westfalens 2) Münster 1979, Abb. 13 auf S. 24.

Abb. 4, S. 70 f.: Entwurf Kai Brodersen.

Abb. 5, S. 83: A. Boethius, J. B. Ward-Perkins, *Etruscan and Roman Architecture.* (Pelican History of Art) Harmondsworth 1970, Fig. 116 auf S. 303.

Abb. 6, S. 88: H. Kinder, W. Hilgemann, *dtv-Atlas zur Weltgeschichte.* (dtv 3001) München 1964, S. 96.

Abb. 7, S. 98: F. Coarelli, *Rom. Ein archäologischer Führer.* Freiburg i. Br., Basel, Wien 1975, S. 102/103.

Abb. 8, S. 139: Cohen (wie Abb. 1), S. 182 (Nero Nr. 37).

Abb. 9, S. 148: L. Renier, *Recueil de diplômes militaires.* Paris 1876, pl. 21 (nr. 46).

Abb. 10, S. 175: A. Hodge, *Siphons in Roman Aquaeducts.* Papers of the British School at Rome 51 (1983) 174–221, Fig. 3 a auf S. 181.

Abb. 11, S. 187: Cohen (wie Abb. 1), S. 384 (Vespasian Nr. 225).

Abb. 12, S. 200: S. Reinach, *Répertoire de reliefs grecs et romains.* Bd. 1. Paris 1909, Abb. 107 auf S. 366.

Abb. 13, S. 225: Boethius, Ward-Perkins (wie Abb. 5), Abb. 111 auf S. 288.

Abb. 14, S. 234: wie Abb. 4.

Abb. 15, S. 255: wie Abb. 4.

Abb. 16, S. 262: C. Wells nach H. R. Hurst, S. P. Roskams (Hg.), *Excavations at Carthage. The British Mission.* I 1 Sheffield 1984, Fig. 11 auf S. 33 und eigenen Grabungsergebnissen.

Abb. 17, S. 306: Kinder, Hilgemann (wie Abb. 6) S. 94.

Quellenübersicht

Für den vorliegenden Band wurden die inschriftlichen und – z. T. unter Vergleich älterer Übersetzungen (s. u.) – literarischen Quellen von Kai Brodersen aus dem Lateinischen bzw. Griechischen neu übersetzt. Dabei sind Ergänzungen verlorener Textteile durch moderne Gelehrte von eckigen Klammern umfaßt, in runden Klammern stehen Erläuterungen des Übersetzers; Auslassungen sind durch . . . gekennzeichnet.

Archäologische Quellen

Auf Veröffentlichungen archäologischer Zeugnisse wird in den Fußnoten zum Text jeweils hingewiesen; in den Literaturhinweisen sind außerdem Übersichten zu dieser Quellengattung angeführt.

Über Ausgrabungsstätten informiert die äußerst nützliche *Princeton Encyclopaedia of Classical Sites,* hg. v. R. Stillwell, Princeton NJ 1976. Zum Nutzen der Luftbildarchäologie vgl. allgemein J. Bradford, *Ancient Landscapes. Studies in Field Archaeology.* London 1957. *Das römische Germanien aus der Luft* bieten W. Sölter und H. Borger dar (Bergisch Gladbach 1981), *Roman Britain from the Air* S. Frere und J. K. St. Joseph (Cambridge 1983).

Die beste Einführung in die römische Keramik ist das Buch von D. Peacock, *Pottery in the Roman World. An Ethnoarchaeological Approach.* London 1982.

Münzen, Papyri, Inschriften

Eine umfassende Einführung (mit reichhaltigen Literaturhinweisen) in die *Antike Numismatik* ist das Werk dieses Titels von Maria R.-Alföldi (Kulturgeschichte der antiken Welt 2–3) Mainz 1978.

Papyri werden in dieser Ausgabe nur dann nach ihrer Erstveröffentlichung angeführt (z. B. P. Oxy. = Papyrus Oxyrhynchos), wenn sie nicht in der von A. S. Hunt und C. C. Edgar edierten Sammlung *Select Papyri. I–II: Non-literary Papyri.* (Loeb Classical Library 266 u. 288). London, Cambridge Mass. 1932–1937 enthalten sind, auf die mit Sel.Pap. verwiesen wird.

Griechische Inschriften werden, sofern möglich, nach den von W. Dittenberger betreuten Sammlungen *Sylloge Inscriptionum Graecarum* (4 Bde, Leipzig [3]1915–1924) – Syll.[3] – bzw. *Orientis Graeci Inscriptiones Selectae* (2 Bde, Leipzig 1903–1905) – OGIS – angeführt. Was dort nicht enthalten ist, wird nach dem Corpus *Inscriptiones Graecae* (Berlin, seit 1873) – IG – angegeben, Neufunde werden nach dem *Supplementum Epigraphicum Graecum* (Leiden, seit 1923) – SEG – zitiert.

Entsprechendes gilt für lateinische Inschriften: Nur was die von H. Dessau edierte Sammlung *Inscriptiones Latinae Selectae* (3 Bde, in 5 Tl. Berlin 1892–1916) – ILS – nicht erfaßt, ist nach dem *Corpus Inscriptionum Latinarum* (Berlin, seit 1862) – CIL – bzw. bei Neufunden nach der *Année épigraphique* (Paris, seit 1888) – AE – zitiert.

Die *Res Gestae* des Augustus sind in einer preisgünstigen Ausgabe auf Lateinisch, Griechisch und Deutsch zugänglich, hg. v. Marion Giebel (RUB 9773) Stuttgart 1975.

In jedem Fall wird auch auf folgende Quellensammlungen verwiesen: V. Ehrenberg, A. H. M. Jones, *Documents illustrating the Reigns of Augustus and Tiberius*. Oxford ²1955, verb. Nachdr. 1976 – EJ –; E. Mary Smallwood, *Documents illustrating the Principates of Gaius, Claudius and Nero*. Cambridge 1967, verb. Nachdr. Bristol 1984 – Sm. I –; M. McCrum, A. G. Woodhead, *Select Documents of the Principates of the Flavian Emperors*. Cambridge 1961 – MW –; E. Mary Smallwood, *Documents illustrating the Principates of Nerva, Trajan and Hadrian*. Cambridge 1966 – Sm. II –.

Historische Inschriften zur römischen Kaiserzeit hat H. Freis ins Deutsche übersetzt (Texte zur Forschung 49. Darmstadt 1984), auf diese Sammlung wird mit HIRK verwiesen.

Literarische Quellen

Über die wichtigsten Autoren, auf deren Werken unsere Kenntnis der Geschichte des Römischen Reichs beruht, informiert Kap. 2. Zuverlässige Angaben findet man überdies in *Der Kleine Pauly. Lexikon der Antike*. 5 Bde, München 1964–1975, Nachdr. (dtv 5963) München 1979, und im *Tusculum-Lexikon griechischer und lateinischer Autoren*. München, Zürich ³1982.

Vergil
Publius Vergilius Maro (70–19 v. Chr.) aus Andes bei Mantua, der wohl berühmteste Dichter der augusteischen Zeit. Neben kleineren Werken verfaßte er Hirtengedichte *(Eclogae = Bucolica)*, ein Gedicht über den Landbau *(Georgica)* und das große römische »Nationalepos« *Aeneis*.
Vergil, *Bucolica, Georgica, Aeneis*. Dt. v. R. A. Schröder. Berlin, Frankfurt a. Main 1952 (Die Zitate im vorliegenden Buch sind der Ausgabe München 1976 entnommen.)

Horaz
Quintus Horatius Flaccus (85–8 v. Chr.), Sohn eines Freigelassenen aus Venusia, kaum weniger bedeutender Dichter der augusteischen Zeit. In lyrischen Versmaßen verfaßte er *Oden* (dazu das *carmen saeculare*, das er zu Roms Jahrhundertfeier 17 n. Chr. im Auftrag des Augustus schrieb) und *Epoden*, in daktylischen Hexametern *Satiren* und *Briefe (Epistulae)*.
Horaz, *Sämtliche Werke*. Lat.-dt. hg. v. H. Färber u. W. Schöne. (Tusculum-Bücherei) München ⁹1982

Strabon
(Aelius) Strabon von Amaseia in Pontos (64 v.–nach 20 n. Chr.), griechischer Historiker und Geograph. Sein Geschichtswerk ist verloren, doch enthält seine fast vollständig erhaltene *Geographie* in 17 Büchern eine Fülle von historischen, mythologischen und literarischen Einzelheiten.
Strabos Erdbeschreibung. Dt. v. A. Forbiger, 4 Bde, (Langenscheidt'sche Bibliothek griech. und röm. Klassiker 52–55) Berlin ²⁻³ o. J. (ca. 1900)

Velleius
Gaius Velleius Paterculus (ca. 20 v.–nach 30 n. Chr.) aus Kampanien, römischer Historiker. Unter Tiberius war er Legat in Germanien und Pannonien, später

Quästor und Prätor; dem Kaiser widmete er auch sein Geschichtswerk, das bis zum ersten Konsulat des Tiberius 30 n. Chr. reicht.

Velleius Paterculus' Römische Geschichte. Dt. v. F. Eyssenhardt. (Langenscheidt'sche Bibliothek griech. und röm. Klassiker 109) Berlin o. J. (ca. 1870)

Petron

Petronius Arbiter (wohl identisch mit dem Konsul des Jahres 61 Titus Petronius Niger), *arbiter elegantiae* unter Nero, verfaßte den Roman *Satyricon*; s. Kap. 8.

Petron, *Satyricon.* Dt. v. H. C. Schnur. (RUB 8533) Stuttgart 1968

Plutarch

(Lucius?) Mestrius Plutarchus (46–120 n. Chr.) aus Chaironeia, griechischer Essayist und Biograph. Von seinem umfangreichen Werk ist nur ein Drittel erhalten: Biographien von Feldherrn und Staatsmännern der Griechen und Römer, die jeweils parallelisiert werden, und vermischte Schriften, die unter dem Begriff *Moralia* zusammengefaßt werden.

Plutarch, *Große Griechen und Römer.* Dt. v. K. Ziegler und W. Wuhrmann. 6 Bde, (dtv 5989 [2068–73]) München 1980–81 (Die Biographien Caesars und Marc Antons finden sich in Bd. 5 [dtv 2072] dieser Ausgabe.)

Tacitus

(Publius?) Cornelius Tacitus (ca. 56–nach 120 n. Chr.), Konsul 97 n. Chr., unter Hadrian Prokonsul der Provinz Asien. Neben kleineren Werken – einer Biographie seines Schwiegervaters Agricola, dem Dialog über die Redner und der Germania – verfaßte er *Historiae*, die die Geschichte der Jahre 69 bis 96 n. Chr. behandeln, und *Annales*, die die Jahre von 14 bis 68 n. Chr. erfassen. Beide Hauptwerke sind nur teilweise erhalten. S. Kap. 2.

Tacitus, *Annalen.* Dt. v. Carl Hoffmann. (Goldmann Klassiker 7574) München 1978

Tacitus, *Historien.* Lat.-dt. v. H. Vretska. (RUB 2721) Stuttgart 1984

Plinius d. J.

Gaius Plinius Caecilius Secundus (ca. 61–ca. 112 n. Chr.) aus Comum (Como), lebte in Rom als Anwalt und war zuletzt unter Trajan Statthalter der kaiserlichen Provinz Bithynien. Erhalten ist außer einer Lobrede auf diesen Kaiser *(Panegyricus)* eine Sammlung von 247 *Briefen.*

Plinius d. J., *Briefe.* Lat.-dt. v. H. Kasten. (Tusculum-Bücherei) München [4]1979

Sueton

Gaius Suetonius Tranquillus (ca. 69–nach 121 n. Chr.), Rechtsanwalt, bei Hadrian Sekretär. Aus seinem umfangreichen Werk sind neben Fragmenten seine Biographien der römischen Herrscher von Caesar bis Domitian fast vollständig erhalten.

Sueton, *Leben der Caesaren.* Dt. v. A. Lambert. (dtv 6005) München 1972

Aelius Aristides

Publius Aelius Aristides (117–ca. 187 n. Chr.) aus Mysien, griechischer Sophist (s. Kap. 10) und Publizist. 55 seiner Reden sind erhalten.

Die Romrede des Aelius Aristides. Griech.-dt. v. R. Klein. 2 Bde, (Texte zur Forschung 45) Darmstadt 1981–83

Mark Aurel
Imperator Caesar Marcus Aurelius Antoninus Augustus (121–180 n. Chr.), römischer Kaiser. Sein auf Griechisch abgefaßtes Werk *An sich selbst* weist ihn als
letzten bedeutenden Stoiker aus. Vgl. Kap. 10.
    Marc Aurel, *Wege zu sich selbst*. Dt. v. W. Theiler. (it 190) Frankfurt a. Main
1975

Cassius Dio
Cassius Dio Cocceianus (ca. 150–nach 229 n. Chr.) aus Nikaia, römischer Se-
nator, Konsul 229 n. Chr. Seine auf Griechisch geschriebene Geschichte von den
Anfängen Roms bis 229 ist nur teilweise erhalten: s. Kap. 2
    Cassius Dio, *Römische Geschichte*. Dt. v. O. Veh. 5 Bde., (Bibliothek der
Alten Welt) Zürich, München seit 1985

Herodian
Herodianos (ca. 180–nach 248 n. Chr.), griechischer Historiker. Seine *Geschichte
des Kaisertums nach Mark Aurel* umfaßt die Jahre von 180 bis 238 n. Chr.
    Herodian. Griech.-engl. v. C. Whittaker. 2 Bde, (Loeb Classical Library
454–455) London, Cambridge Mass. 1969–1970 (keine neuere dt. Übers.)

Historia Augusta
Pseudonyme Sammlung eines unbekannten Autors von 30 römischen Kaiserbio-
graphien aus dem ausgehenden 4. Jahrhundert n. Chr.
    Historia Augusta. Römische Herrschergestalten. 2 Bde, (Bibliothek der Alten
Welt) Zürich, München 1976–1985

Literaturhinweise

Im folgenden sollen nicht nur wichtige Untersuchungen zu den in diesem Buch behandelten Problemen besprochen werden, sondern es soll auch weiterführende Literatur genannt werden.

Abgekürzt werden dabei zwei Festschriften, zwei Buchreihen und fünf Zeitschriften:

FS Stevens	Barbara Levick (Hg.), *The Ancient Historian and his Materials* (Festschrift für C. E. Stevens). Farnborough 1975
FS Gareau	C. M. Wells (Hg.), *L'Afrique Romaine. Les conférences Vanier 1980 / Roman Africa. The Vanier Lectures 1980* (R. P. E. Gareau gewidmet). Ottawa 1982
BAR	British Archaeological Reports. Oxford
WdF	Wege der Forschung. Darmstadt
AJPh	*American Journal of Philology.* Baltimore
Historia	*Historia. Zeitschrift für Alte Geschichte.* Wiesbaden
JRS	*Journal of Roman Studies.* London
Klio	*Klio. Beiträge zur Alten Geschichte.* Leipzig, Berlin
PBSR	*Papers of the British School at Rome.* Rom, London

Allgemeines

Die klassische Darstellung der römischen Kaiserzeit ist die von Theodor Mommsen: *Römische Geschichte.* Bd. 5: *Die Provinzen von Caesar bis Diocletian.* Berlin 1885 = Bd. 6–7 der dtv-Ausgabe (dtv 6058–59) München 1976.

Einen fundierten Überblick mit reichhaltigen Quellen- und Literaturangaben findet man in H. Bengtsons *Grundriß der römischen Geschichte mit Quellenkunde. Republik und Kaiserzeit.* (Handbuch der Altertumswissenschaft III 5) München ³1982 (die Sonderausgabe unter dem Titel *Römische Geschichte.* München ³1979 enthält diese Angaben nicht). In der *Fischer Weltgeschichte. Die Mittelmeerwelt im Altertum* sind einschlägig die Bände III und IV: P. Grimal (Hg.), *Der Aufbau des römischen Reichs* und F. Millar (Hg.), *Das römische Reich und seine Nachbarn.* (FWG 7–8) Frankfurt a. Main 1966. Eine marxistische Darstellung bietet W. Seyfarth, *Römische Geschichte. Kaiserzeit.* 2 Bde, Berlin, Weimar 1974. Nützlich ist die *Geschichte der römischen Kaiserzeit* von H. Dahlheim (Grundriß der Geschichte 3. München, Wien 1984).

Über weitere Literatur informiert umfassend K. Christ (Hg.), *Römische Geschichte. Eine Bibliographie.* Darmstadt 1976.

Grundlegend für die Geschichte von *Gesellschaft und Wirtschaft im römischen Kaiserreich* ist das Werk dieses Titels von M. Rostovtzeff (2 Bde, Leipzig 1929). Den *Fernhandel des Römischen Reichs in Europa, Afrika und Asien* hat M. Wheeler (München 1965) behandelt.

Ernst Meyer, *Römischer Staat und Staatsgedanke.* Zürich, München ⁴1975 ist eine hervorragende Einführung in dieses Thema; zum römischen Recht empfiehlt sich etwa M. Kaser, *Römisches Privatrecht.* (Jurist. Kurzlehrbücher) München [13] 1983. Eine *Verfassungs- und Sozialgeschichte des römischen Kaiserreichs* hat J. Bleicken vorgelegt (2 Bde, UTB 838/9. Paderborn [2] 1981).

Rom. Leben und Kultur in der Kaiserzeit ist Thema des Buches von J. Carcopino (Stuttgart [2] 1979). Eine knappe *Geschichte der römischen Literatur* hat L. Bieler vorgelegt (Sammlung Göschen 4052, Berlin, New York [3] 1972), eine populäre *Römische Kunstgeschichte* H. A. Stützer (DuMont TB 156, Köln 1984). In Anita Rieches Buch *Das antike Italien aus der Luft.* Bergisch Gladbach 1978 finden sich interessante Luftaufnahmen und Pläne wichtiger Ausgrabungen.

Zu Kapitel 1

Zum Aufstieg Octavians und zu den politischen und gesellschaftlichen Wandlungen, die daraus hervorgingen, vgl. R. Symes grundlegendes Werk *Die römische Revolution.* Stuttgart 1957. Nicht immer überzeugen die Biographien des *Marcus Antonius* und des *Kaiser Augustus* von H. Bengtson (München 1977 bzw. 1981). Einen hervorragenden Forschungsbericht hat D. Kienast vorgelegt: *Augustus. Prinzeps und Monarch.* Darmstadt 1982.

Zu politischen Anspielungen bei Vergil vgl. außer den in H. Oppermann (Hg.), *Wege zu Vergil.* (WdF 19) Darmstadt [2] 1976 gesammelten Aufsätzen bes. C. Hardie in *FS Stevens,* 109–122 und Ch. G. Starr, *Virgil's acceptance of Octavian.* AJPh 76 (1956) 34–46 sowie L. Keppie, *Virgil, the confiscations, and Caesar's tenth legion.* Classical Quarterly 31 (1981) 367–370.

Zur Dynastie des Herodes s. A. Schalit, *König Herodes.* Berlin 1969 und die klassische Darstellung von E. Schürer, *Geschichte des jüdischen Volkes im Zeitalter Jesu Christi.* 3 Bde, [3–4] 1901–1909.

Die Bedeutung von Klientelkönigreichen hat E. N. Luttwak, *The Grand Strategy of the Roman Empire.* Baltimore 1976 betont; vgl. D. Braund, *Rome and the Friendly King.* London, Canberra, New York 1984.

Zu Kapitel 2

Literatur zu den Quellen ist in der Quellenübersicht angegeben; auf Veröffentlichungen wichtiger Ausgrabungen wird in den Fußnoten zum Text jeweils hingewiesen.

Zur Bedeutung der Umsiedlung von Töpferwerkstätten von Italien nach Gallien s. C. Wells, *L'implantation des ateliers de céramique sigillée en Gaule.* Figlina 2 (1977) 1–11. Wichtig ist S. von Schnurbein, *Die unverzierte Terra Sigillata aus Haltern.* (Bodenaltertümer Westfalens 19) Münster 1982. Zur *centuriatio* bleibt die beste Einführung J. Bradford, *Ancient Landscapes. Studies in Field Archaeology.* London 1957, Kap. 4.

Zu Kapitel 3

Die zu Kap. 1 genannten Werke von Syme und Kienast sind auch für dieses Kapitel einschlägig. Wichtige Aufsätze liegen gesammelt vor in W. Schmitthenner (Hg.), *Augustus.* (WdF 128) Darmstadt 1969.

In der Interpretation der Vereinbarungen von 27 v. Chr. folgt vorliegende Darstellung F. Millar, *Triumvirate and principate.* JRS 63 (1973) 50–67 und W. Lacey, *Octavian in the senate, January 27 B.C.* JRS 64 (1974) 176–184. Zur Datierung der Murena-Verschwörung siehe den Beitrag von E. Badian in G. Wirth (Hg.), *Romanitas – Christianitas* (Festschrift für J. Straub). Berlin, New York 1982, 18–41.

Zum Namen Augustus vgl. R. Syme, *Imperator Caesar* im eben genannten Sammelband *Augustus,* S. 264–290; zur tribunizischen Gewalt W. Lacey, *Summi fastigii vocabulum.* JRS 69 (1979) 28–34.

Das so wichtige Problem der Getreideversorgung behandelt ausführlich G. Rickman, *The Corn Supply of Ancient Rome.* Oxford 1980; vgl. auch P. Garnsey, *Grain for Rome* in dem von ihm, K. Hopkins und C. Whittaker hg. Sammelband *Trade in the Ancient Economy.* London 1983.

Daß beide Iulias wegen Ehebruchs verfolgt wurden, hat R. Syme, *History in Ovid.* Oxford 1978, S. 193–198 u. 206–211 betont; zu den Cornelii vgl. seine Studie *Piso Frugi and Crassus Frugi.* JRS 50 (1960) 12–20; zu Marcus Crassus' Balkanfeldzug seinen Aufsatz *Livius und Augustus.* In: R. Klein (Hg.), *Prinzipat und Freiheit.* (WdF 135) Darmstadt 1969, S. 169–255.

Die Feldzüge des Augustus in Germanien hat C. Wells in *The German Policy of Augustus.* Oxford 1972 behandelt (dort finden sich auch weitere Literaturangaben); vgl. auch seinen Aufsatz *The impact of the Augustan campaigns on Germany.* In: D. Pippidi (Hg.), *Assimilation et Résistance à la Culture gréco-romaine dans le Monde ancien. Travaux du VIe Congrès International d'Etudes Classiques (Madrid 1974).* Bukarest, Paris 1976, S. 421–431. Zu Tacitus' *Germania* liegt ein Kommentar von R. Much, H. Jankuhn und W. Lange vor (Heidelberg [3]1967).

Zu Kapitel 4

Das Standardwerk zu den Baudenkmälern in Rom ist das *Bildlexikon zur Topographie des antiken Rom* von E. Nash (2 Bde, Tübingen 1961–1962); als Einführung ist zu empfehlen F. Coarelli, *Rom. Ein archäologischer Führer.* Freiburg i. Br. 1975. Die *Ara Pacis Augustae* hat Erika Simon behandelt (Monumenta Artis Antiquae 1. Tübingen 1967).

Unter dem Titel *Wasser für Rom. Die Wasserversorgung durch Aquädukte* hat M. Hainzmann Frontins Werk übersetzt und erläutert (Lebendige Antike. Zürich, München 1979); zur Technik vgl. A. Hodge, *Siphons in Roman aqueducts.* PBSR 51 (1983) 174–221.

Schätzungen der Bevölkerungszahlen findet man bei P. Brunt, *Italian Manpower 225 B.C. – A.D. 14.* Oxford 1971.

Zur sozialen Mobilität vgl. etwa die Untersuchungen verschiedener Gelehrter (bes. die von K. Hopkins und P. Weaver) in: M. I. Finley (Hg.), *Studies in Ancient Society.* London, Henley, Boston 1974.

Zu Kapitel 5

Eine Biographie des *Tiberius* hat E. Kornemann verfaßt (Frankfurt a. Main [3]1980), vgl. B. Levick, *Tiberius the Politician.* London 1976; in beiden Büchern ist weiterführende Literatur angegeben.

Caligula hat J. Balsdon, *The Emperor Gaius.* Oxford 1934 behandelt; im selben Jahr erschien *Claudius. The Emperor and his Achievement* von A. Momigliano (Cambridge [2]1961), das den Trend zur Rehabilitierung dieses Kaisers einleitete. Eine Biographie des *Nero* hat Miriam Griffin vorgelegt (London 1984). Hervorragend ist auch ihr Buch *Seneca. A Philosopher in Politics.* Oxford 1976.

Zum römischen Kaiserkult s. die in dem von Antonie Wlosok herausgegebenen Band *Römischer Kaiserkult.* (WdF 378) Darmstadt 1978 gesammelten Studien. Verbrechen gegen die *maiestas* bespricht R. Bauman, *Impietas in principem.*

(Münchener Beiträge zur Papyrusforschung und antiken Rechtsgeschichte 67) München 1974.

Vorliegende Darstellung folgt in der Frage der Beziehungen von Kaiser und Senat den Untersuchungen von D. McAlindon in AJPh 77 (1956) 113–132 und AJPh 78 (1957) 279–286, JRS 47 (1957) 191–197 und Latomus 16 (1957) 252–262. Die Rolle des Claudius bei der Entwicklung der equestrischen Verwaltung hat A. N. Sherwin-White hervorgehoben: *Procurator Augusti.* PBSR 15 (1939) 11–26; vgl. besonders sein großes Werk *The Roman Citizenship.* Oxford ²1973. Zur Finanzverwaltung und zur allmählichen Annäherung von Staats- und Kaiserschatz *(aerarium* und *fiscus)* vgl. F. Millar, *The fiscus in the first two centuries.* JRS 53 (1963) 29–42 und P. Brunt, *The fiscus and its development.* JRS 56 (1966) 75–91.

Zu Kapitel 6

Heerwesen und Kriegführung der Griechen und Römer ist Thema des Handbuchs von J. Kromayer und G. Veith (Handbuch der Altertumswissenschaft IV 3, 2) München 1928 (2. Teil: Die Römer); eine neuere Darstellung stammt von G. Webster, *The Roman Imperial Army of the First and Second Centuries.* London 1969. Die Größe des Heeres untersucht R. MacMullen in Klio 62 (1980) 451–460, die Rekrutierungspraxis P. Brunt in Scripta Classica Israelica 1 (1974) 90–115; derselbe hat auch die grundlegende Studie über die Bezahlung der Soldaten in den PBSR 18 (1950) 50–71 vorgelegt; vgl. dazu noch M. Speidel, *The pay of the auxilia.* JRS 63 (1973) 141–147.

Zur Entwicklung der römischen Grenzpolitik s. A. Birley, *Roman frontiers and Roman frontier policy.* Transactions of the Architectural and Archaeological Society of Durham and Northumberland NS 3 (1974) 508–533; vgl. seinen Aufsatz *Die Außen- und Grenzpolitik.* In: R. Klein (Hg.), *Marc Aurel.* (WdF 550) Darmstadt 1979, S. 473–502, und F. Millar, *Emperors, frontiers and foreign policy.* Britannia 13 (1982) 1–23. Zum römischen Orienthandel vgl. außer dem oben (unter Allgemeines) genannten Werk von Wheeler noch M. G. Raschke, *New Studies in Roman Commerce with the East.* In: H. Temporini (Hg.), *Aufstieg und Niedergang der römischen Welt.* Bd. II 9, 1, Berlin, New York 1978, S. 604–1378. Mit der Bewahrung der nordafrikanischen Kulturen befassen sich F. Millar, *Local cultures in the Roman empire. Libyan, Punic and Latin.* JRS 58 (1968) 126–134 und R. MacMullen, *Provincial languages in the Roman empire.* AJPh 86 (1966) 1–17. Handbuchartig werden die nichtlateinischen Sprachen erfaßt in G. Neumann, J. Untermann (Hgg.), *Die Sprachen im römischen Reich der Kaiserzeit.* (Bonner Jahrbücher Beih. 40) Köln, Bonn 1980.

Die Römische Provinzialverwaltung der Kaiserzeit hat H. Volkmann im Gymnasium 68 (1961) 395–401 besprochen; vorliegende Darstellung stützt sich auf P. Brunt, *Charges of Maladministration under the Early Principate.* Historia 10 (1961) 189–227; zu den *mandata* der Statthalter vgl. G. Burton in Zeitschrift für Papyrologie und Epigraphik 21 (1976) 63–68.

Reisen in der Alten Welt beschreibt das Buch von L. Casson, München 1975; über Straßen und Postwesen der Römer informiert H.-Ch. Schneider, *Altstraßenforschung.* (Erträge der Forschung 170) Darmstadt 1982.

Ägypten unter römischer Herrschaft behandelt H. Volkmann im *Handbuch der Orientalistik* Bd. I 2, 4, 1A. Leiden 1971, S. 21–66, vgl. N. Lewis, *Life in Egypt under Roman Rule.* Oxford 1983. Zur Romanisierung Britanniens s. A. Rivet, *Town and Country in Roman Britain.* London 1958.

Die beste Einführung in die Geschichte des römischen Afrika bleibt T. Broughton, *The Romanization of Africa Proconsularis.* Baltimore 1929. Zum

Tacfarinas-Aufstand vgl. R. Syme, *Tacfarinas, the Musulamii and Thuburiscu.* in: P. Coleman-Norton (Hg.), *Studies in Roman Economic and Social History.* (Festschrift für A. Ch. Johnson). Princeton 1951, S. 113–130 und C. Wells, *The Defense of Carthage.* In: J. Pedley (Hg.), *New Light on Ancient Carthage.* Ann Arbor 1980, S. 47–65, spez. 49 ff. Zur Rolle der Nomaden und Halbnomaden vgl. C. Whittaker in Klio 60 (1978) 331–362 und die Artikel von B. Shaw und M. Janon in *FS Gareau.*

Die Rolle des Heeres bei der Romanisierung hat R. MacMullen, *Rural romanization.* Phoenix 22 (1968) 337–341 herausgestellt, vgl. auch sein Buch *Soldier and Civilian in the later Roman Empire.* Cambridge Mass. 1967; die Verbindungen zwischen Heeresnachschub und Handel hat P. Middleton untersucht: *Army Supply in Roman Gaul.* In: B. Burnham, H. Johnson (Hgg.), *Invasion and Response.* (BAR 73) Oxford 1979, S. 81–98.

Zu Kapitel 7

Vorliegende Darstellung folgt zur Revolte gegen Nero den Untersuchungen von G. Chilver, *The Army in politics, A.D. 68–70.* JRS 47 (1957) 29–35 und P. Brunt, *The revolt of Vindex and the fall of Nero.* Latomus 18 (1959) 531–559; vgl. auch R. Syme in Historia 31 (1982) 460–483. Die Ereignisse des Vierkaiserjahres hat K. Wellesley lebendig dargestellt: *The Long Year A.D. 69.* London 1975. Die Münzen jener Zeit zieht C. Kraay als Quelle heran: *The Coinage of Vindex and Galba, A.D. 68, and the Continuity of the Augustan Principate.* Numismatic Chronicle 6. Ser. 9 (1949) 129–149.

Die Flavier hat H. Bengtson in nicht immer überzeugenden Biographien erfaßt (München 1979). Zur *lex de imperio Vespasiani* liegt ein grundlegender Artikel von P. Brunt im JRS 67 (1977) 95–116 vor. *Masada* hat der Ausgräber dieser Festung, Y. Yadin, beschrieben (Hamburg 1966).

Zur Durchdringung der Sahara vgl. E. W. Bovill, *The Golden Trade of the Moors.* Oxford ²1968, Kap. 3 und die Artikel von R. Goodchild und O. Brogan in den PBSR 22 (1954) 56–68 bzw. 126–131. Britannien unter den Flaviern behandeln A. Birley, *Petillius Cerialis and the conquest of Brigantia.* Britannia 4 (1973) 179–190, V. Nash-Williams und M. G. Jarrat, *The Roman Frontier in Wales.* Cardiff ²1969, und W. Hanson, *The first Roman Occupation of Scotland.* In: W. Hanson, L. Keppie (Hgg.), *Roman Frontier Studies 1979.* (BAR S71) Oxford 1980, S. 15–43.

Mit der sogenannten stoischen Opposition gegen Vespasian befaßt sich P. Brunt in den PBSR 43 (1975) 7–35. J. Crook, *Titus and Berenice.* AJPh 72 (1951) 162–175 untersucht die politischen Implikationen dieser Beziehung.

Den Trend zur Rehabilitierung Domitians hat R. Syme eingeleitet: *The Imperial Finances under Domitian, Nerva and Trajan.* JRS 20 (1930) 55–70 und K. Waters, *The character of Domitian.* Phoenix 18 (1964) 49–77 fortgesetzt; vgl. K. Christs Studie über *Aspekte des modernen Domitianbildes.* Schweizerische Zeitschrift für Geschichte 12 (1962) 187–213.

Zu Trajan vgl. K. Waters, *Trajan's character in the literary tradition.* In: J. Evans (Hg.), *Polis and Imperium* (Festschrift für E. T. Salmon). Toronto 1974, 233–252. Der Zusammensetzung des Senats ist eine wichtige Untersuchung von K. Hopkins und G. Burton gewidmet: *Ambition and withdrawal. The senatorial aristocracy under the emperors.* In: K. Hopkins, *Death and Renewal.* (Sociological Studies in Roman History 2) Cambridge 1983, S. 122–134. Die Ansicht, daß manche favorisierte Generale es rascher als andere zum Konsul brachten, hat B. Campbell, *Who were the viri militares?* JRS 65 (1975) 11–31 vertreten.

Die Trajanssäule als historische Quelle setzt L. Rossi zu numismatischen und epigraphischen Zeugnissen sowie dem Monument von Adamklissi in Beziehung: *Trajan's Column and the Dacian War*. London 1971. Zu Trajans Kriegen im Orient vgl. F. Lepper, *Trajan's Parthian War*. Oxford 1948 und G. Bowersock, *Roman Arabia*. Cambridge Mass. 1983, Kap. 6.

Zu Kapitel 8

Eine hervorragende Studie hat J. H. D'Arms vorgelegt: *Commerce and Social Standing in Ancient Rome*. Cambridge Mass. 1981, vgl. auch die Beiträge von W. Pleket und K. Hopkins (Einleitung) in dem Sammelband *Trade* ... (s. zu Kap. 3). M. Finleys Buch über *Die antike Wirtschaft*. (dtv 4277) München 1976 ist zur römischen Geschichte nicht völlig überzeugend, vgl. die *Rezension* dieses Buches von M. Frederikson im JRS 65 (1975) 164–171.

Zur Einstellung der Senatorenschicht zu Besitz und Reichtum siehe Susan Treggiaris Beitrag *Sentiment and property. Some Roman attitudes*. In: A. Parel, T. Flanagan (Hgg.), *Theories of Property. Aristotle to the Present*. Waterloo Ont. 1979, S. 53–85; vgl. Elizabeth Rawsons Untersuchung in: M. Finley (Hg.), *Studies in Roman Property*. Cambridge 1976, S. 85–102; in diesem Band finden sich auch wichtige Beiträge zum Landbesitz (von R. Duncan-Jones, S. 7–34) und zur Pacht (von M. Finley, S. 103–121).

Zu den Villen in Südetrurien vgl. T. W. Potter, *The Changing Landscape of South Etruria*. London 1979 und seinen Beitrag in: K. S. Painter (Hg.), *Roman Villas in Italy. Recent Excavations and Research*. (British Museum Occasional Papers 24) London 1980. Neue Ausgrabungen und Bestandsaufnahmen von Villen in Italien bilden auch die Grundlage der Aufsätze in: G. Barker, R. Hodges (Hgg.), *Papers in Italian Archaeology II: Archaeology and Italian Society. Prehistoric, Roman and Medieval Studies*. (BAR S102) Oxford 1981. Zu den Villen am Vesuv bleibt wichtig R. Carrington, *Studies in the Campanian villae rusticae*. JRS 21 (1931) 110–130.

Zu den Bauern und Kleingutbesitzern vgl. die Studien von P. Garnsey, *Where did Italian peasants live?* Proceedings of the Cambridge Philological Society 25 (1979) 1–25 und von C. Whittaker, *Agri deserti*, in dem eben genannten von Finley hg. Sammelband S. 137–165. P. Garnsey ist auch Autor wichtiger Beiträge zur landwirtschaftlichen Gelegenheitsarbeit (in dem von ihm hg. Sammelband *Non-Slave Labour in the Greco-Roman World*. Cambridge 1980, S. 34–47) und zu *Trajans alimenta*. Historia 17 (1968) 367–381.

Pompeji ist Thema zahlloser Bücher, aus denen F. Coarelli, *Lübbes archäologischer Führer Pompeji*. Bergisch Gladbach 1979 und – wegen der ausgezeichneten Abbildungen – Th. Kraus, L. v. Matt, *Lebendiges Pompeii*. Köln 1973 hervorgehoben seien. Die neuere Forschung hat R. Ling zusammengefaßt in: H. Blake, T. Potter, D. Whitehouse (Hgg.), *Papers in Italian Archaeology I: The Lancaster Seminar*. (BAR S41) Oxford 1978, Bd. 1, S. 153–173.

Die Rolle der Freigelassenen untersucht P. Garnsey in dem Sammelband *Trade* ... (s. zu Kap. 3) und in Klio 73 (1981) 359–371. Zur angeblichen Krise in der Keramikproduktion vgl. den Beitrag von G. Pucci ebenfalls in *Trade*.

Zu Ostia liegt die umfassende Untersuchung von R. Meiggs vor: *Roman Ostia*. Oxford ²1973; vgl. G. Hermansen, *Ostia. Aspects of Roman City Life*. Edmonton 1982.

Die Arbeitsverhältnisse in Rom besprechen P. A. Brunt, *Free Labour and Public Works at Rome*. JRS 70 (1980) 81–100 und Susan Treggiari (in dem oben genannten von Garnsey hg. Band S. 48–64). Dieselbe hat auch eine Reihe von

Artikeln zu den Sklavenhaushalten verfaßt, vgl. etwa *Concubinae*. PBSR 44 (1981) 59–81. Zu den Aufstiegsmöglichkeiten für Sklaven siehe P. Weaver, *Familia Caesaris*. Cambridge 1972, zur Sklaverei allgemein das wichtige Buch von M. Finley, *Antike Sklaverei*. München 1981, sowie K. Hopkins, *Conquerors and Slaves*. (Sociological Studies in Roman History 1) Cambridge 1978 (bes. Kap. 1–3) mit der *Rezension* von E. Badian im JRS 72 (1982) 164–169.

Rassistische Vorurteile in der Antike behandeln A. Sherwin-White, *Racial Prejudice in Imperial Rome*. Cambridge 1970 und F. Snowden jr., *Before Color Prejudice*. Cambridge Mass. 1983.

Zu Kapitel 9

Hadrian. Sein Leben und seine Zeit ist das Thema einer Biographie von S. Perowne (BSR 151. München [2]1972); s. auch R. Syme, *Tacitus*. Oxford 1957, S. 236–252 u. 481–503. Wichtig bleibt P. Alexander, *Letters and speeches of the emperor Hadrian*. Harvard Studies in Classical Philology 49 (1938) 141–177.

Das römische Britannien ist vielfach behandelt worden, hervorzuheben sind S. Frere, *Britannia*. London [2]1974 und J. Wacher, *The towns of Roman Britain*. London, Toronto, Melbourne 1978. Über den Hadrianswall informieren sehr gut D. Breeze und B. Dobson, *Hadrian's Wall*. Harmondsworth [2]1978. Die Beziehungen der Römer zur ansässigen Bevölkerung diskutiert P. Salway, *The Frontier People of Roman Britain*. Cambridge 1967; zu den Kämpfen in Schottland vgl. die Aufsätze von G. Maxwell und D. Breeze in dem von Hanson und Keppie hg. Sammelband (s. zu Kap. 7) S. 1–13 bzw. 45–60.

Den Hintergrund des jüdischen Aufstands beleuchten anhand jüdischer Quellen S. Safrai in: *Roman Frontier Studies. Proceedings of the Seventh International Congress held at Tel Aviv*. Tel Aviv 1971, 224–229, N. de Lange in: P. Garnsey, C. Whittaker (Hgg.), *Imperialism in the Ancient World*. Cambridge 1978, S. 155–281, und Sh. Appelbaum, *Prolegomena to the Study of the Jewish Revolt A.D. 132–135*. (BAR S7) Oxford 1976.

Antoninus' Titel, darunter *Pius*, behandelt M. Hammond, *Imperial elements in the formula of the Roman emperors*. Memoirs of the American Academy in Rome 25 (1957) 17–64; derselbe Gelehrte hat auch eine Untersuchung der Reichsverwaltung vorgelegt: *The Antonine Monarchy*. (Papers and Monographs of the American Academy in Rome 19) Rom 1959.

Mark Aurel. Kaiser und Philosoph ist Thema einer nützlichen Biographie von A. Birley (BSR 160. München [2]1972). Wertvolle Einblicke in das Hofleben ermöglichen die Briefe Frontos, vgl. E. Champlin, *Fronto and Antonine Rome*. Cambridge Mass. 1980. Zum Selbstporträt Mark Aurels vgl. P. A. Brunt, *Marcus Aurelius*. JRS 64 (1974) 1–20. Übertreibungen mancher Gelehrter hat J. Gilliam, *Die Pest unter Mark Aurel* in: R. Klein (Hg.), *Mark Aurel*. (WdF 550) Darmstadt 1979, S. 144–175 korrigiert; in diesem Sammelband finden sich auch weitere wichtige Artikel.

Es ist unmöglich, ausführliche Literaturhinweise zu den Gründen für den Niedergang des Reichs zu geben. Die beiden wohl wichtigsten Beiträge sind: N. Baynes, *The decline of Roman power in western Europe*. JRS 33 (1943) 29–35 und F. Walbank, *The Awful Revolution. The Decline of the Roman Empire in the West*. Liverpool 1969. Die Untersuchung von G. de Ste. Croix, *The Class Struggle in the Ancient Greek World*. London 1981, Kap. 8, zeugt von großer Gelehrsamkeit und enthält brillante Einsichten, berücksichtigt aber zu wenig die Notwendigkeit, nicht nur zu erklären, warum die westliche Reichshälfte »niederging«, sondern auch, warum das für die östliche nicht gilt. Zu speziellen

Punkten sei bezüglich der städtischen Aristokratie auf den Beitrag von P. Garnsey in *Aufstieg und Niedergang* ... (s. zu Kap. 6) II 1 (1974) S. 229–252 verwiesen, bezüglich des zeitgenössischen Hintergrunds für Augustins Gottesstaat auf T. Barnes Beitrag zur *FS Gareau*.

Peter Brown, *Welten im Aufbruch. Die Zeit der Spätantike*. Bergisch Gladbach 1980 betont zu Recht mehr den »Wandel« als den »Niedergang«; sein Werk *Religion and Society in the Age of Saint Augustine*. London 1972 bietet eine brillante Einführung in die Unterschiede zwischen der klassischen und der spätantiken Welt; vgl. auch seine Biographie *Augustinus von Hippo*. Frankfurt a. Main ²1982.

Zu Kapitel 10

Eine Übersicht über Ausgrabungen im römischen Afrika – Tunesien, Libyen, Algerien und Marokko – bietet P. MacKendrick, *The North African Stones Speak*. London 1980; vgl. die *Rezension* von C. Wells in Classical Review 32 (1982) 29–30. Über neueste Ergebnisse berichten betreffs Tunesiens J. Humphrey und A. Ennabli im American Journal of Archaeology 87 (1983) 197–206, betreffs Libyens B. Jones und G. Baker in Libyan Studies. 11th Annual Report (1979/80) 11–36.

Lokale Märkte behandelt allgemein R. MacMullen, *Markttage im römischen Imperium*. In: H. Schneider (Hg.), *Sozial- und Wirtschaftsgeschichte der römischen Kaiserzeit*. (WdF 552) Darmstadt 1981, S. 280–292, speziell für Nordafrika B. Shaw, *Rural markets in North Africa and the political economy of the Roman empire*. Antiquités Africaines 17 (1981) 37–84. Zu den kaiserlichen Gütern s. Dorothy Crawford in dem von Finley hg. Sammelband (s. zu Kap. 8) S. 35–70; vgl. auch J. Percival, *Culturae Mancianae* in *FS Stevens* 213–227 und C. Whittaker, *Rural labour in three Roman provinces* in dem von Garnsey hg. Sammelband (s. zu Kap. 8).

Mit dem Wohlstand des römischen Afrika befaßt sich R. Duncan-Jones in zwei Artikeln in den PBSR 30 (1962) 47–115 bzw. 31 (1963) 159–177. Karrieren von Afrikanern bespricht M. Jarrett in der Zeitschrift Epigraphische Studien 9 (1972) 146–232. Die Bedeutung des Keramikhandels hat A. Carandini in dem Sammelband *Trade* ... (s. zu Kap. 3) betont.

Den Wiederaufbau der Byrsa in Karthago hat P. Gros beschrieben: *Le forum de la haute ville dans le Carthage romaine*. Comptes rendus de l'Académie des Inscriptions et Belles Lettres 1982, 636–658. Zum Marmorhandel vgl. J. Ward-Perkins, *Quarrying in Antiquity*. Proceedings of the British Academy 57 (1971) 137–158.

Zu Afrika insgesamt vgl. P. Garnseys Artikel *Rome's African Empire* in dem von ihm und Whittaker hg. Sammelband (s. zu Kap. 9) S. 223–254 sowie das grundlegende Werk von M. Bénabou, *La résistance africaine à la romanisation*. Paris 1976 und dessen Beitrag in der *FS Gareau*, 13–27.

Kleinasien zur Römerzeit anhand numismatischer Quellen hat P. R. Franke (München 1968) dargestellt. Das klassische Werk von A. H. M. Jones, *The Greek City from Alexander to Justinian*. Oxford 1940 sowie der von ihm hg. Überblick *The Cities of the Eastern Roman Provinces*. Oxford ²1970 sind von bleibender Bedeutung.

Zur zweiten Sophistik vgl. G. Bowersock, *Greek Sophists in the Roman Empire*. Oxford 1969. Ihre Haltung, insbesondere die des Aelius Aristides, hat J. Oliver untersucht: *The Ruling Power*. Transactions of the American Philosophical Society NS 43 (1953) 871–1003; vgl. den Beitrag von V. Nutton in dem von Garnsey und Whittaker hg. Sammelband (s. zu Kap. 9), S. 209–221. Athen und Korinth zu jener Zeit behandeln D. Geagan bzw. J. Wiseman in *Aufstieg und Niedergang* ... (s. zu Kap. 6) II 7,1 (1979) 371–437 bzw. 438–548. Zum Sonderfall der syrischen Bogenschützen an der Donau vgl. J. Fitz, *Les Syriens à Intercisa.* (Collection Latomus 122) Brüssel 1972.

Für den Bereich der Religion ist grundlegend E. Dodds, *Pagan and Christian in an Age of Anxiety.* Cambridge 1965; vgl. im Handbuch der Altertumswissenschaft (V 4) K. Latte, *Römische Religionsgeschichte.* München 1960. Zu Mithras s. die Bücher dieses Titels von M. Vermaseren, (London 1963) und R. Merkelbach (Königstein 1984). *Isis und Sarapis bei den Griechen und Römern* behandelt L. Vidman (Religionsgeschichtliche Versuche und Vorarbeiten 29) Berlin, New York 1970; vgl. F. Solmsen, *Isis among the Greeks and Romans.* Cambridge Mass. 1976. Isis und ihre Rolle in der von Apuleius gezeichneten Welt bespricht F. Millar im JRS 71 (1981) 63–75.

Zum frühen Christentum sei aus der fast unübersehbaren Literatur H. Chadwick, *Die Kirche in der antiken Welt.* (Sammlung Göschen 7002) Berlin, New York 1972 hervorgehoben. Mit dem *Christenmassaker von Lugdunum* befaßt sich P. Kereszetes in dem Sammelband *Marc Aurel* (s. zu Kap. 9), S. 261–278. *Die Rechtsgrundlage der Christenverfolgungen* diskutiert Antonie Wlosok in R. Klein (Hg.), *Das frühe Christentum im römischen Staat.* (WdF 267) Darmstadt 1971, S. 175–301; vgl. die Beiträge von A. Sherwin-White und G. de Ste. Croix zu dem von Finley hg. Sammelband (s. zu Kap. 4) sowie die von Z. Yavetz und D. Stockton in *FS Stevens.*

Zur Einstellung der Provinzialen gegenüber Rom vgl. Sherwin-White, *Roman Citizenship* (s. zu Kap. 5) Teil 4. Die Opposition gegen die etablierte Ordnung hat umfassend R. MacMullen dargestellt: *Enemies of the Roman Order.* Cambridge Mass. 1966. Zur semantischen Vielfalt des Begriffs *Banditen* vgl. das Buch dieses Titels von E. Hobsbawm (st 66) Frankfurt a. Main 1972. Die eigentlichen Kämpfe behandelt S. Dyson in Historia 20 (1971) 239–274 und *Aufstieg und Niedergang* ... (s. zu Kap. 6) II 3 (1975) 138–175.

Vorliegende Darstellung folgt bei der Interpretation der Gladiatorenspiele K. Hopkins, *Murderous Games.* In: Hopkins (s. zu Kap. 7), S. 1–30. *Römische Amphitheater und Stadien* haben A. Hönle und A. Henze mit guten Abbildungen dargestellt (Zürich, Freiburg i. Br. 1981). Zur Rolle von Amphitheater, Circus und Theater und zur Bedeutung des »Sports« – die von der des Fußballspiels heutzutage nicht ganz verschieden ist – vgl. die brillante Studie von A. Cameron, *Circus Factions.* Oxford 1976. Zum Nachschub von Tieren vgl. Jocelyn Toynbee, *Tierwelt der Antike.* (Kulturgeschichte der antiken Welt 17) Mainz 1983.

Zu Kapitel 11

Eine Biographie des *Septimius Severus* hat A. Birley verfaßt (London 1971); das Buch von M. Grant, *Das Römische Reich am Wendepunkt.* (dtv 10231) München 1984 behandelt die Zeit bis Konstantin.

Die tabula von Banasa und die constitutio Antoniniana bespricht A. Sherwin-White in dem Sammelband *Marc Aurel* (s. zu Kap. 9), S. 429–458.

P. Hübinger hat Sammelbände *Zur Frage der Periodengrenze zwischen Altertum und Mittelalter* (WdF 51, Darmstadt 1969) und über *Kulturbruch und Kulturkontinuität im Übergang von der Antike zum Mittelalter* (WdF 201, Darmstadt 1968) herausgegeben. Die neuen archäologischen Zeugnisse für den Übergang von der römischen zur mittelalterlichen Welt behandeln R. Hodges und D. Whitehouse, *Mohammed, Charlemagne and the Origins of Europe.* London

1983. Mit der Auflösung des Römischen Reichs im Urteil der Nachwelt beschäftigt sich A. Demandt, *Der Fall Roms*. München 1983.

Die *Textüberlieferung der antiken Literatur und der Bibel* erfaßt das Handbuch dieses Titels (dtv 4176) München 1975. Abschließend sei auf das großartige Werk von Helen Waddell, *The Wandering Scholars*. London 1927 hingewiesen.

Quellenregister

Inschriften (Sigeln s. S. 309): 50f.;
   Abb. 9

AE
- 1914, 34: 295
- 1926, 78: 283
- 1928, 1: 232
- 1939, 81: 260
- 1954, 121: 156
- 1955, 84: 284
- 1956, 55: 156
- 1957, 220: 104
- 1959, 81: 151
- 1959, 172: 172
- 1961, 140: 186
- 1962, 288: 170
- 1963, 281: 297
- 1969/70, 613 ff.: 201
- 1973, 475: 199
- 1976, 653: 168

CIL
- III p. 948: 216
- IV 3340: 52, 218
- IV 5372: 50
- V 7817: 85
- VII 1338a: 132
- VIII 212: 258
- VIII 1812: 264f.
- VIII 2702: 295
- VIII 6705: 257
- VIII 10018: 172
- VIII 10119: 260
- VIII 18250: 295
- VIII 22199: 263
- VIII 25902: 259
- VIII 25943: 259
- IX 2438: 102
- XII 1122: 233
- XIII 1036: 151
- XIII 1042–5: 150
- XVI 78: 148

EJ
- S. 1 ff. (Res Gestae Divi Augusti)
  1: 94
  1–2: 19
  3: 23, 37
  5: 67, 106
  6: 67
  10: 95
  13: 93
  14: 78
  16: 24, 104
  17: 86f.
  19ff.: 95
  20: 100
  23: 96
  25: 29, 35, 95
  27: 37
  28: 104
  30: 86, 89
  34: 23, 60, 68
- S. 32 ff. (Fasti): 26, 64
- 40: 85
- 79: 102
- 120: 102
- 166: 100
- 205: 108
- 224: 58, 109
- 244: 109
- 248: 109
- 267: 199
- 282: 100
- 286: 100
- 288: 100
- 311: 50, 154
- 338: 101
- 360: 156
- 364 s. MW 1

HIRK
- 27: 100
- 28: 50, 154
- 30: 168
- 33: 101
- 34: 50, 134
- 39: 168
- 49: 50, 72, 185
- 57: 170
- 59: 170
- 60: 170
- 70: 50, 213
- 73: 259
- 79: 50, 235
- 84: 50, 216
- 86: 259

Klassische Dramen der deutschen Literatur im dtv

Johann Wolfgang Goethe
Iphigenie auf Tauris

dtv klassik

Johann Wolfgang
Goethe
Faust

Erster und zweiter Teil

dtv klassik

Friedrich Schiller
Don Carlos

dtv klassik

**Joh. Wolfgang Goethe:
Frühe Dramen
Götz von Berlichingen
Clavigo
Hrsg. und kommentiert
von W. Kayser
(Hamburger Ausgabe)
dtv 6104
Die großen Weimarer
Dramen
Egmont · Iphigenie auf
Tauris · Torquato Tasso
Hrsg. von L. Blumenthal
und W. Kayser,
kommentiert von
S. Atkins, W. Kayser und
D. Lohmeier
(Hamburger Ausgabe)
dtv 6100
Iphigenie auf Tauris
Hrsg. und kommentiert
von L. Blumenthal und
D. Lohmeier
(Hamburger Ausgabe)
dtv 2124**

**Faust. Eine Tragödie
Erster und zweiter Teil
Nachwort und
Anmerkungen von
G. Fetzer
dtv 2074**

**Friedrich Schiller:
Die Dramen
des Sturm und Drang
Die Räuber · Die Ver-
schwörung des Fiesco
zu Genua · Kabale und
Liebe
Hrsg. und kommentiert
von G. Fricke
dtv 6097
Don Carlos. Infant
von Spanien
Ein dramatisches
Gedicht
Hrsg. und kommentiert
von G. Fricke
dtv 2125**

**Georg Büchner:
Werke und Briefe
Nach der hist.-krit.
Ausgabe von
W.R. Lehmann und mit
Kommentar zu allen
Werken und Briefen
dtv 2065**

Der Kleine Pauly · Lexikon der Antike

Das klassische Nachschlagewerk in fünf Bänden
4020 Seiten, 25 Abb. und Karten. dtv 5963, DM 138,–

…bringt dtv wieder ein Wunderwerk zuwege, wie man es nur diesem Haus zutraut, den »Kleinen Pauly«. (Neue Kronen-Zeitung)

…Der »Kleine Pauly« ist gar nicht so klein! Was dieses so handliche Nachschlagewerk für die Antike tatsächlich bietet, ist vielmehr ganz groß. (Welser Zeitung)

…Die Antike lebt auf in diesen Taschenbüchern. Die Dünndruckseiten anzufassen – ein Vergnügen für die Fingerspitzen. (Nürnberger Nachrichten)

…Die alten Zeiten sind überschaubar geworden, ohne daß deswegen die Genauigkeit verlorenging. Und jeder bekommt, was ihm zusteht: Xanthippe kommt mit 14 Zeilen aus, ihr Mann Sokrates…braucht deren 440. (Welt am Sonntag)

…Ist es Zufall oder ausgeklügelte Kalkulation, daß jedes Stichwort etwas mehr als einen Pfennig kostet? Auf alle Fälle…ein verdienstvolles Unternehmen des dtv. (Frankfurter Rundschau)